国家社会科学基金项目资助

老年人的阅读图景与公共图书馆服务创新

肖雪 著

國家圖書館出版社
National Library of China Publishing House

图书在版编目(CIP)数据

老年人的阅读图景与公共图书馆服务创新/肖雪著. --北京:国家图书馆出版社,2016.10
ISBN 978 - 7 - 5013 - 5828 - 1

Ⅰ.①老… Ⅱ.①肖… Ⅲ.①老年人—读者工作—调查研究②公共图书馆—图书馆服务—调查研究 Ⅳ.①G252②G258.2

中国版本图书馆 CIP 数据核字(2016)第 108337 号

书　　名　老年人的阅读图景与公共图书馆服务创新
著　　者　肖　雪　著
责任编辑　金丽萍　　王炳乾

出　　版　国家图书馆出版社(100034　北京市西城区文津街7号)
　　　　　　(原书目文献出版社　北京图书馆出版社)
发　　行　010 - 66114536　66126153　66151313　66175620
　　　　　　66121706(传真)　66126156(门市部)
E-mail　　nlcpress@ nlc. cn(邮购)
Website　　www. nlcpress. com ——→投稿中心
经　　销　新华书店
印　　装　北京玥实印刷有限公司
版　　次　2016 年 10 月第 1 版　2016 年 10 月第 1 次印刷

开　　本　787 毫米 × 1092 毫米　1/16
印　　张　19.75
字　　数　470 千字

书　　号　ISBN 978 - 7 - 5013 - 5828 - 1
定　　价　80.00 元

目　录

1 绪论

1.1 研究背景与意义

1.1.1 老龄化社会中增进老年人精神保障的内在要求

2000 年我国第五次全国人口普查时,60 岁以上老年人达到 1.3 亿人,占总人口的 10.3%[①],65 岁以上人口达 8811 万人,占总人口的 6.96%[②],按照国际上老龄化的标准即 60 岁以上人口占总人口的 10% 或 65 岁以上人口占总人口的 7% 来看,我国在 21 世纪之初已经进入了老龄化社会。在此之后,老龄化形势仍在加剧,最新数据显示,截至 2014 年末,我国 60 岁以上老年人数量已超过 2 个亿,占总人口的 15.5%[③],与 2000 年相比,老年人口所占比例已上升了 5.2%,与 2014 年 2 月相比也已上升了 0.6 个百分点[④],可见其态势发展之迅猛。未来老年人数量和比例仍将不断上升,老年人口增长和人口老龄化发展趋势已成为未来我国人口结构变化中最值得关注并且影响最大的问题[⑤]。多项国内外研究预测显示,2000—2050 年将是我国老龄化、高龄化发展最为集中的时期。到 2050 年我国 60 岁以上老龄人口将达到 4.34—4.59 亿人,占总人口比例达到 29.9%—32.73%;80 岁以上高龄人口将达到 0.925—1.162 亿人,占总 60 岁以上人口比例达 21.77%—25.31%[⑥-⑧]。在经过这一高峰期后,我国老龄化在 2051—2100 年仍将持续,进入稳定的重度老龄化平台期[⑨],这表明人口老龄化将成为整个 21 世纪都要面对的重要人口问题。在此背景下,老年人问题的重要性日渐凸显,获得了越来越多的社会关注和学术聚焦。

"老年"所带来的不仅仅是年龄的增长、身体机能的衰退,更多的是从成年阶段的工作型生活状态向休闲型生活状态的转变,以及由此所带来的闲暇时间、家庭结构、社会角色、社会

---

① 国务院人口普查办公室,国家统计局人口和社会科技统计司.中国 2000 年人口普查资料[M].北京:中国统计出版社,2002:571-572.

② 国务院人口普查办公室,国家统计局人口和社会科技统计司.2000 年第五次全国人口普查主要数据[M].北京:中国统计出版社,2001:8.

③ 中国大陆总人口达 13.6 亿人男性比女性多 3376 万[EB/OL].[2015-05-06].http://politics.people.com.cn/n/2015/0120/c1001-26417578.html.

④ 崔静,杜宇.我国 60 岁以上老年人数量突破 2 亿[EB/OL].[2014-07-12].http://news.xinhuanet.com/politics/2014-02/19/c_119412552.htm.

⑤ 张恺悌,郭平.中国人口老龄化与老年人状况蓝皮书[M].北京:中国社会出版社,2010:6.

⑥ 李本公.中国人口老龄化发展趋势百年预测[M].北京:华龄出版社,2006:1.

⑦ 李伟,孔伟.老龄工作手册——政府应对人口老龄化的职责和方略[M].北京:中国社会出版社,2009:17-18.

⑧ 张恺悌,郭平.中国人口老龄化与老年人状况蓝皮书[M].北京:中国社会出版社,2010:11-13.

⑨ 党俊武.关于我国老龄工作的若干重要问题[EB/OL].[2013-04-02].http://www.cnca.org.cn/default/iroot1000610000/4028e47d1bbeb02e011be2e0c934011b.html.

地位、社会关系、社会交往等多方面的连锁反应。因此，老年人问题所涉既包括养老、医疗、居住等方面的物质保障，也包括文化娱乐、社会参与等方面的精神满足，为此，党和政府提出了"六个老有"（即老有所养、老有所医、老有所教、老有所学、老有所乐、老有所为）的政策目标，需要多个部门协同解决。图书馆也责无旁贷，20 世纪 80 年代就有研究者提出"公共图书馆如何适应当前形势发展，加强为老年读者服务工作，已经刻不容缓地提到议事日程上来了"①，而其为老年人服务的基点就在阅读。

阅读不仅能够充实老年生活、活化大脑、愉悦身心，而且能够获取知识、开展终身学习，也有助于保持老年人的社会接触、社会交往、社会参与及强化自尊，对老年人精神需求满足具有多方面的意义。就其行为实施而言，阅读基本上是贯穿一生的活动，阅读能力是多数人年轻时就具备的能力，阅读场所和方式均可灵活安排，进入老年期也不存在太多的再进入门槛限制，易于开展。因而，阅读成为满足老年人精神需求的重要方式之一。在实践中，阅读确实占据了老年人生活重要地位，多年来参与比例稳定，并一直位居老年人闲暇时间安排的前列。尽管如此，老年人在阅读环境、阅读氛围、读物选择与获取、阅读方式、阅读交流等方面都存在个人急需但却无力解决的问题，需要社会力量的支持，其中，图书馆阅读促进的作用不容小觑。阅读促进是图书馆职业的核心能力之一，其作用在老年群体中的发挥既有助于增进老年人阅读效果、满足老年人精神需求，又能切实展现图书馆的职业能力和社会价值，具有多重意义。阅读促进要取得实效，离不开两个重要前提，其一是了解老年人阅读现状，其二是了解图书馆老年阅读服务现状，但当前相关研究都还比较薄弱，我们能够获得的认识依然不够丰富。基础不够深厚，对于促进老年人阅读的策略也就难以有的放矢，因此，本研究试图从调查老年人和图书馆入手，充分了解现状，深入分析现存不足，并在此基础上提出对图书馆老年阅读促进的个人思考和实践案例，既有利于增进对老年人的了解，也能够为完善老年人精神保障提供有效的参考。从理论意义来看，阅读研究一直是多学科研究的交叉领域，社会学、心理学、教育学、编辑出版学等都从各自的学科视域介入老年阅读研究，本研究从阅读行为表现和阅读服务两个角度建立研究框架，力图以此展现图书馆学进行阅读研究的学科特色，对于丰富老年阅读的多学科理论体系具有重要意义，对于探索建立图书馆学的阅读研究视域也具有一定的启示。

1.1.2　创建全民阅读社会中细分阅读群体的服务需要

1997 年，中央宣传部、文化部、国家教委、国家科委、广播影视部、新闻出版署、全国总工会、共青团中央、全国妇联 9 个部委联合发出"倡导全民读书，建设阅读社会"倡议②，这是全民阅读首次以国家文化政策的形式被明确提出来。其后，全民阅读持续推进，在政策层面，不仅每年中央部委和各级政府均发布阅读倡议，而且逐步上升为国家战略。2006 年，《国家

---

① 石萍.适应形势发展加强老年读者服务工作[J].图书馆工作与研究,1986(3):36 - 37.

② 中央宣传部、文化部、国家教委、国家科委等部门关于在全国组织实施"知识工程"的通知[EB/OL].［2015 - 03 - 20］.http://www.chinalawedu.com/news/1200/22598/22617/22842/2006/3/wu28111713281313360025202-0.htm.

"十一五"时期文化发展规划纲要》提出要"提高国民的阅读意识"①;2011 年,党的十七届六中全会通过了《中共中央关于深化文化体制改革、推动社会主义文化大发展大繁荣若干重大问题的决定》,提出要"深入开展全民阅读"②;2012 年发布的《国家"十二五"时期文化改革发展规划纲要》指出要深入开展全民阅读活动③;2013 年,党的十八大报告正式提出把开展全民阅读活动作为扎实推进社会主义文化强国建设的重要举措④。《2014 年政府工作报告》第一次将全民阅读写进政府工作报告,《2015 年政府工作报告》再次指出要倡导全民阅读,并在报告中首次将"建设书香社会"纳入政府主要工作任务⑤。在法规层面,2013 年《全民阅读促进条例》正式纳入国务院立法工作计划,并已拟定了《全民阅读促进条例》初稿。2014年《湖北省全民阅读促进办法》《深圳经济特区全民阅读促进条例(草案)》等地方性全民阅读政府规章相继出台,2014 年年底,江苏省率先通过了《江苏省人民代表大会常务委员会关于促进全民阅读的决定》,成为我国第一部关于促进全民阅读的地方性法规,并于 2015 年 1月 1 日正式实施。所有这些制度设计都显示出国家推进全民阅读的坚定决心。

推进全民阅读,从理念上来讲,既指的是群体层面对各行各业、各年龄层人员的阅读促进,老年群体毫无疑问应是促进对象;也指的是个体层面实现终身学习的阅读促进,老年期当然也需要促进。从实践来讲,促进全民阅读需要根据不同行业、性别、年龄人群来采取有针对性的措施,必须细分群体。老年群体已有较好的阅读基础,又有较多的闲暇时间和自由放松的心境,阅读需求容易被激发;随着老龄化发展,老年人口在国民总人口中所占的比例增加,促进这一群体阅读可成为促进全民阅读的突破口。但老年人阅读也面临着身体、心理、社会观念、外部条件等多方面的障碍因素,在纸本阅读与数字阅读并存的阅读形态中,老年人还面临着学习和适应新的阅读方式的问题,这些仅依靠自身是难以完全克服的,相对于一般群体而言,老年人所遇到的这些障碍也更明显。因而,老年群体应成为全民阅读促进中的重点对象,社会机构的外部支持必不可少。

在上述制度设计的具体实施中,图书馆的作用备受重视,1997 年九部委在发出全民阅读倡议时就以"知识工程"作为具体实施形式,其是以发展图书馆事业为手段,以倡导读书、传播知识、推动社会文明与进步为目的的社会文化系统工程⑥;2003 年起,"知识工程"的项目

---

① 国家十一五时期文化发展规划纲要[EB/OL]. [2015 – 03 – 20]. http://www. gov. cn/jrzg/2006-09/13/content_388046_7. htm.

② 中共中央关于深化文化体制改革、推动社会主义文化大发展大繁荣若干重大问题的决定[EB/OL]. [2015 – 03 – 20]. http://cpc. people. com. cn/GB/64093/64094/16018066. html.

③ 国家"十二五"时期文化改革发展规划纲要[EB/OL]. [2015 – 03 – 20]. http://www. gov. cn/jrzg/2012-02/15/content_2067781. htm.

④ 胡锦涛. 坚定不移沿着中国特色社会主义道路前进为全面建成小康社会而奋斗——在中国共产党第十八次全国代表大会上的报告[EB/OL]. [2015 – 03 – 20]. http://www. xj. xinhuanet. com/2012-11/19/c_113722546_6. htm.

⑤ 李克强. 2015 年政府工作报告[EB/OL]. [2015 – 03 – 20]. http://lianghui. people. com. cn/2015npc/n/2015/0305/c394298-26642056. html.

⑥ 中央宣传部、文化部、国家教委、国家科委等部门关于在全国组织实施"知识工程"的通知[EB/OL]. [2015 – 03 – 20]. http://www. chinalawedu. com/news/1200/22598/22617/22842/2006/3/wu28111713281313600252020. htm.

之一"全民读书月"活动开始由中国图书馆学会组织实施①。这些表明图书馆是全民阅读促进的中坚力量,自然也应在增促老年人阅读中发挥主体作用,在服务和提高现有老年用户的阅读修养、能力和质量的基础上,激发老年人阅读兴趣、降低老年人阅读障碍以争取更多的潜在读者,让逐渐增多的老年人群成为现实读者。目前图书馆确实开展了一些卓有成效的老年人阅读服务,但多局限于实践,缺乏理论指导,缺乏对目标群体的深入调查,缺乏对现有阅读服务状况的认知和用户反馈,也缺乏对国内外成功经验的梳理和借鉴,而在这些方面,现有的研究同样较缺乏。2009 年,中国图书馆学会阅读推广委员会正式成立,成为推动全民阅读的专门工作委员会,其宗旨和使命之一是推进全国图书馆和各界阅读服务工作和阅读活动的开展,另一个则是加强阅读文化和阅读服务的研究②。可见,阅读实践开展与阅读服务研究应齐头并进,因而,为切实推动老年阅读,相应的科学研究必不可少。本研究以老年群体作为全民阅读中重要的细分群体,对其参与阅读的理论基础和现实依据进行探讨,对其纸本阅读和数字阅读行为进行实证分析,对国外经验进行分析借鉴,对国内成功案例进行梳理介绍,能够为图书馆了解目标群体、开展实践工作提供有效指导和参考,对于充实阅读群体研究也具有重要的理论意义。

1.1.3 公共文化服务体系建设中实现均等化的必然要求

党的十六大以来,中共中央、国务院先后制定下发了《中共中央关于制定国民经济和社会发展第十一个五年规划的建议》《国家"十一五"时期文化发展规划纲要》《关于加强公共文化服务体系建设的若干意见》,对构建公共文化服务体系做出重要部署。之后,国家对公共文化服务体系建设的指导意见和具体规划日益明确,2012 年发布的《国家"十二五"时期文化改革发展规划纲要》指出公共文化服务体系建设要按照公益性、基本性、均等性、便利性的要求,以公共财政为支撑,以公益性文化单位为骨干,以全体人民为服务对象,以保障人民群众看电视、听广播、读书看报,进行公共文化鉴赏、参与公共文化活动等基本研究化权益为主要内容。随着公共文化服务设施体系渐趋完善,十八大以来"促进基本公共文化服务标准化、均等化"被提上日程。

要实现均等化,对弱势群体的服务倾斜必不可少。老年人既是生理性弱势群体,也常常是社会性弱势群体和知识性弱势群体,在数字技术发展的背景中,老年人在数字阅读工具和数字信息的利用状况与其他年龄群体相比差距明显(2014 年第十一次全国国民阅读调查数据显示,2013 年我国成年国民数字化阅读接触率首次超过半数,达到 50.1%,但数字化阅读接触者中 50 周岁及以上人群仅占 7.4%③④,中国互联网络发展状况统计报告显示,2013 年

① 尹岚宁. 推动全民阅读,共建和谐社会——中国图书馆学会在推动全民阅读活动中的作用[J]. 全国新书目,2006(1):34 - 35.

② 阅读推广委员会[EB/OL]. [2014 - 11 - 10]. http://www. lib-read. org/reader. jsp? id = 99.

③ 第十一次全国国民阅读调查:数字化阅读首次超半数[EB/OL]. [2014 - 11 - 10]. http://news. xin-huanet. com/local/2014-04/21/c_1110340010. htm.

④ 第十一次全国国民阅读调查[EB/OL]. [2014 - 11 - 10]. http://site. douban. com/210084/widget/notes/13276908/note/346734454/.

网民中 60 岁及以上老年人仅占 1.9%，与其他成年组网民比例差距较大①），他们还是数字世界中的弱势群体。如果没有相应的扶持举措，老年人的弱势状况还将更加严重，因而，公共文化服务体系有必要将其作为重点对象，通过保障其基本研究化权益、共享文化发展成果的方式缓解其知识贫困和数字贫困，阅读促进是有效的方式之一。

公共图书馆的机构性质、服务宗旨、服务能力使其在公共文化服务体系中的地位受到重视，阅读促进是图书馆在公共文化服务体系中的核心职能。图书馆促进老年人阅读，符合政府的发展目标和宏观规划，有助于实现公共文化服务均等化。图书馆工作要取得实效，就需要了解当前老年阅读服务中还存在哪些不足，老年读者对图书馆的阅读服务存在哪些意见和建议，从而思考如何提高老年读者的服务感知和阅读促进成效，本研究从这思路出发，调查研究老年人对图书馆服务的感知与建议，访谈分析老年人对图书馆数字阅读促进工作的体验，在此基础上提出图书馆增促老年人阅读的针对性策略。研究为图书馆老年阅读服务奠定了实证基础、提供了重要指导，也有助于深化图书馆服务的理论研究。

1.2 核心概念

1.2.1 老年人

老年人是从人口学角度反映某一特定年龄阶段与其他年龄阶段（幼年、青年、壮年）相区别的一个社会群体。根据各学科研究角度的不同，目前对老年人的界定主要有四种观点②③：

1.2.1.1 根据日历年龄确定

所谓日历年龄，也就是出生年龄，又称自然年龄，是指个体离开母体后在地球上生存的时间。根据预期平均寿命的不同，对老年人起点的界定在不同的历史时期和不同的国家有不同的标准。最早提出老年人年龄界限的是瑞典人口学家桑德巴尔，他于 1900 年提出人口再生产类型的标准时，以 50 岁作为老年人起点标准④；1956 年联合国发表的《人口老龄化及其社会经济影响》一书中主要针对欧美情况提出以 65 岁作为老年人起点标准⑤；1982 年第一次老龄问题世界大会成果《1982 年维也纳老龄问题行动计划》针对发展中国家的特点使用 60 岁及以上作为老年人口的划分标准⑥。目前这一标准为世界大多数国家采用，我国也不例外，2012 年修订的《中华人民共和国老年人权益保障法》规定，"老年人是指六十周岁以

① 中国互联网络信息中心. 中国互联网络发展状况统计报告（2014 年 7 月）[EB/OL]. [2014 – 11 – 10]. http://www.cnnic.net.cn/hlwfzyj/hlwxzbg/hlwtjbg/201407/P020140721507223212132.pdf.

② 林超民. 应对人口老龄化挑战——以云南老龄工作为例[M]. 昆明：云南大学出版社, 2002：10.

③ 东方朔. 老年人的新概念[EB/OL]. [2013 – 09 – 15]. http://www.laoling.com/yanjiu/lunwen/llh/2006-10-25/1053.html.

④ 老龄百科[EB/OL]. [2013 – 09 – 19]. http://www.laoling.com/yanjiu/lunwen/rkyj/2007-04-11/1435_4.html.

⑤ 林超民. 应对人口老龄化挑战——以云南老龄工作为例[M]. 昆明：云南大学出版社, 2002：11.

⑥ 邬沧萍, 姜向群. 老年学概论[M]. 北京：中国人民大学出版社, 2006：31.

上的公民"①。

1.2.1.2 根据生理年龄来确定

所谓生理年龄就是指以个体细胞、组织、器官、系统的生理状态、生理功能以及反映这些状态和功能的生理指标确定的个体年龄。生理年龄可分为 4 个时期：出生至 19 岁为生长发育期，20—39 岁为成熟期，40—59 岁为衰老前期，60 岁以上为衰老期。Hawthorn 就建议将45 岁以上的人都定义为老年人，因为从 40 岁中段开始老化的影响就变得明显了②。

1.2.1.3 根据心理年龄来确定

所谓心理年龄是根据个体心理学活动（包括人的理解、记忆以及判断能力反映出不同心理活动、精神状态的情况）的程度来确定的个体年龄。心理年龄是以意识和个性为其主要测量内容。心理年龄分为 3 个时期：出生至 19 岁为未成熟期，20—59 岁为成熟期，60 岁以上为衰老期。心理年龄 60 岁以上的人被认为是老年人。但国外一项研究也表明，50 岁以上的人就已经开始认为自己是老年人了，因此老年人一词经常用以描述那些年龄超过 50 岁的人③。心理年龄和年代年龄的含义是不一样的，也是不同步的。

1.2.1.4 根据社会年龄来确定

社会年龄是以人们知识积累、社会交往水平的成熟程度与职业历程来计算。退休对很多人意味着一种退出，从社会年龄上来说，退休年龄成为很多人进入老年阶段的标志，我国法定的退休年龄是男性 60 岁，女干部 55 岁，女工人 50 岁，因而 50 岁或 55 岁经常成为界定老年人的起点。

总之，评定老年人的标准多样，但因为日历年龄方便计算、标准统一，是其他年龄标准的基础，因此现行的老年人的界定方法是以日历年龄为基础，本研究也采用日历年龄的界定方式，依据我国《老年人权益保障法》的规定，使用 60 岁作为老年人的起始年龄。这也意味着老年人群是由 60 岁以上的不同年龄段的人组成，年龄跨度达 30—40 年，因此通常将老年人分为不同的年龄群，即低龄老年人（60—69 岁）、中龄老年人（70—79 岁）、高龄老年人（80 岁及以上）④。

1.2.2 人口老龄化

1940 年，美国人口学家 R. 珀尔（Raymond Pearl）发表《人口的老龄化》，其标题是目前所见到的最早提出并使用"人口老龄化"这一概念的。但珀尔作为生物学派人口学家的代表之一，他把人口现象归结为生物学现象的理论决定了他不可能揭示人口老龄化的真正含义。珀尔的贡献在于提出了人口老龄化这一概念。而真正初步界定人口老龄化这一概念的是法国人口学家 A. 索维（A. Sauvy）。1948 年索维发表了题为《西欧人口老龄化的社会经济后果》的论文，文中指出了老龄化的社会影响，认为人口老龄化最常用的指标是老年人口占总

① 中华人民共和国老年人权益保障法［EB/OL］.［2013 - 12 - 30］. http://www. gov. cn/banshi/2005-08/04/content_20203. htm.

② Hawthorn D. Possible implications of aging for interface designers［J］. Interacting with Computers，2000（12）:507 - 528.

③ 应斌. 中国老年市场细分研究［M］. 北京：中国财政经济出版社，2007:5.

④ 皮湘林. 老年闲暇的伦理关怀［J］. 伦理学研究，2010（5）:104 - 109.

人口的比例[1],这一点也确实作为测度老龄化的指标之一沿用至今,但指标数字却是变化的。

20 世纪 50 年代,联合国开始关注人口老龄化现象,在 1956 年发表的《人口老龄化及其社会经济影响》文件中,科学界定了人口老龄化的概念,强调人口老龄化是指人口年龄结构的整体变动趋势,而不能简单地仅仅考虑老年人口的变动趋势[2]。目前我国对老龄化的概念界定均以此为基础,即认为人口老龄化(Ageing of Population)又称"人口老化",是老年人在人口中的比例(也称老年比或老年系数)的提高过程或人口平均年龄(通常用年龄中位数来表示)不断提高的过程[3]。常用的反映人口老龄化程度的指标有:60 岁或 65 岁及以上人口占总人口的比例、人口年龄中位数、少儿人口比例、老年人口与少儿人口的比值。老年系数(65 岁以上)在 7% 以上或(60 岁以上)在 10% 以上,少儿人口系数在 30% 以下,老少比在30% 以上,年龄中位数在 30 岁以上,都是老年型人口年龄结构类型的数量表现[4]。

目前国际通常用 60 岁或 65 岁以上的老年人口占总人口的比重大小来判断人口老龄化的程度,通行的衡量标准是按联合国的规定将 60 岁以上人口占总人口比例达 10% 以上或者65 岁以上人口占总人口比例达 7% 以上的社会定位为老龄化社会[5]。全国人口统计年鉴显示,我国在 2000 年第五次全国人口普查时,60 岁以上老年人达到 1. 30 亿人,占总人口的10.3%[6],进入老龄化社会。

为描述老龄化的发展状况,国际上提出低龄型(化)、中龄型(化)和高龄型(化)社会的概念来划分老年人口的年龄结构,其划分标准如下表,其中高龄型(化)是常用概念。

表 1 - 1　老年人口年龄结构的划分标准[7]

	低龄型(化)	中龄型(化)	高龄型(化)
低龄老人比重	60% 以上	50%—60%	50% 以下
高龄老人比重	7% 以下	7%—14%	14% 以上
老年人口年龄中位数	67 岁以下	67—70 岁	70 岁以上

1.2.3　阅读

明确"阅读"的含义是研究阅读及其相关问题的前提,在阅读研究的历史上,多个学科包括生理学、心理学、教育学、传播学、哲学、出版学、图书馆学等都从不同角度切入这个阅读领域的元问题,形成了不同的理解。因而界定阅读概念就需要厘清现有认识,建构认知框架,从而建立本研究的概念内涵和外延。

---

①　党俊武. 老龄社会引论[M]. 北京:华龄出版社,2004:45 - 51.

②　党俊武. 老龄社会引论[M]. 北京:华龄出版社,2004:57 - 58.

③　邬沧萍,姜向群. 老年学概论[M]. 北京:中国人民大学出版社,2006:5 - 6.

④　老龄百科[EB/OL]. [2009 - 07 - 19]. http://www. laoling. com/yanjiu/lunwen/rkyj/2007-04-11/1435_3. html.

⑤　田家盛. 教育人口学[M]. 北京:人民教育出版社,1999:220 - 221.

⑥　国务院人口普查办公室,国家统计局人口和社会科技统计司. 中国 2000 年人口普查资料[M]. 北京:中国统计出版社,2002:571 - 572.

⑦　常晓军. 鼓楼区人口老龄化状况及对策研究[EB/OL]. [2009 - 01 - 24]. http://www. njtj. gov. cn/_siteId/4/pageId/63/columnId/468/articleId/54430/DisplayInfo. aspy.

1.2.3.1 多学科视域中的阅读认知

（1）心理学视域中的阅读认知

最早对阅读进行科学研究的是心理学家们，这与对阅读实施过程的观察密不可分。1878 年，法国科学家埃米尔·贾瓦尔（Emile Javal）就发现，人们在阅读时眼睛的活动表现为一系列细小的跳动，每次跳动之间出现短暂的停顿（注视）①。1879 年冯特在德国莱比锡大学建立了世界上第一个心理实验室，标志着阅读的科学研究正式开始②，也基本确立了心理学采用实验方法研究阅读的基调。到了 1915—1920 年期间，由于测验工具的发展以及在阅读教学中转而强调默读，理解才增加了它的重要性③。从阅读过程来看，心理学对阅读的理解出现了侧重不同的两种分类，一类强调译码的过程，有的把阅读看成是按照词的书写形式去创造一个词的声音的形式，有的则认为"阅读是把书写的符号翻译成声音的符号，强调的是从视觉信号到听觉信号的转变"④。另一类则强调意义的获得，认为"阅读是由读者所已经具有的概念去建造新的意义"⑤。吉布森和利文（Gibson&Levin）则对这两种观点进行了一定综合，认为"阅读是从篇章中提取意义的过程"，在这样一个过程中，首先是把书写符号译码成声音，其次要从语义记忆中获得书写词的意义并进行整合⑥。

从阅读的对象界定来看，道林和莱昂（Downing&Leong）认为阅读的对象可以包括文字、图画、图表，也包括天象、手相、野兽足迹等，还包括类似盲文这样的触觉对象甚至各类感觉对象。简言之，他们认为阅读是对记号（sign）的解释。记号可分为自然现象和基于实际目的有意创造出来的任意的符号（symbol），吉布森和利文很明确地指出他们界定的阅读是关于后者的，这同时也是心理学主要关注的对象。而就具体内容层次而言，早期的阅读主要关注对符号的知觉认知，如 20 世纪 20、30 年代，Buswell 认为，阅读是一种理解意义的过程，这种意义来自对符号的视觉分析⑦。随着认知心理学和语言心理学的发展，阅读研究将符号主要是文字符号解析到编码、表征、字词、句法和语义、篇章、文本等不同层次，对各个层次的阅读过程及模式的研究成为心理学稳定的研究范畴。

（2）哲学视域中的阅读认知

哲学视域中对阅读的探讨主要集中在作者和读者对阅读意义创造的主体导向上，这种探讨是动态变化的。早期的阅读学就是释义学，认为阅读的目的是把握文本的意义。后经 19 世纪以来德国哲学家狄尔泰、海德格尔、伽达默尔等人的发展成为现代阐释学⑧。阐释学阅读理论以作者释义为中心，认为作品一旦形成，其总体形象、意义、价值都是自身固有的，

---

① 彭聃龄.阅读的认知心理学研究[J].北京师范大学学报，1989(5):75－84,51.

② 莫雷，王穗苹，王瑞明.文本阅读研究百年回顾[J].华南师范大学学报（社会科学版），2006(5):128－140,160.

③ 张必隐.阅读心理学[M].修订版.北京:北京师范大学出版社，2004:14.

④ 张必隐.阅读心理学[M].修订版.北京:北京师范大学出版社，2004:1.

⑤ Smith E E，Adams N，Schorr D. Fact retrieval and the paradox of interference[J]. Cognitive Psychology，1978,10(4):438－464.

⑥ 张必隐.阅读心理学[M].修订版.北京:北京师范大学出版社，2004:2.

⑦ 彭聃龄.阅读的认知心理学研究[J].北京师范大学学报，1989(5):75－84,51.

⑧ 王余光，汪琴.关于阅读文化研究的几个问题[J].图书情报知识，2004(5):3－7.

是完全独立于欣赏者而存在的客体①。20 世纪 60 年代兴起的接受美学,其阅读理论则以读者释义为核心,其创始人伊瑟尔认为"每一部文学作品的阅读过程的核心,是发生在作品的结构与作品的接受者之间的相互作用"②,"尽管读者的理解活动由本文的结构来引导是显而易见的,但是本文的结构永远不可能完全控制读者的理解"③。

从阅读对象来看,哲学范畴的阅读呈现泛化趋势,将阅读的文本视为一切可阐释的存在④,即所有可感知的存在。台湾学者黄慕宣认为阅读包含"阅"和"读"两个概念,"阅"是观看、经历、视察,"读"是念诵、观看、宣扬,阅读是一种多元行为,包含了视觉、听觉、触觉等感官意识。阅读行为通过"文字阅读""感官阅读""心灵阅读"来内化知识⑤。加拿大作家阿尔维托·曼谷埃尔(Alberto Manguel)所认为的阅读更是泛化为对整个周边世界一切事物的所看、所听、所感、所知,包括"天文学家阅读一张不复存在的星星图;日本的建筑师阅读准备盖房子的土地以保护它免受邪恶势力侵袭;动物学家阅读森林中动物的臭迹;玩纸牌者阅读伙伴的手势,以打出获胜之牌……",并认为"这一切阅读都和书本的读者共享辩读与翻译符号的技巧"⑥。

(3)社会学视域中的阅读认知

20 世纪 30 年代,开始兴起从社会学角度对阅读的认识和研究⑦,阅读被认为是一种社会文化活动,之所以如此,与一个人把阅读作为不同的任务有关,也与对社会语言的运用直接关联⑧。正是在这个意义上,古德曼将阅读界定为一个交易性的社会心理语言过程⑨,林立也在《人际交流》一书中指出:"阅读是我们日常工作和生活中的一个重要的交流活动。"⑩这一特殊的交流活动是以书面材料作为中介的,既是作者、文本和读者三要素构成的书面交际过程,也是一种以书面材料作为社会交际中介的社会交际过程和社会实践行为⑪。通过阅读这一行为,读者根据自己的目的把最终的意义纳入思想过程中,这个过程不是导致读者修改自己的思想和行为,就是导致在个人或社会的发展中产生新的行为⑫。一个典型的例证就

---

① 霍桂桓. 译者前言[M]//伊泽尔. 审美过程研究——阅读活动:审美响应理论. 霍桂桓,李宝彦,译. 北京:中国人民大学出版社,1988:1-9.

② 伊泽尔. 审美过程研究——阅读活动:审美响应理论[M]. 李宝彦,译. 北京:中国人民大学出版社, 1988:27.

③ 伊泽尔. 审美过程研究——阅读活动:审美响应理论[M]. 李宝彦,译. 北京:中国人民大学出版社, 1988:31.

④ 王余光. 读书随记[M]. 南京:东南大学出版社,2002:28-29.

⑤ 黄慕宣. 全民阅读在台湾[R]. 广州:第一届全民阅读论坛,2007.

⑥ 曼古埃尔. 阅读史[M]. 吴昌杰,译. 北京:商务印书馆,2002:6-7.

⑦ 王龙. 阅读研究引论[M]. 香港:天马图书有限公司,2003:2.

⑧ Harris T L,Hodges R E. The literacy of dictionary: the vocabulary of reading and writing[M/OL]. International Reading Association. 1995[2011-02-03]. https://books. google. com/books/about/The_Literacy_Dictionary. html? id = ugWzGuZSd60C.

⑨ 陈爱国. 古德曼阅读理论与模式介绍[J]. 外语与外语教学,1986(3):55-59.

⑩ 林立编. 人际交流[M]. 北京:高等教育出版社,2004:35-36.

⑪ 王余光,徐雁. 中国读书大辞典[M/OL]. 南京:南京大学出版社,1999[2011-02-03]. http://epub. cnki. net/kns/brief/result. aspx? dbPrefix = CRPD.

⑫ 王龙. 阅读研究引论[M]. 香港:天马图书有限公司,2003:9.

是当阅读方式从听读转变为默读时,阅读开始内化并且个性化,从而开启了个人化的阅读和思考,并随之开始了对既有文化和社会观念的批判①。总体而言,公民社会愈加发展,阅读对于社会和个人的价值就愈发受到重视,社会学对阅读的关注更多源于价值的考量,也因此,他们的研究也侧重从个体或团体社会生活的角度来考察阅读在其中的地位和状况。

(4)教育学视域中的阅读认知

教育学对阅读作用的认识分为个体和群体两个层次:在个体层次上,阅读是一种基本的智力技能,是人们学习和认识世界的一种基本手段。美国的两项国家级长期追踪的教育研究项目发现,人们普遍认为阅读能力是学业成就的主要表现,也是一个人未来成功从事各项工作的基本条件②。在群体层次上,以个体阅读为基础的群体阅读过程,既是人才成长的人生现实过程,又是人类素质生产的社会历史过程。因而,阅读被认为是人类通过文字材料(书籍等)获取知识、经验的活动,从出现文字材料后,阅读成为学校教学、社会教育的重要手段和主要方法③。

无论在哪一层次上,阅读的作用都是通过培养阅读能力来实现的,而理解被认为是掌握阅读技能的最主要的标志④,因而教育学视野中的阅读概念强调了两方面,一是阅读的对象为书面文字、是语言符号,如冯钟芸,张鸿苓认为:"阅读是以了解文字意义为中心的一种复杂的智力活动。"⑤潘纪平指出"阅读是由视觉摄入语言符号并反映到大脑,经过转化、整合,对语言符号进行感知、理解,获得意义的动态过程"⑥。二是阅读的目的是掌握意义、达到理解,如著名教育家叶圣陶认为:"阅读以了解所读的文篇书籍为起码标准。"⑦日本学者室井尚也有近似的表达,他说:"阅读通常是企图要理解其文字所表达的意思或作者的意图。所以人们往往认为阅读与解释同义。"⑧

而如果将阅读与教育的目标相结合,"阅读是一种基本的智力技能,这种技能是取得学业成功的先决条件"⑨,阅读教育所培养的就是"理解和使用社会需要的或者个人认为有价值的书面语言形式的能力",因此阅读过程中的理解就不仅是解释了,而包括四个过程:关注并提取明确陈述的信息,进行直接推论,理解并整合观点和信息,检视并评价内容、语言和文本成分⑩。显然,教育学视域中的阅读更侧重于读者与文本交互所要达成的结果及其方式方法。

---

① 费希尔.阅读的历史[M].北京:商务印书馆,2009:187.
② 周兢.早期阅读发展与教育研究[M].北京:教育科学出版社,2007:2.
③ 洪材章,钱道源,黄沧海.阅读学[M].广州:广东教育出版社,1992:6–7.
④ 张念宏.教育学辞典[M].北京:北京出版社,1987:368–369.
⑤ 冯钟芸,张鸿苓.中学语文教学指导书[M].北京:人民教育出版社,1988:31.
⑥ 潘纪平.语文教育新论[M].北京:开明出版社,2002:114.
⑦ 叶圣陶.中学国文学习法[M]//刘国正.叶圣陶教育文集.北京:人民教育出版社,1994:129.
⑧ 董味甘.阅读学[M].重庆:重庆出版社,1989:4.
⑨ 朱作仁.阅读心理(Psychology of reading)——《中国大百科全书·教育》卷条目[J].山西教育科研通讯,1983(3):37–40.
⑩ 李曙光.国际阅读素养进步研究(PIRLS)[EB/OL].[2013–04–25]http://www.eachina.org.cn/eac/gjjc/ff8080812c07d4a9012c1600be8a001f.htm.

平相似的情况下,老年人的阅读速度又会降低[1],老年人不得不选择降低阅读速度以保持高阅读理解能力[2]。预览对于老年读者和年轻读者都一样有利,只是相对于年轻读者而言,老年读者从预览中所获收益要弱一些[3]。比较老年人和成年人复读的心理处理过程发现,老年读者的理解水平与成年组的同样好。在第一遍阅读过程中,老年人分配给理解情景模式特征的时间多于成年人,但复读时,两个组对此分配的时间相似;在复读过程中,老年人对单词层次上的处理不如成年人熟练[4]。比较成年人和老年人在阅读理解和回忆中所采用的策略发现,当遇到阅读文本中存在不一致信息时,成年组更可能选择重读某些段落,而老年组倾向重读整个文本,表明老年人意识到文本中的理解问题,但是在利用选择性复读策略以确认信息方面很不擅长[5]。

2.1.2.3 不同文本体裁对阅读效果的影响研究

18—34 岁成年人与 61—77 岁老年人各 20 位同时阅读说明文和记叙文各 4 篇,结果发现两个群体对记叙文的阅读速度更快、回忆效果更好,老年人在阅读说明文时花的时间更多,对文本的理解状况同样受到文献体裁的影响,选择性复读能力对于回忆说明文更加重要[6]。通过眼动记录考察说明性图片与老年人对健康信息的阅读效果之间的关系,发现老年人在字词认知和文本理解上的表现与年轻人不相伯仲,甚至更好,但老年人在图片理解上却稍逊于年轻人,这也打破了认为图片会增强老年人对健康信息的理解能力的假设[7]。

2.1.2.4 不同文本元素对阅读效果的影响研究

从文本句法结构来看,老年人阅读句子主题所需的最少时间明显比年轻人长[8],甚至其阅读困难可以归因于密集的主题句和复杂的句法结构[9],他们在阅读主语从句时会比年轻人有更多的回视次数和时长。当成年人与老年人在线阅读时,尽管成年人在总的阅读时间和文本理解水平上要比老年人更占优势,但双方在有干扰信息的文本处理上并未呈现出明显

---

① Stine-Morrow E A, Milinder L, Pullara O, et al. Patterns of resource allocation are reliable among younger and older readers[J]. Psychology and aging, 2001, 16(1):69 – 84.

② Smiler A P, Gagne D D, Stine-Morrow E A. Aging, memory load, and resource allocation during reading [J]. Psychology and aging, 2003, 18(2):203 – 209.

③ Rayner K, Castelhano M S, Yang J. Preview benefit during eye fixations in reading for older and younger readers[J]. Psychology and aging, 2010, 25(3):714 – 718.

④ Stine-Morrow E A, Gagne D D, Morrow D G, et al. Age differences in rereading[J]. Memory & cognition, 2004, 32(5):696 – 710.

⑤ Zabrucky K, Moore D. Contributions of working memory and evaluation and regulation of understanding to adults' recall of texts[J]. Journal of gerontology, 1994, 49(5):201 – 212.

⑥ Zabrucky K, Moore D. Influence of text genre on adults' monitoring of understanding and recall[J]. Educational gerontology, 1999, 25(8):691 – 710.

⑦ Liu C J, Kemper S, McDowd J. The use of illustration to improve older adults' comprehension of health-related information: is it helpful? [J]. Patient education and counseling, 2009, 76(2):283 – 288.

⑧ Hartley J T, Stojack C C, Mushaney T J, et al. Reading speed and prose memory in older and younger adults[J]. Psychology and aging, 1994, 9(2):216 – 223.

⑨ Kemper S, Jackson J D, Cheung H, et al. Enhancing older adults' reading comprehension[J]. Discourse processes, 1993, 16(4):405 – 428.

的年龄差异①。拼写错误识别也是文本处理过程中经常考察的问题,Abrams 等人的研究表明:识别能力随着年龄增长而下降②。

2.1.3 社会学视野中的老年人阅读研究

进入老年期,老年人面临着生活方式和结构的巨大变动,一方面家庭责任的消减和退休带来了大量的空闲时间,另一方面退休、丧偶、空巢等又在很大程度上带来与社会的脱离感,如何进行老年期的生活调适成为社会学研究老年人时经常关注的问题,阅读的价值受到关注,它作为老年人日常活动方式之一进入社会学的视野。在老年社会活动的情境中考察老年人的阅读状况成为社会学研究的特点,问卷和访谈调查是普遍采用的方法。在调查对象上涉及不同生活环境、不同年龄段、身体残疾及不同种族的老年人;在调查内容上涉及老年人阅读的习惯、时间、来源、目的及影响因素等。

2.1.3.1 老年人阅读的社会价值研究

阅读对所有年龄来说都很重要,它与几乎所有积极的个人和社会行为都有关系,阅读改善了生活③,对老年人而言同样如此。阅读能够提供积极影响和休闲时光,有助于满足老年人对世界持续的好奇心,也提供了与他人交往、强化自尊的方式,而且进行阅读的老年人更倾向于参与社会事务④。Wilson 的研究也指出阅读是信息提供、休闲交流的方式,有助于老人退休后的生活调适⑤,并通过描述佐治亚州阿森斯的退休者中心设立阅读小组的活动实践,指出团体阅读的价值在于保持老年人的积极水平,延续早已形成的习惯并促进了他们的社会接触⑥。

2.1.3.2 老年人的阅读状况研究

社会学所关注的阅读状况主要是阅读在老年社会生活中的地位问题,并对此开展了大量的调查。在时间上的历时调查,如 1974 年受国家老龄委员会委托开展的路易斯·哈里斯民意调查显示,在 4254 位老年人中,36% 的人在阅读上花了很多时间,阅读是仅次于与朋友交往、园艺之后,与看电视并列第三的活动,1981 年再次开展的调查显示这一比例有略微增长,增至 39%⑦;2003—2008 年逐年进行的美国人时间利用调查(American Time Use Survey,ATUS)数据也显示,65 岁以上人口中阅读位居十大休闲活动第二位,仅次于看电视,且多是

① Kemper S,McDowd J,Kramer A. Eye movements of young and older adults while reading with distraction [J]. Psychology and aging,2006,21(1):32 – 39.

② Abrams L,Farrell M T,Margolin S J. Older adults' detection of misspellings during reading[J]. Journal of gerontology B:psychological sciences,2010,65(6):680 – 683.

③ Iyengar S. To read or not to read:a question of national consequence [EB/OL]. [2013 – 04 – 21]. http://www. nea. gov/research/toread. pdf.

④ Wolf R E. What is reading good for? perspectives from senior citizens[J]. Journal of reading,1977,21 (1):15 – 17.

⑤ Wilson M M. Future shock and the aged:is reading a cure or part of the problem? [EB/OL]. [2013 – 04 – 20]. http://catalogue. nla. gov. au/Record/5346385.

⑥ Wilson M M. Enhancing the lives of the aged in a retirement center through a program of reading[J]. Educational gerontology,1979,4(3):245 – 251.

⑦ National council on aging. Aging in the eighties:America in transition,1981[EB/OL]. [2013 – 07 – 22]. http://www. icpsr. umich. edu/icpsrweb/DSDR/studies/8691#datasetsSection.

独立进行的个人行为①。现时性的调查更多,如 Harris 对美国印度裔、英裔、西班牙裔等其他种族的 128 位老年人进行调查,发现阅读是最流行的活动之一②;Swami 描述了印度老年人的生活状况,其中谈到阅读成为老人们的爱好③。

2.1.3.3 老年人阅读的影响因素研究

教育程度、社会经济地位与阅读紧密关联,教育水平和社会经济水平高的老年人会阅读更多的书和杂志④,教育水平越高,阅读技巧和态度越好,而且阅读对教育水平高的老年人所带来的学习和休闲的贡献大于教育水平低的老年人⑤。此外,种族⑥、居住生活方式⑦也会影响老年人的阅读行为。这些关联因素在一定程度上取得了研究共识,但对年龄、身体机能、性别、婚姻等因素的研究上结论却不尽相同,这也反映了老龄所带来的影响具有复杂性。

就年龄的影响而言,McLeod 对加拿大 3354 位 45—64 岁和 65 岁以上读者的调查指出,随着年龄增长,读者的阅读时间增加但阅读范围在变窄⑧。Grubb 对德克萨斯州 304 位年龄在 65 岁以上老年人和 200 位年龄在 25—64 岁的成年人进行的对比分析也表明,前者的阅读兴趣和行为确实与后者存在差异⑨。而 Smith 则认为老年人的阅读模式与一般人群并无二致⑩。

就身体机能的影响而言,老化无可避免,但身体、感知和智力退化对老年人阅读来说很少或几乎没有影响,他们仍是有多种目标的热心读者⑪,Scales 的调查也显示老年人具备完

① Marcum C S. Age differences in daily social activities[EB/OL].[2013 – 07 – 22]. http://www. rand. org/content/dam/rand/pubs/working_papers/2011/RAND_WR904. pdf.

② Harris M B. Activities,family relationships and feelings about aging in a multicultural elderly sample[J]. International journal of aging and human development,1989,29(2):103 – 117.

③ Swami M. Senior citizens of India[EB/OL].[2013 – 04 – 21]. http://www. indianchild. com/people/ senior-citizens. htm.

④ Smith M C. The reading abilities and practices of older adults[J]. Educational gerontology,1993,19(5): 417 – 432.

McLeod R W. Reading patterns of middle-aged and older Canadian book-readers[EB/OL].[2013 – 04 – 21]. http://eric. ed. gov/? id = ED208357.

⑤ Carsello C J,Creaser J W. Reading attitudes and problems of the elderly[EB/OL].[2013 – 05 – 05]. http://www. americanreadingforum. org/yearbook/yearbooks/82_yearbook/pdf/45_Carsello. pdf.

⑥ Harris M B. Activities,family relationships and feelings about aging in a multicultural elderly sample[J]. International journal of aging and human development,1989,29(2):103 – 117.

⑦ Scales A M,Harvey R L,Brown B G. Reading perceptions of noninstitutionalized and institutionalized rural elderly adults[J]. Educational gerontology,1993,19(2):139 – 146.

⑧ McLeod R W. Reading patterns of middle-aged and older Canadian book-readers[EB/OL].[2013 – 04 – 21]. http://eric. ed. gov/? id = ED208357.

⑨ Grubb E A. Reading interests and activity of older adults and their sense of life[D/OL]. Texas:University of North Texas, 1982[2013 – 04 – 21]. http://search. proquest. com/docview/303260626/ 140578B45731E442FEA/4? accountid = 12660.

⑩⑪ Smith M C. The reading abilities and practices of older adults[J]. Educational gerontology,1993,19 (5):417 – 432.

成阅读的生理机能,包括视力、书报翻页、集中注意力等①。

就性别而言,Scales 调查了 49 位老人,发现婚姻、性别对阅读习惯没有影响②,与此相反的结论同样存在,认为女性老年人在阅读上所花费的时间、阅读数量和范围都高于男性③。

2.1.3.4　老年人阅读的社会障碍与社会促进研究

在社会学家看来,老年人同样具有高水平的理解和解释能力以及自由的心,他们所面临的阅读问题显然不应归结为个体,而是社会的失败④,因而促进阅读就需要消除来自社会的各种障碍因素。首先需要克服的就是社会乃至老年项目设计者对老年人的消极观念和错误认识。Rigg 批评了很多阅读项目都有的一种潜意识,即认为老年人为了实用目的而阅读,但他们认为并非如此,老年人是将"阅读作为社会参与和与他们的同龄人互动的一种方式",两者的认识并不匹配⑤;Scales 则批评了老年项目设计者对老年人阅读的忽视,认为他们对老年人阅读不感兴趣可能导致的结果是老年人也开始将阅读视为一种没意思的行为⑥。其次是学习机会的缺失——在老年人应当进入学校学习的年纪他们却没有这样的机会⑦,这使得他们面临着来自知识的阻碍,需要进行再教育⑧。再次是阅读资源的缺乏,几乎没有商业出版社有兴趣出版和营销适合老年群体的阅读资料⑨。

2.1.4　教育学视野中的老年人阅读研究

正如上文所述,很多研究都认同教育水平对老年人阅读带来的影响,因而教育学很早就开始了对老年人阅读的关注,主要从成人教育素养(Literacy)培养和终身学习理念出发。研究的焦点集中在阅读能力、阅读行为和阅读策略,测试法、访谈法、自我报告法成为主要的研究方法。

2.1.4.1　老年人的阅读能力研究

老年人的阅读能力显著低于 18—60 岁的成年群体⑩,1993 年"全国成人素养调查"(Na-

---

①② Scales A M,Biggs S A. A survey of reading habits with suggested instructional strategies elderly adults〔EB/OL〕.〔2013 – 05 – 05〕. http://eric. ed. gov/? id = ED233332.

③ McLeod R W. Reading patterns of middle-aged and older Canadian book-readers〔EB/OL〕.〔2013 – 04 – 21〕. http://eric. ed. gov/? id = ED208357.

④⑨ Kingston A J. Reading and the aged:a statement of the problem〔J〕. Educational gerontology,1979,4(3):205 – 207.

⑤ Rigg P,Kazemek F. Literacy and elders:what we know and what we need to know〔J〕. Educational gerontology,1983,9(5):417 – 424.

⑥ Scales A M,Biggs S A. Reading habits of elderly adults:implications for instruction〔J〕. Educational gerontology,1987,13(6):521 – 532.

⑦ Grubb E A. Reading interests and activity of older adults and their sense of life〔D/OL〕. Texas:University of North Texas, 1982〔2013 – 04 – 21〕. http://search. proquest. com/docview/303260626/140578B45731E442FEA/4? accountid = 12660.

⑧ Haase A,Robinson R D,Beach R. Teaching the aged reader:issues and strategies〔J〕. Educational gerontology,1979,4(3):229 – 237.

⑩ Allington R L,Wolmsley S A. Functional competence in reading among the urban aged〔J〕. Journal of reading,1980,23(6):494 – 497.

tional Adult Literacy Survey, NALS)也指出 65 岁以上老人在短文阅读素养和文档阅读素养上的表现均显著低于其他年龄群体,而且差距幅度都在 30% 左右①;在 2007 年的调查中,这一状况依然没有根本改变②。从生命周期的角度来比较儿童、成年人和老年人,发现语音技能能够最好地预测儿童和成年人的读写能力,而可变智力和日历年龄则是预测老年人读写能力的最好指标,这反映了老化带来的变化影响了很多能力,尽管如此,老年人仍然保持了与成年人相同的阅读和写作能力,意味着他们具有强大的补偿技能③。

2.1.4.2 老年人的阅读行为研究

在阅读时间上,Sharon 对 5067 位成人的调查发现成年人平均每天的阅读时间将近 2 小时,而 65 岁以上老年人为 89 分钟④。在阅读内容上,报纸、杂志都成为老年人偏爱的主要文献类型,新闻、历史、传记、宗教成为偏爱的主要内容⑤,他们并不喜欢阅读科幻小说、抑郁的书、包含性或暴力的书、情节混乱的书或字母多的书,他们对有助于保持创造性和最大智力能力的资料有强烈需求⑥。在个体差异上,在对 1308 位老人的报纸阅读进行考察后发现,60—70 岁的读者在人口学和个体特征上的差异要大于 70 岁以上的读者,80 岁及以上老年人中的读者数量在下降,但他们的阅读满意度却更高⑦。

2.1.4.3 老年人的阅读策略研究

Meyer 等人对 46 位老年人进行的阅读指导研究表明,老年人更多依赖文本中的标志来进行阅读,严格的认知文本学习路径对老年人而言是不够的⑧;培养高水平的口头表达能力,降低阅读速度,采用分析方式进行阅读,辨别阅读资料的段落结构等策略能提高回忆效果⑨。Champley 对 96 位具有大学学历的、年龄在 65—79 岁的老年人进行研究,发现阅读理解状况与单词、解码、语音和词形的掌握情况正相关,而且这一群体阅读材料范围很广泛,阅读策略很多样,总体来看是成功的阅读者⑩。Duncan 从回溯的角度来分析老年人的阅读历史,对 23 位退休老年人进行了深度访谈,发现这些终身阅读者很早就展现了对阅读的兴趣,他们的经

---

① Kirsch I S, Jungeblut A, Jenkins L, et al. Adult literacy in America: a first look at the results of the national adult literacy survey[EB/OL]. [2013 – 07 – 12]. http://nces. ed. gov/pubs93/93275. pdf.

② Tamassia C, Lennon M, Yamamoto K, et al. Adult literacy in America: a first look at the results of the national adult literacy survey[EB/OL]. [2013 – 07 – 12]. http://www. ets. org/Media/Research/pdf/ETSLITERA-CY_AEPS_Report. pdf.

③ Crowley K, Mayer P, Stuart-Hamilton I. Changes in reliance on reading and spelling subskills across the lifespan[J]. Educational gerontology, 2009, 35(6):503 – 522.

④ Sharon A T. What do adults read? [J]. Reading research quarterly, 1973, 9(2):148 – 169.

⑤ Scales A M, Rhee O. Adult reading habits and patterns[J]. Reading psychology, 2001, 22(3):175 – 203.

⑥ Harvey R L, Dutton D. Reading interests of older adults[J]. Educational gerontology, 1979, 4(3):209 – 214.

⑦ O'Keefe G J. The uses of newspapers by elderly audiences[EB/OL]. [2013 – 04 – 21]. http://eric. ed. gov/? id = ED321248.

⑧ Meyer B J F, Talbot A, Stubblefield R A, et al. Interests and strategies of young and old readers differentially interact with characteristics of texts[J]. Educational gerontology, 1998, 24(8):747 – 771.

⑨ Rice G E, Meyer B J F. Reading behavior and prose recall performance of young and older adults with high average verbal ability[J]. Educational gerontology, 1985, 11(1):57 – 72.

⑩ Champley J L. An analysis of reading materials and strategies used by older adults[D/OL]. Kansas: Wichita state university, 2005[2013 – 05 – 05]. http://soar. wichita. edu/bitstream/handle/10057/656/d05012. pdf.

历为学校和其他机构制定阅读指导策略提供了参考①。

2.1.5 图书馆学视野中的老年人阅读研究

在图书馆学的发展历史上,20 世纪 30 年代美国芝加哥学派对阅读成为"科学的研究"发挥了重要作用。他们把阅读视为将文献中所包含的社会知识转移到个人知识的中间环节,而图书馆则是促成这一转移大规模实现的社会机构,力图通过大量的社会调查,阐明阅读这一转换过程,并将这种转换的理论作为认识论的基础,重新解释和理解图书选择、服务、管理、图书馆历史等图书馆学的问题②。作为学派创始人之一的 Waples 是阅读研究的先锋,1931 年他与 Tyler 对成年读者的阅读选择进行分析,发现阅读兴趣上的差异并不是来自年龄而主要来自教育程度、职业和经济地位等因素。他的研究不仅揭示了以人们潜在需求来收集和提供图书这一图书馆学原理性的认识,而且开启了阅读研究的调研传统,他的学生 Berelson 延续了这一传统,对 1930—1948 年图书馆利用情况进行分析,认为正规教育程度是影响老年人利用图书馆的唯一原因,而且年纪越大利用图书馆就越少。他还发现年轻的成年人与老年人相比会借阅更多的非小说型书籍,而老年人会借阅更多的社会科学领域的文献③。总体而言,芝加哥学派的研究基本奠定了图书馆学老年人阅读的研究特点:在研究内容上将阅读兴趣与读物选择关联起来,将阅读与图书馆利用关联起来,将阅读促进与图书馆馆藏建设和服务关联起来;在研究方法上,以针对图书馆及其用户的访谈法、问卷调查法、案例法及针对流通数据的统计分析法为主。

2.1.5.1 老年人的阅读兴趣研究

在阅读内容上,1969 年尼尔森调查公司受国会图书馆盲人和身体残障服务部委托,利用流通数据调查 12 万用户,91.3% 的 65 岁以上读者喜欢有声书胜过其他设备;老年读者不喜欢阅读操作手册、科幻小说、包含性或暴力的书,对职业性或专业性阅读资料也无需求④。Drickhamer 通过招募老年人进行馆藏阅读和推荐来分析老年人的阅读兴趣,发现感悟生命和易打发时间的图书得到明显的偏好,科幻小说、抑郁的书、有大段描述的图书基本没人推荐⑤。Weitkemper 通过邮件问卷调查的方式,对利用丹尼尔·布恩区图书馆延伸服务的 550 位 60 岁以上的老年读者进行调查,发现他们的阅读兴趣依次为宗教或励志书、历史小说、传记、爱情小说、神话和西部小说⑥。

---

① Duncan P H,Goggin W F. Reading habits,patterns,and interests of older active readers[EB/OL]. [2013 – 04 – 20]. http://www. americanreadingforum. org/yearbook/yearbooks/82_yearbook/pdf/39_Duncan. pdf.

② 黄纯元. 论芝加哥学派(下)[J]. 图书馆,1998(2):6 – 9.

③ 黄纯元. 论芝加哥学派(中)[J]. 图书馆,1998(1):7 – 10.

④ Nelson associates,Inc. A survey of reader characteristics,reading interests,and equipment preferences:a study of circulation systems in selected regional libraries[EB/OL]. [2013 – 06 – 17]. http://www. archive. org/ stream/divisionforblind00nels#page/n1/mode/2up.

⑤ Drickhamer J. Rhode island project:book reviews by older citizens[J]. Library journal,1971(5):2737 – 2743.

⑥ Kamin J. How older adults use books and the public library:a review of the literature[EB/OL]. [2013 – 04 – 17]. https://www. ideals. illinois. edu/bitstream/handle/2142/3905/gslisoccasionalpv00000i00165. pdf? sequence = 1.

在阅读特点上,尽管老年读者的需求不同,但绝不存在与成年读者的巨大差异①,Fischer 综合多项老年人阅读兴趣的调查结果显示,老年人的阅读嗜好与一般成人接近,无论在主题或是态度上都是多样化的,喜好的主题包括浪漫小说、传记、侦探小说、旅行、宗教、大自然、怀旧之情及有快乐结局等,对有关性、暴力与科技方面的图书资料则不感兴趣。基本上老年人可归为一个喜好轻松读物的读者群,而非具有个人嗜好的个体②。

在读物类型上,尽管 Drickhamer 的研究指出大字书和哑粉纸书受欢迎③,但 Speak 和 Gourlie 对此并不完全认同。前者对莱斯特老年护理中心图书馆老年人进行的调查显示,尽管大字书很受重视,但它并不如预期般使用频繁④;后者对俄亥俄州奥克伍德公共图书馆 70 位 50 岁以上的读者进行了调查,大部分读者更倾向于阅读标准字号而非大字书,女性读者随着年龄增长对大字书表现出了强烈的兴趣,所有年龄读者都使用大字书而并不仅仅是老年人⑤。

2.1.5.2 老年人阅读与公共图书馆利用研究

路易斯·哈里斯公司在 1974 年和 1981 年进行的民意调查显示,老年人的阅读时间有略微增长,他们去图书馆的频率也增加了⑥。这一结果显示出阅读与图书馆利用的关联。Ngandu 等对 101 位老年人进行的问卷调查显示,74% 的被调查者将图书馆看作是他们的主要阅读资料来源⑦,Watson 的研究更指出将近 14% 的老年读者完全从公共图书馆来获得图书⑧。在经济困难时期,这种情况更加明显,印第安纳州马里昂公共图书馆员发现很多收入有限的退休老年人经常利用图书馆来进行阅读⑨,OCLC2010 年报告也显示在金融危机时期,16% 的美国老年人更多地使用图书馆⑩。除了提供阅读资料外,公共图书馆对老年人的吸引力还在于所开展的阅读俱乐部,它不仅为老年人提供了分享阅读体验、推荐阅读、增长

① Nelson associates, Inc. A survey of reader characteristics, reading interests, and equipment preferences: a study of circulation systems in selected regional libraries [EB/OL]. [2013 – 06 – 17]. http://www. archive. org/stream/divisionforblind00nels#page/n1/mode/2up.

② Fischer M W. The needs of older adults: materials and access [J]. Drexel library quarterly, 1979, 15(2): 20 – 28.

③ Drickhamer J. Rhode island project: book reviews by older citizens [J]. Library journal, 1971(5): 2737 – 2743.

④ Speak M. A survey of reading patterns of elderly people using the age concern centre library, Leicester [J]. Health libraries review, 1990, 7(1): 8 – 13.

⑤ Gourlie S K. Reading interests of older adults public library users [D]. Kent: Kent state university, 1996: 22.

⑥ National council on aging. Aging in the eighties: America in transition, 1981 [EB/OL]. [2013 – 07 – 22]. http://www. icpsr. umich. edu/icpsrweb/DSDR/studies/8691#datasetsSection.

⑦ Ngandu K M. The reading of older Americans who view learning as a lifelong activity [EB/OL]. [2013 – 04 – 20]. http://elib. uum. edu. my/kip/Record/ED205928/Description#tabnav.

⑧ Kamin J. How older adults use books and the public library: a review of the literature [EB/OL]. [2013 – 04 – 17]. https://www. ideals. illinois. edu/bitstream/handle/2142/3905/gslisoccasionalpv00000i00165. pdf? sequence = 1.

⑨ Reed E W. Library programs and activities: serving the aging directly [EB/OL]. [2013 – 06 – 17]. https://www. ideals. illinois. edu/bitstream/handle/2142/6694/librarytrendsv21i3e_opt. pdf? sequence = 1.

⑩ Rosa C D, Cantrell J, Carlson M, et al. Perceptions of libraries, 2010: context and community [EB/OL]. [2013 – 06 – 17]. http://www. oclc. org/reports/2010perceptions/2010perceptions_all. pdf.

知识的机会,而且以阅读为纽带为老年人提供了结识新朋友、与他人互动、增进社会融入的方式①②。

2.1.5.3 老年人的图书馆阅读促进研究

长期以来认为老年人不读书或不使用图书馆的消极认识成为影响老年人参与阅读和利用图书馆的最大障碍③,将阅读与学技能、找工作、赚钱关联的功利观念同样阻碍了对阅读适用于老年生活的休闲或人文功能的认识,因而促进老年人阅读应当丰富他们的阅读体验,重建他们对阅读的积极观点,图书馆可通过代际活动或图书馆咖啡厅等方式增进老年人的社会互动,将图书主动送至老年人身边而不是被动地等他们来图书馆,并且提供更多能吸引老年人的阅读资源④。

在读物内容的选择上,Waples 指出老年读者通常想增长知识面,但找到他们感兴趣的读物则太难⑤,为此要结合老年人的阅读水平、教育程度和身体状况考虑读物的可读性和吸引力⑥。对老年人阅读兴趣的调查结果能够为图书馆员进行馆藏建设提供参考,Romani 指出在图书馆学探讨图书馆为各类老年人服务的文献中,老年人的阅读兴趣似乎都是一样,但1968 年《图书馆趋势》"公共图书馆群体服务"专刊对全国 72 家公共图书馆进行的调查却显示,图书馆员对应纳入老年人服务的馆藏存在分歧⑦。那么,以同龄人的视角来评价和推荐图书显然是一个很好的创意。罗德岛图书馆服务部招募了 53 位年龄在 65 岁以上的老年人在 4 个月时间里阅读、评价并且推荐他们认为其他同龄人也会阅读的图书,最终形成 150 本书的购买清单⑧。从老年人的读物选择策略来看,浏览是主要方式,图书馆员的建议和图书展示方式很受重视,因此加强馆员的阅读指导也是非常重要的⑨。Turock 在 1981 年就建议在每个图书馆应配备老龄化问题专家以开展阅读辅导评价、上门服务等⑩。堪萨斯城公共图书馆老年服务馆员 Ahlvers 结合老年人的三个世代——英雄的一代(G. I. Generation)、沉默的一代(Silent Generation)、婴儿潮一代(Baby Boomers)的不同特点提出了不同的阅读推荐

---

① Mates B T. 5-star programming and services for your 55 + library customers[M]. Chicago:American library association,2003:48.

② Luyt B,Chow Y H,Ng K P,et al. Public library reading clubs and Singapore's elderly[J]. International journal of libraries and information services,2011,61(3):205 – 210.

③⑥ Takashima R. The role of public libraries in gerontological education[J]. Lifelong education and libraries,2005(5):119 – 126.

④ Luyt B,Ann H S. Reading,the library,and the elderly:a Singapore case study[J]. Journal of librarianship and information science,2011,43(4):204 – 212.

⑤ Dubay W H. The classic readability studies[EB/OL]. [2013 – 04 – 17]. http://www. ecy. wa. gov/quality/plaintalk/resources/classics. pdf.

⑦ Romani D. Reading interests and needs of older people[J]. Library trends,1973,21(3):390 – 403.

⑧ Drickhamer J. Rhode island project:book reviews by older citizens[J]. Library journal,1971(5):2737 – 2743.

⑨ Speak M. A survey of reading patterns of elderly people using the age concern centre library,Leicester[J]. Health libraries review,1990,7(1):8 – 13.

⑩ Kamin J. How older adults use books and the public library:a review of the literature[EB/OL]. [2013 – 04 – 17]. https://www. ideals. illinois. edu/bitstream/handle/2142/3905/gslisoccasionalpv00000i00165. pdf? sequence = 1.

方案,并指出应分析老年人阅读的发展趋势以增进导读吸引力①。Natke 为图书馆开展同主题书籍讨论(book talk)活动提供了多项建议,包括选择合适的时机介绍合适的主题书籍,提供待讨论书籍清单,展示书籍的纸质或录音版以便老年人借阅、将图书馆服务融入其中,评价活动项目等②。

视力、脑力、行动能力随着老化的进程而变弱是老年人阅读面临的障碍,因而克服这些障碍,有效提供老年读物成为促进老年人阅读的基础。首先,在设施设备上需要考虑老年人的身体特点,譬如设置专门的老年人区域,配置舒适的阅读桌椅等③,图书馆应组织提供便利的交通方式以帮助老年人来到图书馆或者将图书馆服务送上门④。

其次要关注阅读资源配置与服务活动。为改善大字书缺乏的局面,纽约公共图书馆在康奈图书馆中心开展了时长两年半的大字书项目,取得显著成效。其成功经验是:图书馆需要开展面向疗养院、医院、社区中心、居家的潜在用户的邮寄、巡回书库服务,要宣传大字书的图书馆可获得性,以促进老年读者的利用,通过政府或私人渠道寻找资金以建设完整的大字书馆藏,最好以巡回方式在图书馆体系中进行流通利用⑤。Fischer 指出,对于出行不便的老年人而言,图书馆应开展馆藏寄存、送书上门、移动图书馆、图书邮寄服务,还可以与其他服务如送餐服务相结合以增加书籍和读者的联系⑥。Kleiman 对公共图书馆为老年人服务提出了 20 条首要操作方法,内容包括购买大字本、提供老年人喜好的网络资源链接等⑦。Street 则介绍了英国公共图书馆为老年人提供定期上门服务、流动书库和图书定期轮换的服务情况⑧。Irvall 介绍瑞典图书馆与有关老人医疗机构合作,为高龄和痴呆老人提供朗读和简单的记忆训练的经验⑨。

2.1.6　多学科视野中的老年人阅读研究评析

2.1.6.1　老年人阅读研究的学科分野

综观老年人阅读的研究成果,各学科在研究视角、研究对象、研究内容、研究方法等方面

---

①　Ahlvers A. Older adults and readers' advisory[J]. Reference & user services quarterly,2006,45(4):305 – 312.

②　Mates B T. 5-star programming and services for your 55 + library customers[M]. Chicago:American library association,2003:45.

③　Decker E N. Baby boomers and the United States public library system[J]. Library Hi Tech,2010,28(4):605 – 616.

④　Bundy A. Community critical:Australian public libraries serving seniors[J]. Australasian public libraries and information services,2005,18(4):158 – 169.

⑤　Romani D. Reading interests and needs of older people[J]. Library trends,1973,21(3):390 – 403.

⑥　Fischer M W. The needs of older adults:materials and access[J]. Drexel library quarterly,1979,15(2):20 – 28.

⑦　Kleiman A M. Top 20 ways of serving older adults[EB/OL]. [2013 – 07 – 05]. http://infopeople. org/training/past/2007/older/5_20_Ways_of_Serving_Older_Adults. pdf.

⑧　Street P. National provision to the elderly in public libraries:preliminary results of a postal survey conducted in 1993[J]. Library Management,1994,15(8):28 – 32.

⑨　Irvall B. Library services to institutions for the elderly in Sweden[EB/OL]. [2013 – 10 – 07]. http://www. eric. ed. gov/ERICDocs/data/ericdocs2sql/content_storage_01/0000019b/80/1a/c0/45. pdf.

都显露了明晰的学科分野。

在研究视角上,生理学和心理学主要是个体视角,侧重个体的身心因素与阅读的互动,而社会学、教育学和图书馆学更偏重社会视角,强调阅读与个体所处社会环境的互动,社会学从考察老年社会生活调适方式的角度进入,教育学从提高老年人功能性素养和促进终身学习的角度切入,图书馆学则以促进社会到个人的知识转移和老年服务为切入点。

在研究对象上,各学科都选取了不同类别的老年人作为研究对象,年龄是普遍的选取和区分方式。生理学对不同生理机能,心理学对不同心理机能,社会学对不同种族、阶层、地域、机构,教育学对不同教育水平,图书馆学对不同社区、图书馆利用状况的对象侧重构成了各学科的差异。在对阅读文本的研究层面上,学科的差异也同样存在,生理学更关注语形,心理学更关注语法,教育学更关注语义,社会学和图书馆学更关注语用。

在研究内容上,生理学主要考察阅读行为发生的生理机能与老化的相互影响,心理学主要研究老年人对不同文本的感知、注意、回忆与理解的过程与效果,它们都侧重在阅读行为的客观实施过程;教育学偏向老年人阅读能力和阅读策略,侧重于实用性、学习性阅读;社会学主要研究老年人阅读的社会价值、影响因素与障碍消除,图书馆学则倾向于读物选择和图书馆服务,它们均侧重于日常性、休闲性阅读行为。

在研究方法上,生理学和心理学更多采用自然科学的研究方法,多以人为控制的实验室实验法为主;社会学和图书馆学多以自然情景中的问卷和访谈调查法为主,但前者多选社会人群,后者多选图书馆用户;教育学则较多采用测试法。

2.1.6.2 老年人阅读研究的学科交融

学科之间的交融也同样存在,首先表现在理论基础上的渗透。以图书馆学为例,1957—1962 年第一届白宫老龄大会期间,老年学的概念和理论就进入图书馆学,Kanner 对 1946—1969 年图书馆文献进行内容分析,指出这种转移的平均时间是 5.5 年,有的需要 6—11 年[①];芝加哥学派从社会机构和社会知识转移的角度来理解图书馆和阅读显然受到了社会学的影响,同时 Waples 的研究也受到了同是芝加哥大学教育学系 Gary 的影响。

其次是研究取向的交融。在早期,无论是老龄还是阅读都被视为个人问题,外界无法干预。随着对老龄化认识的深入,老龄问题成为社会问题,老年人阅读也被视为社会环境中的互动行为,能带来多方面积极效应。老化的影响虽然无可避免,但它绝不是决定因素,老年人仍然具有参与阅读的能力和主观意愿,而辅助设备、认知训练、发展教育和增进社会支持等外界力量的介入更被普遍认为可以大大降低这一影响。这种取向的转变带来的不仅是对老年人阅读的积极态度,而且使得个体视角与社会视角、微观视角与宏观视角在一定程度上相互融合,从而实现对老年人阅读的整体性解读。

再次是研究主题的交叠。阅读学研究的主要刊物《老年教育学》《阅读学季刊》上刊登了来自各个学科的研究成果,有些很难区分属于哪个学科,原因就在于它们的研究主题非常相近。日常阅读偏好、阅读时间、读物来源、阅读障碍与阅读促进在社会学、图书馆学都成为常有的考察主题,阅读认知过程、阅读能力与阅读策略在心理学和教育学的研究中也相互交织,心理学的研究常常成为教育学的立论根据。一些研究结论也获得了多学科的认同,如老年人阅读的多样化与老年群体的异质性特征相一致,而老年群体的同质性又带来了阅读偏

---

① Casey G M. Staffing library services to the aging[J]. Library trends,1973,21(3):413 – 430.

好上的一些共同点;年轻时的阅读习惯和对阅读的态度会影响老年期的阅读行为;老年人的阅读能力相对前代人而言在提高,但相对于同时代其他群体而言依然偏低,教育是很重要的影响力量;老年刻板印象是阻碍老年阅读项目开展的主要因素等。

最后是研究方法的相互借鉴。芝加哥学派代表人物之一 Waples 较早把社会科学研究方法带入到图书馆学领域,他在研究老年人阅读兴趣时采用了社会学的访谈法,确立了117个访谈问题而不是图书馆学传统使用的流通数据来获得结论[①],具有革新性。访谈法的应用范围也早已扩展到其他学科,成为适用性最广的研究方法。此外,将研究对象置于实验室或其他人为环境中进行考察所获得的研究结果难以充分反映现实情境中的状况,因而心理学在实验室实验法之外,借鉴采用了社会学和图书馆学的日志分析法。反过来,图书馆学对心理学眼动跟踪法的采用也日渐增多。

综上所述,老年人阅读是一个多学科研究的交叉领域,学科分野带来了研究的多维视角和内容侧重,为我们提供了开阔的眼界和丰富的成果借鉴,而学科的交融为我们构建研究的整体性框架奠定了基础。正如伯顿·克拉克所说,"没有一种研究方法能揭示一切,宽阔的论述必须是多学科的"[②]。国外老年人阅读已经呈现出在分野之上的交融趋势,我国近年来阅读研究升温,老年人阅读也在老龄化急剧发展的背景中越来越受到关注,而国外研究提示我们:要增进该领域的研究就必须打破学科壁垒,以研究主题为统领,从更宽广的多学科视野来获得整体性认识。

2.2　国内老年人阅读研究综述

我国对老年人阅读的研究也具有多学科参与的性质,其成果散见于图书馆学、心理学、出版学、老年社会学等多个领域中。随着阅读社会和老龄社会的发展,对老年阅读的研究日渐丰富,为了全面了解我国老年人阅读的研究现状,需要进行细致的文献梳理。研究以"老年""老龄""老年人""老年读者""阅读""图书馆"等为关键词进行组配,对时间不加限制,在 CNKI、维普、万方等数据库中进行检索,并通过搜索引擎及其他方式对台湾文献进行搜集,最终获得的文献主要分布在 20 世纪 80 年代至今,各学科内的时间分布有所不同。不同学科在研究宗旨、研究视角、研究内容、研究方法上既有交叉也有各自特点,下面将主要从研究内容的角度对国内研究现状进行综述。

2.2.1　老年人阅读状况研究

有关老年人阅读状况的数据主要来源于以下三方面:

(1)以社会学研究者为主的,从老年人闲暇生活角度所做的调查,内容主要涉及老年阅读在休闲活动中的地位、阅读时间、相关影响因素等。其中,一类是由专业机构开展的、大规模的、全国性或地区性的调查。如 1987 年中国社科院人口研究所进行的全国人口抽样调查

---

①　Dubay W H. The classic readability studies[EB/OL]. [2013 – 04 – 17]. http://www.ecy.wa.gov/quality/plaintalk/resources/classics.pdf.

②　郭爱妹. 多学科视野下的老年社会保障研究[M]. 广州:中山大学出版社,2011:3.

显示,在老年人的闲暇时间分配中,市、镇、县三级老人用于学习阅读的时间分别为0.60、0.53和0.09小时,都低于串门聊天、家务劳动、看电视等活动所占的时间,而且男性比例都明显高于女性,阅读时间状况与平均受教育程度大体相当,显示出受教育程度与阅读时间的相关性①。1997年上海市老年科学研究中心的调查显示,看书报杂志的老年人比例达44.3%,成为排名第三的活动内容。中国老龄科研中心在对天津、杭州、无锡城市老年人最近一个月余暇活动进行的调查表明,看报和看书、杂志在老年人的闲暇活动中分别占据了第三、五位,但与电视、广播等超过70%的接触率相比,书报、杂志的接触率仅在50%以内②。1998年上海市老龄委调查数据显示,读书看报在60岁以上不同年龄组老人中所占的比例,总体呈现出随年龄增长而逐渐下降的趋势③。2000年中国群众体育现状调查数据显示,我国城乡居民喜爱的15类余暇活动中,阅读书报排在了第二位④。"中国北方农民闲暇生活方式差异研究"课题组2001年对农民闲暇活动的调查显示,农村老年群体从事的闲暇活动种类最多,闲暇活动类型的集中度相对较低。老年人中有8项闲暇活动支付的时间位于各年龄群体之首,其中位列第二的就是阅读书报杂志⑤。国家统计局社会科技司于2008年在全国10个省市的调查显示,阅读书刊都排在休闲娱乐活动的第五位,男性老年人阅读书刊和上网的时间均超过同年龄段女性⑥。中国老龄科学研究中心于2006年组织实施的全国城乡老年人口状况追踪调查结果显示,城市老年人中读书看报和学电脑上网的比例分别为47.32%和3.03%,其中,男女的比例依次分别为61.22%、33.74%和3.90%、2.17%;农村老年人中读书看报和学电脑上网的比例分别为9.99%和0.04%,其中,男女的比例依次分别为15.79%、2.76%和0.07%、0⑦。2010年再次进行的调查显示,23.73%的老年人读书看报,学电脑上网的比例仅为2.39%,其中男女的比例依次分别为31.71%、16.07%和3.32%、1.49%,城市老年人读书看报和学电脑上网的比例分别为44.2%和5.09%,其中男女的比例依次分别为55.88%、33.12%和7.20%、3.08%;农村老年人读书看报和学电脑上网的比例分别为7.58%和0.26%,其中男女的比例依次分别为12.82%、2.51%和0.29%、0.22%⑧。2009年江苏省人口和计划生育委员会进行的抽样调查显示,读书看报是仅次于看电视的文化活动,但在频率上相对较低⑨。

另一类是由研究者个体组织开展的、小范围的、地区性调查。如赵凌云1999年对湖州

① 周光复.中国老年人口生活闲暇时间研究[J].南方人口,1992(2):29-32.

② 李宝库.跨世纪的中国民政事业中国老龄事业卷(1982—2002)[M].北京:中国社会出版社,2002:7.

③ 孙常敏.城市老年人余暇生活研究——以上海城市老人为例[J].上海社会科学院学术季刊,2000(3):126-134.

④ 中国群众体育现状调查组.中国群众体育现状调查与研究[M].北京:北京体育大学出版社,2005:77.

⑤ 田翠琴,齐心菁.农民闲暇[M].北京:社会科学文献出版社,2005:221-222.

⑥ 国家统计局社会和科技统计司.中国人的生活时间分配:2008年时间利用调查数据摘要[M].北京:中国统计出版社,2009:28.

⑦ 郭平,陈刚.2006年中国城乡老年人口状况追踪调查数据分析[M].北京:中国社会出版社,2008:221-235.

⑧ 吴玉韶,郭平.2010年中国城乡老年人口状况追踪调查数据分析[M].北京:中国社会出版社,2014:414-427.

⑨ 杨春.城市老年人心理和精神文化生活状况的调查分析[J].人口学刊,2011(3):80-86.

市 352 位老年人进行的闲暇时间利用发现,占 20—30% 的人选择了读书看报[①]。叶南客在 1999 年对南京城区 260 多名老人的闲暇生活进行调查,数据显示,看电视、读书、看报纸杂志是大多数老人闲暇生活的主要方式,其中 59.77% 的老人选择了读书看报作为闲暇活动[②]。王琪延 2000 年对我国老年人闲暇时间利用的调查表明,60—64 岁、65—69 岁、70 岁以上三个年龄段"一般阅读"的时间,男性依次为 34、39、41 分钟(日平均),女性依次为 21、22、26 分钟(日平均)[③]。孙常敏 2000 年以对上海市老人的调查为依据所进行的城市老年人余暇生活研究表明,从老年人余暇时间的利用情况看,读书报、杂志是仅次于看电视之后的活动,比例占 58.37% ,人均每天 49 分钟[④]。刘颂对南京市老年人的精神生活及精神需求状况进行了调查,数据表明,阅览报纸是老年群体第二位的精神文化活动,其中,51.4% 的老年人自己订阅报纸,36.8% 的老年人基本每天去售报摊买报纸,以其他方式获得的报纸的老年人占 11.8%[⑤]。张祥晶 2004 年对 203 位杭州市老年人的调查显示,"读书、看报、看杂志"在益智类休闲活动中排第 2 位[⑥]。付敏红 2004 年对南宁市 177 位老年人休闲方式的调查中发现,看电视、体育锻炼和看书报是最受喜爱的活动,平均每天读书报的时间为 56.69 分钟,文化程度高低影响着阅读时间长短[⑦]。2008 年对福州市区老年人的调查显示,其余暇时间主要用途前五位中第 4 位是"看书报杂志",书籍报刊是主要的文体支出之一[⑧]。2012 胡仕勇和郭浩对湖北省长阳县 387 位农村老年人进行调查显示,其中 3.6% 的闲暇活动是阅读报纸杂志等,与看电视的 73.6% 形成鲜明的对比[⑨]。这些调查都表明,阅读书报是老年人闲暇的主要活动之一,就参与比例而言,城乡差距明显、男女差异明显、新兴阅读载体与传统载体阅读上差异明显。

（2）以出版传播学者和机构为主的,从老年人的媒介接触角度所做的调查,内容涉及全面,包括老年人对各类媒介如图书、报纸、杂志、网络的接触比例及历史变化,阅读动机、时间、内容、影响因素等。陈勃 2008 年的调查结果显示,在 739 位老年人中,城市老年人读报纸、看杂志的比例分别为 63.8%、33.6% ,每天阅读时间主要集中在 15 分钟至 2 小时。在阅读喜好方面,看报纸倾向于新闻、健康保健、生活服务、文学及体育,看杂志倾向于医疗保健、

---

①　赵凌云. 老年人闲暇时间利用问题研究——对湖州市 352 位老年人的调查分析[J]. 湖州师范学院学报,2000(4):39 - 45.

②　叶南客. 城市现代化进程中的老年生活考察——南京市老年人生活方式与生活质量变迁的个案研究[J]. 社会学研究,2001(4):77 - 88.

③　王琪延. 中国人的生活时间分配[M]. 北京:经济科学出版社,1999:115 - 116.

④　孙常敏. 城市老年人余暇生活研究——以上海城市老人为例[J]. 上海社会科学院学术季刊,2000(3):126 - 134.

⑤　刘颂. 老年精神生活:一个亟待关注的社会问题——老年人群精神生活现状的调查与研究[J]. 南京社会科学,2002(4):80 - 86.

⑥　张祥晶. 杭州市老年人口休闲状况调查与分析——基于一个小样本的分析[J]. 西北人口,2006(4):54 - 57.

⑦　付敏红. 影响城市老年人休闲生活的因素及对策——以南宁市老年人为例[J]. 广西社会科学,2005(12):173 - 176.

⑧　林萌. 福州市区老年体育开展现状研究与对策研究[D]. 福建:福建师范大学,2009:12 - 13.

⑨　胡仕勇,郭浩. 农村老年人口闲暇生活状况与影响因素分析——基于湖北省长阳县农村调查数据[J]. 社会工作,2012(2):71 - 73.

时事政治、文学、娱乐及体育,对报纸和杂志内容适合老年人程度集中于"一般"和"较少"。而在农村老年人中,看报纸杂志的时间多数集中在上午8—12点,时长集中于15分钟至2小时。在内容偏好上,看报纸时喜好为新闻、健康保健、生活服务、科教、文学,看杂志的喜好依次是医疗保健、时事政治、法律、娱乐及文学,认为报纸、杂志适合老年人的程度集中在"一般"和"较少"。对城乡老年人而言,性别、受教育水平、经济状况、自评健康状况与不同阅读媒介之间具有不同的相关关系[①]。石竹青对保定市区216位低龄老年人的阅读状况进行了调查,发现整体阅读比例较低,六成以上几乎不阅读或以浅阅读为主,但仍对阅读有较高期待[②]。张珍珍对上海300位老年读者群体2000—2010年的阅读习惯进行了调查,获取他们近十年的阅读情况及其变化,指出上海老人的阅读环境受到更多来自社会变迁和科技进步等因素的影响,旧有阅读观念随之有所变动;阅读习惯改变较小,仍视阅读为重要休闲活动,日益重视阅读的精神慰藉功能,对纸质读物保有较强阅读欲望;身体健康、教育程度、社会精神养老支持力度及良好阅读习惯等条件制约着他们的阅读,阅读需求和满足之间矛盾突出[③]。李贤亮在对河北省老年人媒介接触状况的调查中包含了较多有关阅读的内容,显示城市老年人对报纸、杂志的接触比例明显高于农村老年人。城乡老年人的阅读动机主要是了解时事政策和打发时间,阅读时间多集中于15分钟至2小时,主要时段是上午8—12点。最偏爱的报纸内容是新闻、生活服务、保健及体育,阅读杂志时最主要的内容是饮食和医疗保健;性别、年龄、健康状况、学历水平、经济因素与老年人对报纸、杂志的接触存在一定的相关显著性;对报纸、杂志的满意度偏低[④]。

(3)以图书馆学者为主的,从老年人的知识信息获取和图书馆利用角度进行的研究,研究内容包括参与阅读的比例、阅读动机、阅读时间、影响因素以及对图书馆的认知和利用情况等。笔者曾对北京市5个城区的205位老年人和湖北省十堰市竹山县下辖6个乡镇的300位老年人进行过调查,了解了他们的阅读和公共图书馆利用状况。结果发现,老年人阅读目的以休闲消遣、增加知识为主;在阅读上的费用投入普遍较少,农村体现得更明显;阅读时间在半小时到1小时,占闲暇时间的比例低;积极解决阅读困难的比例较小;主要阅读报刊,内容以时事政治、健康娱乐、经济法律为主。性别、年龄、文化程度、经济收入、以前职业对阅读行为会有不同方面、不同程度的影响[⑤]。2008年对哈尔滨市图书馆老年读者的调查分析显示,到馆老年读者绝大部分是较年轻的老年人,性别分布基本均衡,报刊读者群中老年人比例较多,而外借办证比例极低,阅读内容以时事新闻、营养保健、兴趣爱好、学术研究为主[⑥]。杨静对以广州市为代表的98位城市老年人和以吴桥县为代表的116位乡镇老年人的阅读现状进行了调查,发现城乡老年人多数都对阅读持肯定态度,时事政治是最主要的阅读内容,其他还包括保健养生、文学艺术、历史地理及休闲读物,地方报纸是报刊阅读的主要

① 陈勃.老年人与传媒——互动关系的现状分析及前景预测[M].南昌:江西人民出版社,2008:64-77.

② 石竹青.保定市区低龄老年人阅读状况调查[D].保定:河北大学,2013.

③ 张珍珍.近十年上海老年读者群体阅读习惯的实证分析(2000—2010)[D].上海:华东师范大学,2011.

④ 李贤亮.河北省老年人媒介接触需要、动机和状况调查[D].保定:河北大学,2010.

⑤ 肖雪.促进老年人阅读的公共图书馆创新研究[M].天津:天津大学出版社,2010:110-132.

⑥ 李冬梅,熊丽华.老龄化时代公共图书馆的服务与对策——以哈尔滨市为例[J].图书馆界,2010(2):47-49.

选择,自家订阅是获取阅读资料的主要途径,广州市老年人对图书馆的认知和利用较多,阅读时间更长,但吴桥县老年人对电脑的使用率更高,馆藏不足、距离远是利用图书馆时最主要的问题[①]。陈骅对南京市 930 位老年人进行调查发现,老年人普遍具有阅读习惯,主要目的是休闲、了解新知,阅读对象主要是报纸和期刊,对书籍的利用率较低。获取方式主要借助传统媒体,而对数字媒体的接受度低,主要困难是视力下降、健康、教育程度、年轻时的阅读喜好对阅读有影响;图书馆在老龄群体中的认知度并不高,超过一半的老年人没有利用过图书馆,原因主要是图书馆地理位置不便和服务宣传不足[②]。刘娟萍、杨玉蓉对长沙市八家社区分馆老年读者的数字化阅读情况进行了调查,发现老年读者主要对多媒体资源、电子期刊和电子图书感兴趣,对数据库需求极少;超过一半的老年人很少利用图书馆数字资源;超六成老年读者的数字阅读停留在浏览网页、下棋聊天或网上炒股等浅阅读阶段[③]。据吉林省图书馆报纸阅览室统计,20 世纪 80 年代末到 90 年代,老年读者占阅览人数的 30%,21 世纪初几年所占比例还在逐年增加,达到 59% 左右[④]。上海市公共图书馆 2013 年阅读报告显示,老年读者群中,男性的数量是女性的 2.84 倍[⑤];2014 年发布的报告显示,老年读者对经典读物、人物传记类图书最感兴趣,文学、历史地理旅游和医药卫生养生也很受欢迎[⑥]。对天津 7 所公共图书馆老年读者的调查显示,他们到馆目的主要是查找有关问题信息、休闲娱乐和获取时事新闻居多,阅读读物以期刊杂志、图书和报纸等纸质载体为主[⑦]。

2.2.2 老年人阅读心理研究

2.2.2.1 老年人阅读心理过程研究

从老年人阅读效率来看,张兰兰以眼动仪为记录工具,采用边界范式考察 32 名老年人从视觉的副中央凹处获取信息的类型,结果表明老年人在预视中只能提取字形信息以加速汉字识别,而语音信息没有发挥作用,一定程度上可以解释为何老年人阅读效率低于年轻人[⑧]。从老年人阅读范围来看,王丽红发现老年人进行汉语阅读时的阅读范围为注视点及注视点右侧 1 个词,阅读知觉广度具有不对称性,当读者老化时,这种不对称性会更加明显,但仍能保持正常的阅读和理解[⑨]。而当快速阅读时,老年人的视觉必要呈现时间是 200ms,对

① 杨静. 公共图书馆老年读者阅读推广服务研究[D]. 广州:中山大学,2010.

② 陈骅. 城市老龄人群阅读现状与公共图书馆服务模式研究——以南京市六城区为例[D]. 南京:南京农业大学,2011.

③ 刘娟萍,杨玉蓉. 社区老年读者数字化阅读研究[J]. 图书馆,2015(2):104 – 106.

④ 牛丽. 浅谈公共图书馆面向老年读者的服务工作[J]. 图书馆学研究,2006(2):76 – 77.

⑤ 上海图书馆,上海科学技术情报研究所. 上海市公共图书馆 2013 阅读报告及悦读 2013 个人阅读账单发布[EB/OL]. [2015 – 06 – 10]. http://www.library.sh.cn/news/list.asp? id = 6037.

⑥ 上海图书馆,上海科学技术情报研究所. 上海市公共图书馆 2014 阅读报告[EB/OL]. [2015 – 06 – 10]. http://www.library.sh.cn/news/list.asp? id = 6179.

⑦ 何成竹. 公共图书馆老年读者满意度影响因素实证研究——以天津市 7 所图书馆为例[D]. 天津:天津师范大学,2015.

⑧ 张兰兰,闫国利,王丽红. 老年人汉语阅读中预视效益的眼动研究[J]. 应用心理学,2011,17(4):318 – 324.

⑨ 王丽红,石凤妍,吴捷,等. 老年人汉语阅读时知觉广度的眼动变化[J]. 中国老年学杂志,2010,30(2):240 – 243.

比成人的 80ms 可反映出老年人认知老化的程度,也反映出他们对视觉字面信息的依赖更为严重①。视觉老化后对于阅读条件的感知也在发生变化,照度对于老年人视觉执行能力的影响明显,他们偏好的阅读光环境为高照度,在 1000 lx 左右的照度条件时老年人阅读视觉执行能力最佳。而照度均匀度和色温对阅读视觉的执行能力影响不明显。相对于白色背景,黑色背景更受老年读者青睐②。

王丽红等使用眼动追踪技术进行实验研究,发现老年人在阅读时需要比青年人更多的阅读时间和注视次数,有更多的右眼跳次数,更容易发生跳读,表明词频和语境预测性会对老年人阅读产生影响,老年人的词频效应更明显③。白学军等对 18 位老人在四种词切分方式下进行眼动实验发现,词间空格条件下平均注视时间显著少于正常条件,非词空格和字间空格条件下的阅读时间显著少于正常条件,总句子阅读时间和总注视次数在正常条件和词间空格条件差异不显著,总的来说,老年人在阅读词间空格的文本和正常文本一样容易,插入词空格可促进老年人阅读中的词汇识别④。

2.2.2.2 老年人阅读心理特点研究

在阅读目的上,多数文章认为老年读者可分为科研型、消遣型、求知型,朱品文将其划分为充电型、传承型和修身养性型⑤,边振玉将其分为消遣型、养生型和写作型⑥,牛丽的划分为消遣型、学习型和应用型⑦,姚海燕则划分为学习消费型、学习进取型和参与奉献型⑧,冯长美分析了农村老年读者的类型,即娱乐休闲型、农时型、实用型和学习研究型⑨,杨玉蓉将老年读者划分为学习研究型和消遣休闲型⑩。虽然以上研究对老年读者的划分类型不同,但消遣型都是老年人阅读的主要类型。

在阅读需求上,一些研究成果认为老年读者的阅读心理主要包括习惯性心理、渴望得到尊重的心理、社会交往心理和科学养老心理⑪-⑬、关心国内外大事的心理、拓展自己兴趣爱好的心理⑭。王萍对 2008 年哈尔滨市图书馆进行统计调查,结果发现老年读者的阅读心理

---

① 吴捷,刘志方,胡晏雯. 词窗口条件下老年阅读者信息提取过程的眼动研究[J]. 心理发展与教育,2009(4):63 - 67.

② 张玉芳,马剑. 老年人适宜阅读照明条件的研究[J]. 中国老年学杂志,2007,27(23):2331 - 2333.

③ 王丽红,白学军,闫国利,等. 词频和语境预测性在老年人阅读中的作用:眼动研究[J]. 中国老年学杂志,2012,32(16):3503 - 3507.

④ 白学军,郭志英,曹玉肖,等. 词切分对老年人阅读效率促进作用的眼动心理[J]. 中国老年学杂志,2012,32(6):1224 - 1226.

⑤ 朱品文. 公共图书馆如何做好老年读者服务工作[J]. 科技情报开发与经济,2005(19):100 - 101.

⑥ 边振玉,黎浩. 报纸阅览室老年读者服务刍议[J]. 河北科技图苑,2006(6):71 - 72,8.

⑦ 牛丽. 浅谈公共图书馆面向老年读者的服务工作[J]. 图书馆学研究,2006(2):76 - 77.

⑧ 姚海燕. 老年社会与图书馆职能拓展[J]. 农业图书情报学刊,2004(9):69 - 71.

⑨ 冯长美. 图书馆为农村老年读者服务探索[J]. 科技情报开发与经济,2006(6):75 - 76.

⑩ 杨玉蓉. 新时期社区图书馆为老年读者服务摭谈[J]. 河南图书馆学刊,2010(10):29 - 31.

⑪⑭ 吴月芳. 做好老年读者的服务工作时图书馆面临的一项新课题[J]. 现代情报,2004(2):131 - 132.

⑫ 孟志丹. 公共图书馆为老年读者服务断想[J]. 图书馆学刊,2010(6):81 - 82.

⑬ 李冬梅,熊丽华. 老龄化时代公共图书馆的服务与对策——以哈尔滨市为例[J]. 图书馆界,2010(2):47 - 49.

需求包括对健康、尊重、奉献、安宁、情趣和人际交流的需求[1]。

在阅读特点上，老年读者在阅读过程中表现出喜欢看书做笔记、摘抄自己感兴趣的内容和实用生活知识[2]、阅读时间长、队伍稳定、人数日趋增加、兴趣广泛、希望有所作为、性别比例失调、阅读习惯良好、爱惜书籍、对计算机和互联网的兴趣日渐加深[3]-[5]、求知欲很强、阅读速度迟缓、阅读水平参差不齐等特点[6]，与年轻读者的阅读习惯不同，年老读者习惯于文字阅读，受视力、身体条件的限制，思维上习惯沉思默想[7]。

2.2.3　图书馆老年阅读促进研究

2.2.3.1　对国外老年人阅读促进工作的研究

在全球老龄化的背景中，我国对国外公共图书馆老年服务状况及成功经验均进行过介绍和总结，其中美国居多，内容主要集中在制度建设和服务实践两方面。

英国和美国图书馆界，先后针对"老龄读者"提出了专门的图书馆服务指南并根据社会的发展不断进行修订[8]。美国公共图书馆老年读者服务经验是"借助各类图书馆的场所优势，进一步在老年人群中开展活动，针对性地为老年人提供优质服务，如定期的老年读者访问，或专为老年人设置意见箱"[9]。制度上主要关注了美国图书馆协会（ALA）于1999年和2008年制定的两版老年服务指南，并对指南发展历史、修订背景、内容框架[10][11]及其特点进行了介绍。指出1999年的版本的特点是强调馆员避免用旧的观念对待老龄读者，图书馆服务工作要为老龄读者做贡献，提倡地区社会和谐[12]；2008年的版本则显示出"如何应对网络社会""如何积极看待为老年读者的服务""如何应对高峰出生人群（1946—1964年出生）"将是近几年应对老龄读者服务的新动向[13]。相比而言，对美国老年服务实践的关注较多，包括历史追溯、现实状况、实践案例、服务经验等都有所涉及；杨静通过梳理LISA数据库的相关检索结果，将美国图书馆的老年服务历史追溯到1974年布鲁克林区公共图书馆开设的SAGE计划，并指出老年读者阅读活动是图书馆工作人员及专家学者历来都非常重视的一个领域，大都有统一的计划和策略，在一定的地域范围内统一规划组织，活动持续时间长、具有连续性[14]；蓝玫珲翻译介绍了美国公共图书馆的服务方针，即在对老年用户分类并分析其自

---

① 王萍.公共图书馆老年读者阅读心理探微[J].农业图书情报学刊,2010(7):122 – 124.

② 林春香.公共图书馆为老年读者服务探讨[J].福建图书馆理论与实践,2009(3):38 – 40.

③ 陈建英.公共图书馆需大力加强老年读者服务工作[J].新世纪图书馆,2005(4):31 – 33.

④ 牛丽.浅谈公共图书馆面向老年读者的服务工作[J].图书馆学研究,2006(2):76 – 77.

⑤ 王丽君.如何做好老年读者服务工作[J].山东图书馆季刊,2002(1):35 – 36.

⑥ 魏巍.老年读者阅读心理分析[J].黑龙江科技信息,2012(36):234.

⑦ 许树红,刘义民.注意解决年轻、年老读者阅读习惯的矛盾[J].河北科技图苑,2003(5):58 – 59,60.

⑧⑬ 李农.关注21世纪图书馆"老龄读者"服务工作[J].山东图书馆学刊,2011(6):61 – 63.

⑨ 陈秋燕.公共图书馆为老年群体服务的思考[J].图书馆论坛,2008(3):133 – 135.

⑩ 郝建南.国外图书馆弱势群体服务制度略谈[J].图书馆,2011(4):89 – 92.

⑪ 王芳,马秀峰.图书馆对病残老人推广服务初探——基于国外图书馆对病残老人推广服务的启示[J].山东图书馆学刊,2011(2):73 – 75.

⑫ 李农.英美图书馆的老龄读者服务指南[J].图书馆杂志,2007,26(10):58 – 60.

⑭ 杨静.国内外公共图书馆老年读者服务研究综述[J].新世纪图书馆,2012(4):54 – 57,50.

身特点和利用需求的基础上设计图书馆服务侧重点[①]。

在服务实践方面,范军则选取了克利夫兰、波士顿、布鲁克林、托皮卡和肖尼县4个公共图书馆老年服务的实践活动作为案例进行深入分析[②]。张晖总结了美国公共图书馆老年读者服务经验,如广泛开展计算机培训来推动终身学习、借助各类图书馆的场所优势开展活动、通过多种方式进一步了解老年人的需求和愿望并在更多的适合岗位上聘用老年人[③]。高颖等对美国图书馆老年服务制度和实践的研究状况进行了介绍和分析,从用户需求调查和分类、电脑利用状况和培训评估等方面综述了服务的研究内容,并总结了配套设施、专业人员服务、邮递上门服务、信息技术服务等服务方式[④]。在介绍美国经验的同时,学者们也指出我国应当借鉴的方面:首先要改变服务观念,积极看待老年读者群体,将其从成人读者群体中分离出来,视之为需要独立服务的读者群,以时间为限划分老年群体,了解其心理需求[⑤][⑥],其他还包括制定和完善服务政策和规范、培养专业馆员、调整馆藏建设、加强网络信息服务、增加服务设施、建立老年读者"人才库"等[⑦][⑧]。

除美国外,其他国家也开展了针对性的实践活动。丹麦图书馆工作人员为老年读者中认知功能受损群体提供特殊服务的实践活动,开展康复助读计划,在专家理论的指导下,不断改进方法方式,取得国际社会公认的成绩[⑨]。日本国内有一半以上的图书馆设有专门的老年人服务设施,许多图书馆还专门配备家庭服务员,上门为那些高龄老人提供朗读、交流等服务[⑩]。其他国家如法国、德国、丹麦、瑞典等大都把为老年人服务当作图书馆日常工作规划的一部分。英国移动图书馆书架上一半的图书,都是大型字体书,这是为视力不好的老年读者提供的一项特殊服务。丹麦图书馆针对认知功能障碍群体提供"特殊阅读援助"的工程——康复助读,让这些特殊读者由视觉、听觉渠道接收文字、图像、声音信息,唤起这部分高龄群体愉快的回忆,从而恢复其自我意识和身份认同感[⑪]。

2.2.3.2 对国内老年人阅读促进工作的研究

我国图书馆界在20世纪80年代就意识到"公共图书馆如何适应当前形势发展,加强为老年读者服务工作,已被刻不容缓地提到议事日程服务上来了"[⑫],对老年读者的阅读心理、使用特点进行了研究[⑬],提出图书馆为老年人服务的对策建议[⑭]。同时,为老年群体服务的工作也切实开展起来,上海市黄浦区广东街道图书馆在1982年成立了上海市第一个老年读

---

① 蓝玫晖.美国公共图书馆为特殊人群提供的服务——让图书馆成为人们渴望学习的场所[EB/OL].[2013-02-05].http://t.cn/zYTCEeA

② 范军.国外公共图书馆老年读者服务的经验与启示——以美国、日本为例[J].图书馆学研究,2012(16):95-98.

③⑦ 张晖.美国公共图书馆老年读者服务的启示[J].图书馆学刊,2010,32(8):110-111.

④⑧ 高颖,赵荣.国内外图书馆老年群体服务研究[J].图书情报工作,2011,增刊(2):221-226.

⑤ 李农.关注21世纪图书馆"老龄读者"服务工作[J].山东图书馆学刊,2011(6):61-63.

⑥ 杨静.国内外公共图书馆老年读者服务研究综述[J].新世纪图书馆,2012(4):54-57,50.

⑨ 高林.丹麦图书馆特殊老年读者群特别阅读援助活动[J].山东图书馆学刊,2010(4):86-89.

⑩ 姚梅.公共图书馆如何做好老年读者的服务工作[J].图书馆,2000(6):73-74.

⑪ 高林.丹麦图书馆特殊老年读者群特别阅读援助活动[J].山东图书馆学刊,2010(4):86-89.

⑫ 石萍.适应形势发展加强老年读者服务工作[J].图书馆工作与研究,1986(3):36-37.

⑬ 盛赋霞.公共图书馆要注意研究老年读者心理[J].图书馆杂志,1986(2):12-13.

⑭ 钱建国.图书馆如何为老年读者服务[J].图书馆工作与研究,1988(2):26-28.

书会①,浙江平湖市图书馆在 1985 年建立老年读书会并活跃至今,河北省张家口市图书馆设立了专门的老年阅览室②,江苏省张家港市图书馆与市老干局联合建立了老干部活动中心,设置老干部阅览室、棋牌室等③,上海市徐汇区天平街道 1996 年设立了老年图书馆④。对公共图书馆老年服务状况,王素芳⑤与笔者⑥都曾进行过调查梳理。

近年来随着对老龄社会的关注,许多地方图书馆又开展了多样化的老年服务,研究者也进行了介绍和深入分析。齐秀兰对大连市西岗区图书馆开展"常青树"老年读书乐园活动进行的介绍,并总结出要学习心理学、了解老年人现状,以环境、丰富书刊、优惠待遇、读书活动吸引老年读者利用图书馆,建立特色读书队伍等经验⑦。张云从资金投入、馆藏建设、馆舍环境、服务活动等方面对山东省图书馆老年人阅览室的工作进行了介绍,并指出服务还将延伸到建立老年读者信息库、逐步提供全面的馆外服务、重视为残疾老年读者服务⑧。张芳对平湖市图书馆、山东省图书馆、温州市图书馆的提高服务意识和人文关怀、大力宣传老年读者服务、开辟专门的老年活动中心、创新老年读者服务方式、建立和完善老年读者服务的条例的成功经验进行了介绍⑨。慎一虹介绍了湖州市图书馆为老年人服务的经验,塑造阅读环境、提供阅读文献、提供无障碍阅读设备、建设社区分馆、开展阅读活动等⑩。2010 年温州市图书馆设立了全国首家有独立馆舍的老年分馆,翁仲羽对其运营一年以来在老年活动、社会宣传、新书推荐、参考咨询等方面所开展的工作进行了回顾⑪。台北市立图书馆分别在总馆和分馆设立乐龄学习资源中心,设计符合老年读者特殊咨询性、娱乐性及文化性等要求的推广活动⑫。

多项研究指出老年读者对图书馆利用率较低、对图书馆服务不满意,其中图书馆方面的不足表现在多方面。首先,是地理位置受限不方便老年人到馆⑬,部分地区尚无老年人活动场所⑭,没有专门的老年人阅览室和老年读者窗口⑮;其次,图书馆对老年用户的认识不清

① 周志光.丰富老年人精神生活的好形式——介绍上海第一个老人读书会[J].社会,1983(6):23 - 24.
② 童光范,班金梅.老年之家——记张家口市图书馆"老年阅览室"[J].图书馆杂志,1996(2):38 - 39.
③ 吴正河.对当前我国图书馆老年读者服务问题的思考[J].图书馆论坛,2001(2):90 - 91.
④ 市领导视察徐汇区长桥街道图书馆、天平街道老年图书馆[J].图书馆杂志,1996(2):19.
⑤ 王素芳.公共图书馆弱势群体服务研究[D].北京:北京大学,2009:333 - 336,153.
⑥ 肖雪,王子舟.公共图书馆服务与老年人阅读现状及调查[J].图书情报知识,2009(3):35 - 57,116.
⑦ 齐秀兰.开展"常春树"老年读者乐园活动的启示[J].图书馆理论与实践,2004(1):109.
⑧ 张云.山东省图书馆老年人阅览室的设计与发展[J].山东图书馆学刊,2009(1):32 - 33,36.
⑨ 张芳.公共图书馆老年读者服务工作的现状与创新[J].图书馆杂志,2012(10):107 - 109.
⑩ 慎一虹.公共图书馆如何深化为老年人服务——以湖州市图书馆为例[J].图书馆研究与工作,2013(3):9 - 11.
⑪ 翁仲羽.公共图书馆如何适应老龄化社会初探—以温州市老年分馆为例[J].图书馆学研究,2012(6):28 - 31.
⑫ 代国强,张维.台湾公共图书馆"乐龄"推广活动探析[J].公共图书馆,2011(2):44 - 48.
⑬ 孙晓丽.对我省区县级图书馆如何为老年读者服务的思考[J].黑龙江档案,2009(1):82 - 83.
⑭ 张恺悌.中国老龄事业五年回顾[M].北京:中国社会出版社,2009:74.
⑮ 王流芳.试论建立主要为老年读者服务的社区图书馆[J].图书馆学刊,2010(8):110 - 111.

晰、重视程度不够、服务持续性弱①，延伸服务很少，在图书服务、收费、手续办理、基础设施等方面的专项服务严重缺乏，大大减弱了老年人对图书馆阅读的兴趣②~④，在满足不同层次、不同类别老年读者的需求方面需要进一步完善⑤；再次，管理人员老年知识缺乏，服务素质不高，对老年读者不礼貌、不尊重；最后，馆藏不足，图书馆对于老年读者喜欢的书籍订购很少⑥，而老年读者无法找到自己所需的书刊也降低了其对图书馆的利用率⑦。段阿力通过对安徽省图书馆和合肥市图书馆的老年服务调查指出，老年人对图书馆的馆舍环境、阅览室布局等较为满意，但图书馆在基础设施和空间环境、工作态度和业务技能、文献信息服务、老年读者特色服务方面还存在不足，应予以针对性解决⑧。

2.2.3.3 图书馆老年阅读促进策略研究

针对现存不足所进行的改进对策研究较多。石竹青指出保定市区老年文化建设水平较低，公共阅读机构对老龄读者阅读服务保障较弱，难以满足他们的阅读需求，提出要加强老龄读者公共服务保障、做好社区图书室建设，出版机构要注重低龄老年读者市场开发、注重老龄读物形态设计、拓展营销方式，加强家庭内部互动阅读⑨。张珍珍指出政府、公共阅读机构、出版机构和家庭在促进老年阅读中的责任，政府应借助大众传媒普及精神养老理念，通过开发数字电视阅读模式和扶持发展社会精神敬老志愿者服务等，增强阅读活动对丰富老人精神生活的作用；公共阅读机构应开展专项扶老阅读工作，设立老年读者专区及指导家庭藏书建设等服务；出版机构应增加出版物中的音图元素以提高纸质读物的易用性，制作质优价廉图书；每个家庭应开展家庭互动阅读⑩。李贤亮提出应积极把握老年受众的心理、注重老年节目和老年媒体的品牌文化建设、树立积极的老年社会形象、结合老龄化特点努力创新等策略以增进老年人与媒介之间的互动⑪。

在提高图书馆老年服务水平的研究上，蓝亭结合我国图书馆发展实际，提出了发达地区或有条件的省、市级图书馆与不发达地区或条件有限的图书馆应采取不同的服务方式，较为实际⑫；张春媛结合齐齐哈尔市图书馆为老年人服务的实践认为图书馆为老年群体服务要让

① 肖雪，周静.老龄化背景下我国公共图书馆老年服务状况的调查与分析——基于内容分析法的实证研究[J].图书情报知识，2013(3):16-27.

② 王继增.浅谈公共图书馆如何更好地为老年读者服务[J].图书馆工作与研究，2004(6):87-88.

③⑤ 钱德婧.社区图书馆为老年读者服务的实践与思考——以大连市沙河口区图书馆为例[J].图书馆学刊，2009(6):65-67.

④ 王萍.公共图书馆老年读者阅读心理探微[J].农业图书情报学刊，2010(7):122-124.

⑥ 王流芳.试论建立主要为老年读者服务的社区图书馆[J].图书馆学刊，2010(8):110-111.

⑦ 冯晓红.老龄化社会中老年读者对图书馆馆藏文献需求的调查与分析[J].农业图书情报学刊，2009(7):243-245.

⑧ 段阿力.公共图书馆开展老年读者服务的实践与思考——以安徽省图书馆和合肥市图书馆为例[D].合肥:安徽大学，2013.

⑨ 石竹青.保定市区低龄老年人阅读状况调查[D].保定:河北大学，2013.

⑩ 张珍珍.近十年上海老年读者群体阅读习惯的实证分析(2000—2010)[D].上海:华东师范大学，2011.

⑪ 李贤亮.河北省老年人媒介接触需要、动机和状况调查[D].保定:河北大学，2010.

⑫ 蓝亭.论公共图书馆为老年群体服务[J].中山大学研究生学刊(社会科学版)，2007(1):101-106.

老年读者在图书馆有所作为,享受阅读的快乐[1];何成竹通过实证研究发现,影响老年人对公共图书馆满意度主要有 5 个影响因素,即馆藏资源、图书馆整体环境与基础设施、馆员业务水平及自身素质、老年读者特色服务和数字服务,要提高老年服务满意度,就需要从这些方面着手,加强馆藏资源建设、提高馆员的专业水平和素质、改善整体环境和完善基础设施、增加老年读者特色服务及加强数字服务[2]。

图书馆在具体工作中,应不断增加对老年读者基础设施和文献资源建设的投入,使他们既可以读书看报,又可以把图书馆作为一个结交朋友和传播科学文化知识的场所[3],把老年读者集中到一起形成一个新的组织团体[4],建立老年读者活动中心[5]或开辟老年阅览室[6],打造温暖、无障碍的老人阅读空间,并保证阅览室良好的照明、温度、湿度、通风条件[7]-[9],设置适合老年人特点的无障碍设施、指示牌、桌椅、饮水设备、放大镜等[10]-[12]。在文献资源的建设上,刘伟志指出图书馆开展老年读者阅读推广服务需要数量丰富且受老年读者欢迎的读物[13],不同年龄段的老年人需要不同内容、不同风格的老年报刊[14],为此要通过开展读者问卷、与读者沟通交流及设立"预约购书登记簿"等途径,掌握老年读者的阅读倾向,针对性地补充相关文献资料[15],并根据老年读者的心理特点,调整书报种类[16],提供更新知识型,养生强体型,休闲娱乐型,少儿教育型的书籍[17]。在馆员素质上,馆员除具有图书馆信息学业务知识以外,还应具备老年心理学、老年生理学等相关知识,增强服务意识,乐于分析"老龄读者"的心理和兴趣爱好,了解他们的阅读需求,引导他们有思想准备地走进老龄学习阶段[18][19]。在服务中,为老人办理各种服务手续时应方便简单,服务项目尽可能考虑免费或部分免费[20]。在传统的借阅服务上,丰富借阅形式,为老年人提供普通借阅服务和馆外借阅服务,配备适合老年读者阅读的图书、报刊[21],增加流通率较高的书、刊、报的复本,为老人提供

① 张春媛.图书馆为老年群体服务大有可为[J].理论观察,2005(2):146 - 147.

② 何成竹.公共图书馆老年读者满意度影响因素实证研究——以天津市 7 所图书馆为例[D].天津:天津师范大学,2015.

③ 孟志丹.公共图书馆为老年读者服务断想[J].图书馆学刊,2010(6):81 - 82.

④ 张芳.公共图书馆老年读者服务工作的现状与创新[J].图书馆杂志,2012(10):107 - 109.

⑤ 吴正河.对当前我国图书馆老年读者服务问题的思考[J].图书馆论坛,2001(2):90 - 91.

⑥⑰ 朱散云.图书馆为老年群体服务大有可为[J].图书馆杂志,2002(10):48 - 49.

⑦ 丁国营.谈离退休读者阅读倾向及其服务工作[J].潍坊教育学院学报,1997(3):60.

⑧ 闫昭.浅谈针对老年读者群的图书馆服务[J].图书情报工作,2006(S2):83 - 84.

⑨ 李素萍.探讨 21 世纪公共图书馆为老年人服务的构想[J].云南图书馆季刊,2002(3):36 - 37.

⑩ 应斐,张吉祥.人口老龄化背景下图书馆工作的探索[J].江西图书馆学刊,2006(3):6 - 8.

⑪㉑ 熊再华.公共图书馆为老年读者服务之思考[J].河南图书馆学刊,2009(3):57 - 59

⑫⑯ 毛秀霞.浅谈老龄化社会公共图书馆的老年读者服务工作[J].图书情报工作,2011,增刊(1):187 - 188.

⑬ 刘伟志.公共图书馆老年读者阅读推广服务措施探讨[J].科技信息,2012(33):284,340.

⑭ 陈勃.老年人与传媒——互动关系的现状分析及前景预测[M].南昌:江西人民出版社,2008:232.

⑮ 李春梅.公共图书馆为老年读者服务的对策[J].图书馆学刊,2011(6):107 - 108.

⑱⑳ 姚海燕.老年社会与图书馆职能拓展[J].农业图书情报学刊,2004(9):69 - 71.

⑲ 李农.关注 21 世纪图书馆"老龄读者"服务工作[J].山东图书馆学刊,2011(6):61 - 63.

看书指导,做好基本服务工作①②,为有身体障碍的老年人提供馆外借阅服务,以流动图书车为主,主动送书上门服务,辅以邮寄借书③。除借阅服务外,陈思、冯长美在专门服务(专题讲座、专题文艺活动、数字化服务)的策略中提出了较为可行的具体方法和可资借鉴的事例④⑤。陈建英还提出建立老年读者信息库,加强与老年组织合作,推广"全国文化信息资源共享工程",提取老年读者关注的内容,加强老少读者的交流与联系等措施⑥;加强咨询服务工作,举办老年读物展览和优秀老年读物报告会;加快计算机网络建设、开展阅读服务广播,帮助身体有障碍的老年人实现阅读⑦-⑨;帮助他们制订读书计划,创办老年大学或成立老年人读书小组⑩;举办读者活动和培训班,联手社区,利用社会力量⑪-⑭,尽量实现服务手续方便简单,服务项目免费或部分免费⑮。

2.2.3.4 台湾地区老年人阅读现状及促进策略研究

(1)台湾地区老年人的阅读现状研究

对台湾老年读者的调查显示,他们的阅读内容较丰富,阅读范围涵盖健康常识、旅游资讯、交通运输、保险与投资、志愿服务工作等,阅读主题以时事、健康为主⑯;阅读载体以报纸为主,其中尤以社会版和政治版的比例居高;阅读书籍的比例较低,内容多数倾向人文和生命的阅读;杂志在所有读物类型中的比例最低,以医疗保健类和商业财经类居多⑰。而王尤敏、吴美美对图书馆老年读者的访谈则发现,阅读类型以报纸比例最高,其次是杂志,再次是图书;阅读报纸的读者阅读内容以政治、社会、经济为主,阅读杂志的读者阅读内容以健康、旅游、理财为主;除图书馆外,阅读地点中家的比例最高,时间方面喜好早上阅读,年轻时的阅读行为会影响老年期的阅读习惯⑱。在阅读阻碍因素上,生理机能退化和缺乏阅读能力造

---

① 李春梅. 公共图书馆为老年读者服务的对策[J]. 图书馆学刊,2011(6):107-108.

② 熊再华. 公共图书馆为老年读者服务之思考[J]. 河南图书馆学刊,2009(3):57-59.

③ 吴月芳. 做好老年读者的服务工作是图书馆面临的一项新课题[J]. 现代情报,2004(2):131-132.

④ 陈思. "积极老龄化"与公共图书馆[J]. 图书馆论坛,2004(6):27-29.

⑤ 冯长美. 图书馆为农村老年读者服务探索[J]. 科技情报开发与经济,2006(6):75-76.

⑥ 陈建英. 公共图书馆需大力加强老年读者服务工作[J]. 新世纪图书馆,2005(4):31-33.

⑦ 朱散云. 图书馆为老年群体服务大有可为[J]. 图书馆杂志,2002(10):48-49.

⑧ 张彩. 老龄化社会与老年广播[M]. 北京:中国传媒大学出版社,2007:112.

⑨ 宁圣红. 老龄社会的图书馆工作[J]. 现代情报,2002(8):70-71.

⑩ 李素萍. 探讨21世纪公共图书馆为老年人服务的构想[J]. 云南图书馆季刊,2002(3):36-37.

⑪ 丁国营. 谈离退休读者阅读倾向及其服务工作[J]. 潍坊教育学院学报,1997(3):60.

⑫ 闫昭. 浅谈针对老年读者群的图书馆服务[J]. 图书情报工作,2006(S2):83-84.

⑬ 王丽君. 如何做好老年读者服务工作[J]. 山东图书馆季刊,2002(1):35-36.

⑭ 王继增. 浅谈公共图书馆如何更好地为老年读者服务[J]. 图书馆工作与研究,2004(6):87-88.

⑮ 姚海燕. 老年社会与图书馆职能拓展[J]. 农业图书情报学刊,2004(9):69-71.

⑯ 高持平. 台北市年长者之健康资讯需求与资讯寻求行为[D]. 台北:私立辅仁大学图书资讯学系,2007.

⑰ 邱天助. 老人的阅读习惯与公共图书馆阅读需求之调查研究[J]. 台湾图书馆管理季刊,1998(3):11-30.

⑱ 王尤敏,吴美美. 公共图书馆老年读者阅读行为研究初探[EB/OL]. [2014-10-19]. http://www.doc88.com/p-981346756207.html.

成台湾六成以上老人不阅读,即使去公共图书馆,老年人对图书馆的利用也不够全面,老年人阅读缺乏充分的图书资讯①。此外,图书馆地理环境也是一个重要因素②。何平华等人对台北市老年人进行的问卷调查显示,老年人对阅读重要性的认可度较高,媒介接触中对纸质图书、报刊偏好明显,阅读目的以了解时事、休闲娱乐、发展兴趣爱好、保持大脑活跃为主,读物获取方式以自费购买为主,阅读场所以自己家中为最多,对以公共图书馆为代表的公共文化服务机构的利用还不充分③。

(2)台湾地区图书馆促进老年阅读的策略研究

台湾部分图书馆的设施不适合老年人阅读活动,如玻璃门未设置警示标示,斜坡的扶手高度及规格、电梯语音系统、电梯按钮、灯光等不利于银发族使用④。周倩如指出图书馆为更好地为老年读者服务,应规定服务原则:征集当地银发族相关需求,将其需求列入服务计划和预算中;确保社区银发族的特殊需求和兴趣能反映在图书馆的馆藏、活动及服务中;保证图书馆的硬体设备对银发族是安全的、舒适的;宣传以银发族为主的资讯服务;将银发族列入图书馆活动设计的焦点对象;训练图书馆职员,能以有礼及尊重之心服务银发族读者⑤。给银发长者提供一个舒适的学习与交流空间,促进银发族社会价值及自我肯定,促进活动多元化⑥。

在读物内容的选择上,曾淑贤指出主题要保证多样化,提供浪漫小说、传记、美国西部故事、侦探小说、旅行、宗教、大自然等主题的书籍⑦,增添休闲及心智性读物⑧;形式采用大字版图书、视听媒体资料、辅助阅读机及读者电子通信设备等⑨。从老年人的读物形式来看,建置银发族专属网页很受重视,因此整理适合银发族的网站资源,推荐适龄的好书、资料库和报纸也非常重要⑩。蓝乾章提到老年人在阅读报刊或借还书时,若需影印或填写资料等,馆员应予主动代劳⑪。

身体机能的退化使老年人阅读面临障碍,在设备上应考虑老年人的身体特点,为老年人提供不同主题性的空间布置、适中的照明设备、类型多元的桌椅、易理解的标识及家具、辅助性的器材,避免反光材质的地板、离地较高且高度较矮的书架,帮助老年读者利用图书馆资

---

① 邱天助.老人的阅读习惯与公共图书馆阅读需求之调查研究[J].台湾图书馆管理季刊,1998(3):11-30.

② 王尤敏,吴美美.公共图书馆老年读者阅读行为研究初探[EB/OL].[2014-10-19].http://www.doc88.com/p-981346756207.html.

③ 何平华,邓香莲,王晓娴.全媒体语境下台湾地区老年人阅读现状实证研究——以台北市为例[J].中国出版,2014(5):53-56.

④ 赖郁秀,陈昭珍.公共图书馆银发族阅读空间需求之研究—以台北市为例[J].台北市立图书馆馆讯,2009,27(1):39-66.

⑤⑨ 周倩如.银发族的幸福生活从公共图书馆开始[J].台湾图书馆管理季刊,1998(3):59-67.

⑥⑦⑩ 曾淑贤.乐龄、乐学、乐活——公共图书馆的银发族服务[J].台北市立图书馆馆讯,2009,27(1):15-38.

⑧ 廖又生.AIDI与老人读者推广服务[J].台北市立图书馆馆讯,1991,8(4):16-22.

⑪ 蓝乾章.谈老年人的图书馆服务[J].台北市立图书馆馆讯,1991,8(4):12-13.

料及参与各项活动①－③。吴可久提出将通用设计引入图书馆中,针对不同图书馆使用者的移动自主性特征,保证地面平整且连续、无阶差。重视空间及标示设计,方便读者辨识相关使用机能,避免耗费体能的设施及不容易起身的沙发等④。

在服务工作的改进上,为确保老年读者的服务包容了文化的差异性及其经济的落差,李玉瑾提出将图书馆对老年读者的服务融入整体读者服务中⑤。沈宝环提出了老年人的五项资讯需求,内容包括介绍社会资源的资讯、抓住机会的资讯、有关衣食住行等方面的资讯、有关退休准备的资讯、提供必要的教育⑥,针对老年人的资讯需求,图书馆有必要提供与老年读者相关的收入、保健、住宅、交通、工作、退休、经济福利等方面的资讯⑦⑧。在资讯的提供渠道方面,应建立图书馆网络⑨,提供电脑与资讯科技教育来提升老年资讯素养⑩,在公共图书馆内创造一个理想的知识运用环境,保障高龄读者求知权益⑪。除资讯服务外,造就银发族人力再运用的机会,开设银发族志工研习课程,支援银发族进入图书馆志工团队,鼓励老年读者成为社区联络人,和社区老人服务中心及团体合作或组成图书馆之友⑫⑬。为开展老年人多元阅读推广活动,李玉瑾指出将老年读者的服务整合入图书馆的整体计划、经费预算及服务中⑭,为老年人组织社团,举办主题展览、演讲会、读书研讨会、诗文书画发表会⑮、银发族说书活动⑯、各类型才艺进修班等⑰。利用事件行销制造老人读者关心的活动或议题,鼓励利用老人大学、长青学苑、退龄学园等社教机构,并附设图书馆。定期做老年读者使用情况研究,必要时派员访寻读者⑱。王明生则介绍了美国门洛城图书馆重视老年服务、提供大号字体书籍放在特定区、电话联络行动不便的老人、安排义工服务到家、巡回车传送图书到老年俱乐部及残障老人中心的服务情况⑲。

2.2.4 国内老年人阅读研究评析

我国老年人阅读促进的研究起步较晚,主要关注在老年人阅读心理、老年人阅读现状、国内外老年人阅读促进经验、现存问题及对策的方面。研究发现老年群体对阅读普遍持有较积极的看法,阅读成为他们日常生活中的主要活动方式之一,阅读目的以休闲消遣为主,

---

① 邱天助.老人的阅读习惯与公共图书馆阅读需求之调查研究[J].台湾图书馆管理季刊,1998(3):11-30.

② 赖郁秀,陈昭珍.公共图书馆银发族阅读空间需求之研究—以台北市为例[J].台北市立图书馆馆讯,2009,27(1):39-66.

③⑤⑧⑫⑭ 李玉瑾.高龄化社会、高龄学习与图书馆事业[J].台湾图书馆管理季刊,1995(2):33-45.

④ 吴可久.应用通用设计原则于公共图书馆空间规划之分析[J].台北市立图书馆馆讯2011,28(3):11-22.

⑥ 沈宝环.论公共图书馆对老人读者的服务[J].台北市立图书馆馆讯,1991,8(4):1-11.

⑦ 曾淑贤.乐龄、乐学、乐活——公共图书馆的银发族服务[J].台北市立图书馆馆讯,2009,27(1):15-38.

⑨⑬⑯ 周倩如.银发族的幸福生活从公共图书馆开始[J].台湾图书馆管理季刊,1998(3):59-67.

⑩ 林珊如.公共图书馆老年资讯技能教育服务策略[J].台北市立图书馆馆讯,2009,27(1):1-14.

⑪ 白秀雄.公共图书馆的老人服务[J].台北市立图书馆馆讯,1991,8(4):14-15.

⑮⑰ 蓝乾章.谈老年人的图书馆服务[J].台北市立图书馆馆讯,1991,8(4):12-13.

⑱ 廖又生.AIDI与老人读者推广服务[J].台北市立图书馆馆讯,1991,8(4):16-22.

⑲ 王明生.加州门洛城公共图书馆老人服务[J].台北市立图书馆馆讯,1991,8(4):23-27.

对报纸、杂志的阅读较多;图书馆认知和利用程度普遍较低,图书馆老年服务还存在较多不足,现有研究在提升服务的策略上探讨较多,也对国内外图书馆老年服务历史、现状和成功实践进行了介绍和分析。

随着我国老龄化程度日渐加深,对老年阅读及其促进的研究成果也愈加丰富,研究层次也逐渐加深,高质量的研究日益增加,但目前研究仍存在诸多不足,主要表现如下:①在研究内容上,国内对老年人阅读还没有展开全面深入的探讨,而只是零星散见于人口学、老年学、心理学、阅读学和图书馆学的相关成果中,着墨很少;图书馆促进工作的研究也主要从读者服务的角度进行笼统宽泛的讨论,内容趋同,重复性较高,主要涉及老年人阅读现状和图书馆老年服务策略,针对阅读提出服务规划、详细策略和具体行为的研究还很少,对国外研究还不够全面、深入。在资料收集时,共搜索到相关文献 519 篇,其中核心期刊 48 篇,占9.25%,非核心期刊 471 篇,占 90.75%,发现该领域已发表文献在核心期刊上的比例很低,说明总体而言老年人阅读领域高质量的研究不多。②在研究方法上,现有文献研究层次较浅,大多采用基于经验观察的理论分析,相互借用的情况较多,内容重复性强。实证研究不活跃,针对某个图书馆老年服务的个案研究不仅缺乏且研究深度不够,仅有少量的实证分析。而仅通过经验理论分析的途径很难明确老年人阅读的现存问题及如何改进的策略,尤其是图书馆为老年人服务的现状及存在的问题。并且,很少有研究者将老年人作为老年人阅读的研究对象,缺乏老年读者的参与,老年人阅读的研究无法从根本上发现不足和提升老年人服务质量。这些问题表明当前对老年人阅读的研究还存在较多的空白和薄弱环节。

与大陆地区老年人阅读促进研究相比,台湾地区老年人阅读的研究较全面、深入。首先,台湾地区学者对老年人阅读方面的研究更具体深入,比如讲老年人阅读内容详细分析、归类,并通过调查计算出每一类别所占比例,更具有针对性和参考价值。其次,在研究方法上对问卷和访谈调查法使用较多,研究方法更严谨,而大陆地区老年人阅读方面的研究大多采用经验理论分析,研究结果缺乏说服力。但台湾地区学者的研究也存在不足,包括实证研究较少等。

总之,老龄化急剧发展的背景使老年人阅读越来越受到关注,但目前国内对老年人阅读的研究还缺乏科学规范的研究,需要从研究视角、研究内容、研究方法等多个方面进行加强,创新研究角度,规范研究方法,以期得到科学严谨的研究结论,指导老年人阅读促进活动的开展。

2.3 国内外老年人数字阅读研究综述

随着老年人口的数量、比例逐渐增加和数字媒介的推广普及,老年群体对数字阅读的接触和应用也在增加,虽然增长幅度有限,但却始终呈缓步上升的趋势,逐步引起关注。数字阅读既包括数字化阅读工具,也包括数字化阅读文本,并在这两方面都体现出与纸质阅读的显著差异:①数字阅读首次将阅读内容与阅读工具分离开,因而数字化阅读工具的使用状况提供了研究数字阅读的新视角;②数字化阅读文本兼有传统文本的线性特征与以超链接为代表的非线性特征,在阅读感知和行为上自然会带来与传统阅读不同的效果。此外,数字化阅读文本的搜寻和选择问题相较于传统阅读而言更加突出,"纸张阅读时期检索式阅读的辅助地位逐渐变为现在人们最主要、最重要的阅读模式"①。总之,数字阅读显现出了不同于纸质阅读的全新的特点,对老年人而言会带来哪些感知和行为上的变化? 他们的数字阅读状况如何? 会面临哪些困难? 对这些问题的追问开启了老年人数字阅读研究的内容,从数字阅读工具和阅读文本的角度展开研究。

但目前所产生的研究成果广泛分散于阅读学、数字出版、网络使用、信息行为等多个领域,如在老年人的网络使用行为研究中会涉及网络阅读,老年人对数字阅读文本的搜寻也会出现于对他们信息搜寻行为的研究中,因而本研究试图将散见于各处的老年人数字阅读研究成果进行调研和综述,以获取国内外研究现状的整体性认识。笔者主要采用"老年人"(older adults,the elderly,senior)、"数字阅读"(digital reading)、"网络/在线阅读"(reading online)、"电子阅读"(e-reading、screen reading)、"网络使用"(Internet usage)、"网络/互联网"(Internet)、"信息搜寻"(information seeking)等作为关键词进行多轮组配,于 2013 年 12 月底至 2014 年 1 月底在 CNKI 中国知网、Google Scholar、Emerald、EBSCO、PubMed 等中外文数据库中进行检索,并根据引用与被引用文献进行扩展检索。通过对检索结果进行研读,提取其中有关数字阅读的研究成果,共 85 篇,经过去芜存精,形成综述的文献来源。

2.3.1 国外老年人数字阅读研究综述

2.3.1.1 老年人数字阅读感知与阅读效果研究

Tsai Wang-Chun 等认为电子书会吸引越来越多的老年用户,有利于老年人与技术进行交互和享受阅读乐趣②。而从老年人自身对数字阅读的感知来看,由日本 Toppan Pringting 公司的电子书部门对 826 位各年龄层人士(参加东京国际图书展览会)进行的调查发现,70% 的 20 多岁的读者表示他们更喜欢阅读印刷版本的图书而不是相应的数字版本,而 50% 的超过 70 岁的老年人表示他们更喜欢电子书③。但这一结果也受到了质疑,毕竟根据 Jiji 出版社对 1276 人进行的调查显示,老年人很少有可能阅读一本电子书④,此外,2010 年日本《每日新闻》进行的"第 64 次读书民意调查"显示,50 岁以上的人读过电子书的仅占 3%—4%,因使用方法难懂而放弃电子书的比例在 60 年龄段占 34%,70 年龄段增至 43%,可见年龄越大,回避电子书的人越多⑤。这些相互矛盾的结果表明应进行更加客观、科学、广泛的调研,但也显示出电子书在老年群体中发展的多种可能性。

在老年人的数字阅读效果方面,纸质阅读与数字阅读对比、老年人与年轻人对比是研究的主要方式。G. W. Small 的研究发现网络信息搜索有助于激活大脑中控制决策和复杂推理

---

①　徐婷. 数字化阅读及其对传统出版物的影响[D]. 合肥:中国科学技术大学,2009:22.

②　Tsai W C,Ro Y L,Chang Y T,et al. The effects of font size and page presentation method of E-book reading on small screens for older adults[J]. Universal access in human-computer interaction,2011,6767:94 – 101.

③　Mandal S. Seniors in Japan more likely to apply ebooks[EB/OL]. [2014 – 01 – 20]. http://goodereader. com/blog/e-book-news/seniors-in-japan-more-likely-to-adopt-ebooks.

④　Hoffelder N. Dueling surveys:Japanese seniors like eBooks more,but 30-something are adopting eBooks faster[EB/OL]. [2014 – 01 – 20]. http://www. the-digital-reader. com/2013/08/22/dueling-surveys-japanese-seniors-like-ebooks-more-but-30-somethings-are-adopting-ebooks-faster/.

⑤　日本中老年人"不爱"电子书[EB/OL]. [2014 – 01 – 20]. http://www. recordjapan. net/news/21216.

的中枢,而这些中枢在纸质阅读情境中并没有被激活,这意味着通过信息搜索,老年人仍然有继续增强大脑能力的潜力[①]。R. Pak 和 M. M. Price 让年轻人和老年人同时浏览一个虚拟的旅游信息网站,结果发现老年人的优势可部分归结为他们较好的单词和口语能力及界面降低了对年龄敏感的空间能力的要求,这表明老年人在进行数字阅读时认知能力仍具有一定优势[②]。K. Zabrucky 与 D. Moore 选择成年人和老人各 20 位,针对他们在电脑和纸本阅读上的表现进行对比研究,发现老年人的阅读表现与文本是数字版本还是传统精装本没有差别,所有的参与者在电脑上都花了更多的时间,老年人花的时间更长一些,但都没有达到统计上的显著性;相反,在线操作对两个群体都带来了积极影响,达到更好的信息和问题回忆及更多对文本不一致之处的报告[③]。1995 年他们又再次实施类似实验,选择成年人和老年人各 40 位阅读 4 篇说明文的数字版本和纸质版本,结果表明数字版本对两类群体而言都带来了更好的回忆效果和理解[④]。德国最近进行的眼动跟踪实验发现,老年人使用平板电脑时的阅读速度快于纸本,更快于电子书阅读器,平板电脑能够调节对比度、背景灯光因而更易于老年人使用,仅在心理感受上,传统文化观念影响下纸质书仍获得了老年人更多的认同感[⑤]。但 L. W. Poon 的研究结论却发现,在 57 位老人和 63 位成年人的对比实验中,老年人阅读理解最有效的是纸本书,而成年人则是电脑;46% 的老年人喜欢在电脑界面上进行阅读,而成年人的比例为 67%[⑥]。

2.3.1.2　老年人数字阅读状况研究

(1)老年人数字阅读工具的接触状况研究

接触数字阅读工具是进行数字阅读的前提,因而从数字阅读工具的使用状况可以部分反映出老年人数字阅读的参与状况。各种调查都显示老年人上网的数量和比例都在逐步增加,S. Richards 发现 55—64 岁人群上网人数比例增长最迅速,从 29% 上涨到 42% ,65 岁以上人群的上涨幅度较为稳定,从 11% 上升到 14%[⑦];Pew 研究中心调查显示,2012 年美国 65 岁以上老年人中有 53% 使用网络或电子邮件(2000 年时这一比例仅为 13%),这一数据第一次显示超过半数的老年人上网;有 69% 的老人有 1 部手机,而 2010 年时为 57% ;有 48% 拥有 1 台台式电脑,32% 拥有笔记本电脑,11% 拥有 1 部电子阅读器(2010 年时仅 3%),8%

① Small G W,Moody T D,Siddarth P,et al. Your brain on Google:patterns of cerebral activation during internet searching[J]. American journal of geriatric psychiatry,2009,17(2):116 – 126.

② Pak R,Price M M. Designing an information search interface for younger and older adults[J]. Human factors,2008,50(4):614 – 628.

③ Zabrucky K,Moore D. Contributions of working memory and evaluation and regulation of understanding to adults' recall of texts[J]. Journal of Gerontology,1994,49(5):201 – 212.

④ Moore D,Zabrucky K. Adult age differences in comprehension and memory for computer-displayed and printed text[J]. Educational gerontology,1995,21(2):139 – 150.

⑤ Kretzschmar F,Pleimling D,Hosemann J,et al. Subjective impressions do not mirror online reading effort:concurrent EEG-eyetracking evidence from the reading of books and digital media[J]. PLoS One,2013,8(2):e56178.

⑥ Poon L W,Meyer B J F. Age differences in efficiency of reading comprehension from printed versus computer-displayed text[J]. Educational gerontology,1997,23(8):789 – 807.

⑦ Richards S. Net benefits older people and the Internet[EB/OL]. [2013 – 12 – 30]. http://seniorsnetwork. co. uk/computers/netbenefits. pdf.

拥有平板电脑(2010 年时仅 1%)①。其另一项调查结果显示了类似的发展态势:2010—2012 年 65 岁老年人中拥有平板电脑的比例分别为 2% 、5% 和 7% ,虽低于其他年龄群体,也低于总体水平,但却在稳步上升;同样的情况也存在于电子阅读器上,其比例分别为 4% 、8% 和 12%②。2013 年 IPSOS 和 Google 的调研同样发现,台式电脑是老年人上网的主要工具,但智能手机和平板电脑的比例正逐渐上升③。

(2)老年人数字阅读文本的搜寻与选择研究

在对老年人上网行为的研究中,有很多内容涉及网络阅读,这些研究发现了一些共同特征,如阅读在上网行为中占据重要地位,新闻、健康、旅游等信息是阅读的主要内容,搜索对于发现阅读文本具有重要作用,社交网络的作用逐步受到关注。在方法上,调查是主要方式,既有专门组织或研究机构进行的全国或全州范围、逐年或历时性的大规模调查,也有研究者进行的小范围调查。出声思考法、访谈法、实验法、观察法、民族志等方法也有采用,但数量相对较少。

从大规模的调查来看,来自威斯康星州的历时性调查发现,2004 年在 4528 位 63—66 岁的老年人中,47% 曾在线搜索过健康信息④。2005 年恺撒家庭基金会(Kaiser Family Foundation)的全国调查显示,65 岁及以上老年人中有 21% 在网上查找健康信息⑤。美国联邦老人局(Administration on Aging,AoA)2008—2009 年的数据显示老年人上网主要进行的活动是发送或阅读电子邮件、使用搜索引擎查找信息及获取在线新闻⑥。美国退休人员协会(American Association of Retired Persons,AARP)2009 年在全国范围内抽取了 1013 位 50 岁以上人员进行了简短的电话调查,发现使用网络的人中 57% 用以获取信息,31% 用来阅读报纸、杂志或图书;男性阅读报纸杂志或图书的比例(36%)超过女性(26%),为了获得某一感兴趣的主题或专题的信息的比例(62%)也超过女性(53%)⑦。2010 年 Pew 研究中心进行的全国调查显示,电子邮件和在线新闻仍然最吸引老年人,65 岁老年网民中看新闻的占 34% ,发送或阅读邮件的占 55%⑧;而在 2012 年的调查中则发现健康和医药信息成为老年人上网的主

① Zickuhr K,Madden M. Older adults and Internet use [EB/OL]. [2013 – 12 – 30]. http://www. pewinternet. org/Reports/2012/Older-adults-and-internet-use. aspx.

② Rainie L,Zickuhr K,Prucell K,et al. The rise of e-reading[EB/OL]. [2013 – 12 – 28]. http://libraries. pewinternet. org/files/legacy-pdf/The% 20rise% 20of% 20e-reading% 204. 5. 12. pdf.

③ Google & Ipsos MediaCT. Reaching today's boomers and seniors online[EB/OL]. [2014 – 01 – 01]. http://www. google. com/think/research-studies/reaching-todays-boomers-and-seniors-online. html.

④ Flynn K E,Smith M A,Freese J. When do older adults turn to the Internet for health information? findings from the Wisconsin longitudinal study[J]. Journal of general Internet medicine,2006,21(12):1295 – 1301.

⑤ Kaiser Family Foundation. E-Health and the elderly:How seniors use the Internet for health information [EB/OL]. [2014 – 01 – 20]. http://www. globalaging. org/elderrights/us/2005/ehealth. htm.

⑥ Internet usage and online activities of older adults[EB/OL]. [2013 – 12 – 30]. http://www. aoa. gov/aoaroot/press_room/social_media/widget/statistical_profile/2010/6. aspx.

⑦ Keenan T A. Internet use among midlife and older adults an AARP bulletin poll[EB/OL]. [2013 – 12 – 30]. http://assets. aarp. org/rgcenter/general/bulletin_internet_09. pdf.

⑧ Madden M. Older adults and social media[EB/OL]. [2013 – 12 – 30]. http://www. pewinternet. org/Reports/2010/Older-Adults-and-Social-Media. aspx.

要搜寻和阅读的内容①。2012 年 Blinkx.com 对 55 岁以上人口进行的调查显示,金融、环境、社交关系、健康是他们最普遍关心的内容;多数老年人使用网络来找新闻和做研究,而不是游戏或社交②。2013 年 IPSOS 和 Google 的调研发现,在 1020 位 65 岁以上老年人中,互联网是他们获取感兴趣主题相关信息的首选渠道(83%);内容上,66% 的人用来看新闻和天气信息,57% 的人寻找和购物相关的信息,44% 的人搜索食物信息;搜索是排名第一的在线信息搜集方式(82%);与阅读相关的行为包括搜寻信息、访问感兴趣的网站、搜寻更多离线信息,在所有行为中分列第 1、第 3 和第 6 位③。从电子书阅读的发展状况来看,2011 年美国 Pew 研究中心的调查显示,过去一年中 65 岁以上老年人中,64% 阅读了至少一本印刷文献,8% 阅读了至少一本电子书,8% 阅读了至少一本有声书④;2012 年进行的全国电子书阅读调查显示,美国 65 岁以上老年人中 68% 和 17% 在过去一年中分别阅读了一本纸质书和电子书,均低于其他各年龄段所占的比例。尽管如此,他们却是最热情的读者,在所有年龄人群中他们的阅读量最大⑤。2013 年对佛罗里达州 50 岁以上网民进行的随机电话调查显示,72% 的人使用互联网查找健康医药信息,36% 的人在过去一年中至少使用过一种社交媒体去发现或分享健康信息,其中 95% 使用的是 Facebook、Twitter 这些流行的社交网站;从世代差异来看,40% 的婴儿潮老人和"沉默的一代"老人及 23% 的"英雄的一代"老人会使用社交媒体来查找或分享健康信息⑥。

从小范围的调查来看,M. Hilt 的研究发现,老年人上网时有可能不去访问大众网站,而是直接搜寻有关个人兴趣的那些信息;他们最可能使用 Google 或 Yahoo 来寻找天气、健康、游戏、笑话和娱乐信息⑦。J. Dinet 等的调查发现,互联网正在成为老年人一种主要的信息资源,健康是老年人信息搜寻排名第一的主题,第二是休闲和旅游,第三是服务⑧。R. M. Crabb 等人对 50 位 65 岁以上老人的调查发现,将近 3/4 的人经常上网,超过一半的人有上网搜寻

---

①　Fox S. Older Americans and the Internet[EB/OL]. [2013 - 12 - 30]. http://www. pewinternet. org/PPF/r/117/report_display. asp.

②　信息图:老人如何使用互联网[EB/OL]. [2014 - 01 - 01]. http://www. 199it. com/archives/72078. html.

③　Google & Ipsos MediaCT. Reaching today's boomers and seniors online[EB/OL]. [2014 - 01 - 01]. http://www. google. com/think/research-studies/reaching-todays-boomers-and-seniors-online. html.

④　Zickuhr K,Rainie L,Prucell K,et al. Younger Americans' reading and library habits[EB/OL]. [2013 - 12 - 28]. http://libraries. pewinternet. org/2012/10/23/younger-americans-reading-and-library-habits/.

⑤　Rainie L,Zickuhr K,Prucell K,et al. The rise of e-reading[EB/OL]. [2013 - 12 - 28]. http://libraries. pewinternet. org/files/legacy-pdf/The%20rise%20of%20e-reading%204. 5. 12. pdf.

⑥　Tennant B,Stellefson M,Chaney B,et al. Social media for health information among older adults in the State of Florida[EB/OL]. [2014 - 01 - 20]. http://www. bebr. ufl. edu/articles/survey-research/social-media-health-information-among-older-adults-state-florida.

⑦　Hilt M,Lipschultz J. Elderly Americans and the Internet:e-mail,TV news,information and entertainment websites. Educational gerontology,2004,30(1):57 - 72.

⑧　Dinet J,Brangier E,Michel G. Older people as information seekers:exploratory studies about their needs and strategies[J]. Universal access in human computer interaction,2007,4554:877 - 886.

健康信息的经历①。对英国德比郡的调查显示,对信息搜寻和研究是老年人上网最流行的一项活动,67%的调查对象在网上寻找与他们爱好相关的信息,此外,还会在网上搜索当地信息(53%)和旅游或假日信息(50%)②。M. Escamilla发现老年人倾向于将网络作为获取一般性健康信息的起点③。M. Harrod采用民族志的研究方法,密切关注8位老年人4个月内对网络健康信息的搜索、阅读和利用行为,不仅发现了多种不同的行为模式,而且发现这会帮助他们保持独立性和活跃性④。

2.3.1.3 老年人数字阅读的障碍与支持研究

多项研究都发现,与其他年龄群体相比,老年人进行数字阅读的数量和比例仍然偏低,这与他们感知到的障碍较多有关,因而需要较多的支持和帮助,交互界面的可用性与网络技能培训是较为集中的两方面。

从老年人自身因素而言,网络使用是进行数字阅读的基础,因而老年人数字阅读面临的首要障碍来自于网络使用。与老化相关联的认知变化使得网络和电脑利用对老年人更具挑战性⑤;其他障碍还包括缺乏兴趣、感觉太老了、对新技术恐惧、费用、缺乏IT接入、缺乏IT操作技能和经验等⑥⑦。AARP的调查数据显示,50岁以上人群中,不上网的人对于学习更多有关上网知识的兴趣较低(71%),65以上老年人(78%)比50—64岁的人(63%)的兴趣更低;当被问及为什么不想学习上网知识,47%的人是没兴趣,11%是没时间,9%认为自己没有技能,4%顾虑在线安全和个人信息泄露,4%没有电脑,3%认为上网太贵⑧。Pew研究中心调查也获得类似发现,指出没有一些帮助和鼓励,76岁及以上老年人很少有可能开始上网⑨。

老年人的文本检索策略,也面临着较多的问题,包括缺乏熟练的在线检索技巧和策略以有效利用在线资源⑩;无法准确区分不同网页浏览器和网页搜索工具的差异;常基于经验进

---

① Crabb R M, Rafie S, Weingardt K R. Health-related Internet use in older primary care patients[J]. Gerontology,2012,58(2):164-170.

② Morris A, Goodman J, Brading H. Internet use and non-use: views of older users[J]. Universal access in the information society,2007,6(1):43-57.

③ Escamilla M. Medical information seeking behavior of the elderly & pathfinder[EB/OL]. [2014-01-15]. http://pages. gseis. ucla. edu/faculty/maack/Documents/SeekingPaperME. pdf.

④ Harrod M. "I have to keep going": why some older adults are using the Internet for health information[J]. Ageing international,2011,36(2):283-294.

⑤ Czaja S J, Charness N, Fisk A D, et al. Factors predicting the use of technology: findings from the center for research and education on aging and technology enhancement (CREATE)[J]. Psychology aging,2006,21(2):333-352.

⑥ Morris A, Brading H. E-literacy and the grey digital divide: a review with recommendations[J]. Journal of information literacy,2007,1(3).

⑦ Carpenter B D, Buday S. Computer use among older adults in a naturally occurring retirement community[J]. Computer in human behavior,2007(23):3012-3024.

⑧ Keenan T A. Internet use among midlife and older adults an AARP bulletin poll[EB/OL]. [2013-12-30]. http://assets. aarp. org/rgcenter/general/bulletin_internet_09. pdf.

⑨ Zickuhr K, Madden M. Older adults and Internet use[EB/OL]. [2013-12-30]. http://www. pewinternet. org/Reports/2012/Older-adults-and-internet-use. aspx.

⑩ Xie B. Older adults, health information, and the Internet[J]. ACM Interactions,2008,15(4):44-46.

行搜索,但老年人的经验往往不能满足搜索需求;从搜索引擎提供的信息中确定相关信息成为老年人面临的主要问题①,缺乏评价在线健康信息质量的能力,需要获得如何在线检索可信任健康信息的指导②③。老年人对网络的信任度并不高,S. Chaudhuri 等人的调查发现,在 403 位平均年龄 77.65 岁的老年人中,网络仅位居可信任的健康信息来源的第 6 位,因而需要帮助老年人更好地导航和使用互联网,并了解可信赖的在线资源从而增加他们对其使用的信任,增强他们对自己搜寻和利用健康信息源的满意度④。

为提高老年人技能,培训的作用值得重视。Chu Adeline 等进行的实验发现,教育介入降低了查寻和评估健康信息时的电脑焦虑感,增强了自信心和自我效能感。老年人是充满热情的学习者,耐心、坚持、同伴或指导者的鼓励、言语或拍肩的动作等都是有效的鼓励方式⑤。Xie Bo 等人指出公共图书馆是为老年人提供网络接入和培训的理想之所,他们通过多次实验研究发现,公共图书馆的电脑培训显著降低了老年人的电脑焦虑感,并显著增强了他们对电脑的兴趣、自我效能感和满意度,增加了电脑和网络的相关知识,并开始利用提供的在线资源来寻找高质量的健康和医药信息,因而参与实验的老人都支持公共图书馆提供更多类似项目⑥-⑨。

从数字阅读的界面显示而言,目前很多网站设计违反了可用性原则,使得老年人很难使用⑩。他们遇到的主要问题包括网页加载的等待时间长,屏幕布局分散、不合理,图标和超链接难以查看和阅读,字体小、字体颜色不便于阅读,专业术语难以理解,没有屏幕提示如何继

①　Dinet J,Brangier E,Michel G. Older people as information seekers:exploratory studies about their needs and strategies[J]. Universal access in human computer interaction,2007,4554:877 – 886.

②　Nahm E,Preece J,Resnick B,et al. Usability of health web sites for older adults:a preliminary study[J]. Computers,Informatics,Nursing,2004,22(6):326 – 336.

③　Huang M,Hansen D,Xie B. Older adults' online health information seeking behavior[C]. Proceedings of iConference 2012. Toronto:ACM,2012:338 – 345.

④　Chaudhuri S,Le T,White C,et al. Examining health information-seeking behaviors of older adults[J]. Computers,Informatics,Nursing,2013,31(11):547 – 553.

⑤　Chu A,Huber J,Mastel-Smith B,et al. "Partnering with seniors for better health":computer use and Internet health information retrieval among older adults in a low socioeconomic community[J]. Journal of medical library association,2009,97(1):12 – 20.

⑥　Xie B,Jaeger P T. Computer training programs for older adults at the public library[J]. Public libraries,2008,47(5):42 – 49.

⑦　Xie B,Bugg J M. Public library computer training for older adults to access high-quality Internet health information[J]. Library & information science research,2009,31 (3):155 – 162.

⑧　Xie B. Improving older adults' e-health literacy through computer training using NIH online resources[J]. Library & information science research,2012,34(1):63 – 71.

⑨　Merkley C. Public library training program for older adults addresses their computer and health literacy needs[EB/OL]. [2014 – 01 – 22]. http://ejournals. library. ualberta. ca/index. php/EBLIP/article/view/18121.

⑩　Kerber N. Web usability for seniors:a literature review[EB/OL]. [2013 – 12 – 28]. http://home. ubalt. edu/nicole. kerber/.../Kerber_Literature_Review. pdf?.

续,在线帮助太细、太多①、缺乏适合老人的搜索界面②。为改善可用性以促进阅读,应使用未压缩的字体,采用 14 号字号和翻页呈现方式,所有网站应能让用户根据需要加大字号,如果需要提高阅读速度,建议使用衬线字体,如果字体喜好更重要就建议使用无衬线字体;最好设计静态界面,去除背景图案,提供帮助和联系信息,提供网站组织的网站地图,使用下拉菜单而非鼠标点击来进行导航,提供多语言版本以及简单而快速的下载页面③-⑥,采用标签化的信息呈现方式,尤其是围绕标签进行语义组织⑦。

2.3.2 国内老年人数字阅读研究综述

2.3.2.1 老年人数字阅读接触状况与发展前景研究

从老年人对数字阅读工具的接触状况来看,2011 年第 8 次全国国民阅读调查数据显示,数字阅读主体中 50—59 岁占 2.2%,60—70 岁老年人仅占 1%,这两者合计占 3.2%⑧;2012年第 9 次调查显示,50 岁及以上人群仅占 4%⑨;2013 年第 10 次调查显示 50 岁及以上人群的数字化阅读比例为 6.3%⑩。中国互联网络信息中心(CNNIC)的调查显示 60 岁及以上网民的比例在 1999 年仅为 0.3%⑪,在 2012 年是 1.8%,2013 年则为 2.0%⑫。尽管比例都偏

---

① Williamson K. The role of research in professional practice: with reference to the assessment of the information and library needs of older people[J]. Australasian public libraries and information services,1999,12(4): 145 – 153.

② Kules B,Xie B. Older adults searching for health information in MedlinePlus—an exploratory study of faceted online search interfaces[C]. Proceedings of the 74th Annual Meeting of the American Society for Information Science & Technology. Silver Spring: ASIST,2011.

③ Tsai W C,Ro Y L,Chang Y T,et al. The effects of font size and page presentation method of E-book reading on small screens for older adults[J]. Universal access in human-computer interaction,2011,6767:94 – 101.

④ Bernard M,Liao C H,Mills M. The effects of font type and size on the legibility and reading time of online text by older adults[C]. Proceedings of ACM CHI 2001,2001(2):175 – 176.

⑤ Becker S A. A study of web usability for older adults seeking online health resources[J]. ACM Transactions on Computer-Human Interaction (TOCHI),2004,11(4):387 – 406.

⑥ Nielsen J. Seniors as web users[EB/OL]. [2013 – 12 – 30]. http://www. useit. com/alertbox/seniors. html.

⑦ 屈明颖. 当下数字阅读发展:阅读时长增势强于传统阅读[EB/OL]. [2014 – 01 – 20]. http://www. chinanews. com/cul/2011/07-11/3172735. shtml.

⑧ 第九次全国国民阅读调查:图书阅读率为 53. 9%[EB/OL]. [2014 – 01 – 20]. http://www. chinanews. com/cul/2012/04-19/3832813_3. shtml.

⑨ 张辰. 第十次全国国民阅读调查成果发布[EB/OL]. [2014 – 01 – 20]. http://www. meijiezazhi. com/news/bk/2013-04-22/12276. html.

⑩ 老年人使用电脑和网络状况调查[EB/OL]. [2014 – 01 – 10]. http://wenku. baidu. com/link? url = kspNb33RgmGdUY0TkmxX1lCKlEhbjniIZmREND x99bWWmIUSHYmZ045a0Cu5XHNU5666ffO2zQgJeGrHHNPh uGbIIsjXtn-XVs6bZ8MGNq.

⑪ 中国互联网络信息中心. CNNIC 第 32 次中国互联网络发展状况统计报告[EB/OL]. [2014 – 01 – 12]. http://www. cnnic. net. cn/hlwfzyj/hlwxzbg/hlwtjbg/201307/t20130717_40664. htm.

⑫ 麦维德,耐迪贤,周园. 中国数字化新世代 3.0:未来的网络领军者[EB/OL]. [2013 – 12 – 28]. http://www. bcg. com. cn/cn/newsandpublications/publications/reports/report20120412001. html.

低,但以上结果也反映出老年人的数字阅读接触率在缓步上升。

　　从未来趋势来看,首先,老年人对阅读工具接触状况的变化能够部分反映数字阅读未来的发展前景。波士顿咨询公司预测城市年长者(51 岁及以上)对互联网增长的贡献率将在2011 年至 2015 年间以每年 22% 的速度增长,将成为增长最快的群体;年长者和农村居民用户将推动未来的增长量①;第 29 次《中国互联网络发展状况统计报告》中也指出,鼓励高龄人群、低学历人群等新技术的晚期接受者尝试使用互联网工具,将是下一阶段推动我国网民规模进一步扩大的重要条件②,第 32 次的报告又再次指出中老年群体是中国网民增长的主要来源③;吴信训、丁卓菁对上海老年人的调查发现,互联网和手机今后还会有进一步在老年人中扩散的空间,其中互联网有近五成的扩散空间,电子阅读有 4 成扩散空间,然而市场可能会更大④。其次,从老年人的自我感知来看,多数老人希望网络阅读材料持续免费,但不支持将网络阅读作为主要阅读方式。在对网络阅读活动的看法上,39% 的老人不支持网络阅读,认为网络阅读对眼睛和身体伤害较大,且海量信息良莠不齐,也不利于读者展开深度思考;29.5% 的老年人认为网络阅读资源更为丰富,应该鼓励网络阅读;23% 的老人认为网络阅读利弊兼有,需谨慎对待,另有 8.5% 的老人认为是否进行网络阅读属于个人爱好,没必要刻意去关注或引导⑤。这一自我感知状况很可能影响数字阅读在老年群体中的未来发展,值得持续考察。

2.3.2.2　老年人数字阅读工具的拥有和使用研究

　　台湾数字出版联盟 2012 年调查结果显示,55—64 岁人群中 66% 有平板电脑、60% 有智能手机、66% 有台式电脑、66% 有笔记本电脑、9% 有专用阅读器;在使用偏好上,对平板电脑、智能手机、台式电脑、笔记本电脑、专用阅读器偏好的比例依次是 62%、4%、19%、11%、4%⑥。对山东 124 位老年人的调查发现,他们主要是通过电脑上网,其中台式电脑、笔记本电脑和平板电脑的使用比例分别为 25.7%、21.3% 和 53%,平板电脑的使用最多,说明平板电脑在老年人中比较受欢迎⑦。对上海 410 位老年人的调查显示,互联网、手机等新媒介在上海老年群体中的普及程度(分别为 66.3% 和 86.1%)已大大领先全国平均水平;对于新出现的电子书和平板电脑,熟知一种的比熟知两种的人数更多,近 4 成老年人听说过平板电脑,对电子书的知晓比率约达两成。但这并不意味着大部分老年人对电子书和平板电脑没有需求,有近 4 成老年人表示,他们今后会使用其中的一种来取代纸质阅读,再有,他们表示

　　① 中国互联网络信息中心. 第 29 次中国互联网络发展状况统计报告[EB/OL]. [2014 - 01 - 10]. http://www. cnnic. net. cn/research/bgxz/tjbg/201201/t20120116_23668. html.

　　② 吴信训,丁卓菁. 新媒体优化老年群体生活方式的前景探索——以上海城市老龄群体的新媒体使用情况调查为例[J]. 新闻记者,2011(3):65 - 69.

　　③ 中国互联网络信息中心. CNNIC 第 32 次中国互联网络发展状况统计报告[EB/OL]. [2014 - 01 - 12]. http://www. cnnic. net. cn/hlwfzyj/hlwxzbg/hlwtjbg/201307/t20130717_40664. htm.

　　④⑤ 张珍珍. 近十年上海老年读者群体阅读习惯的实证分析(2000—2010)[D]. 上海:华东师范大学,2011.

　　⑥ 台湾数位出版联盟. 2012 台湾数位阅读行为调查研究问卷结果报告[EB/OL]. [2014 - 01 - 10]. http://www. magazine. org. tw/ImagesUploaded/news/13418257221870. pdf.

　　⑦ 石会惠. 基于用户体验的老年人上网行为分析及研究[D]. 济南:山东大学,2012:34.

更倾向于使用平板电脑,因为平板电脑的功能更齐全①。在另一项对上海300位老年人进行的调查中却发现,老年读者群体上网率普遍较低,很少接触网络阅读和手机阅读,有90.2%的老人没有通过电脑或者手机上网的经历;只有2.1%的老人表示会通过网络阅读报纸杂志等内容。有过手机阅读经历的老人不足受访对象的1%,且多为被动阅读行为,阅读材料也只是手机报等内容,没有老人主动通过手机上网搜索或下载阅读内容②。

2.3.2.3 老年人数字阅读内容研究

波士顿咨询公司的调查显示,51岁以上用户的上网活动中,获取"信息"的时间在时间总数中占比为29%,其中在网上阅读新闻的时间最多,平均达到每周4小时,这也是年长者中最受欢迎的活动;信息搜索平均每周1.4小时,在线学习时间0.8小时,在线阅读时间1.4小时③。对浙江图书馆157位60岁以上的读者进行的调查显示,会上网的老年读者中59.8%经常使用网络浏览和查找信息,在老年读者经常使用的网络服务形式中居首;在互联网中最受老年读者欢迎的也是时事新闻类的信息,读者比例达67.9%,其次是健康保健类知识(占55.4%),位列第3的是天气预报(占31.2%)④。对山东老年人的调查同样显示,查阅新闻资料在上网行为中排第1(95.3%),其他与数字阅读有关的行为还包括收发邮件、参与论坛讨论、查询车票和股票信息、网络学习等⑤。对北京地区150位52—78岁老年人的调查显示,选择上网的老年网民有14.4%,成为仅次于看电视和读书看报的休闲方式;老年网民最常阅读的是社会/时事类新闻(28.8%),其他依次是健康保健类知识(21.3%)、天气预报(13.6%)、金融证券信息(11.5%)和休闲娱乐信息(11.9%);老年人最常使用的网络服务是信息查询(20.8%),其次是收发电子邮件(17.7%)⑥。对北京市海淀区91位60岁以上老年人的调查发现,查阅新闻资料的比例高达98.9%,查阅邮件的占67%,查看股票行情的占46.2%,网络学习的占38.5%;动机平均得分超过4分的依次是查看股票行情的4.17分、查阅邮件的4.11分、查看新闻的4.07分⑦。2010年喜乐网对北京60位50—80岁网民的调查显示,经常上网的占57.5%,使用互联网的最主要目的是浏览信息和查找资料,比例均达到78%⑧。对上海老年人的调查同样发现,在互联网的使用内容上,"浏览新闻"成为人数比最高的使用内容,平均每10个老年人中就有8个浏览新闻;"网络版报纸、杂志"位居第5,每10个老年人中就有4个使用;此外,"网络文学"也有较大的使用人数;手机使用行为

① 吴信训,丁卓菁.新媒体优化老年群体生活方式的前景探索——以上海城市老龄群体的新媒体使用情况调查为例[J].新闻记者,2011(3):65-69.

② 张珍珍.近十年上海老年读者群体阅读习惯的实证分析(2000—2010)[D].上海:华东师范大学,2011:18-19.

③ 麦维德,耐迪贤,周园.中国数字化新世代3.0:未来的网络领军者[EB/OL].[2013-12-28].http://www.bcg.com.cn/cn/newsandpublications/publications/reports/report20120412001.html.

④ 杨敏文.老年读者使用互联网状况的调查及分析——以浙江图书馆为例[J].农业图书情报学刊,2013,25(1):125-128.

⑤ 石会惠.基于用户体验的老年人上网行为分析及研究[D].济南:山东大学,2012:36.

⑥ 季尚尚.北京地区老年网民网络媒体接触研究[J].广告大观理论版,2009(3):76-90.

⑦ 张冉,刘飞.老年人对网络的使用与满足研究——以北京市海淀区为例调查报告[EB/OL].[2014-01-20].http://media.people.com.cn/GB/22114/150608/150615/10621508.html.

⑧ 两会议题:中老年网民调查结果发布[EB/OL].[2013-12-30].http://news.qq.com/a/20100304/002038.htm.

中,"手机阅读"和"订阅手机报"具有一定的比率①。

2.3.3　国内外老年人数字阅读研究现状评述

综上所述,国内外研究在研究角度和研究方式上具有一些共同特点,也获得了相似的一些研究结论:①都从数字工具拥有和使用率的角度,来分析老年人数字阅读的发展现状和发展前景。结果都发现老年人对数字工具的拥有和使用率,尽管相对于其他年龄群体而言偏低,但都在逐年缓步增加,并被认为是未来发展的推动力量,具有较好的发展前景。②都从老年人对数字阅读工具的使用行为角度,发现阅读在其中占据了主体地位,在动机、比例和时间上都居于前列;阅读主题都较为集中,主要是新闻、健康、邮件、旅游、天气等,当然也包括文学、金融、股票、游戏、娱乐等其他内容;通过电脑进行阅读占绝大比例,其中平板电脑受到老年人青睐。③在研究方法上,问卷调查方法均被普遍采用。既有专门机构如美国 Pew 研究中心、我国 CNNIC 持续进行的大规模调查,也有研究者个人或商业公司进行的小范围调查。与前者相比,后者的针对性更强、内容更加深入,但可能受调查样本的代表性影响,它们在某些方面如对数字阅读的感知和使用倾向上的结论也存在差异,这从一个侧面显示出老年群体在数字阅读行为上所表现出的多样性,值得我们不断探索。

从国内外对比来看,国外研究显得更加充分、范围更加广泛、成果更加丰富,主要表现在:①国外对有关老年人数字阅读的研究更加重视,专项调查和论文都较多,如 Pew 研究中心的"美国老年人与互联网"(Older Americans and the Internet)、"老年人与互联网利用"(Older Adults and Internet Use)报告,Google 进行的"了解当今婴儿潮老人和老年人"(Reaching Today's Boomers and Seniors)调查等。②在研究内容上,国外研究更加广泛深入,除了上述国内外研究都涉及的内容外,还对老年人数字阅读的价值从生理和社会层面进行分析,对老年人数字阅读与纸本阅读的效果和感知进行实证研究,对老年人数字阅读文本的搜寻和选择行为研究有所涉及,对健康信息的搜寻与阅读行为研究关注较多,对不同年龄、性别、教育程度的老年人阅读行为也进行了一些对比分析,对老年人的电子书阅读研究也较为充分。③在研究方法上,国外研究更加多样。除了问卷调查方法外,还针对不同的研究问题采用了深度访谈、眼动跟踪法、实验法等多种方法。多种方法的运用使得对老年人数字阅读的研究既有对于群体层面的整体性认识,也有对于个体的深度了解。而我国的研究还较为薄弱,研究内容较单一,研究方法较为单调主要采用调查法,研究成果较少。

国内外研究的差距可能与两个因素有关:①老龄化发展程度不同。我国老龄化起步较晚但发展快,而国外老龄化一直稳步发展,持续已有多年,这使得他们相对于我国对老龄相关问题更为关注。②国内外电子书发展状况存在差异。与国外快速发展的情况相比,我国电子书阅读器的生存状况堪忧,在社会大众中的认知度较低,对老年人而言尤其严重,这一境况反馈到研究上,就是对老年人的电子书阅读研究极少,而网络阅读相对较多。

总体而言,我国目前研究与国外还存在差距,而国外研究结论是否能直接应用于我国是存疑的,因而今后需要结合我国国情和老年人的情况,更多地开展关于我国老年人的数字阅读行为研究。另外,国内外研究都共同存在的问题在于对老年人数字阅读行为的研究非常

---

① 吴信训,丁卓菁. 新媒体优化老年群体生活方式的前景探索——以上海城市老龄群体的新媒体使用情况调查为例[J]. 新闻记者,2011(3):65－69.

零散,散见于老年人网络行为、信息行为等的研究中,缺乏整合性的研究成果;对阅读工具的拥有和一般使用行为关注较多,而对数字阅读行为过程的研究较少;从社会、机构角度调查研究较多,而从老年用户个体感知视角的研究较少。今后,需要从老年人角度出发,加强对老年人数字阅读文本的搜寻和选择行为以及数字阅读过程的探索研究,从而形成针对性更强的专项研究成果。

3　我国老年人阅读行为的调查分析

3.1　我国老年人的阅读行为总体分析

3.1.1　研究设计

3.1.1.1　调查问卷及对象设计

本研究主要采用问卷调查方法,设计了四部分调查问题:第一部分是有关年龄、性别、职业等老年人口学基本特征的问题,了解他们的客观情况;第二部分选取了《自测健康评定量表》(SRHMS)中部分问题,调查老年人自我感知的健康状况;第三部分是有关老年人的阅读态度、阅读载体、阅读目的、阅读时长、阅读时段、阅读场所、阅读偏好、读物获取方式、书刊价格认知、阅读深度等状况;第四部分意在了解老年人对图书馆阅读服务的感知状况。问卷设计经过多轮专家意见征询及预调查反馈,经过多次调整及修正最终定稿。

在调查对象的界定上,依据我国《老年人权益保障法》第二条规定"本法所称老年人是指六十周岁以上的公民",将年龄在 60 岁及以上的人群确定为本研究的调查对象。同时,根据本研究了解老年人阅读状况的目的,将调查对象进一步限定为有阅读行为的、60 岁及以上的老年人。在阅读概念的界定上,将其限定在狭义的范围内,即通过对书面语言和其他书面符号的视觉感知获取知识和信息的行为,表现为看书刊、报纸、电子书报、网络篇章等实际行为。

调查对象的抽取综合采用分层抽样、判断抽样和偶遇抽样方法。首先,根据国家统计局的区域划分方法[①],将全国 31 个省划分为东中西和东北四个地区,在各个地区中选取若干省市,具体包括东北地区的黑龙江和辽宁,东部地区的北京、天津、上海、山东、福建,中部地区的山西、安徽、湖北、湖南、河南,西部地区的重庆、四川和云南,在每个省份中又分别选取了若干城市和乡村。其次,根据老年人常见活动场所确定问卷发放地点,主要在社区、养老院、图书馆、老年大学、老年活动中心等地。

调查实施中制定了统一的调查实施规范,问卷采用当面发放、当面填写、当面回收的方式,以保证较高的回收率与数据质量;单份问卷的平均调查时间为 15—25 分钟。自 2011 年7 月至 2012 年 4 月完成问卷发放,共收回问卷 3654 份,按照年龄小于 60 岁或未填答内容超过应填答内容的 1/3 视为无效问卷的标准进行筛选,最终获得 3074 份有效问卷,有效回收率为 84.13%。地区分布为东北地区 314 份、东部 879 份、中部 1404 份、西部 477 份,场所分布为社区 2253 份、图书馆 331 份、养老院 224 份、老年大学和老年活动中心 114 份,医院商场等地 52 份,另有 100 份未填写具体发放地点。将有效问卷输入 SPSS17.0 中进行分析,主要进行频数描述统计和多重响应分析。

---

① 国家统计局.东西中部和东北地区划分方法[EB/OL].[2011-08-10].http://www.stats.gov.cn/ztjc/zthd/sjtjr/dejtjkfr/tjkp/201106/t20110613_71947.htm.

3.1.1.2　调查样本的基本特征

调查样本的特征见表 3－1,需要说明以下几点:

第一,年龄调查中的三个选项分别代表低龄、中龄和高龄老年组,统计结果表明,被调查对象中 60—69 岁的低龄老年人所占比例最大,70—79 岁中龄组次之,80 岁以上的高龄组比例最小。这既与调查主要在公开场所开展、低龄老年人出外活动较多有关,也与我国老龄化的年龄分布状况基本一致(第六次人口普查数据显示这三个年龄段的比例分别为 56.18%、32%、11.82%[①])。

第二,在性别分布上,本次调查中较为均匀,但男性比例略高,尽管与第六次人口普查中老年人男女比例 1∶1.04[②]的情况有差异,但这与公开场所中男性比女性更容易接受调查有关。

第三,考虑到老年人异地迁移情况可能对其利用图书馆状况带来影响,问卷设计了关于本地居住时间的选项,但从调查结果来看,被调查对象主要是居住时间在三年以上的常住人口,这也将本次研究主要限定为当地常住性老年人群。

第四,从受教育程度来看,人口普查数据显示老年人群中 90.9% 为初中以下文化水平,本科以上的比例不足 4%[③],而本次调查由于有阅读行为的条件限制,没有设置未上学不识字的选项,但结果依然显示 80.1% 的老人在高中以下文化水平,其中近 50% 还是初中以下,本科以上的比例不足 20%。尽管这些情况要好于普查结果,但很大程度上是源于调查的范围限制,总体上仍然反映出被调查老年人的受教育水平偏低。

第五,对老年人职业的调查设计来源于国家统计局进行人口普查时的职业设置,本调查中各类职业的分布较为均匀。我国一般规定男 60 岁、女 55 岁为退休年龄,因而在工作状态上,被调查老年人中退休的比例很高。同时退休带来的收入减少也使得 85.8% 的被调查者月收入在 3000 元以内,其中更有 40% 的老人月收入集中在 1000—2000 元。

总之,受调查对象限定及调查方式影响,本次研究样本与全国性的人口普查数据有些微差异,但总体上样本的分布较为均匀,与老年总体特征保持了较好的一致性,具有一定的代表性。

表 3－1　调查样本的基本特征

特征属性		数量(个)	百分比(%)
性别	男	1605	52.2
	女	1378	44.8
	缺失	91	3.0
年龄	60—69 岁	1901	61.8
	70—79 岁	943	30.7
	80 岁以上	230	7.5

①-③　国务院人口普查办公室,国家统计局人口和就业统计司.中国 2010 年人口普查资料[M/OL].北京:中国统计出版社,中国数通电子出版社,2012[2014－07－17].http://www.stats.gov.cn/tjsj/pcsj/rk-pc/6rp/indexch.htm.

续表

特征属性		数量（个）	百分比（%）
受教育程度	小学	611	19.9
	初中	900	29.3
	高中/中专	951	30.9
	本科/大专	551	17.9
	硕士及以上	42	1.4
	缺失	19	0.6
工作状态	尚在工作	281	9.1
	已退休	2221	72.3
	缺失	572	18.6
以前职业	公检法/军人/武警	126	4.1
	机关/事业单位干部	496	16.1
	专业技术人员/教师/医生	545	17.7
	企业领导/管理人员	155	5.0
	一般职员/文员/秘书	312	10.1
	私营或个体劳动者	290	9.4
	工人/商业服务人员	659	21.4
	农民或农民工	285	9.3
	无业人员	144	4.7
	其他	33	1.1
	缺失	29	0.9
月收入	500元以下	243	7.9
	501—1000元	380	12.4
	1001—2000元	1229	40.0
	2001—3000元	784	25.5
	3001—4000元	247	8.0
	4000元以上	170	5.5
	缺失	21	0.7
家务承担	自己	630	20.5
	老伴	629	20.5
	子女	400	13.0
	共同分担	1148	37.3
	其他人员	235	7.6
	缺失	32	1.0

3.1.2　我国老年人阅读的基本状况

3.1.2.1　老年人对阅读的态度分析

通过7条陈述语句设计量表,并采用5点量表从"非常不同意(1)"到"非常同意(5)"来对老年人的态度倾向进行测量,为了减少响应效应的影响,对一些语句进行了反向措辞的处理(如"阅读对身体不好"),录入时又进行了反向计分处理(1＝5,2＝4,3＝3,4＝2,5＝1),从而使所有量表取值方向保持一致。采用α可靠性系数法对量表进行检测,Cronbach's Alpha系数为0.705,大于0.7,表明该量表可以接受。整个量表方差F值为962.860,P＝0.000,表明量表重复度量效果好。量表共7个项目,Hotelling's检验结果表明,F＝755.801,P＝0.000,项目间平均得分的相等性好,即项目具有内在的相关性。因此,可以说明,老年群体阅读态度量表信度可以接受。

对7条语句分别分析(见表3-2),数据表明,本次受访的老年群体,对于阅读大多数持肯定态度,认为阅读有助于保持大脑活跃、充实老年生活,不认可老年就没必要读书及阅读对身体不好的观点。在老年群体休闲活动呈现多元化趋势的情况下,阅读仍然在他们心中占据了重要的位置。但他们在阅读之外也有多样化方式来充实精神生活,这使得在"如果不阅读会空虚无聊"这样非常确定性的语句表态上,比较不同意与比较同意的比例非常接近,也就是说,老年人对此并未表现出对于"阅读可以保持大脑活跃"这样一般肯定或"阅读对身体不好"这样绝对否定语句那样鲜明的态度。对量表进行的均值统计也发现(见表3-3),除"比起阅读我更喜欢其他休闲活动"均值低于5点量表的中值3之外,老年人对其他语句的态度均值都大于3。这表明总体而言,老年人对阅读的态度倾向是较为积极的,但同时也再次反映出他们并不会将阅读作为唯一认可的休闲活动,他们有更多样化的休闲活动选择。陈骅的调查[1]就发现除了71.08%的老年人认为阅读带来了非常快乐和比较快乐的感觉外,19.46%的老年人认为阅读带来的快乐感一般,其主要原因是他们参与的其他社会活动如老年人社团、老年大学学习等更能激发兴趣,从而降低了阅读的需求和快乐感;从对老年人休闲生活的调查[2-4]同样发现,除了阅读外,他们还有看电视、体育健身、打牌、旅游、购物、公益活动、走亲访友等多种安排,有些活动的选择比例甚至远远超过阅读。这在一定程度上意味着阅读在老年人中占据了较重要的地位,但都不占据绝对首要地位,这一状况与此处老年人的阅读态度是较一致的,或许这也可以作为解释老年人对阅读肯定但又不绝对肯定的原因。

① 陈骅.城市老龄人群阅读现状与公共图书馆服务模式研究——以南京市六城区为例[D].南京:南京农业大学,2011:25.

② 吴玉韶,郭平.2010年中国城乡老年人口状况追踪调查数据分析[M].北京:中国社会出版社,2014:414.

③ 龙建新.城镇老年人休闲现状与对策研究——以江西宜春市为例[J].科技信息,2008(35):31-32.

④ 李贤亮.河北省老年人媒介接触需要、动机和状况调查[D].保定:河北大学,2010:13,15.

表3-2 老年人阅读态度倾向 （单位:%）

	老年了就没有必要读书了	阅读可以充实老年生活	阅读对身体不好	阅读可以保持大脑活跃	阅读就是打发时间而已	如果不阅读会空虚无聊	比起阅读我更喜欢其他休闲活动
非常同意	2.1	26.3	2.3	25.7	3.7	10.3	10.1
比较同意	11.6	39.9	10.1	42.7	24.9	24.1	33.9
一般	18.6	25.9	20.6	24.4	33.4	36.9	40.9
比较不同意	33.8	5.6	37.6	4.5	26.6	23.4	11.1
非常不同意	33.6	2	29	2	10.3	4.6	3.2
缺失值	0.4	0.4	0.8	0.6	1.0	0.8	0.8
总计	100	100	100	100	100	100	100

表3-3 老年人阅读态度的描述统计

阅读态度	N	均值	中值	众数	标准差
老年了就没有必要读书了	3074	3.84	4	4	1.098
阅读可以充实老年生活	3074	3.82	4	4	0.974
阅读对身体不好	3074	3.78	4	4	1.092
阅读可以保持大脑活跃	3074	3.84	4	4	0.967
阅读就是打发时间而已	3074	3.12	3	3	1.073
如果不阅读会空虚无聊	3074	3.10	3	3	1.063
比起阅读我更喜欢其他休闲活动	3074	2.61	3	3	0.950

注:"老年了就没有必要读书了""阅读对身体不好""阅读就是打发时间而已""比起阅读我更喜欢其他休闲活动"均进行了反向计分处理。

3.1.2.2 老年人对阅读载体的利用状况

当前阅读载体类型丰富,但从老年人的载体选择来看(见表3-4),传统载体如报刊、图书仍占据了绝对地位。此外,户外的报刊栏等也是老年人选择较多的阅读载体,表明老年人普遍倾向选择纸质阅读载体。在新兴载体的选择中,网络位居第一,是纸质载体之后的首要选择,这与季尚尚[1]、陈骅[2]等的调查结论基本一致。结合中国互联网络信息中心(CNNIC)多年的调查结果(60 岁及以上网民的比例在 1999 年仅为 0.3%[3],在 2012 年是 1.8%,2013

---

① 季尚尚.北京地区老年网民网络媒体接触研究[J].广告大观理论版,2009(3):76-90.

② 陈骅.城市老龄人群阅读现状与公共图书馆服务模式研究——以南京市六城区为例[D].南京:南京农业大学,2011:25.

③ 老年人使用电脑和网络状况调查[EB/OL].[2014-01-10].http://wenku.baidu.com/link? url = kspNb33RgmGdUY0TkmxX1lCKlEhbjniIZmRENDx99bWWmIUSHYmZ045a0Cu5XHNU5666ffO2zQgJeGrHHNPQh uGbIIsjXtn-XVs6bZ8MGNq.

年则为 2.0%[①]），可以看出随着网络的多年普及，老年群体对网络阅读的接触和应用也在逐步增加。手机阅读紧随网络阅读之后，尽管它与网络阅读的选择比例都远低于纸质载体，但它显示出老年人对这两类新媒体有一定的接受度，未来有可能如吴信训、丁卓菁所预测的那样，互联网和手机今后还会有进一步在老年人中扩散的空间[②]。而电子书、触摸屏电子报还需要更多时日进行推广。

表 3 - 4　老年人阅读的载体选择

阅读的载体选择	响应		个案百分比（%）
	N	百分比（%）	
报刊	2538	43.4	85.9
图书	1527	26.1	51.7
图文展览及报刊栏	856	14.7	29.0
网络	438	7.5	14.8
手机	237	4.1	8.0
电子书	157	2.7	5.3
触摸屏电子报	90	1.5	3.0
总计	5843	100.0	197.8

注：有效填答个案 2954 人，缺失值 120 人，总计 3074 人。

3.1.2.3　老年人的阅读目的

从表 3 - 5 可见，老年人阅读目的非常多样，"了解时事"的高比例显示出老年人对社会的热切关注；"休闲消遣"位居第二，是老年人的休闲生活状态在阅读上的充分展现；"学习知识""保持大脑活跃""兴趣爱好"等表现了老年人对阅读的积极态度，通过阅读来保持身体和精神健康，这与老年人阅读态度的分析结论基本一致。"教育子孙"也有较高比例，反映了我国老年人较多承担隔代抚养和教育责任的现状；而"完成工作""研究与写作"的频率很低，这与多数老年人退出工作岗位的状态相吻合。与陈勃的调查相较，了解时事和增长知识同样占据了老年人阅读动机的主要地位[③]，表明老年人阅读目的具有较强的稳定性和持续性。

表 3 - 5　老年人的阅读目的

阅读目的	响应		个案百分比（%）	阅读目的	响应		个案百分比（%）
	N	百分比（%）			N	百分比（%）	
了解时事	1841	21.3	60.8	教育子孙	732	8.5	24.2
休闲消遣	1467	17.0	48.4	解决问题	635	7.4	21.0

---

①　中国互联网络信息中心. CNNIC 第 32 次中国互联网络发展状况统计报告[EB/OL].[2014 - 01 - 12]. http://www.cnnic.net.cn/hlwfzyj/hlwxzbg/hlwtjbg/201307/t20130717_40664.htm.

②　吴信训, 丁卓菁. 新媒体优化老年群体生活方式的前景探索——以上海城市老龄群体的新媒体使用情况调查为例[J]. 新闻记者, 2011（3）:65 - 69.

③　陈勃. 老年人与传媒——互动关系的现状分析及前景预测[M]. 南昌:江西人民出版社, 2008:68,75.

续表

阅读目的	响应		个案百分比（%）	阅读目的	响应		个案百分比（%）
	N	百分比（%）			N	百分比（%）	
学习知识	1151	13.3	38.0	完成工作	124	1.4	4.1
保持大脑活跃	946	11.0	31.2	宗教信仰	102	1.2	3.4
兴趣爱好	816	9.5	26.9	研究和写作	80	0.9	2.6
增加聊天话题	738	8.5	24.4	总计	8632	100.0	285.0

3.1.2.4 老年人的阅读时长和时段

老年人的阅读时间主要集中在 2 小时以内（88.8%），半小时到 1 小时最多（32.8%），超过 2 小时甚至 4 小时的比例微乎其微（9%）；从阅读时段上来看，选择早上 8 点到 12 点的最多，其次是下午 2 点到 6 点（见表 3-6），原因可能是这两个时间段老年人暂时从家务活动中脱离，拥有了自己相对自由的时间安排。在时长上，本研究结果与其他调查①-③显示的老年人阅读时间分布比例都比较一致；在时段分布上，与已有研究④-⑥也有相同之处，即早 8 点到 12 点都是阅读集中的时段。

表 3-6　老年人的阅读时段

阅读时段	响应		个案百分比（%）
	N	百分比（%）	
早上 8 点到 12 点	1261	32.6	41.9
下午 2 点到 6 点	831	21.5	27.6
晚上 6 点到 10 点	691	17.9	23.0
早上 8 点前	543	14.1	18.0
中午 12 点到下午 2 点	360	9.3	12.0
晚上 10 点以后	178	4.6	5.9
总计	3864	100.0	128.4

注：有效填答个案 3010 人，缺失值 64 人，总计 3074 人。

3.1.2.5 老年人的阅读场所

绝大多数老年人在家中阅读（见表 3-7），这与他们以居家为主的养老方式有关。在其

---

① 肖雪,王子舟.公共图书馆服务与老年人阅读现状及调查[J].图书情报知识,2009(3):35-57,116.

② 王琪延.中国人的生活时间分配[M].北京:经济科学出版社,1999:115.

③ 陈勃.老年人与传媒——互动关系的现状分析及前景预测[M].南昌:江西人民出版社,2008:64,71.

④ 陈骅.城市老龄人群阅读现状与公共图书馆服务模式研究——以南京市六城区为例[D].南京:南京农业大学,2011:26.

⑤ 陈勃.老年人与传媒——互动关系的现状分析及前景预测[M].南昌:江西人民出版社,2008:65,72.

⑥ 李贤亮.河北省老年人媒介接触需要、动机和状况调查[D].保定:河北大学,2010:14,17.

他场所的选择中"书店"的比例相对较高,这与书店尤其是新华书店、图书大厦更易为人们熟知且免费、环境安静等因素有关;"工作单位"也有一定的选择比例,从与老年人的交谈中了解到这与单位设立离退休干部活动中心或图书室等有关,老年人在此不仅能阅读书报刊,而且能够相互交流,因而对他们具有一定的吸引力;"图书馆"选择比例排在第四,显示出它在老年人中具有一定的认知和利用,尤其是一些大型图书馆或地标性质(如作为站台名)的图书馆的认知度和利用度更高。

表3-7 老年人的阅读场所

阅读场所	响应		个案百分比(%)	阅读场所	响应		个案百分比(%)
	N	百分比(%)			N	百分比(%)	
自己家中	2583	56.7	85.5	书市	138	3.0	4.6
书店	422	9.3	14.0	亲戚朋友家中	191	4.2	6.3
工作单位	386	8.5	12.8	交通工具	79	1.7	2.6
图书馆	364	8.0	12.0	宗教场所	76	1.7	2.5
养老院/干休所	320	7.0	10.6	总计	4559	100.0	150.9

3.1.2.6 老年人的阅读内容

从表3-8来看,老年人的阅读内容比较分散,说明他们的阅读兴趣多样。医疗保健是选择最多的内容,这与身体健康成为老年阶段关注重点有关;时事政治、社会人文也相对比较集中,这与老年人"了解时事"的阅读目的吻合。与笔者之前的研究中"时事政治""健康娱乐"[1]的排序基本相符的是,陈勃的研究[2]中"新闻""健康保健"排前两位,但陈勃、李贤亮[3]研究显示老年人在阅读报纸和杂志时所选择的内容排序不尽相同,这是本研究没有细分的问题。

表3-8 老年人的阅读内容

阅读内容	响应		个案百分比(%)	阅读内容	响应		个案百分比(%)
	N	百分比(%)			N	百分比(%)	
医疗保健	1707	18.6	56.7	戏剧曲艺	308	3.4	10.2
时事政治	1623	17.7	53.9	经济法律	274	3.0	9.1
社会人文	1140	12.5	37.9	书画摄影	271	3.0	9.0
历史传记	716	7.8	23.8	家居服饰	263	2.9	8.7
烹饪园艺	670	7.3	22.3	地方文献	188	2.1	6.2
科普知识	534	5.8	17.7	哲学宗教	181	2.0	6.0

① 肖雪,王子舟.公共图书馆服务与老年人阅读现状及调查[J].图书情报知识,2009(3):35-37,116.
② 陈勃.老年人与传媒——互动关系的现状分析及前景预测[M].南昌:江西人民出版社,2008:69,76.
③ 李贤亮.河北省老年人媒介接触需要、动机和状况调查[D].保定:河北大学,2010:22-23.

续表

阅读内容	响应		个案百分比（%）	阅读内容	响应		个案百分比（%）
	N	百分比（%）			N	百分比（%）	
旅游地理	344	3.8	11.4	心理励志	155	1.7	5.2
文学语言	336	3.7	11.2	专业文献	131	1.4	4.4
棋牌花鸟	312	3.4	10.4	总计	9153	100.0	304.2

注：有效填答个案3009人，缺失值65人，总计3074人。

3.1.2.7 老年人读物的选取方式和依据

老年人主要通过随意翻阅和依据兴趣来选取读物（见表3−9），而选择特定作者或出版社、各种渠道推荐的比例都相对较小，这说明老年人的阅读自主性较强，同时也说明指向性较弱，阅读是比较随意的。从对读物内容的选取依据来看（见表3−10），实用性的比例最高，其次是趣味性和丰富性，说明老年人更倾向于选择内容具体充实而且文风亲切有趣的读物，其他如思想性、新颖性、权威性的比例相差不大，说明老年人对读物的内容质量要求也较高，希望获得有内涵、有新意、可信任的阅读内容。

表3−9　老年人读物的选取方式

读物选取方式	响应		个案百分比（%）	读物选取方式	响应		个案百分比（%）
	N	百分比（%）			N	百分比（%）	
随意翻阅	1736	33.0	58.3	畅销书与口碑	223	4.2	7.5
依据兴趣	1708	32.5	57.3	图书馆推荐	200	3.8	6.7
特定作者、出版社	471	9.0	15.8	广告或推销	115	2.2	3.9
他人推荐	430	8.2	14.4	总计	5262	100.0	176.6
电视报刊网络	379	7.2	12.7	−	−	−	−

注：有效填答个案3015人，缺失值59人，总计3074人。

表3−10　老年人读物的选取依据

读物选取依据	响应		个案百分比（%）
	N	百分比（%）	
实用性	1281	29.3	42.5
趣味性	794	18.2	26.3
丰富性	760	17.4	25.2
思想性	625	14.3	20.7
新颖性	460	10.5	15.3
权威性	454	10.4	15.1
总计	4374	100.0	145.1

注：有效填答个案3015人，缺失值59人，总计3074人。

3.1.2.8　老年人对读物的获取方式与价格感知

从读物的获取方式来看(见表3-11),自费的比例最高,说明老年人以自给自足的方式为主。而从读物价格感知来看,超过半数(52.3%)的老年人普遍感觉价格比较贵乃至非常贵,仅有7.6%的老年人认为价格便宜。因此,他们也会选择向他人借阅、到单位借阅、通过报刊栏阅读等方式,说明老年人在获取读物时追求免费、方便。可能基于同样的考虑,使得图书馆借阅也有9.6%的选择比例,如果图书馆的分布或服务能够更加便捷,相信老年人对图书馆阅读服务会有更多利用。分别有4.7%和1.7%的老年人选择上网和手机获取方式,再次说明老年人对新的阅读载体有一定程度的接触,但接触率仍需提高。

表3-11　老年人读物获取方式

读物选取方式	响应		个案百分比(%)	读物选取方式	响应		个案百分比(%)
	N	百分比(%)			N	百分比(%)	
自费	2167	37.4	72.2	社区文化中心借阅	304	5.3	10.1
向他人借阅	819	14.1	27.3	上网阅读	270	4.7	9.0
单位借阅	747	12.9	24.9	租借	138	2.4	4.6
报刊栏	692	12.0	23.1	手机阅读	96	1.7	3.2
图书馆借阅	555	9.6	18.5	总计	5788	100.0	192.8

注:有效填答个案3002人,缺失值72人,总计3074人。

3.1.2.9　老年人的阅读后续行为

在阅读之余,老年人的后续行为在一定意义上反映了他们对阅读的投入程度,也反映了他们的读书方法。从表3-12来看,什么都不做占33.7%,是仅以观览为主的阅读方式;有后续行为的选择中,交流心得、剪报、图书收藏、做读书笔记的选择较多,这说明老年人采取了多种方式来加深阅读,阅读投入度较高;从"交流心得"位居第二的情况来看,他们不仅将阅读所得进行内化,而且乐于分享。

表3-12　老年人的阅读后续行为

阅读后续行为	响应		个案百分比(%)	阅读后续行为	响应		个案百分比(%)
	N	百分比(%)			N	百分比(%)	
什么都不做	1378	33.7	45.9	背诵记忆	205	5.0	6.8
交流心得	810	19.8	27.0	文献汇编	109	2.7	3.6
剪报	546	13.3	18.2	科学研究	112	2.7	3.7
图书收藏	472	11.5	15.7	总计	4092	100.0	136.3
做读书笔记	460	11.2	15.3	-	-	-	-

注:有效填答个案3002人,缺失值72人,总计3074人。

3.1.2.10　老年人的阅读状况自评

68.6%的老年人认为在阅读中遇到的理解困难"一般"和"比较少",还有8.8%的老年人认为非常少,仅有20.8%的老年人认为困难"比较多"或"非常多",这说明老年人对自身的阅读理解水平偏向满意。对遇到的困难,老年人以自我揣摩为主,向熟人询问、忽略跳过和查询工具书的也较多,而向专业人员询问、放弃阅读的较少(见表3-13)。这一方面说明老年人是积极的阅读者,并不会轻易放弃阅读,而是会采取多种方式来解决阅读中的困难,但解决困难的意志并不强烈,会以忽略的方式放任自己的不求甚解;另一方面表明老年人解决困难的方式选择偏向保守,多数仍是依赖自己或有限的小圈子,对更专业、更广泛的社会资源利用较少。

表3-13 老年人阅读困难的解决方式

阅读困难的解决方式	响应		个案百分比(%)
	N	百分比(%)	
自己揣摩	1310	26.3	44.0
向熟人询问	1109	22.3	37.2
忽略跳过	999	20.0	33.5
查找工具书	913	18.3	30.6
放弃阅读	368	7.4	12.3
向专业人员询问	285	5.7	9.6
总计	4984	100.0	167.2

注:有效填答个案2980人,缺失值94人,总计3074人。

从阅读量的自我评价来看,68.6%的老年人认为自己的阅读量一般乃至偏少,选择非常多的比例仅有1.3%。而从影响因素来看(见表3-14),忙于家务是首要原因,老年人退休后从工作角色更多转向家庭照顾者的角色,调查中78.3%的老年人需要做家务,这影响了他们在阅读上投入的时间和精力;其次是找不到和无法获得,前者反映了老年人在读物检索方面存在困难,后者反映了老年人在读物的获取上遇到问题,而信息的有效检索和有效获取正是图书馆的核心能力,显然图书馆能为老年人阅读提供有价值的服务;身体不好也限制了老年人参与阅读的积极性乃至客观条件,朗读服务、有声书对老年人而言可能更有价值;更喜欢其他休闲方式表明老年人有多样化的休闲活动选择,阅读仅是其中之一;不知道读什么与他们随意翻阅的读物选择方式一样,表明老年人的阅读指向性较弱,这为外部机构开展读物的推荐和宣传提供了可能性。

表3-14 老年人阅读的自评障碍因素

阅读困难的解决方式	响应		个案百分比(%)
	N	百分比(%)	
自己揣摩	1310	26.3	44.0
向熟人询问	1109	22.3	37.2
忽略跳过	999	20.0	33.5
查找工具书	913	18.3	30.6
放弃阅读	368	7.4	12.3
向专业人员询问	285	5.7	9.6
总计	4984	100.0	167.2

注:有效填答个案2932人,缺失值142人,总计3074人。

3.1.3　我国老年人阅读的特点及研究讨论

3.1.3.1　我国老年人阅读的总体特点

本研究通过对老年人的阅读状况进行问卷调查和描述统计分析,从不同侧面分析了他们的阅读特征,总体来说,体现为以下特点:

(1)老年人仍是积极的阅读者。他们认可阅读对于保持大脑活跃、充实生活的作用,对阅读做出了积极的评价;阅读自主性强,积极采取多种读书方法加深阅读,选择多种方式解决阅读困难,对自身的阅读能力也做出了偏向肯定的评价;阅读追求自得、自勉,在阅读目的上以了解时事、增长知识、满足自我兴趣为主,在读物选择上也强调符合兴趣,功利性的削弱使其阅读更易回归阅读的本质,体现阅读的纯粹性。

(2)老年人以休闲放松的状态参与阅读。老年人将阅读仅作为休闲活动的众多选择之一,甚至参与其他休闲活动会在一定程度上影响他们对阅读投入的时间和精力;为工作、研究需要而阅读的比例大大降低;阅读时长较短,自我评价阅读量偏少,阅读并不强求透彻理解,解决阅读困难的意识并不是特别强烈;身体状况、家务劳动对阅读影响较多。这些特征可以看作是老年人退休后,从工作状态转变为休闲状态、从工作角色为主转变为家庭角色为主在阅读上的体现,也是老年期身体机能下降所带来的适应性变化。

(3)老年人的阅读特征具有一定的稳定性、持续性。本研究所获得的老年人阅读目的、阅读载体选择、阅读时长、阅读时段、阅读内容等结果与之前研究如陈勃 2004 年[①]、笔者 2007 年[②]、李贤亮 2009 年[③]调查的结论有较多相同之处,这说明在较长的时间内,老年人的阅读特征较为稳定,具有一定的延续性。结合世代理论和生命周期理论,我们对此能进行更深入的分析。世代指的是在相同历史时间出生的一代人,在他们生命历程中共同经历的社会事件会塑造出世代共同的行为特征,与其他世代区分开来[④],当前老年人出生时期跨度从 20 世纪 20 年代到新中国成立前后,在他们的生命历程中经历诸多社会重大事件,形成这一代人稳定而类似的精神气质,并表现在了阅读行为上。

(4)老年人对网络、手机等新载体阅读也有一定的接触。随着网络社会的持续发展,新兴阅读载体不断出现,处身其中的老年人也难免受其影响。尤其是网络普及时间更长,在老年人新兴阅读载体的接触中占据了首要地位,手机、触摸屏电子报、电子书等载体的接触比例虽然比较低,但与孙常敏[⑤]、叶南客[⑥]、刘颂[⑦]等在 2000 年左右进行的多项调查相比(这些调查显示网络都没有进入老年人的闲暇生活方式),老年人有接触这些载体这本身就显示着

---

①　陈勃. 老年人与传媒——互动关系的现状分析及前景预测[M]. 南昌:江西人民出版社,2008:64 – 72.

②　肖雪,王子舟. 公共图书馆服务与老年人阅读现状及调查[J]. 图书情报知识,2009(3):35 – 57,116.

③　李贤亮. 河北省老年人媒介接触需要、动机和状况调查[D]. 保定:河北大学,2010:14 – 17.

④　沈杰. 青年、世代与社会变迁:世代理论的源起和演进[J]. 中国青年政治学院学报,2010(3):1 – 7.

⑤　孙常敏. 城市老年人余暇生活研究——以上海城市老人为例[J]. 上海社会科学院学术季刊,2000(3):126 – 134.

⑥　叶南客. 城市现代化进程中的老年生活考察——南京市老年人生活方式与生活质量变迁的个案研究[J]. 社会学研究,2001(4):77 – 88.

⑦　刘颂. 老年精神生活:一个亟待关注的社会问题——老年人群精神生活现状的调查与研究[J]. 南京社会科学,2002(4):80 – 86.

变化。未来数字阅读还将在老年人阅读生活中占据越来越显著的地位,不断丰富老年人的阅读形态,同时老年人世代也在发生变化,为此,研究老年人对数字阅读的态度、阅读效果和心理体验及其变化值得关注。

3.1.3.2 老年人阅读调查的理论与实践意义

目前,对老年人阅读的了解主要源于社会学对老年人闲暇生活或精神心理状况及传播学对老年人传媒接触状况的调查,但阅读在其中仅是部分涉及的方面,专门性研究较少。尽管来自图书馆的人员基于实践工作经验对老年人阅读心理和需求有所描述,但对于老年人阅读行为的调查也依然缺乏。因而本研究从理论意义上,以大样本的实证数据为基础,对老年人阅读状况进行了专项调查,充实了对老年人阅读及信息行为的研究成果。

从实践意义上看,了解老年人的阅读行为特征为推进全民阅读服务提供了实证基础。本研究让我们意识到老年人阅读不仅具有现实基础,而且他们阅读态度积极、行为稳定、目的纯粹、时间充裕,这是促进老年人阅读的有利条件。本研究所获得的老年人阅读特征也有助于开展有针对性的服务,如老年人阅读的自主性较强,但同时也乐意交流阅读心得,因而在阅读促进方式上,以老年读者自我组织、参与和交流的读书会应该会更加有效。浙江省平湖市图书馆"老年读书会"从1985年持续到现在依然长盛不衰或许能对此提供佐证。

在老年人阅读状况的了解中,我们发现图书馆也占有一定的地位,虽然在有关选题中排序没有位居前列,但都有一定的比例,这显示出图书馆在老年人阅读生活中有一定的认知度和影响力;从老年人阅读的影响因素和阅读困难时查工具书来看,图书馆作为促进信息有效检索、获取和交流场所的作用也有用武之地;老年人对读物的价格感知多数偏贵,他们在自给自足之余愿意选择免费、方便的渠道,对此图书馆也大有可为。但从老年人阅读场所、读物获取渠道、读物选择方式、阅读困难解决方式来看,图书馆的作用并没有充分发挥,在老年人的意识和行为中的地位还比较有限。本研究为图书馆发现老年阅读服务切入口,改善现有服务水平提供了参考。

3.1.3.3 研究不足

陈勃[①]、李贤亮[②]的研究发现老年人在接触不同的阅读载体时,他们在阅读目的、阅读时长、阅读内容上也会存在差异,而本研究限于调查篇幅,仅调查了阅读总体情况而没有区分阅读载体带来的这些差异特征,因而无法有效提供针对不同载体的阅读服务策略,这是本研究的不足,后续研究将对此进行细分和深入。

本研究仅针对有阅读行为的老年人来开展调查,因而无法了解没有阅读行为的老年人不阅读的心理动因。但如果加入对这类老年人的调查,有可能使本研究的多数问题无法得到应答,造成大量无效问卷。至于没有阅读行为的老年人仍会有信息行为,但这已不是本研究所意欲涵盖的内容。综合以上考虑,本研究没有将他们列为研究对象。但对于促进阅读而言,这显然会忽视一部分潜在读者及与之相应的推广服务,因而需要另外开展研究以了解这类老年人。

---

① 陈勃. 老年人与传媒——互动关系的现状分析及前景预测[M]. 南昌:江西人民出版社,2008:64-72.
② 李贤亮. 河北省老年人媒介接触需要、动机和状况调查[D]. 保定:河北大学,2010:14-17.

3.2 我国不同特征老年人的阅读行为分析

老年群体是一个同质性与异质性并存的群体,从前述对调查结果的总体分析,我们获知了老年群体的同质性阅读行为特征,但仅止于此的认识还是较为粗略的,为此,需要从老年个体的不同特征角度进行深入的细分研究。具体而言,本研究将分析老年个体的人口学特征(性别、年龄、文化程度、经济收入)及自我感知状况(感知年龄、感知健康)对其阅读行为的影响,从而了解不同特征老年人的阅读行为差异,获知这一群体在阅读上的异质性特征,并为图书馆开展更有针对性的老年阅读服务提供意见建议。

3.2.1 研究设计

3.2.1.1 研究模型

本研究主要从个人基本信息和个体自我感知两个角度选取变量,考察其对老年人阅读的影响。目前多数研究采用了前者的角度,获得了一些研究发现,其中一些在一定程度上已取得了研究共识,如文化程度、经济水平对阅读具有明显影响,文化程度与阅读参与状况[①②]、阅读喜好程度[③]、阅读时间[④-⑦]、阅读量[⑧⑨]、阅读技巧和态度[⑩]具有正向相关性。从经济水平的影响来看,社会经济水平高的老年人会阅读更多的书和杂志[⑪-⑬],阅读投入也受到经济水平的显著影响[⑭⑮]。为进一步丰富现有研究,也为了发现这两个因素对阅读态度和行为表现的更多影响,本研究首先将文化程度、经济收入纳入对老年人阅读影响因素的考察之中。但对年龄、性别因素的研究结论却不尽相同。就年龄的影响而言,McLeod 对加拿大3354 位 45—64 和 65 岁以上读者的调查指出,随着年龄增长读者的阅读时间增加但阅读范

① 张恺悌. 中国城乡老年人社会活动和精神心理状况研究[M]. 北京:中国社会出版社,2008:63,138.

② 钟英莲,阎志强. 大城市老年人闲暇生活的特征及对策[J]. 市场与人口分析,2000(4):69 - 71.

③ 肖雪,王子舟. 公共图书馆服务与老年人阅读现状及调查[J]. 图书情报知识,2009(3):35 - 57,116

④ 周光复. 中国老年人口生活闲暇时间研究[J]. 南方人口,1992(2):29 - 32.

⑤ 付敏红. 影响城市老年人休闲生活的因素及对策——以南宁市老年人为例[J]. 广西社会科学,2005(12):173 - 176.

⑥ 石竹青. 保定市区低龄老年人阅读状况调查[D]. 保定:河北大学,2013:17.

⑦ 王琪延,罗栋. 北京市老年人休闲生活研究[J]. 北京社会科学,2009(4):23 - 28.

⑧⑪ Smith M C. The reading abilities and practices of older adults[J]. Educational gerontology,1993,19(5):417 - 432.

⑨⑫ McLeod R W. Reading patterns of middle-aged and older Canadian book-readers[EB/OL]. [2013 - 04 - 21]. http://eric. ed. gov/? id = ED208357.

⑩ Carsello C J,Creaser J W. Reading attitudes and problems of the elderly[EB/OL]. [2013 - 05 - 05]. http://www. americanreadingforum. org/yearbook/yearbooks/82_yearbook/pdf/45_Carsello. pdf.

⑪ 陈勃. 老年人与传媒——互动关系的现状分析及前景预测[M]. 南昌:江西人民出版社,2008:74.

⑭ 肖雪. 促进老年人阅读的公共图书馆创新研究[M]. 天津:天津大学出版社,2010:110 - 132.

⑮ 陈勃. 老年人与传媒——互动关系的现状分析及前景预测[M]. 南昌:江西人民出版社,2008:64 - 77.

围在变窄①,王琪延对不同年龄段老年人的阅读时间调查显示随年龄增长,日平均阅读时间反而增长②,而笔者之前的研究则认为年龄增长会带来阅读参与度和持续时间的降低③,陈勃的调查却显示年龄与阅读并无显著相关④。就性别的影响而言,Scales 与 Biggs 调查了 49位老人,发现性别对阅读习惯没有影响⑤,与此相反的结论同样存在,认为女性老年人在阅读上所花费的时间、阅读数量和范围都高于男性⑥⑦,尤其是在小说和杂志的阅读上,阅读技能也好于男性⑧。而我国学者的研究则发现男性老年人阅读时间明显高于女性⑨-⑬,《上海市公共图书馆 2013 阅读报告》显示,老年读者群中,男性的数量是女性的 2.84 倍,而在所有读者群中,男女比例则较为均衡,这表明性别与老年人阅读是有关联的⑭。这些迥异的研究结论使得我们对年龄、性别的考察具有更浓厚的兴趣。

个体的自我感知是老化过程中一个重要的中介因素,年龄、健康状况的自我感知对老年人而言是形成自我概念的重要组成。其中,自我感知年龄的提出源于 Barak 与 Schiffman,他们指出生理年龄对消费行为具有重大影响,但将其应用于与年龄相关的研究时,它并不是一个可靠的变量,因而提出了自我感知年龄,又被称为感知年龄⑮。55 岁以上老年人是感知年龄表现最为明显的群体⑯,而且老年人的生理年龄和感知年龄之间存在较大的差异,东西方

①⑥　McLeod R W. Reading patterns of middle-aged and older Canadian book-readers[EB/OL]. [2013 – 04 – 21]. http://eric. ed. gov/? id = ED208357.

②　王琪延. 中国人的生活时间分配[M]. 北京:经济科学出版社,1999:115 – 116.

③　肖雪. 促进老年人阅读的公共图书馆创新研究[M]. 天津:天津大学出版社,2010:110 – 132.

④⑪　陈勃. 老年人与传媒——互动关系的现状分析及前景预测[M]. 南昌:江西人民出版社,2008:64 – 77.

⑤　Scales A M,Biggs S A. A survey of reading habits with suggested instructional strategies elderly adults[EB/OL]. [2013 – 05 – 05]. http://eric. ed. gov/? id = ED233332.

⑦　Kingston A J. Reading and the aged:a statement of the problem[J]. Educational gerontology,1979,4(3):205 – 207.

⑧　Carsello C J,Creaser J W. Reading attitudes and problems of the elderly[EB/OL]. [2013 – 05 – 05]. http://www. americanreadingforum. org/yearbook/yearbooks/82_yearbook/pdf/45_Carsello. pdf.

⑨　肖雪,王子舟. 公共图书馆服务与老年人阅读现状及调查[J]. 图书情报知识,2009(3):35 – 57,116

⑩　周光复. 中国老年人口生活闲暇时间研究[J]. 南方人口,1992(2):29 – 32.

⑫　张恺悌. 中国城乡老年人社会活动和精神心理状况研究[M]. 北京:中国社会出版社,2008:65 – 66,134.

⑬　石竹青. 保定市区低龄老年人阅读状况调查[D]. 保定:河北大学,2013:17.

⑭　上海图书馆,上海科学技术情报研究所. 上海市公共图书馆 2013 阅读报告[EB/OL]. [2015 – 02 – 21]. http://wenku. baidu. com/link? url = bHTZpIf3V4QROANY1FRuG5AceUFMyBdvR5-q60EUeZoXZCrgWojPtZpQrCHvTFxy0fIULJVDGjl_wQHt7iSFzUMOb40bgZ7_2EpKaSg0kim.

⑮　Barak B,Schiffman L G. Cognitive age:a nonchronological age variable[J]. Advances in Consumer Research,1981,8(1):602 – 606.

⑯　Stephens N. Cognitive age:a useful concept for advertising? [J]. Journal of Advertising,1991,20(4):37 – 48.

国家老年人的感知年龄通常都比实足年龄年轻①②。进而,市场营销学、老年医学、心理学的研究指出感知年龄比实足年龄更适合用于预测行为③④,有助于深入探索老年群体之间的差异性⑤,老年人的行为相应地比他们的实足年龄所反映的也更为年轻⑥⑦,感知年老的个体会更少参与社会活动、文化活动⑧。已有的这些研究显示出一个有趣的问题,即感知年龄和生理年龄对老年人行为的影响存在差异,感知年龄可能比生理年龄有更强的解释力,而这在老年人阅读行为中是否会有同样的体现?为此,本研究选取感知年龄这一变量,重点分析它与生理年龄之间是否存在差异,是否比生理年龄年轻,是否对老年人的阅读行为产生影响,影响的效应是否比生理年龄的大等。下文中未特别声明之处的"年龄"均指生理年龄。

健康对老年人的影响不言而喻,相对于客观的健康状况而言,自评健康作为个体对其健康状况的主观评价和期望,目前已经成为国际上通用的健康测量方法之一⑨,健康自评是研究对象对自身健康的主观感受,反映健康状态的主观和客观两个方面,被认为是评价健康状况的一个有效、可靠的指标,它对于人们心理和行为的影响更大,随着年龄的增长,这一因素的影响力也越来越大⑩。从对阅读的影响来看,张恺悌的分析显示自评身体状况好的农村老年人读书看报的比例更高⑪,但并未进行统计检验,而陈勃的调查则显示自评健康状况对老年人的报刊接触状况不存在显著相关⑫。显然,现有的研究结论并不充分也不一致,因而本研究将以自评身体健康状况作为影响因素进行进一步考察。视力是进行阅读的基本生理基础,记忆力是阅读所需的重要认知能力,因而在对健康的考察中将专门予以分析。

综上,我们将在研究中考察年龄、性别、文化程度、经济收入、自我感知年龄、自评健康状况等因素对老年人阅读状况的影响,研究模型见图3-1。

---

① 应斌. 中国老年市场细分研究[M]. 北京:中国财政经济出版社,2007:70-71.

② Barak B,Mathur A,Zhang Yong,et al. Inner-age satisfaction in Africa and Asia:a cross-cultural exploration[J]. Asia Pacific Journal of Marketing and Logistics,2003,15(1/2):3-26.

③ Smith R B,Moschis G P. Consumer socialization of the elderly:an exporatory study[J]. Advances in Consumer Research,1984(11):548-552.

④ Gwinner K P,Stephens N. Testing the implied mediational role of cognitive age[J]. Psychology & Marketing,2001,18(10):1031-1048.

⑤ Teller C,Gittengerger E,Schnedlitz P. Cognitive age and grocery-store patronage by elderly shoppers[J]. Journal of Marketing Mangement,2013,29(3/4):317-337.

⑥ Barak B,Schiffman L G. Cognitive age:a nonchronological age variable[J]. Advances in Consumer Research,1981,8(1):602-606.

⑦ Stephens N. Cognitive age:a useful concept for advertising[J]. Journal of Advertising,1991,20(4):37-48.

⑧ 刘超. 中国老年消费者行为:西方理论与中国实证[M]. 广州:暨南大学出版社,2008:50.

⑨ 汪向东,等. 心理卫生评定量表手册[M]. 北京:中国心理卫生杂志社,1999:35.

⑩ 应斌. 中国老年市场细分研究[M]. 北京:中国财政经济出版社,2007:85-86.

⑪ 张恺悌. 中国城乡老年人社会活动和精神心理状况研究[M]. 北京:中国社会出版社,2008:138.

⑫ 陈勃. 老年人与传媒——互动关系的现状分析及前景预测[M]. 南昌:江西人民出版社,2008:75.

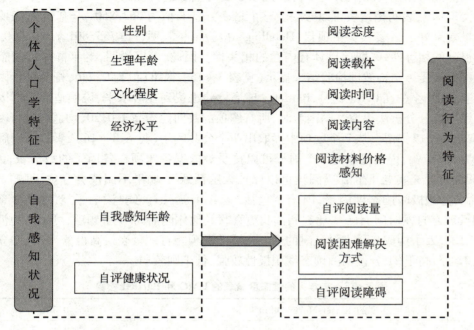

图 3 – 1　研究模型

3.2.1.2　变量的测量与数据处理

对感知年龄的测量采用基于年龄段的匹配形式,要求调查对象选择出他们感觉与自我的年龄感知最相符的年龄段;生理年龄采用直接数值,与感知年龄进行比较,比较结果置于变量"心态状况"之中,共有"感知年龄与生理年龄相符""感知年龄小于生理年龄""感知年龄大于生理年龄"3 个取值。

对自评健康的考察主要基于许军等人所建立的自测健康评定量表(Self-related Health Measurement Scale,SRHMS),它在我国应用较为广泛,由自测生理、心理和社会健康三个子量表构成,包含 10 个维度、48 个条目[①]。由于本研究仅将老年自测健康状况作为分析影响老年人阅读状况的一个因素,因此问卷设计时结合研究需要选取了原量表中 10 个条目进行题项设置,其中 2 个条目为生理健康子量表内容、4 个条目为心理健康子量表内容、3 个条目为社会健康子量表内容、1 个条目为生理健康总体自评状况。另外,增设了老年人对社会老年态度认知和对新鲜事物态度的 2 个题项,所有题项采用 5 点量表进行测量。

老年群体阅读态度量表的设计在以前访谈所获取信息基础之上,通过小组座谈法最终确定。采用了 7 条陈述语句,即"老年了就没有必要读书了""阅读可以充实老年生活""阅读对身体不好""阅读可以保持大脑活跃""阅读就是打发时间而已""如果不阅读会空虚无聊",为了减少响应效应的影响,对一些语句进行了反向措辞的处理(如"老年了就没有必要读书了""阅读对身体不好""阅读就是打发时间而已""比起阅读我更喜欢其他休闲活动")。采用 5 点量表从"非常不同意"(1)到"非常同意"(5)来对老年人的态度倾向进行测量,对于反向措辞题项录入时进行了反向计分处理($1=5,2=4,3=3,4=2,5=1$),从而使所

---

①　许军,等. 自测健康评定量表修订版(SRHMS V1.0)的条目分析[J]. 现代康复,2001(10):58 – 59.

79

有量表取值方向保持一致。采用 α 可靠性系数法对量表进行检测,Cronbach's Alpha 系数为 0.706,大于 0.7,表明该量表可以接受。整个量表方差 F 值为 962.860,$p = 0.000$,表明量表重复度量效果好。量表共 7 个项目,Hotelling's 检验结果表明,$F = 755.801$,$p = 0.000$,项目间平均得分的相等性好,即项目具有内在的相关性。因此,可以说明,老年群体阅读态度量表信度可以接受。结构效度检验结果显示(见表 3-15),KMO 值为 0.746,符合进行因子分析的普遍准则(至少在 0.6 以上),Bartlett's 球形检验也达到显著水平,说明适合进行因子分析。采用主成分分析法提取共同因素时,所有题项的共同性均高于 0.20,均适合进行因子分析,所有题项予以保留。从 7 个题项中提取出两个公共因子(见表 3-16),累积可以解释的总变量为 53.87%,说明提取的 2 个因子可以接受。依据各题项在各因子的载荷量,因子 1 包括"阅读可以充实老年生活""阅读可以保持大脑活跃""如果不阅读会空虚无聊"3 个题项,可命名为积极阅读态度因子,因子 2 包括"老年了就没有必要读书了""阅读对身体不好""阅读就是打发时间而已""比起阅读我更喜欢其他休闲活动"4 个题项,可命名为消极阅读态度因子,因子构成与量表设计时的理念构成及题项相符。量表最高得分为 35,中立反应分值为 21 分,高于 21 分说明阅读态度积极性较强,低于则较弱。

表 3-15　老年人阅读态度量表的 KMO 和 Bartlett 检验

取样足够度的 Kaiser-Meyer-Olkin 度量。		0.746
Bartlett 的球形度检验	近似卡方	3761.219
	df	21
	Sig.	0.000

表 3-16　老年人阅读态度量表的解释总方差

成分	初始特征值			提取平方和载入			旋转平方和载入		
	总计	方差的 %	累积 %	总计	方差的 %	累积 %	总计	方差的 %	累积 %
1	2.580	36.856	36.856	2.580	36.856	36.856	1.979	28.266	28.266
2	1.191	17.014	53.870	1.191	17.014	53.870	1.792	25.604	53.870
3	0.914	13.052	66.923						
4	0.692	9.893	76.816						
5	0.626	8.938	85.754						
6	0.583	8.333	94.087						
7	0.414	5.913	100.000						
提取方法:主成分分析									

　　由于调查对象给出的感知年龄往往是模糊的年龄段如 50 多岁,而难以精确到具体岁数,因此对感知年龄的测量方法采用 Barak 和 Schiffman 所提出的基于年龄段的匹配形式,即要求调查对象选择出他们感觉与自己的年龄感知最相符的年龄段。具体计算时,以年龄段的中间点作为感知年龄的数值,即如果调查对象选择的是"50—59 岁"的年龄段,则对感知

年龄的赋值为 55 岁[①②]，并以此与生理年龄进行比较，从而获得感知年轻、相符或年老的结论。尽管这一方式所获得的信息不会特别精确，但从现实调查的情况考虑这是可以接受的，也是最便于操作、分析和解释的方法[③]，因而在本研究中也是可以适用的。

对各变量与阅读态度之间关系，当采用 ANOVA 方差分析时，效应量采用 η^2 进行衡量，它可以用因变量的方差被自变量解释的百分比来表示，根据科恩准则[④]，小、中和大的效应量的 η^2 分别对应着 0.01、0.06 和 0.14。

鉴于问卷中多项选择题较多，而 SPSS 列联表不支持直接的交叉检验，因此，需要对多项选择题的交叉分析进行数据转换，转换的方式是首先在 SPSS 中按照多重响应的交叉表获得相应的选择频率，然后据此建立新的数据文件，按照纳入交叉分析的变量及交叉选择频率设置新的变量，从而可执行 SPSS 的列联表交叉检验[⑤]。基于科恩约定，采用 Cramer V 作为效应量对变量的相关关系进行衡量，用 0.1、0.3、0.5 分别对应小、中、和大的效应量[⑥]，值越大表示变量之间的相关程度越强。

交叉分析中，对有序变量之间的相关关系采用 Gamma 检验值来分析，检验值 γ 的正负号代表相关关系的方向，值大小代表关系强度，γ 的绝对值越接近 1 表示变量之间的关系越紧密。

3.2.2 性别与老年人阅读行为之间的关联分析

3.2.2.1 性别与阅读态度之间的关联分析

独立样本 t 检验显示（见表 3－17），性别在阅读态度检验的 t 统计量达到显著水平，表明男女老年人在阅读态度上存在显著差异。从均值来看，男女老年人的阅读态度均值都高于中值 21，且都达到显著水平，表示他们的阅读态度都较积极，而男性老年人的阅读态度更为积极。但效应量 $d = 0.12$，根据科恩准则[⑦]，这是一个比较小的效应量，表明女性的阅读态度得分比男性低，差值为 0.12 倍标准差，说明性别对阅读态度的解释力弱。

表 3－17　性别与阅读态度的 t 检验

	性别	N	均值	标准差	t(21)	df	p	效应量 d
阅读态度	男	1605	24.3682	4.46875	3.376	2957.821	0.001	0.12
	女	1378	23.8324	4.19117				

3.2.2.2 性别与阅读目的之间的交叉分析

卡方检验（$\chi^2 = 58.730$, $df = 10$, $p = 0.000 < 0.05$, Cramer $V = 0.084$）显示，男女老年人在阅读目的上存在的差异达到显著性水平。从表 3－18 来看，男女老年人的选择具有相似性，如"了解时事""休闲消遣""学习知识"都位居前三位，不过从选择比例来看则存在一定差

---

①　刘超. 中国老年消费者行为：西方理论与中国实证[M]. 广州：暨南大学出版社，2008：51－54.

②　Barak B, Schiffman L G. Cognitive age: a nonchronological age variable[J]. Advances in Consumer Research，1981，8(1)：602－606.

③　Stephens N. Cognitive age: a useful concept for advertising[J]. Journal of Advertising，1991，20(4)：37－48.

④　Yockey R D. SPSS 其实很简单[M]. 刘超，吴铮，译. 北京：中国人民大学出版社，2010：119

⑤　曾祥明，任佳慧. 使用 SPSS 软件对多项选择题作卡方检验的方法[J]. 市场研究，2005(10)：32－33.

⑥　Yockey R D. SPSS 其实很简单[M]. 刘超，吴铮，译. 北京：中国人民大学出版社，2010：255

⑦　Yockey R D. SPSS 其实很简单[M]. 刘超，吴铮，译. 北京：中国人民大学出版社，2010：95

异,尤其是"了解时事"这一目的,尽管在各自群体中这一选项都占据着首要位置,但男性老年人中的选择比例高达70.2%,而女性老年人选择比例则为50.5%,表明男性更关注时事。从阅读目的内的选择比例来看,选择"研究和写作""完成工作"的老年人中,男性的比例明显高于女性,尽管在"性别"与"退休与否"的卡方检验中未显示出两者具有相关($\chi^2 = 4.924, p = 0.295 > 0.05$),但从这里的选择来看,男性老年人可能在退休后仍在进行与工作有关的阅读。在"宗教信仰"这一目的上,女性老年人的比例则高于男性,这与我国有宗教信仰的女性老年人(16.49%)多于男性(6.88%)[①]相一致;在"解决问题"的选择上,女性比例也高于男性,表明女性更倾向于将阅读与实践应用相结合。

表3-18　性别与阅读目的的交叉表

			阅读目的										
			了解时事	学习知识	兴趣爱好	增加聊天话题	解决问题	保持大脑活跃	休闲消遣	宗教信仰	研究和写作	教育子孙	完成工作	总计
性别	男	计数	1107	641	436	390	308	550	783	38	51	374	69	1577
		该性别内的比例(%)	70.2	40.6	27.6	24.7	19.5	34.9	49.7	2.4	3.2	23.7	4.4	–
	女	计数	688	483	360	324	312	373	645	60	26	336	47	1363
		该性别内的比例(%)	50.5	35.4	26.4	23.8	22.9	27.4	47.3	4.4	1.9	24.7	3.4	–
总计		计数	1795	1124	796	714	620	923	1428	98	77	710	116	2940
		总计比例(%)	61.1	38.2	27.1	24.3	21.1	31.4	48.6	3.3	2.6	24.1	3.9	100

注:百分比和总计以响应者为基础。

3.2.2.3　性别与阅读场所之间的关联分析

卡方检验($\chi^2 = 48.252, df = 8, p = 0.000 < 0.05,$ Cramer $V = 0.104$)表明,性别在各阅读场所上的选择差异具有统计学意义。从表3-19可见,"自己家中"绝对是男女老年人的第一选择,在各自水平组中比例都在80%以上,远远超过其他场所的选择比例,其次是书店,图书馆在男性老年人中的选择比例仅次于书店,女性中则是学校/单位。从阅读场所的比例差异来看,男性老年人在除宗教场所之外的其他所有阅读场所中的比例都高于女性,这与女性老年人阅读目的中宗教信仰比例远超男性的情况一致;在图书馆、书店、书市的选择比例上,差距尤为明显,这提示着图书馆老年用户中男性的比例可能更高。

---

① 吴玉韶,郭平. 2010年中国城乡老年人口状况追踪调查数据分析[M]. 北京:中国社会出版社,2014:485.

表 3 – 19　性别与阅读场所的交叉表

		阅读场所									总计
		自己家中	亲戚朋友家中	学校/单位	养老院/干休所	图书馆	交通工具	宗教场所	书店	书市	
性别	男 计数	1364	95	218	174	238	43	26	249	90	1577
	男 该性别内的比例(%)	86.5	6.0	13.8	11	15.1	2.7	1.6	15.8	5.7	–
	女 计数	1148	87	157	135	114	29	49	162	44	1356
	女 该性别内的比例(%)	84.7	6.4	11.6	10	8.4	2.1	3.6	11.9	3.2	–
总计	计数	2512	182	375	309	352	72	75	411	134	2933
	总计比例(%)	85.6	6.2	12.8	10.5	12.0	2.5	2.6	14.0	4.6	100

注:百分比和总计以响应者为基础。

3.2.2.4　性别与阅读内容之间的关联分析

卡方检验($\chi^2 = 502.204, df = 16, p = 0.000 < 0.05$, Cramer $V = 0.237$)显示,男女老年人在阅读内容上的选择差异达到显著性水平。从图 3 – 2 可见,男性老年人选择"时事政治""专业文献"的比例远高于女性,其他在"书画摄影""棋牌花鸟""旅游地理""历史传记""经济商业""科普知识""地方文献"等选项上男性比例也大大高于女性;而女性老年人选择"烹饪园艺""家居服饰""戏剧曲艺"的比例则大大高于男性。

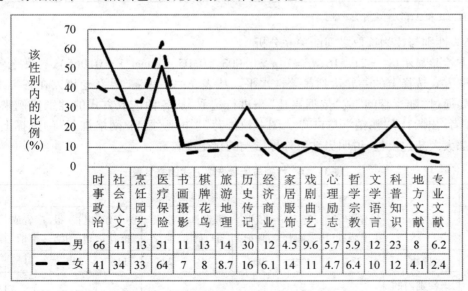

图 3 – 2　不同性别老年人的阅读内容

3.2.2.5 性别与读物获取方式之间的关联分析

卡方检验显示($\chi^2 = 49.764, df = 8, p = 0.000 < 0.05, \text{Cramer } V = 0.094$),男女老年人在读物获取方式选择上的差异达到显著性水平。从表3 - 20来看,"自费"在男女老年人各自水平组中都位居首位,但男性中"报刊栏"位居第二,女性中则是向他人借阅;从获取方式的性别比较中发现,男性老年人在"图书馆借阅""上网阅读""租借""报刊栏""手机阅读"的比例较女性差别明显,说明男性老年人通过公共场所和新兴阅读载体获取读物的状况较女性为多。

表3 - 20　性别与读物获取方式的交叉表

			读物获取方式									总计
			自费	单位他人购买	向他人借阅	图书馆借阅	上网阅读	租借	报刊栏	手机阅读	社区文化中心借阅	
性别	男	计数	1164	375	394	348	170	84	402	52	157	1566
		该性别内的比例(%)	74.3	23.9	25.2	22.2	10.9	5.4	25.7	3.3	10	–
	女	计数	949	349	394	193	90	50	268	41	139	1347
		该性别内的比例(%)	70.5	25.9	29.3	14.3	6.7	3.7	19.9	3.0	10.3	–
总计		计数	2113	724	788	541	260	134	670	93	296	2913
		总计比例(%)	72.5	24.9	27.1	18.6	8.9	4.6	23.0	3.2	10.2	100

注:百分比和总计以响应者为基础。

3.2.2.6 性别与读物选取之间的关联分析

卡方检验显示($\chi^2 = 21.516, df = 7, p = 0.003 < 0.05, \text{Cramer } V = 0.065$),男女老年人在读物获取方式选择上的差异达到显著性水平。从表3 - 21来看,男女老年人在各自水平组中都主要通过"随意翻阅"或"依据兴趣"来进行选取,从各种选取方式的性别比例来看,在"特定作者/出版社""畅销书与口碑""图书馆推荐""电视/报刊/网络推荐"的选择上,男性老年人都大大超过女性,说明男性对外界影响的接受度较高。

表3 - 21　性别与读物选取方式的交叉表

			读物选取方式								总计
			特定作者/出版社	随意翻阅	依据兴趣	畅销书与口碑	他人推荐	图书馆推荐	电视/报刊/网络	广告或推销	
性别	男	计数	283	899	933	138	227	116	215	51	1560
		该性别内的比例(%)	18.1	57.6	59.8	8.8	14.6	7.4	13.8	3.3	–

续表

			读物选取方式								总计
			特定作者/出版社	随意翻阅	依据兴趣	畅销书与口碑	他人推荐	图书馆推荐	电视/报刊/网络	广告或推销	
性别	女	计数	181	789	732	81	191	77	149	59	1342
		该性别内的比例(%)	13.5	58.8	54.5	6.0	14.2	5.7	11.1	4.4	–
总计		计数	464	1688	1665	219	418	193	364	110	2902
		总计比例(%)	16.0	58.2	57.4	7.5	14.4	6.7	12.5	3.8	100

注:百分比和总计以响应者为基础。

卡方检验($\chi^2 = 630.522$, $df = 5$, $p = 0.000 < 0.05$, Cramer $V = 0.385$)显示,男女老年人在读物选取依据上的差异达到显著性水平。从表 3-22 来看,男女老年人都很重视"趣味性""丰富性"和"新颖性",相比较而言,男性老年人对"权威性""思想性"的要求比女性高得多,而女性老年人对"实用性"的选择比例则明显高于男性,这与阅读目的中女性"解决问题"的比例高于男性的状况一致。

表 3-22　性别与读物选取依据的交叉表

			读物的选取依据						总计
			权威性	思想性	新颖性	丰富性	实用性	趣味性	
性别	男	计数	305	410	226	391	619	401	1573
		该性别内的比例(%)	19.4	26.1	14.4	24.9	39.4	25.5	–
	女	计数	141	187	219	359	619	373	1357
		该性别内的比例(%)	10.4	13.8	16.1	26.5	45.6	27.5	–
总计		计数	446	597	445	750	1238	774	2930
		总计比例(%)	15.2	20.4	15.2	25.6	42.3	26.4	100

注:百分比和总计以响应者为基础。

3.2.2.7　性别与阅读时长之间的关联分析

秩和检验($Z = -7.045$, $p = 0.000 < 0.05$)表明,性别在阅读时长上的差异具有统计学意义;等级均值(2.11 < 3)表明男女老年人的阅读时长都偏少;秩均值显示男性(1590.70)的阅读时长高于女性(1377.04)。从表 3-23 来看,男女老年人都显现出随阅读时长增加而选择比例降低的特点,但女性老年人仅在"半小时以内"的选项比例上略高于男性,而在其他选项上均低于男性;从期望的计数来看,男性老年人在"半小时以内""半小时到 1 小时"的期望计数均小于实际计数,而在其他选项上的期望计数均大于实际计数,而女性的情况则恰恰相反,这表明男性老年人在阅读时长上普遍倾向于更长的时间,而女性则相反。

表3-23　性别与阅读时长的交叉表

			阅读时长						总计
			缺失	半小时以内	半小时到1小时	1—2小时	2—4小时	4小时以上	
性别	男	计数	25	419	532	447	151	31	1605
		期望的计数	35.0	480.4	525.8	419.3	123.2	21.4	1605
		该性别中的比例(%)	1.6	26.1	33.1	27.9	9.4	1.9	—
	女	计数	40	481	451	319	77	10	1378
		期望的计数	30.0	412.4	451.4	360.0	105.8	18.4	1378
		该性别中的比例(%)	2.9	34.9	32.7	23.1	5.6	0.7	—
总计		计数	67	920	1007	803	236	41	3074
		比例(%)	2.2	29.9	32.8	26.1	7.7	1.3	100

3.2.2.8　性别与自评阅读量之间的关联分析

秩和检验($Z = -4.713, p = 0.000 < 0.05$)表明,性别在自评阅读量上的差异具有统计学意义;从等级均值(2.58 < 3)来看,男女老年人自评阅读量偏少;秩均值显示男性(1557.37)的阅读量高于女性(1415.87)。从表3-24来看,不同性别老年人在自评阅读量上都显现出"一般"的选择比例最高,"非常多"的选择比例最低,选择"比较多""非常多"的比例均比选择"比较少""非常少"的比例低的分布形态,总体来看,不同性别老年人的阅读量偏低。相较而言,女性老年人在"非常少"和"比较少"的比例均高于男性,而在"非常多"和"比较多"的比例上均低于男性,这说明女性老年人的自评阅读量总体低于男性。

表3-24　性别与自评阅读量的交叉表

			自评阅读量						总计
			缺失	非常少	比较少	一般	比较多	非常多	
性别	缺失	计数	5	9	25	40	11	1	91
		比例(%)	0.2	0.3	0.8	1.3	0.4	0	3
	男	计数	45	179	390	691	271	29	1605
		该性别中的比例(%)	2.8	11.2	24.3	43.1	16.9	1.8	—
	女	计数	35	200	392	570	172	9	1378
		该性别中的比例(%)	2.5	14.5	28.4	41.4	12.5	0.7	—
总计		计数	85	388	807	1301	454	39	3074
		比例(%)	2.8	12.6	26.3	42.3	14.8	1.3	100

3.2.2.9 性别与阅读后续行为之间的关联分析

卡方检验($\chi^2 = 28.535, df = 7, p = 0.000 < 0.05$,Cramer $V = 0.085$)表明,性别在阅读后续行为上的差异达到显著性水平。从表 3 - 25 来看,男女老年人在阅读后续行为的总体表现上呈现出相似的选取态势,选择"什么都不做"的比例都较高,而有所作为的选项中,他们在"交流心得"上的排序都位居第一,这提示在促进阅读的活动中,开展读书交流活动可能会取得较好的效果。相较而言,"做读书笔记""图书收藏""科学研究"的男性选择比例明显高于女性,表明男性老年人在阅读的后续行为上更加投入,阅读深度高于女性。

表 3 - 25 性别与阅读后续行为的交叉表

			阅读后续行为								总计
			剪报	做读书笔记	图书收藏	文献汇编	科学研究	交流心得	背诵记忆	什么都不做	
性别	男	计数	286	269	280	60	75	427	103	701	1568
		该性别内的比例(%)	18.2	17.2	17.9	3.8	4.8	27.2	6.6	44.7	–
	女	计数	243	178	177	43	32	353	97	649	1351
		该性别内的比例(%)	18.0	13.2	13.1	3.2	2.4	26.1	7.2	48.0	–
总计		计数	529	447	457	103	107	780	200	1350	2919
		总计比例(%)	18.1	15.3	15.7	3.5	3.7	26.7	6.9	46.2	100

注:百分比和总计以响应者为基础。

3.2.2.10 性别与自评阅读理解困难量之间的关联分析

秩和检验($Z = -3.734, p = 0.000 < 0.05$)表明,不同年龄段老年人在自评理解困难量上的差异达到统计的显著性水平;因选项是取值越高表示阅读理解困难量越少,因而从等级均值(3.20 > 3)来看,男女老年人都认为阅读理解的困难量偏少;从秩均值来看,男性老年人(1544.06)高于女性(1431.37),这一结果表明,男性老年人阅读理解困难量要少于女性老年人。从表 3 - 26 来看,老年人自评阅读理解困难量总体偏少,其中,女性老年人在"非常多""比较多"的选择比例上略高于男性,而在"一般""比较少""非常少"的选择比例上则低于男性;从期望计数来看,男性在"非常多""比较多"的期望计数均多于实际计数,而在其他选项上的期望计数均少于实际计数,说明男性的阅读困难量少于预期,女性老年人的情况则与男性完全相反,这些从总体显示出女性老年人自评阅读理解困难量较男性多。

表 3 – 26　性别与自评阅读理解困难量的交叉表

			自评阅读理解困难量						总计
			缺失	非常多	比较多	一般	比较少	非常少	
性别	缺失	计数	3	5	21	31	24	7	91
	男	计数	26	51	233	606	539	150	1605
		期望的计数	26.6	54.8	279.3	597.8	504.4	142	1605
		该性别中的比例（%）	1.6	3.2	14.5	37.8	33.6	9.3	—
	女	计数	22	49	281	508	403	115	1378
		期望的计数	22.9	47.1	239.8	513.3	433	121.9	1378
		该性别中的比例（%）	1.6	3.6	20.4	36.9	29.2	8.3	—
总计		计数	51	105	535	1145	966	272	3074
		比例（%）	1.7	3.4	17.4	37.2	31.4	8.8	100

3.2.2.11　性别与阅读困难解决方式之间的关联分析

卡方检验（$\chi^2 = 26.070$, df $= 5$, $p = 0.000 < 0.05$, Cramer V $= 0.073$）表明，性别在阅读困难解决方式上的差异达到显著性水平。从表 3 – 27 来看，男性老年人选择"自我揣摩""查找工具书""向专业人员询问"的比例都高于女性，而女性在"向熟人询问""忽略跳过"和"放弃阅读"中的比例则高于男性，反映出男性老年人在解决阅读困难时比女性更加主动，解决方式也更专业。

表 3 – 27　性别与阅读理解困难解决方式的交叉表

			阅读困难解决方式						总计
			自己揣摩	查找工具书	向熟人询问	向专业人员询问	忽略跳过	放弃阅读	
性别	男	计数	718	512	558	162	505	163	1549
		该性别内的比例（%）	46.4	33.1	36	10.5	32.6	10.5	—
	男	计数	563	371	516	115	476	199	1345
		该性别内的比例（%）	41.9	27.6	38.4	8.6	35.4	14.8	—
总计		计数	1281	883	1074	277	981	362	2894
		总计比例（%）	44.3	30.5	37.1	9.6	33.9	12.5	100

注：百分比和总计以响应者为基础。

3.2.2.12　性别与自评阅读障碍之间的关联分析

卡方检验($\chi^2 = 205.391$, df $= 9$, p $= 0.000 < 0.05$, Cramer V $= 0.197$)表明,性别在自评阅读障碍上的差异达到显著性水平。从表3-28来看,男性老年人中主要的问题是"找不到",其次是"身体不好""无法获得",女性老年人中则依次是"忙于家务""身体不好""更喜欢其他休闲方式",显示出身体健康对男女老年人都有影响;女性老年人选择"忙于家务"的比例远超男性,说明家务这一情境障碍对女性老年人阅读的影响较大,这与我国女性主要承担家务劳动的现状相符,同时,女性老年人选择"识字少"的比例也多于男性,这与我国女性老年人不识字比例(42.5%)高于男性(16.9%)的状况[1]基本一致;男性选择"无法获得""找不到""不知道读什么""没有合适的环境"的比例高于女性,说明可获得性、环境等较客观因素对男性老年人阅读影响更加明显。

表3-28　性别与自评阅读障碍的交叉表

			自评阅读障碍									
			忙于工作	忙于家务	身体不好	识字少	无法获得	找不到	不知道读什么	没有合适的环境	更喜欢其他休闲方式	没人陪伴	总计
性别	男	计数	193	359	365	147	360	411	294	233	287	105	1520
		该性别内的比例(%)	12.7	23.6	24	9.7	23.7	27	19.3	15.3	18.9	6.9	—
	女	计数	154	683	306	178	214	264	219	146	269	104	1327
		该性别内的比例(%)	11.6	51.5	23.1	13.4	16.1	19.9	16.5	11	20.3	7.8	—
总计		计数	347	1042	671	325	574	675	513	379	556	209	2847
		总计比例(%)	12.2	36.6	23.6	11.4	20.2	23.7	18	13.3	19.5	7.3	100

注:百分比和总计以响应者为基础。

3.2.2.13　性别与其他变量之间的关联分析

卡方检验($\chi^2 = 11.865$, df $= 6$, p $= 0.065 > 0.05$)表明,男女老年人在阅读载体的选择上不存在显著性差异。不同性别老年人在阅读载体上呈现出相似的选择倾向,传统载体都成为选择的主要对象,其中报刊的比例最高,在男女老年人中的选择比例都超过80%;在新兴载体中,网络的选择比例都最高,其次是手机。卡方检验($\chi^2 = 9.159$, df $= 5$, p $= 0.103 > 0.05$)表明,男女老年人在阅读时段的选择上不存在显著性差异。上午8—12点是阅读的主要时段,其次是下午2—6点和晚上6—10点。秩和检验(Z $= -0.246$, p $= 0.806 > 0.05$)显

---

① 吴玉韶,郭平.2010年中国城乡老年人口状况追踪调查数据分析[M].北京:中国社会出版社,2014:28-29.

示,男女老年人在书刊价格感知上的不存在显著性差异,平均等级值为 3.49 > 3,说明不同性别老年人都倾向于认为书刊价格偏贵。

3.2.3 年龄与老年人阅读行为之间的关联分析

3.2.3.1 年龄与阅读态度之间的关联分析

积差相关分析显示,年龄与阅读态度存在显著的负相关关系($r(3072) = -0.101, p = 0.000 < 0.05$),基于科恩准则,相关性 -0.101 对应着实际中一个小的规模效应,表明在年龄和阅读态度积极性之间有一个较弱的负相关[①],也就是说,随着年龄增长,老年人的阅读态度积极性减弱。

为考察低龄、中龄和高龄老年人的阅读态度,又以年龄分段汇总进行统计和检验,ANOVA 方差分析表明(见表 3 – 29),不同年龄段老年人在阅读态度上同样存在显著差异,事后比较显示 60—69 岁以上老年人比 70—79 岁、80 岁及以上,70—79 岁老年人比 80 岁及以上老年人阅读态度更加积极,说明年龄越低对阅读态度的积极性越高。但效应量 η^2 仅为 0.008,是一个较小的效应量,这与积差分析的结果一致,都表明年龄与阅读态度积极性之间的关联较弱。

表 3 – 29　不同年龄老年人在阅读态度差异比较的方差分析摘要表

		平方和	df	均方	F	p	η^2
阅读态度	组间	513.030	2	256.515	13.666	0.000	0.008
	组内	57642.100	3071	18.770			
	总数	58155.130	3073				
阅读态度均值		60—69 岁(Mean = 24.40),70—79 岁(Mean = 23.76),80 岁及以上(Mean = 23.08)					
事后比较 LSD 法		年龄 60—69 岁 > 70—79 岁,60—69 岁 > 80 岁及以上,70—79 岁 > 80 岁及以上 *					

注:* 均值差的显著性水平为 0.05。

3.2.3.2 年龄与阅读目的之间的关联分析

卡方检验($\chi^2 = 51.533, df = 20, p = 0.000 < 0.05$, Cramer $V = 0.055$)表明,不同年龄段老年人在阅读目的上存在差异。从表 3 – 30 来看,各年龄段中"了解时事"都是最主要的阅读目的,"学习知识"在各年龄段中的选择比例也相差不大,相较而言,各年龄段老年人在"休闲消遣""增加聊天话题""解决问题""教育子孙""完成工作"的选择上呈现出明显的随年龄增长而比例下降的状态,这与老年人随年龄增长生活状态发生变化有关,如低龄老年人相较于其他年龄老年人会更多承担照顾孙辈的责任,这也使得他们选择"教育子孙"的比例高于其他年龄老年人。

---

① Yockey R D. SPSS 其实很简单[M]. 刘超,吴铮,译. 北京:中国人民大学出版社,2010:196.

表 3 – 30   年龄与阅读目的的交叉表

年龄段		阅读目的											总计
		了解时事	学习知识	兴趣爱好	增加聊天话题	解决问题	保持大脑活跃	休闲消遣	宗教信仰	研究和写作	教育子孙	完成工作	
60—69 岁	计数	1189	751	513	532	457	648	967	58	52	521	80	1879
	该年龄段内的比例(%)	63.3	40	27.3	28.3	24.3	34.5	51.5	3.1	2.8	27.7	4.3	–
70—79 岁	计数	531	326	241	171	157	238	418	36	24	183	36	929
	该年龄段内的比例(%)	57.2	35.1	25.9	18.4	16.9	25.6	45	3.9	2.6	19.7	3.9	–
80 岁及以上	计数	121	74	62	35	21	60	82	8	4	28	8	221
	该年龄段内的比例(%)	54.8	33.5	28.1	15.8	9.5	27.1	37.1	3.6	1.8	12.7	3.6	–
总计	计数	1841	1151	816	738	635	946	1467	102	80	732	124	3029
	总计比例(%)	60.8	38	26.9	24.4	21	31.2	48.4	3.4	2.6	24.2	4.1	100

注:百分比和总计以响应者为基础。

3.2.3.3   年龄与阅读载体之间的关联分析

卡方检验($\chi^2 = 58.592, df = 12, p = 0.000 < 0.05, \text{Cramer } V = 0.071$)表明,不同年龄段老年人在阅读载体选择上的差异达到显著性水平。从表 3 – 31 来看,各年龄段老年人在传统载体上的选择差异很小,而在网络、触摸屏电子报、手机的选择上显现出随年龄增长而减少的状况,说明随年龄增长对新载体接触降低。

表 3 – 31   年龄与阅读载体的交叉表

年龄段		阅读载体							总计
		报刊	图书	图文展览及报刊栏	电子书	触摸屏电子报	网络	手机	
60—69 岁	计数	1639	983	572	84	67	344	151	1836
	该年龄段内的比例(%)	89.3	53.5	31.2	4.6	3.6	18.7	8.2	–
70—79 岁	计数	736	456	238	56	21	87	68	901
	该年龄段内的比例(%)	81.7	50.6	26.4	6.2	2.3	9.7	7.5	–

续表

			阅读载体							总计
			报刊	图书	图文展览及报刊栏	电子书	触摸屏电子报	网络	手机	
年龄段	80岁及以上	计数	163	88	46	17	2	7	18	217
		该年龄段内的比例(%)	75.1	40.6	21.2	7.8	.9	3.2	8.3	–
总计		计数	2538	1527	856	157	90	438	237	2954
		总计比例(%)	85.9	51.7	29	5.3	3	14.8	8.0	100

注:百分比和总计以响应者为基础。

3.2.3.4 年龄与阅读场所之间的关联分析

卡方检验($\chi^2 = 99.949$, $df = 16$, $p = 0.000 < 0.05$, Cramer $V = 0.105$)表明,各年龄段老年人在阅读场所选择上的差异达到显著性水平。从表3-32来看,自己家中是所有老年人首要选择的阅读场所,相互比较发现,高龄老年人选择"养老院/干休所"的比例大大高于另外两个年龄段老年人,而在"图书馆""书店"的选项上则显示出随年龄增长而比例下降的状态,可能的原因在于年龄增长对老年人外出活动造成的限制。

表3-32 年龄与阅读场所的交叉表

			阅读场所									总计
			自己家中	亲戚朋友家中	学校/单位	养老院/干休所	图书馆	交通工具	宗教场所	书店	书市	
年龄段	60—69岁	计数	1677	114	222	142	261	58	49	294	88	1865
		该年龄段内的比例(%)	89.9	6.1	11.9	7.6	14.0	3.1	2.6	15.8	4.7	–
	70—79岁	计数	755	57	129	134	89	18	21	112	43	933
		该年龄段内的比例(%)	80.9	6.1	13.8	14.4	9.5	1.9	2.3	12.0	4.6	–
	80岁及以上	计数	151	20	35	44	14	3	6	16	7	224
		该年龄段内的比例(%)	67.4	8.9	15.6	19.6	6.3	1.3	2.7	7.1	3.1	–
总计		计数	2583	191	386	320	364	79	76	422	138	3022
		总计比例(%)	85.5	6.3	12.8	10.6	12	2.6	2.5	14	4.6	100

注:百分比和总计以响应者为基础。

3.2.3.5 年龄与阅读时段之间的关联分析

从表 3-33 来看,早上 8—12 点和下午 2—6 点都是各年龄段老年人主要的阅读时段,早上 8 点前的选择比例也较多,这与老年人习惯早起的作息相一致,对于 80 岁及以上老年人这还是他们排第三位的阅读时段,而对 60—69 岁和 70—79 岁老年人来说,第三位的阅读时段均为晚 6 点至 10 点;80 岁及以上老年人在"中午 12 点至下午 2 点"阅读的比例高于另外两个年龄段老人,60—69 岁老年人在"下午 2 点至 6 点"阅读的比例则显然高于其他两个年龄段老人,卡方检验($\chi^2 = 31.695, df = 10, p = 0.000 < 0.05$, Cramer $V = 0.064$)表明,年龄与阅读时段之间的差异达到显著性水平,但效应量说明两者之间的相关关系较弱。

表 3-33 年龄与阅读时段的交叉表

			阅读时段						总计
			早上 8 点前	早上 8 点至 12 点	中午 12 点至下午 2 点	下午 2 点至 6 点	晚上 6 点至 10 点	晚上 10 点以后	
年龄段	60—69 岁	计数	324	765	190	549	461	111	1864
		该年龄段内的比例(%)	17.4	41	10.2	29.5	24.7	6	–
	70—79 岁	计数	179	398	133	232	194	51	923
		该年龄段内的比例(%)	19.4	43.1	14.4	25.1	21	5.5	–
	80 岁及以上	计数	40	98	37	50	36	16	223
		该年龄段内的比例(%)	17.9	43.9	16.6	22.4	16.1	7.2	–
总计		计数	543	1261	360	831	691	178	3010
		总计比例(%)	18.0	41.9	12	27.6	23	5.9	100

注:百分比和总计以响应者为基础。

3.2.3.6 年龄与阅读内容之间的关联分析

从图 3-3 来看,各年龄段老年人对"时事政治""社会人文""医疗保险""历史传记""烹饪园艺"的阅读比例都很高,而在"戏剧曲艺""哲学宗教""文学语言"等方面则相差不大,不过随年龄增长,老年人对多项阅读内容的选择比例都在逐渐下降。卡方检验($\chi^2 = 70.323, df = 32, p = 0.000 < 0.05$, Cramer $V = 0.062$)表明年龄与阅读内容之间确实存在差异,不过效应量说明两者之间的相关关系较弱。

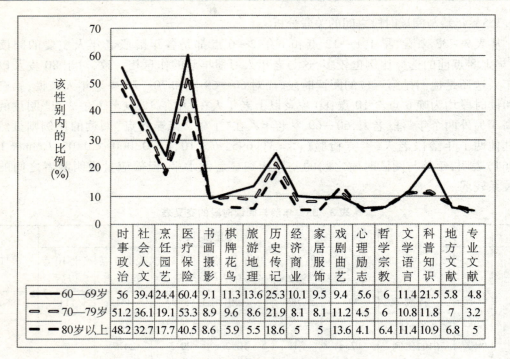

	时事政治	社会人文	烹饪园艺	医疗保险	书画摄影	棋牌花鸟	旅游地理	历史传记	经济商业	家居服饰	戏剧曲艺	心理励志	哲学宗教	文学语言	科普知识	地方文献	专业文献
60—69岁	56	39.4	24.4	60.4	9.1	11.3	13.6	25.3	10.1	9.5	9.4	5.6	6	11.4	21.5	5.8	4.8
70—79岁	51.2	36.1	19.1	53.3	8.9	9.6	8.6	21.9	8.1	8.1	11.2	4.5	6	10.8	11.8	7	3.2
80岁以上	48.2	32.7	17.7	40.5	8.6	5.9	5.5	18.6	5	13.6	4.1	6.4	11.4	10.9	6.8	5

图 3 – 3　不同年龄段老年人的阅读内容

3.2.3.7　年龄与读物获取方式之间的关联分析

从表 3 – 34 来看，"自费"是所有老年人主要选择的主要获取方式，不过随年龄增长这一选项的比例也在下降，从其他方式获得读物的比例逐渐增加，如"单位/他人购买""向他人借阅"的比例就呈现随年龄增长逐步增多的状况，不过"图书馆借阅""报刊栏""上网阅读"的比例则随年龄增长而降低，这与不同年龄老年人对阅读载体的选择状况基本一致，可能的原因是随年龄增长而外出减少、对新载体接受度降低。卡方检验（$\chi^2 = 90.897, df = 16, p = 0.000 < 0.05,$ Cramer $V = 0.089$）也显示出年龄与读物获取方式之间有相关，但效应量表明两者的关系偏弱。

表 3 – 34　年龄与读物获取方式的交叉表

			读物获取方式									总计
			自费	单位/他人购买	向他人借阅	图书馆借阅	上网阅读	租借	报刊栏	手机阅读	社区文化中心借阅	
年龄段	60—69岁	计数	1435	447	488	376	209	102	494	57	162	1858
		该年龄段内的比例(%)	77.2	24.1	26.3	20.2	11.2	5.5	26.6	3.1	8.7	–
	70—79岁	计数	614	248	257	150	56	33	169	31	116	922
		该年龄段内的比例(%)	66.6	26.9	27.9	16.3	6.1	3.6	18.3	3.4	12.6	–

续表

		读物获取方式									总计
		自费	单位/他人购买	向他人借阅	图书馆借阅	上网阅读	租借	报刊栏	手机阅读	社区文化中心借阅	
年龄段	80岁及以上	计数 118	52	74	29	5	3	29	8	26	222
		该年龄段内的比例(%) 53.2	23.4	33.3	13.1	2.3	1.4	13.1	3.6	11.7	–
总计		计数 2167	747	819	555	270	138	692	96	304	3002
		总计比例(%) 72.2	24.9	27.3	18.5	9	4.6	23.1	3.2	10.1	100

注:百分比和总计以响应者为基础。

3.2.3.8 年龄与读物选取之间的关联分析

从表3-35来看,各年龄段选取读物时都主要采取"随意翻阅"和"依据兴趣"的方式,"他人推荐"和"特定作者/出版社""电视/报刊/网络"的比例也较高,相较而言,"图书馆推荐"的比例随年龄增长而降低,这与他们在读物获取方式的选择状况相一致;随年龄增长,对"特定作者/出版社"的选择有所增加,而"畅销书与口碑"的比例下降,表明老年人随年龄增长对阅读的自主抉择度在增强。卡方检验($\chi^2 = 30.229$, $df = 14$, $p = 0.007 < 0.05$, Cramer $V = 0.054$)表明年龄与读物选取方式之间有相关,但效应量说明关系强度非常弱。

表3-35 年龄与读物选取方式的交叉表

		读物选取方式								总计
		特定作者/出版社	随意翻阅	依据兴趣	畅销书与口碑	他人推荐	图书馆推荐	电视/报刊/网络	广告或推销	
年龄段	60—69岁	计数 281	1106	1101	148	309	139	239	62	1845
		该年龄段内的比例(%) 15.2	59.9	59.7	8	16.7	7.5	13	3.4	–
	70—79岁	计数 151	517	510	66	97	54	115	46	916
		该年龄段内的比例(%) 16.5	56.4	55.7	7.2	10.6	5.9	12.6	5	–
	80岁及以上	计数 39	113	97	9	24	7	25	7	218
		该年龄段内的比例(%) 17.9	51.8	44.5	4.1	11	3.2	11.5	3.2	–
总计		计数 471	1736	1708	223	430	200	379	115	2979
		总计比例(%) 15.8	58.3	57.3	7.5	14.4	6.7	12.7	3.9	100

注:百分比和总计以响应者为基础。

卡方检验($\chi^2 = 30.244, df = 10, p = 0.001 < 0.05,$ Cramer $V = 0.059$)表明,不同年龄老年人在读物选取依据上的差异达到显著性水平。从表 3-36 来看,随着年龄增长,老年人对读物的"思想性"要求增强,而"实用性""趣味性"要求减弱。

表 3-36 年龄与读物选取依据的交叉表

			读物选取依据						总计
			权威性	思想性	新颖性	丰富性	实用性	趣味性	
年龄段	60—69 岁	计数	275	357	278	487	839	524	1864
		该年龄段内的比例(%)	14.8	19.2	14.9	26.1	45	28.1	—
	70—79 岁	计数	148	208	139	221	377	226	932
		该年龄段内的比例(%)	15.9	22.3	14.9	23.7	40.5	24.2	—
	80 岁及以上	计数	31	60	43	52	65	44	219
		该年龄段内的比例(%)	14.2	27.4	19.6	23.7	29.7	20.1	—
总计		计数	454	625	460	760	1281	794	3015
		总计比例(%)	15.1	20.7	15.3	25.2	42.5	26.3	100

注:百分比和总计以响应者为基础。

3.2.3.9 年龄与书刊价格感知之间的关联分析

交叉分析(Gamma $= -0.086, p = 0.002 < 0.05$)显示,年龄与对书刊价格的感知之间存在显著的负相关,表明随着年龄增长,老年人对书刊价格高的感知在降低,结合各年龄段老年人获取读物方式的数据来看,"自费"获取读物的比例随年龄增长而下降,从而可能导致年龄大的老年人对读物价格的感知变弱。从图 3-4 也可看出,不同年龄段的老年人对书刊价格的感知都在"一般"至"非常贵"之间,相较而言,80 岁及以上老年人的感知峰值在"一般",而 60—69 岁老年人的峰值在"比较贵"。不过从 Gamma 值和图都可以看出各年龄间的差异很小。

3.2.3.10 年龄与阅读后续行为之间的关联分析

卡方检验($\chi^2 = 29.371, df = 14, p = 0.009 < 0.05,$ Cramer $V = 0.060$)表明,不同年龄老年人在阅读后续行为的选择上存在差异,从表 3-37 来看,"什么都不做"在各年龄段都位居首位,而在有所作为的选择中,"交流心得"的比例最高,不过随年龄增长,这一选项的比例在逐渐减少。

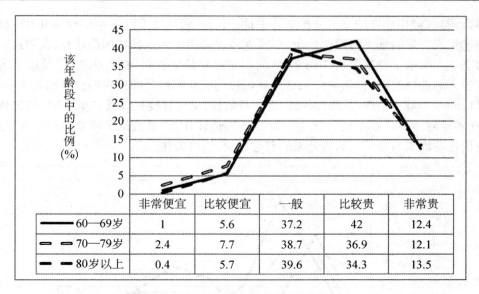

	非常便宜	比较便宜	一般	比较贵	非常贵
——60—69岁	1	5.6	37.2	42	12.4
– – 70—79岁	2.4	7.7	38.7	36.9	12.1
— — 80岁以上	0.4	5.7	39.6	34.3	13.5

图 3-4　不同年龄老年人对书刊价格的感知

表 3-37　年龄与阅读后续行为的交叉表

			阅读后续行为								总计
			剪报	做读书笔记	藏书收藏	文献汇编	科学研究	交流心得	背诵记忆	什么都不做	
年龄段	60—69岁	计数	340	284	291	59	68	549	131	870	1858
		该年龄段内的比例(%)	18.3	15.3	15.7	3.2	3.7	29.5	7.1	46.8	—
	70—79岁	计数	170	142	146	31	35	220	60	412	925
		该年龄段内的比例(%)	18.4	15.4	15.8	3.4	3.8	23.8	6.5	44.5	—
	80岁及以上	计数	36	34	35	19		41	14	96	219
		该年龄段内的比例(%)	16.4	15.5	16	8.7	4.1	18.7	6.4	43.8	—
总计		计数	546	460	472	109	112	810	205	1378	3002
		总计比例(%)	18.2	15.3	15.7	3.6	3.7	27	6.8	45.9	100

注:百分比和总计以响应者为基础。

3.2.3.11　年龄与自评阅读障碍之间的关联分析

卡方检验($\chi^2 = 344.215, df = 18, p = 0.000 < 0.05$, Cramer $V = 0.178$)表明,不同年龄老年人在自评阅读障碍选择上的差异达到显著性水平。从图 3-5 可见,"身体不好"在各年龄组差别明显,80 岁及以上组中超过一半的老年人选择了这一选项,远远超过对其他选项的选择比例,其他两个年龄组中这一选项排序和比例都明显降低,在 60—69 岁组中选择这一选项的比例仅为 15.8%,说明身体障碍与年龄之间关联紧密,随着年龄增长,身体机能衰退

（年龄段与自我健康感知的交叉分析支持了这一结论，$\chi^2 = 45.059$，$p = 0.000 < 0.05$）日渐成为影响老年人阅读的重要因素；"忙于家务"在各年龄组中的选择比例都较高，说明这一情境障碍对老年人带来了普遍影响；"识字少"的影响随年龄增长而增加，在 80 岁及以上老年人中占有较大的选择比例（排第三位），这与年龄段与文化程度之间存在的显著相关关系（$\chi^2 = 166.611$，$p = 0.000 < 0.05$）一致，说明随着年龄增长，文化程度在降低，"识字少"的障碍也在增加；在各年龄组中，"找不到""无法获得""不知道读什么"都占据了较靠前的位置，这又一次反映出这些因素对老年人阅读带来的普遍影响，值得关注。

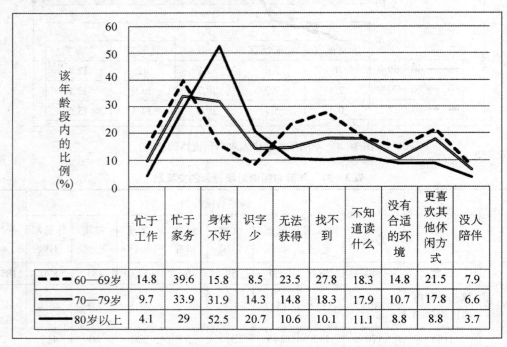

	忙于工作	忙于家务	身体不好	识字少	无法获得	找不到	不知道读什么	没有合适的环境	更喜欢其他休闲方式	没人陪伴
------ 60—69岁	14.8	39.6	15.8	8.5	23.5	27.8	18.3	14.8	21.5	7.9
—— 70—79岁	9.7	33.9	31.9	14.3	14.8	18.3	17.9	10.7	17.8	6.6
—— 80岁以上	4.1	29	52.5	20.7	10.6	10.1	11.1	8.8	8.8	3.7

图 3 - 5　不同年龄段老年人的自评阅读障碍

3.2.3.12　年龄与其他变量之间的关联分析

交叉分析（Gamma = −0.005，$p = 0.862 > 0.05$）表明，年龄与阅读时长之间并无相关，同样，年龄与自评阅读量（Gamma = 0.014，$p = 0.614 > 0.05$）、自评阅读理解困难量（Gamma = −0.025，$p = 0.349 > 0.05$）、阅读理解困难解决方式（$\chi^2 = 13.183$，$df = 10$，$p = 0.214 > 0.05$）之间也均未显示出相关关系。也就是说，低龄、中龄和高龄老年人的阅读时长、自评阅读量、自评阅读理解困难量都并没有显现出随其年龄增长而减少或增加的态势，他们在阅读困难解决方式上也未见差异，都主要以"自己揣摩""向熟人询问""忽略跳过"为主。

3.2.4　经济收入与老年人阅读行为之间的关联分析

3.2.4.1　经济收入与阅读态度的关联分析

ANOVA 方差分析显示（见表 3 - 38），不同经济收入的老年人在阅读态度上确实存在显著差异，从均值来看，老年人随收入增长，阅读态度积极性也在增长。事后比较发现，高收入组老年人对阅读态度的积极性总体上显著高于低收入组，这说明随着经济收入的增长，老年人对阅读的态度趋于积极。

表3-38 不同月收入老年人的阅读态度比较的方差分析摘要表

阅读态度		平方和	df	均方	F	p	效应量 η^2
阅读态度	组间	3147.434	6	524.572			
	组内	55007.695	3067	17.935	29.248	0.000	0.054
	总数	58155.130	3073	—			
阅读态度均值		500元以下组(Mean = 22.55),501—1000元组(Mean = 22.77),1001—2000元组(Mean = 23.73),2001—3000元组(Mean = 24.97),3001—4000元组(Mean = 25.24),4000元以上组(Mean = 26.27)					
事后比较Dunnett T3法		1001—2000元组 > 500元以下组,1001—2000元组 > 501—1000元组,2001—3000元组 > 500元以下组,2001—3000元组 > 501—1000元组,2001—3000元组 > 1001—2000元组,3001—4000元组 > 500元以下组,3001—4000元组 > 501—1000元组,3001—4000元组 > 1001—2000元组,4000元以上组对阅读的积极态度显著高于其他组*					

注:* 均值差的显著性水平为0.05。

3.2.4.2 经济收入与阅读目的之间的关联分析

卡方检验($\chi^2 = 308.399, df = 50, p = 0.000 < 0.05$,Cramer $V = 0.085$)表明,不同收入水平老年人在阅读目的上的差异达到显著性水平。表3-39显示,尽管"休闲消遣""了解时事""兴趣爱好""教育子孙"在各收入组老年人中都有较高的选择比例,但差异同样存在,表现为随着月收入增加,老年人在"了解时事""学习知识""教育子孙""兴趣爱好""保持大脑活跃""解决问题"的比例都在逐渐增加。月收入4000元以上老年人在"研究和写作""完成工作"上的选择比例远远超过其他群组,而在"增加聊天话题"的选择上则低于其他群组,月收入500元以下的老年人在"宗教信仰"上的选择比例则高于其他群组。

表3-39 经济收入与阅读目的的交叉表

		阅读目的											总计
		了解时事	学习知识	兴趣爱好	增加聊天话题	解决问题	保持大脑活跃	休闲消遣	宗教信仰	研究和写作	教育子孙	完成工作	
500元以下	计数	99	54	46	53	34	44	107	16	2	39	6	226
	比例(%)	43.8	23.9	20.4	23.5	15	19.5	47.3	7.1	0.9	17.3	2.7	—
501—1000元	计数	192	100	80	79	61	64	179	13	2	75	9	371
	比例(%)	51.8	27	21.6	21.3	16.4	17.3	48.2	3.5	0.5	20.2	2.4	—
1001—2000元	计数	723	435	342	311	248	377	598	35	18	281	22	1221
	比例(%)	59.2	35.6	28	25.5	20.3	30.9	49	2.9	1.5	23	1.8	—
2001—3000元	计数	505	349	215	206	169	288	393	22	20	221	32	776
	比例(%)	65.1	45	27.7	26.5	21.8	37.1	50.6	2.8	2.6	28.5	4.1	—
3001—4000元	计数	186	117	65	50	78	89	114	5	11	59	18	244
	比例(%)	76.2	48	26.6	20.5	32	36.5	46.7	2	4.5	24.2	7.4	—
4000元以上	计数	124	87	60	32	40	77	69	10	26	50	37	170
	比例(%)	72.9	51.2	35.3	18.8	23.5	45.3	40.6	5.9	15.3	29.4	21.8	—

(月收入)

续表

		阅读目的										总计
		了解时事	学习知识	兴趣爱好	增加聊天话题	解决问题	保持大脑活跃	休闲消遣	宗教信仰	研究和写作	教育子孙	完成工作	
总计	计数	1829	1142	808	731	630	939	1460	101	79	725	124	3008
	总计比例(%)	60.8	38	26.9	24.3	20.9	31.2	48.5	3.4	2.6	24.1	4.1	100

注:百分比和总计以响应者为基础。

3.2.4.3 经济收入与阅读载体之间的关联分析

卡方检验($\chi^2 = 226.871, df = 30, p = 0.000 < 0.05, Cramer\ V = 0.088$)表明,不同收入水平老年人在阅读载体选择上的差异达到显著性水平。表3-40显示,各收入组中"报刊"的选择比例都高达80%以上,显示出其在老年人阅读中所占据的重要地位,其次是图书、图文展览及报刊栏,这说明无论收入状况如何,老年人对阅读载体的选择顺序基本一致,传统载体仍然是老年人的主要选择。不过,各组在"图书"和"图文展览及报刊栏"的选择比例随收入增加而有明显增长。考察新兴阅读载体的选择情况,随收入增加而比例增长的情况更加明显,这与经济收入增加而带来的对新兴载体了解状况和支付能力增加有关;在各类新兴载体中,"网络"的选择比例最高,这显示了网络的普及对老年人产生的影响。

表3-40 经济收入与阅读载体的交叉表

		阅读载体							总计
		报刊	图书	图文展览及报刊栏	电子书	触摸屏电子报	网络	手机	
500元以下	计数	185	88	38	12	3	6	13	217
	比例(%)	85.3	40.6	17.5	5.5	1.4	2.8	6	–
501—1000元	计数	311	154	84	10	4	18	28	365
	比例(%)	85.2	42.2	23	2.7	1.1	4.9	7.7	–
1001—2000元	计数	1023	588	354	46	23	123	64	1193
	比例(%)	85.8	49.3	29.7	3.9	1.9	10.3	5.4	–
2001—3000元	计数	666	432	229	48	27	170	69	759
	比例(%)	87.7	56.9	30.2	6.3	3.6	22.4	9.1	–
3001—4000元	计数	206	148	86	12	13	63	30	237
	比例(%)	86.9	62.4	36.3	5.1	5.5	26.6	12.7	–
4000元以上	计数	134	108	63	29	20	56	29	167
	比例(%)	80.2	64.7	37.7	17.4	12	33.5	17.4	–
总计	计数	2525	1518	854	157	90	436	233	2938
	总计比例(%)	85.9	51.7	29.1	5.3	3.1	14.8	7.9	100

注:百分比和总计以响应者为基础。

3.2.4.4 经济收入与阅读场所之间的关联分析

卡方检验($\chi^2 = 205.893$, df $= 40$, p $= 0.000 < 0.05$, Cramer V $= 0.095$)表明, 不同收入水平老年人在阅读场所选择上的差异达到显著性水平。从表 3 - 41 来看, 各收入组老年人在"自己家中"的比例都最高, 而组间的差异在"学校/单位""图书馆"的选择上体现得非常明显, 随收入增加, 选择比例显著增加;"宗教场所"的比例随收入增加则显现出降低的态势, 与各收入组在阅读目的"宗教信仰"上的选择状况一致。

表 3 - 41 经济收入与阅读场所的交叉表

		阅读场所									总计
		自己家中	亲戚朋友家中	学校/单位	养老院/干休所	图书馆	交通工具	宗教场所	书店	书市	
月收入	500元以下	计数 195	20	10	26	9	5	9	29	6	234
		比例(%) 83.3	8.5	4.3	11.1	3.8	2.1	3.8	12.4	2.6	—
	501—1000元	计数 320	30	20	29	20	10	9	42	5	374
		比例(%) 85.6	8	5.3	7.8	5.3	2.7	2.4	11.2	1.3	—
	1001—2000元	计数 1033	65	133	106	122	35	35	165	47	1210
		比例(%) 85.4	5.4	11	8.8	10.1	2.9	2.9	13.6	3.9	—
	2001—3000元	计数 670	44	111	80	128	17	16	108	47	771
		比例(%) 86.9	5.7	14.4	10.4	16.6	2.2	2.1	14	6.1	—
	3001—4000元	计数 210	14	50	48	42	8	4	44	18	244
		比例(%) 86.1	5.7	20.5	19.7	17.2	3.3	1.6	18	7.4	—
	4000元以上	计数 139	17	61	29	36	4	3	29	12	170
		比例(%) 81.8	10	35.9	17.1	21.2	2.4	1.8	17.1	7.1	—
总计		计数 2567	190	385	318	357	79	76	417	135	3003
		总计比例(%) 85.5	6.3	12.8	10.6	11.9	2.6	2.5	13.9	4.5	100

注:百分比和总计以响应者为基础。

3.2.4.5 经济收入与阅读时段之间的关联分析

卡方检验($\chi^2 = 67.560$, df $= 25$, p $= 0.000 < 0.05$, Cramer V $= 0.059$)表明, 不同收入水平老年人在阅读时段选择上存在差异。从表 3 - 42 来看,"早上 8 点到 12 点"和"下午 2 点到 6 点"是各组老年人主要的阅读时段,"中午 12 点到下午 2 点""晚上 10 点以后"等时段显现出随收入增加比例上升的状态。

表 3 - 42　经济收入与阅读时段的交叉表

			阅读时段						总计
			早上8点前	早上8点到12点	中午12点到下午2点	下午2点到6点	晚上6点到10点	晚上10点以后	
月收入	500元以下	计数	46	91	25	47	55	11	233
		比例(%)	19.7	39.1	10.7	20.2	23.6	4.7	-
	501—1000元	计数	79	122	41	95	82	21	372
		比例(%)	21.2	32.8	11	25.5	22	5.6	-
	1001—2000元	计数	237	493	161	352	251	54	1206
		比例(%)	19.7	40.9	13.3	29.2	20.8	4.5	-
	2001—3000元	计数	127	354	78	216	185	43	763
		比例(%)	16.6	46.4	10.2	28.3	24.2	5.6	-
	3001—4000元	计数	26	116	27	67	64	20	246
		比例(%)	10.6	47.2	11	27.2	26	8.1	-
	4000元以上	计数	26	79	26	48	48	27	170
		比例(%)	15.3	46.5	15.3	28.2	28.2	15.9	-
总计		计数	541	1255	358	825	685	176	2990
		总计比例(%)	18.1	42	12.0	27.6	22.9	5.9	100

注:百分比和总计以响应者为基础。

3.2.4.6　经济收入与阅读内容之间的关联分析

卡方检验($\chi^2 = 2605.266, df = 80, p = 0.000 < 0.05$, Cramer $V = 0.211$)表明,不同收入水平老年人在阅读内容上的差异达到显著性水平。从图 3 - 6 可见,"时事政治""医疗保险""历史传记""社会人文"是各收入水平老年人主要选择的阅读内容,而且较明显展现出随收入增加,选择比例也在增加的趋势;"500 元以下"组在除"戏剧曲艺"之外的所有选项比例均低于其他收入组。

3.2.4.7　经济收入与读物获取方式之间的关联分析

卡方检验($\chi^2 = 234.137, df = 40, p = 0.000 < 0.05$, Cramer $V = 0.090$)表明,不同收入水平老年人在读物获取方式上的差异达到显著性水平。从表 3 - 43 来看,"自费"是所有收入组老年人首选的读物获取方式,从差别来看,"单位/他人购买""图书馆借阅""上网阅读"的比例都随收入增加而增加,说明收入高的老年人对读物的获取方式更加多样,这也与不同收入老年人在阅读载体和阅读场所的选择上所呈现出的分布形态一致。

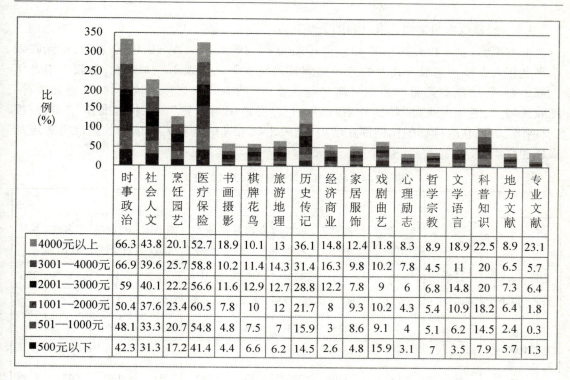

	时事政治	社会人文	烹饪园艺	医疗保险	书画摄影	棋牌花鸟	旅游地理	历史传记	经济商业	家居服饰	戏剧曲艺	心理励志	哲学宗教	文学语言	科普知识	地方文献	专业文献
■4000元以上	66.3	43.8	20.1	52.7	18.9	10.1	13	36.1	14.8	12.4	11.8	8.3	8.9	18.9	22.5	8.9	23.1
■3001—4000元	66.9	39.6	25.7	58.8	10.2	11.4	14.3	31.4	16.3	9.8	10.2	7.8	4.5	11	20	6.5	5.7
■2001—3000元	59	40.1	22.2	56.6	11.6	12.9	12.7	28.8	12.2	7.8	9	6	6.8	14.8	20	7.3	6.4
■1001—2000元	50.4	37.6	23.4	60.5	7.8	10	12	21.7	8	9.3	10.2	4.3	5.4	10.9	18.2	6.4	1.8
■501—1000元	48.1	33.3	20.7	54.8	4.8	7.5	7	15.9	3	8.6	9.1	4	5.1	6.2	14.5	2.4	0.3
■500元以下	42.3	31.3	17.2	41.4	4.4	6.6	6.2	14.5	2.6	4.8	15.9	3.1	7	3.5	7.9	5.7	1.3

图3-6　不同经济收入老年人的阅读内容

表3-43　经济收入与读物获取方式的交叉表

		读物获取方式									总计
		自费	单位/他人购买	向他人借阅	图书馆借阅	上网阅读	租借	报刊栏	手机阅读	社区文化中心借阅	
月收入	500元以下 计数	140	34	81	14	5	5	46	2	25	225
	比例(%)	62.2	15.1	36	6.2	2.2	2.2	20.4	0.9	11.1	—
	501—1000元 计数	243	66	96	34	8	15	85	8	30	368
	比例(%)	66	17.9	26.1	9.2	2.2	4.1	23.1	2.2	8.2	—
	1001—2000元 计数	902	280	304	184	60	55	281	27	109	1212
	比例(%)	74.4	23.1	25.1	15.2	5	4.5	23.2	2.2	9	—
	2001—3000元 计数	568	195	211	183	114	41	169	28	81	768
	比例(%)	74	25.4	27.5	23.8	14.8	5.3	22	3.6	10.5	—
	3001—4000元 计数	181	94	76	70	43	14	63	15	34	245
	比例(%)	73.9	38.4	31	28.6	17.6	5.7	25.7	6.1	13.9	—
	4000元以上 计数	121	74	50	65	39	7	43	15	24	168
	比例(%)	72	44	29.8	38.7	23.2	4.2	25.6	8.9	14.3	—
总计	计数	2155	743	818	550	269	137	687	95	303	2986
	总计比例(%)	72.2	24.9	27.4	18.4	9	4.6	23	3.2	10.1	100

注:百分比和总计以响应者为基础。

3.2.4.8　经济收入与读物选取之间的关联分析

卡方检验($\chi^2 = 178.203$，df = 35，p = 0.000 < 0.05，Cramer V = 0.083)表明，不同收入水平老年人在读物选取方式上的差异达到显著性水平。从表 3 - 44 来看，各收入组老年人都主要通过"随意翻阅""依据兴趣""他人推荐"的方式来选择阅读读物，从差异来看，随收入增加，老年人通过"特定作者/出版社""畅销书与口碑""图书馆推荐""电视/报刊/网络"方式获取读物的比例都在增加，反映出收入高的老年人对读物的选取方式更加多样和广泛。

表 3 - 44　经济收入与读物选取方式的交叉表

		读物选取方式								总计
		特定作者/出版社	随意翻阅	依据兴趣	畅销书与口碑	他人推荐	图书馆推荐	电视/报刊/网络	广告或推销	
月收入	**500 元以下** 计数	19	132	110	10	31	7	16	8	226
	比例(%)	8.4	58.4	48.7	4.4	13.7	3.1	7.1	3.5	—
	501—1000 元 计数	35	225	173	18	39	10	28	8	366
	比例(%)	9.6	61.5	47.3	4.9	10.7	2.7	7.7	2.2	—
	1001—2000 元 计数	157	750	705	73	142	57	130	43	1198
	比例(%)	13.1	62.6	58.8	6.1	11.9	4.8	10.9	3.6	—
	2001—3000 元 计数	144	407	464	74	139	65	120	34	758
	比例(%)	19	53.7	61.2	9.8	18.3	8.6	15.8	4.5	—
	3001—4000 元 计数	54	134	150	27	52	32	39	11	245
	比例(%)	22	54.7	61.2	11	21.2	13.1	15.9	4.5	—
	4000 元以上 计数	62	80	95	18	24	24	39	10	168
	比例(%)	36.9	47.6	56.5	10.7	14.3	14.3	23.2	6	—
总计	计数	471	1728	1697	220	427	195	372	114	2961
	总计比例(%)	15.9	58.4	57.3	7.4	14.4	6.6	12.6	3.9	100

注：百分比和总计以响应者为基础。

从读物选取依据来看(见表 3 - 45)，"实用性"是各收入组老年人首要的选择，而在其他选项上，各组的差异较明显，"趣味性"的比例随收入增加而逐渐减少，"权威性""思想性""新颖性"的比例随收入增加而逐渐增加，这说明收入高的老年人更注重读物的内容深度。卡方检验($\chi^2 = 138.915$，$df = 25$，$p = 0.000 < 0.05$，Cramer $V = 0.080$)也表明，不同收入水平老年人在读物选取依据上的差异达到显著性水平，但效应量说明两者之间的相关关系偏弱。

表 3 - 45　经济收入与读物选取依据的交叉表

月收入			读物选取依据						总计
			权威性	思想性	新颖性	丰富性	实用性	趣味性	
	500 元以下	计数	17	40	22	34	100	73	224
		比例(%)	7.6	17.9	9.8	15.2	44.6	32.6	—
	501—1000 元	计数	34	43	55	61	164	123	369
		比例(%)	9.2	11.7	14.9	16.5	44.4	33.3	—
	1001—2000 元	计数	164	211	169	351	521	328	1211
		比例(%)	13.5	17.4	14	29	43	27.1	—
	2001—3000 元	计数	133	205	129	207	311	168	775
		比例(%)	17.2	26.5	16.6	26.7	40.1	21.7	—
	3001—4000 元	计数	58	64	43	61	109	62	247
		比例(%)	23.5	25.9	17.4	24.7	44.1	25.1	—
	4000 元以上	计数	43	53	39	43	64	33	170
		比例(%)	25.3	31.2	22.9	25.3	37.6	19.4	—
总计		计数	449	616	457	757	1269	787	2996
		总计比例(%)	15	20.6	15.3	25.3	42.4	26.3	100

注:百分比和总计以响应者为基础。

3.2.4.9　经济收入与书刊价格感知的关联分析

从图 3 - 7 来看,月收入在 4000 元以上的老年人中,选择"价格一般"的人数比例大大超过其他收入老年人的选择比例,选择"非常贵"的老年人中,月收入 4000 元以上的比例最低,这些说明老年人经济收入与他们对书刊价格感知之间存在一定的关系。交叉分析检验(Gamma = -0.068, p = 0.002 < 0.05)也表明,经济收入与书刊价格感知之间存在显著的负相关关系,即经济收入高的老年人对价格感觉便宜,但检验值靠近 0,说明两者的关联程度总体较低,老年人均感觉读物价格偏贵。

3.2.4.10　经济收入与阅读时长之间的关联分析

交叉分析显示(Gamma = 0.324, p = 0.000 < 0.05),经济收入与阅读时长之间呈正相关关系,经济收入高的老年人阅读时长也长。交叉表显示(见表 3 - 46),月收入 500 元以下老年人选择阅读时长在"半小时以内"的比例超过 50%,超过其他收入组的选择比例,而且随着收入增加,选择比例明显减少。不同月收入组在选择阅读时长的比例排序上,500 元以下和 501—1000 元组均以"半小时以内"为最多,1001—2000 元以"半小时—1 小时"为最多,2001—3000 元、3001—4000 元及 4000 元以上组均以"1—2 小时"为最多。这些说明经济收入对阅读时长的影响是比较显著的,总体而言,经济收入越高,阅读时长就越长。

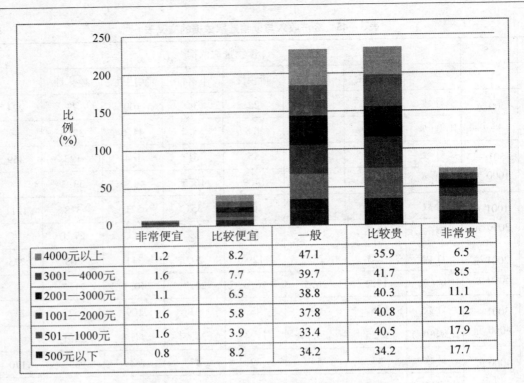

	非常便宜	比较便宜	一般	比较贵	非常贵
■ 4000元以上	1.2	8.2	47.1	35.9	6.5
■ 3001—4000元	1.6	7.7	39.7	41.7	8.5
■ 2001—3000元	1.1	6.5	38.8	40.3	11.1
■ 1001—2000元	1.6	5.8	37.8	40.8	12
■ 501—1000元	1.6	3.9	33.4	40.5	17.9
■ 500元以下	0.8	8.2	34.2	34.2	17.7

图 3 - 7　不同经济收入老年人对书刊价格的感知

表 3 - 46　经济收入与阅读时长的交叉表

			阅读时长					总计
			缺失	半小时以内	半小时到一小时	1—2 小时	2—4 小时	4 小时以上	
月收入	缺失	计数	2	5	5	9	0	0	21
		比例（%）	9.5	23.8	23.8	42.9	0	0	—
	500 元以下	计数	13	130	60	28	10	2	243
		比例（%）	5.3	53.5	24.7	11.5	4.1	0.8	—
	501—1000 元	计数	8	179	127	49	13	4	380
		比例（%）	2.1	47.1	33.4	12.9	3.4	1.1	—
	1001—2000 元	计数	22	367	444	323	64	9	1229
		比例（%）	1.8	29.9	36.1	26.3	5.2	0.7	—
	2001—3000 元	计数	18	175	247	252	82	10	784
		比例（%）	2.3	22.3	31.5	32.1	10.5	1.3	—
	3001—4000 元	计数	3	48	81	83	27	5	247
		比例（%）	1.2	19.4	32.8	33.6	10.9	2	—
	4000 元以上	计数	1	16	43	59	40	11	170
		比例（%）	0.6	9.4	25.3	34.7	23.5	6.5	—
总计		计数	67	920	1007	803	236	41	3074
		比例（%）	2.2	29.9	32.8	26.1	7.7	1.3	100

3.2.4.11 经济收入与自评阅读量之间的关联分析

从交叉表来看(见表3-47),月收入4000元以上老年人中自评阅读量"比较多"和"非常多"的比例均大于其他收入组,而月收入500元以下老年人阅读量集中在"非常少""比较少"选项中。检验结果显示(Gamma = 0.293, p = 0.000 < 0.05),经济收入与自评阅读量两个变量之间存在正相关关系,说明经济收入越高,自评阅读量越多。

表3-47 经济收入与自评阅读量的交叉表

		自评阅读量						总计
		缺失	非常少	比较少	一般	比较多	非常多	
缺失	计数	1	2	4	10	2	2	21
	比例(%)	4.8	9.5	19	47.6	9.5	9.5	–
500元以下	计数	11	82	57	77	13	3	243
	比例(%)	4.5	33.7	23.5	31.7	5.3	1.2	–
501—1000元	计数	11	73	119	143	32	2	380
	比例(%)	2.9	19.2	31.3	37.6	8.4	0.5	–
1001—2000元	计数	38	142	374	516	150	9	1229
	比例(%)	3.1	11.6	30.4	42.0	12.2	0.7	–
2001—3000元	计数	13	61	195	380	128	7	784
	比例(%)	1.7	7.8	24.9	48.5	16.3	0.9	–
3001—4000元	计数	9	21	40	108	65	4	247
	比例(%)	3.6	8.5	16.2	43.7	26.3	1.6	–
4000元以上	计数	2	7	18	67	64	12	170
	比例(%)	1.2	4.1	10.6	39.4	37.6	7.1	–
总计	计数	85	388	807	1301	454	39	3074
	比例(%)	2.8	12.6	26.3	42.3	14.8	1.3	100

(注:月收入为表中左侧纵向标注)

3.2.4.12 经济收入与阅读后续行为之间的关联分析

卡方检验($\chi^2 = 317.733$, df = 35, p = 0.000 < 0.05, Cramer V = 0.125)表明,不同收入水平老年人在阅读后续行为选择上的差异达到显著性水平。从图3-8来看,3000元以下各组之间的差异并不十分明显,而在与3000元以上组比较,差别则较明显,如"什么都不做"在3000元以下各组中均是首要选择,而"3001—4000元"和"4000元以上"组中比例最高的依次为"交流心得"和"藏书收藏"。各组间差距在"剪报""做读书笔记""藏书收藏""文献汇编""科学研究"等选择比例上体现得尤为明显。

3.2.4.13 经济收入与自评阅读理解困难量之间的关联分析

从表3-48可明显看出,月收入在"500元以下"的老年人选择"比较多"和"非常多"的比例高于其他收入组,而且这两个选项的比例明显随收入增加而减少。反过来,选择"比较少"和"非常少"的比例则随着收入增加而明显增加,都反映出经济收入与自评阅读理解困难量之间有相关。交叉检验(Gamma = 0.297, p = 0.000 < 0.05)也显示,随着收入增加,感觉

阅读理解困难量在减少。

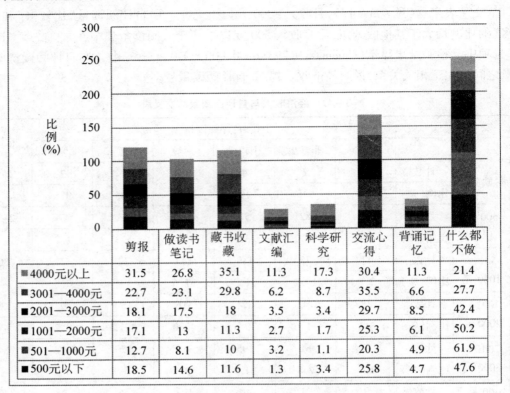

	剪报	做读书笔记	藏书收藏	文献汇编	科学研究	交流心得	背诵记忆	什么都不做
■ 4000元以上	31.5	26.8	35.1	11.3	17.3	30.4	11.3	21.4
■ 3001—4000元	22.7	23.1	29.8	6.2	8.7	35.5	6.6	27.7
■ 2001—3000元	18.1	17.5	18	3.5	3.4	29.7	8.5	42.4
■ 1001—2000元	17.1	13	11.3	2.7	1.7	25.3	6.1	50.2
■ 501—1000元	12.7	8.1	10	3.2	1.1	20.3	4.9	61.9
■ 500元以下	18.5	14.6	11.6	1.3	3.4	25.8	4.7	47.6

图 3 – 8　不同经济收入老年人的阅读后续行为

表 3 – 48　经济收入与自评阅读理解困难量的交叉表

			自评阅读理解困难量						总计
			缺失	非常多	比较多	一般	比较少	非常少	
月收入	缺失	计数	1	3	2	6	8	1	21
		比例（%）	4.8	14.3	9.5	28.6	38.1	4.8	–
	500 元以下	计数	8	28	82	77	34	14	243
		比例（%）	3.3	11.5	33.7	31.7	14	5.8	–
	501—1000 元	计数	7	15	90	167	80	21	380
		比例（%）	1.8	3.9	23.7	43.9	21.1	5.5	–
	1001—2000 元	计数	21	33	223	514	346	92	1229
		比例（%）	1.7	2.7	18.1	41.8	28.2	7.5	–
	2001—3000 元	计数	9	17	105	258	322	73	784
		比例（%）	1.1	2.2	13.4	32.9	41.1	9.3	–
	3001—4000 元	计数	4	6	26	83	102	26	247
		比例（%）	1.6	2.4	10.5	33.6	41.3	10.5	–
	4000 元以上	计数	1	3	7	40	74	45	170
		比例（%）	0.6	1.8	4.1	23.5	43.5	26.5	–

续表

		自评阅读理解困难量						总计
		缺失	非常多	比较多	一般	比较少	非常少	
总计	计数	51	105	535	1145	966	272	3074
	比例（%）	1.7	3.4	17.4	37.2	31.4	8.8	100

3.2.4.14　经济收入与阅读困难解决方式之间的关联分析

卡方检验（$\chi^2 = 241.396$，$df = 25$，$p = 0.000 < 0.05$，Cramer $V = 0.099$）表明，不同收入水平老年人在阅读困难解决方式选择上的差异达到显著性水平。从表 3 – 49 来看，"自己揣摩""向熟人询问"和"忽略跳过"是各收入组老年人解决阅读困难的主要方式，而在"查找工具书"和"向专业人员询问"两个选项上，总体均显示出随收入增加而比例的态势，说明高收入组老年人解决阅读困难的方式较广泛，而且注重对专业方式的利用。效应量说明两者之间的相关关系较弱。

表 3 – 49　经济收入与阅读理解困难解决方式的交叉表

			阅读理解困难解决方式						总计
			自己揣摩	查找工具书	向熟人询问	向专业人员询问	忽略跳过	放弃阅读	
月收入	500元以下	计数	74	34	92	14	81	34	231
		比例（%）	32	14.7	39.8	6.1	35.1	14.7	–
	501—1000元	计数	135	70	127	18	161	53	362
		比例（%）	37.3	19.3	35.1	5	44.5	14.6	–
	1001—2000元	计数	557	319	430	84	471	178	1198
		比例（%）	46.5	26.6	35.9	7	39.3	14.9	–
	2001—3000元	计数	352	285	294	102	196	84	763
		比例（%）	46.1	37.4	38.5	13.4	25.7	11	–
	3001—4000元	计数	112	113	89	33	54	14	237
		比例（%）	47.3	47.7	37.6	13.9	22.8	5.9	–
	4000元以上	计数	72	86	68	33	32	4	169
		比例（%）	42.6	50.9	40.2	19.5	18.9	2.4	–
总计		计数	1302	907	1100	284	995	367	2960
		总计比例（%）	44	30.6	37.2	9.6	33.6	12.4	100.0

注：百分比和总计以响应者为基础。

3.2.4.15　经济收入与自评阅读障碍之间的关联分析

卡方检验（$\chi^2 = 317.626$，$df = 45$，$p = 0.000 < 0.05$，Cramer $V = 0.108$）表明，不同收入水平老年人在自评阅读障碍选择上的差异达到显著性水平。从图 3 – 9 来看，"忙于家务""身体不好""找不到"和"更喜欢其他休闲方式"成为各收入组老年人主要的阅读障碍，各组的

差异并不十分明显,而在"忙于工作"的选择上则显示出随收入增加而比例增加的态势,很可能是因为继续工作保持了老年人收入的高水平,"退休与否"与"月收入"的交叉检验支持了这一点($\chi^2 = 174.592, df = 12, p = 0.000 < 0.05$,Cramer $V = 0.169$)。在"识字少"的选择上则明显展现出随收入增加而比例减少的态势,这与"文化程度"和"月收入"之间的紧密关联(Gamma $= 0.542, p = 0.000 < 0.05$)一致。

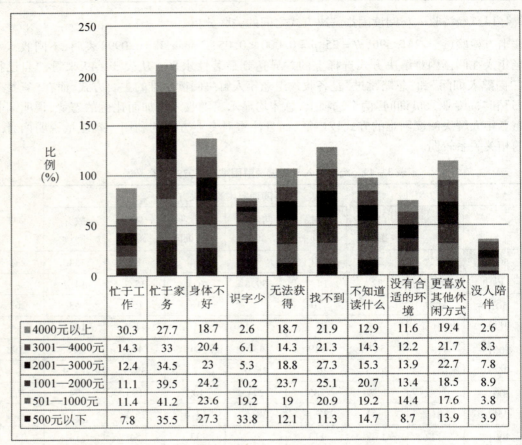

	忙于工作	忙于家务	身体不好	识字少	无法获得	找不到	不知道读什么	没有合适的环境	更喜欢其他休闲方式	没人陪伴
■4000元以上	30.3	27.7	18.7	2.6	18.7	21.9	12.9	11.6	19.4	2.6
■3001—4000元	14.3	33	20.4	6.1	14.3	21.3	14.3	12.2	21.7	8.3
■2001—3000元	12.4	34.5	23	5.3	18.8	27.3	15.3	13.9	22.7	7.8
■1001—2000元	11.1	39.5	24.2	10.2	23.7	25.1	20.7	13.4	18.5	8.9
■501—1000元	11.4	41.2	23.6	19.2	19	20.9	19.2	14.4	17.6	3.8
■500元以下	7.8	35.5	27.3	33.8	12.1	11.3	14.7	8.7	13.9	3.9

图3-9　不同经济收入老年人的自评阅读障碍

3.2.5　文化程度与老年人阅读行为之间的关联分析

3.2.5.1　文化程度与老年人阅读态度之间的关联分析

均值统计显示,各个文化程度组的老年人阅读态度都高于中立反应值21,说明对阅读的态度都较积极,而且随着文化程度提高,均值也在增加,那么这是否意味着文化程度会带来阅读态度上的差异呢?ANOVA方差分析结果表明,不同文化程度的老年人在阅读态度上确实存在显著差异。通过事后比较发现,小学组均值都低于其他组,而且差异达到显著水平,说明其阅读态度的积极性低于所有其他组;初中组显著高于小学组,而低于高中/中专、本科/大专组;高中/中专组显著低于本科/大专组;本科/大专组高于所有其他组,除硕士及以上之外其他各组差值均达到显著水平。这说明随着文化程度的提高,老年人对阅读的态度趋于积极。效应量中等偏上,表明文化程度能较好地解释阅读态度的差异。

表 3 - 50   不同文化程度老年人的阅读态度比较的方差分析摘要表

		平方和	df	均方	F	p	η^2
阅读态度	组间	4572.673	4	1143.168	65.476	.000	0.079
	组内	53582.457	3069	17.459			
	总数	58155.130	3073	—			
阅读态度均值	小学组(Mean = 22.37),初中组(Mean = 23.49),高中/中专组(Mean = 24.77),大专及以上组(Mean = 25.84)						
事后比较 Dunnett T3 法	初中组 > 小学组,高中/中专组 > 小学组,高中/中专组 > 初中组,大专及以上组 > 小学组,大专及以上组 > 初中组,大专及以上组 > 高中/中专组 *						

注:* 均值差的显著性水平为 0.05。

3.2.5.2   文化程度与阅读目的之间的关联分析

卡方检验($\chi^2 = 251.858$, $df = 30$, $p = 0.000 < 0.05$, Cramer $V = 0.099$)表明,不同文化程度老年人在阅读目的的选择上的差异达到显著性水平。表 3 - 51 显示,各文化程度老年人的首要阅读目的都是"了解时事",不过文化程度高的老年人比例更高;除"宗教信仰"之外的其他选项总体均显示出随文化程度提高而比例增加的态势,这意味着高文化程度的老年人有着更丰富的阅读目的;在"宗教信仰"的选择比例上,小学组最高,这与我国老年宗教信徒文化素质普遍偏低[①]的情况基本一致。

表 3 - 51   文化程度与阅读目的的交叉表

			阅读目的											总计
			了解时事	学习知识	兴趣爱好	增加聊天话题	解决问题	保持大脑活跃	休闲消遣	宗教信仰	研究和写作	教育子孙	完成工作	
文化程度	小学	计数	275	148	99	102	85	107	262	27	5	91	8	583
		该文化程度的比例(%)	47.2	25.4	17	17.5	14.6	18.4	44.9	4.6	0.9	15.6	1.4	—
	初中	计数	542	278	201	195	176	236	418	35	5	174	17	894
		该文化程度的比例(%)	60.6	31.1	22.5	21.8	19.7	26.4	46.8	3.9	0.6	19.5	1.9	—
	高中/中专	计数	628	419	278	280	230	345	497	22	17	265	30	945
		该文化程度的比例(%)	66.5	44.3	29.4	29.6	24.3	36.5	52.6	2.3	1.8	28	3.2	—
	大专及以上	计数	390	301	236	157	142	256	282	16	53	200	68	590
		该文化程度的比例(%)	66.1	51	40	26.6	24.1	43.4	47.8	2.7	9	33.9	11.5	—

---

① 王武林,阮明阳. 中国老年人宗教问题研究与展望[J]. 中国老年学杂志,2010,30(21):3229 - 3232.

续表

		阅读目的											总计
		了解时事	学习知识	兴趣爱好	增加聊天话题	解决问题	保持大脑活跃	休闲消遣	宗教信仰	研究和写作	教育子孙	完成工作	
总计	计数	1835	1146	814	734	633	944	1459	100	80	730	123	3012
	总计比例（%）	60.9	38	27	24.4	21	31.3	48.4	3.3	2.7	24.2	4.1	100

注：百分比和总计以响应者为基础。

3.2.5.3 文化程度与阅读载体之间的关联分析

卡方检验（$\chi^2 = 288.614$, $df = 18$, $p = 0.000 < 0.05$, Cramer $V = 0.129$）表明，不同文化程度老年人在阅读载体上的差异达到显著性水平。从表3-52来看，"报刊"以绝对比例占据了各文化程度组内的首选，"图书""图文展览及报刊栏"也有相当的比例，说明传统载体对各文化程度老年人来说都是主要的阅读载体选择。在其他选项上，随着文化程度的提高，选择各类新兴载体的比例都在显著增加，"网络"选项上，"小学"组和"大专及以上"组之间的差距尤为悬殊，这说明文化程度对老年人在新兴阅读载体上具有非常明显的影响。

表3-52　文化程度与阅读载体的交叉表

			阅读载体							总计
			报刊	图书	图文展览及报刊栏	电子书	触摸屏电子报	网络	手机	
文化程度	小学	计数	488	245	110	17	2	13	22	578
		该文化程度的比例（%）	84.4	42.4	19	2.9	0.3	2.2	3.8	—
	初中	计数	764	391	218	21	23	72	46	863
		该文化程度的比例（%）	88.5	45.3	25.3	2.4	2.7	8.3	5.3	—
	高中/中专	计数	820	506	313	46	36	166	86	924
		该文化程度的比例（%）	88.7	54.8	33.9	5	3.9	18	9.3	—
	大专及以上	计数	455	378	212	73	29	185	81	575
		该文化程度的比例（%）	79.1	65.7	36.9	12.7	5	32.2	14.1	—
总计		计数	2527	1520	853	157	90	436	235	2940
		总计比例（%）	86.0	51.7	29	5.3	3.1	14.8	8	100

注：百分比和总计以响应者为基础。

3.2.5.4 文化程度与阅读场所之间的关联分析

卡方检验($\chi^2 = 325.494, df = 24, p = 0.000 < 0.05,$ Cramer $V = 0.155$)表明,不同文化程度老年人在阅读场所选择上的差异达到显著性水平。具体从表 3 – 53 来看,"自己家中"在各文化程度组中都是最主要的阅读场所,在比例上也相差不大;在"宗教场所"的选择上小学组的比例最高,随着文化程度提高而比例逐渐降低,这与阅读目的中"宗教信仰"的选择一致;而除此之外的其他选项总体都显现出随文化程度提高而增加的态势,在"图书馆""学校/单位"的选择上体现更为明显。

表 3 – 53　文化程度与阅读场所的交叉表

			阅读场所									总计
			自己家中	亲戚朋友家中	学校/单位	养老院/干休所	图书馆	交通工具	宗教场所	书店	书市	
文化程度	小学	计数	519	31	28	67	22	12	25	68	7	599
		该文化程度的比例(%)	86.6	5.2	4.7	11.2	3.7	2	4.2	11.4	1.2	–
	初中	计数	767	49	47	71	76	21	22	97	20	883
		该文化程度的比例(%)	86.9	5.5	5.3	8	8.6	2.4	2.5	11	2.3	–
	高中/中专	计数	814	60	129	105	135	17	22	150	51	935
		该文化程度的比例(%)	87.1	6.4	13.8	11.2	14.4	1.8	2.4	16	5.5	–
	大专及以上	计数	468	50	181	76	130	27	7	106	60	587
		该文化程度的比例(%)	79.7	8.5	30.8	12.9	22.1	4.6	1.2	18.1	10.2	–
总计		计数	2568	190	385	319	363	77	76	421	138	3004
		总计比例(%)	85.5	6.3	12.8	10.6	12.1	2.6	2.5	14	4.6	100

注:百分比和总计以响应者为基础。

3.2.5.5 文化程度与阅读时段之间的关联分析

卡方检验($\chi^2 = 66.544, df = 15, p = 0.000 < 0.05,$ Cramer $V = 0.076$)表明,不同文化程度老年人在阅读时段上的差异具有统计意义。从表 3 – 54 来看,"早上 8 点到 12 点"和"下午 2 点到 6 点"是各文化程度老年人主要的阅读时段,相较而言,在"早上 8 点前"的选择上,显示出随文化程度提高而比例降低的状态,而在其他时段上,文化程度提高总体都带来了选择比例的增加。

表 3－54 文化程度与阅读时段的交叉表

			阅读时段						总计
			早上 8 点前	早上 8 点到 12 点	中午 12 点到下午 2 点	下午 2 点到 6 点	晚上 6 点到 10 点	晚上 10 点以后	
文化程度	小学	计数	143	235	64	119	112	21	591
		该文化程度的比例(%)	24.2	39.8	10.8	20.1	19.0	3.6	－
	初中	计数	165	331	100	244	210	40	881
		该文化程度的比例(%)	18.7	37.6	11.4	27.7	23.8	4.5	－
	高中/中专	计数	150	415	114	293	212	57	935
		该文化程度的比例(%)	16	44.4	12.2	31.3	22.7	6.1	－
	大专及以上	计数	83	276	82	169	150	58	586
		该文化程度的比例(%)	14.2	47.1	14	28.8	25.6	9.9	－
总计		计数	541	1257	360	825	684	176	2993
		总计比例(%)	18.1	42	12	27.6	22.9	5.9	100

注:百分比和总计以响应者为基础。

3.2.5.6 文化程度与阅读内容之间的关联分析

卡方检验($\chi^2 = 348.574$, $df = 48$, $p = 0.000 < 0.05$, Cramer $V = 0.113$)表明,不同文化程度老年人在阅读内容上的差异达到显著性水平。从图 3－10 来看,"医疗保险""时事政治""社会人文""历史传记""烹饪园艺"和"科普知识"是老年人选择的主要阅读内容,从各组的比较来看,随文化程度提高,以上选项除"烹饪园艺"的变化不十分明显外,其他各项及"书画摄影""旅游地理""经济商业""心理励志""文学语言""地方文献""专业文献"等选项上都明显显示出随文化程度提高而比例增加的态势,而在"棋牌花鸟""家居服饰""戏剧曲艺""哲学宗教"上的差异相对较小,反映出老年人对它们的普遍接受。

3.2.5.7 文化程度与读物获取方式之间的关联分析

卡方检验($\chi^2 = 303.014$, $df = 24$, $p = 0.000 < 0.05$, Cramer $V = 0.132$)表明,不同文化程度老年人在读物获取方式上的差异达到显著性水平。从表 3－55 来看,各文化程度老年人选择"自费"的比例都很高,不过在"图书馆借阅""上网阅读""手机阅读"的选择上,明显显示出随文化程度提高而比例增加的态势,表明文化程度高的老年人对图书馆和新兴途径的利用更为充分。

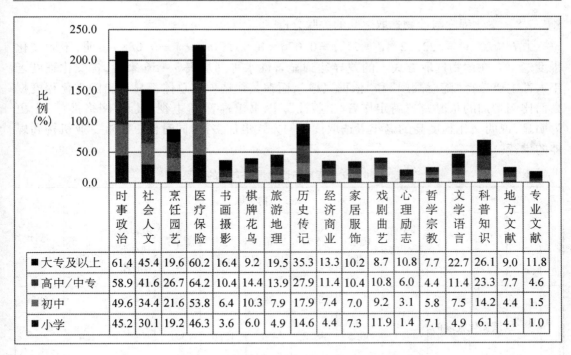

	时事政治	社会人文	烹饪园艺	医疗保险	书画摄影	棋牌花鸟	旅游地理	历史传记	经济商业	家居服饰	戏剧曲艺	心理励志	哲学宗教	文学语言	科普知识	地方文献	专业文献
■大专及以上	61.4	45.4	19.6	60.2	16.4	9.2	19.5	35.3	13.3	10.2	8.7	10.8	7.7	22.7	26.1	9.0	11.8
■高中/中专	58.9	41.6	26.7	64.2	10.4	14.4	13.9	27.9	11.4	10.4	10.8	6.0	4.4	11.4	23.3	7.7	4.6
▨初中	49.6	34.4	21.6	53.8	6.4	10.3	7.9	17.9	7.4	7.0	9.2	3.1	5.8	7.5	14.2	4.4	1.5
■小学	45.2	30.1	19.2	46.3	3.6	6.0	4.9	14.6	4.4	7.3	11.9	1.4	7.1	4.9	6.1	4.1	1.0

图 3 – 10　不同文化程度老年人的阅读内容

表 3 – 55　文化程度与读物获取方式的交叉表

			读物获取方式									总计
			自费	单位/他人购买	向他人借阅	图书馆借阅	上网阅读	租借	报刊栏	手机阅读	社区文化中心借阅	
文化程度	小学	计数	360	137	166	39	8	17	116	6	58	587
		该文化程度的比例(%)	61.3	23.3	28.3	6.6	1.4	2.9	19.8	1	9.9	–
	初中	计数	668	167	219	97	32	34	190	14	80	876
		该文化程度的比例(%)	76.3	19.1	25	11.1	3.7	3.9	21.7	1.6	9.1	–
	高中/中专	计数	710	235	243	199	103	61	235	34	101	935
		该文化程度的比例(%)	75.9	25.1	26	21.3	11	6.5	25.1	3.6	10.8	–
	大专及以上	计数	421	203	186	216	126	26	148	42	64	588
		该文化程度的比例(%)	71.6	34.5	31.6	36.7	21.4	4.4	25.2	7.1	10.9	–
总计		计数	2159	742	814	551	269	138	689	96	303	2986
		总计比例(%)	72.3	24.8	27.3	18.5	9	4.6	23.1	3.2	10.1	100

注:百分比和总计以响应者为基础。

3.2.5.8 文化程度与读物选取之间的关联分析

卡方检验($\chi^2 = 122.927, df = 21, p = 0.000 < 0.05$, Cramer $V = 0.088$)表明,不同文化程度老年人在读物选取方式上的差异达到显著性水平。从表3 – 56 来看,各文化程度老年人都主要选择"随意翻阅"和"依据兴趣",而在其他选项上总体都显现出随文化程度提高而比例增加的状况,在"特定作者/出版社""图书馆推荐""电视/报刊/网络推荐"上更为明显,说明文化程度高的老年人选取读物的方式更加多样,同时也更注重专业机构和媒体的推荐。

表3 – 56 文化程度与读物选取方式的交叉表

			读物选取方式								总计
			特定作者/出版社	随意翻阅	依据兴趣	畅销书与口碑	他人推荐	图书馆推荐	电视/报刊/网络推荐	广告或推销	
文化程度	小学	计数	65	343	282	24	74	18	41	14	585
		该文化程度的比例(%)	11.1	58.6	48.2	4.1	12.6	3.1	7	2.4	–
	初中	计数	123	495	480	54	95	37	97	23	865
		该文化程度的比例(%)	14.2	57.2	55.5	6.2	11	4.3	11.2	2.7	–
	高中/中专	计数	131	570	568	72	158	69	127	39	929
		该文化程度的比例(%)	14.1	61.4	61.1	7.8	17	7.4	13.7	4.2	–
	大专及以上	计数	151	319	370	71	99	74	111	38	582
		该文化程度的比例(%)	25.9	54.2	63.6	12.2	17	12.7	19.1	6.5	–
总计		计数	470	1727	1700	221	426	198	376	114	2961
		总计比例(%)	15.9	58.3	57.4	7.5	14.4	6.7	12.7	3.9	100

注:百分比和总计以响应者为基础。

在读物选取依据上,卡方检验($\chi^2 = 121.204, df = 15, p = 0.000 < 0.05$, Cramer $V = 0.096$)表明,不同文化程度老年人在读物选取依据上的差异达到显著性水平。从表3 – 57 来看,"实用性"和"趣味性"是各文化程度老年人主要的读物选择依据,差异不大,而在其他选项上总体都显示出随文化程度提高而比例增加的态势。

表 3－57　文化程度与读物选取依据的交叉表

			读物选取依据						总计
			权威性	思想性	新颖性	丰富性	实用性	趣味性	
文化程度	小学	计数	62	107	53	88	248	151	586
		该文化程度的比例(%)	10.6	18.3	9	15	42.3	25.8	—
	初中	计数	113	159	108	175	402	228	880
		该文化程度的比例(%)	12.8	18.1	12.3	19.9	45.7	25.9	—
	高中/中专	计数	137	181	161	304	395	269	942
		该文化程度的比例(%)	14.5	19.2	17.1	32.3	41.9	28.6	—
	大专及以上	计数	140	175	138	191	226	141	591
		该文化程度的比例(%)	23.7	29.6	23.4	32.3	38.2	23.9	—
总计		计数	452	622	460	758	1271	789	2999
		总计比例(%)	15.1	20.7	15.3	25.3	42.4	26.3	100

注:百分比和总计以响应者为基础。

3.2.5.9　文化程度与阅读时长之间的关联分析

交叉检验(Gamma = 0.482, $p = 0.000 < 0.05$)表明,文化程度与阅读时长之间存在正相关关系,即文化程度越高阅读时长越长,而且关系强度较好。分析交叉表发现(见表 3－58),在文化程度中的占比上,小学组中阅读时间以"半小时以内"为最多,比例将近60%,随着文化程度提高,各组中时间在半小时内的比例越来越低,其他时长的比例则在逐步增加;各组排序上小学、初中组均以"在半小时以内"为首,高中/中专组则以"半小时—1 小时"为首,本科/大专、硕士及以上组均以"1—2 小时"为首,显示出随文化程度提高,老年人阅读时长增加的状况。

表 3－58　文化程度与阅读时长的交叉表

			阅读时长						总计
			缺失	半小时以内	半小时到一小时	1—2 小时	2—4 小时	4 小时以上	
文化程度	小学	计数	21	343	178	53	12	4	611
		该文化程度的比例(%)	3.4	56.1	29.1	8.7	2	0.7	—
	初中	计数	19	334	315	184	42	6	900
		该文化程度的比例(%)	2.1	37.1	35	20.4	4.7	0.7	—

			阅读时长						总计
			缺失	半小时以内	半小时到一小时	1—2小时	2—4小时	4小时以上	
文化程度	高中/中专	计数	15	186	358	307	71	14	951
		该文化程度的比例(%)	1.6	19.6	37.6	32.3	7.5	1.5	–
	大专及以上	计数	9	51	152	254	110	17	593
		该文化程度的比例(%)	1.5	8.6	25.6	42.8	18.5	2.9	–
总计		计数	64	914	1003	798	235	41	3055
		比例(%)	2.1	29.9	32.8	26.1	7.7	1.3	100

3.2.5.10 文化程度与自评阅读量之间的关联分析

交叉检验(Gamma $=0.410$, $p=0.000<0.05$)表明,文化程度与自评阅读量之间存在正相关关系,即文化程度越高,自评阅读量越多,而且关系强度较好。分析交叉表发现(见表3–59),在文化程度的各水平组中,小学、初中组选择"非常少"和"比较少"的比例在各自组中最高,高中/中专组以"比较少"和"一般"的比例、大专及以上组选择"一般"和"比较多"的比例在各自组中最高。这些说明随着文化程度提高,老年人自评阅读量也在逐步增加。

表3–59 文化程度与自评阅读量的交叉表

			自评阅读量						总计
			缺失	非常少	比较少	一般	比较多	非常多	
文化程度	小学	计数	29	170	190	180	38	4	611
		该文化程度的比例(%)	4.7	27.8	31.1	29.5	6.2	0.7	–
	初中	计数	22	137	269	384	82	6	900
		该文化程度的比例(%)	2.4	15.2	29.9	42.7	9.1	0.7	–
	高中/中专	计数	20	58	268	451	145	9	951
		该文化程度的比例(%)	2.1	6.1	28.2	47.4	15.2	0.9	–
	大专及以上	计数	13	20	72	279	189	20	593
		该文化程度的比例(%)	2.2	3.4	12.1	47	31.9	3.4	–
总计		计数	84	385	799	1294	454	39	3055
		比例(%)	2.7	12.6	26.2	42.4	14.9	1.3	100

3.2.5.11 文化程度与阅读后续行为之间的关联分析

卡方检验($\chi^2 = 503.636$, $df = 21$, $p = 0.000 < 0.05$, Cramer $V = 0.203$)表明,不同文化程度老年人在阅读后续行为上的差异达到显著性水平。从图 3 – 11 可见,"什么都不做"的比例在"小学"至"高中/中专"文化程度组中都是最高的,而在"大专及以上"组中则位列第五,表明这一组老年人会在阅读之余有更多行动;在有所作为的各选项中都显示出随文化程度提高而比例增加的态势,显示出了文化程度对阅读后续行为的明显影响。

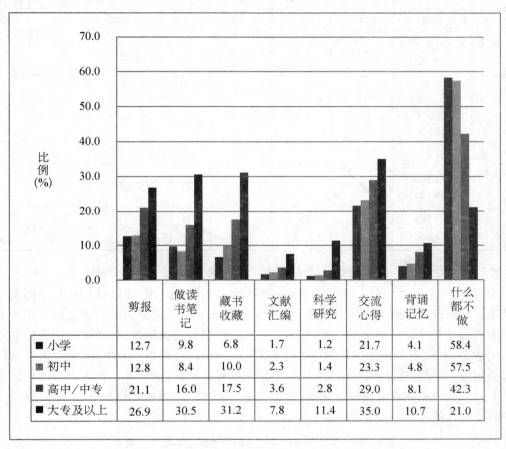

	剪报	做读书笔记	藏书收藏	文献汇编	科学研究	交流心得	背诵记忆	什么都不做
■ 小学	12.7	9.8	6.8	1.7	1.2	21.7	4.1	58.4
■ 初中	12.8	8.4	10.0	2.3	1.4	23.3	4.8	57.5
■ 高中/中专	21.1	16.0	17.5	3.6	2.8	29.0	8.1	42.3
■ 大专及以上	26.9	30.5	31.2	7.8	11.4	35.0	10.7	21.0

图 3 – 11 不同文化程度老年人的阅读后续行为

3.2.5.12 文化程度与自评阅读理解困难量之间的关联分析

交叉检验(Gamma $= 0.387$, $p = 0.000 < 0.05$)表明,文化程度与阅读理解困难之间存在正相关关系,文化程度高遇到的理解困难少。分析交叉表发现(见表 3 – 60),小学组感觉困难"非常多"和"比较多"的比例都明显超过其他组,随着文化程度的提高,自评困难"非常多"和"比较多"的比例都在逐步下降,而与此同时,自评困难"非常少"的比例则在逐渐增加,这些说明文化程度越高,阅读中遇到的理解困难就越少。

表3-60   文化程度与自评阅读理解困难量的交叉表

			自评阅读理解困难量						总计
			缺失	非常多	比较多	一般	比较少	非常少	
文化程度	小学	计数	17	60	199	193	115	27	611
		该文化程度的比例(%)	2.8	9.8	32.6	31.6	18.8	4.4	–
	初中	计数	8	22	178	406	240	46	900
		该文化程度的比例(%)	0.9	2.4	19.8	45.1	26.7	5.1	
	高中/中专	计数	12	15	109	389	349	77	951
		该文化程度的比例(%)	1.3	1.6	11.5	40.9	36.7	8.1	–
	大专及以上	计数	12	6	44	150	259	122	593
		该文化程度的比例(%)	2	1	7.4	25.3	43.7	20.6	–
总计		计数	49	103	530	1138	963	272	3055
		比例(%)	1.6	3.4	17.3	37.3	31.5	8.9	100

3.2.5.13   文化程度与阅读困难解决方式之间的关联分析

卡方检验($x^2 = 305.852, df = 15, p = 0.000 < 0.05$, Cramer V $= 0.143$)表明,不同文化程度老年人在阅读困难解决方式上的差异达到显著性水平。效应量说明两者之间的相关关系处于中等偏下水平。从交叉表来看(见表3-61),在遇到阅读困难时,小学组内忽略和放弃的比例达59.4%,而其他组的比例随文化程度提高而减少;查找工具书、向专业人员询问的比例则相反,文化程度越高的老年人选择的比例就越高;自己揣摩和向熟人询问的比例各组相差不大。这说明随着文化程度提高,老年人解决阅读困难的主动性在增强,而且通过专业方式解决困难的开放性也在增强。

表3-61   文化程度与阅读理解困难解决方式的交叉表

			阅读理解困难解决方式						总计
			自己揣摩	查找工具书	向熟人询问	向专业人员询问	忽略跳过	放弃阅读	
文化程度	小学	计数	203	89	206	36	240	106	583
		该文化程度的比例(%)	34.8	15.3	35.3	6.2	41.2	18.2	–
	初中	计数	389	196	322	55	325	99	864
		该文化程度的比例(%)	45	22.7	37.3	6.4	37.6	11.5	–

续表

文化程度			阅读理解困难解决方式						总计
			自己揣摩	查找工具书	向熟人询问	向专业人员询问	忽略跳过	放弃阅读	
文化程度	高中/中专	计数	455	328	353	82	321	124	931
		该文化程度的比例(%)	48.9	35.2	37.9	8.8	34.5	13.3	–
	大专及以上	计数	257	295	222	112	104	37	584
		该文化程度的比例(%)	44	50.5	38	19.2	17.8	6.3	–
总计		计数	1304	908	1103	285	990	366	2962
		比例(%)	44	30.7	37.2	9.6	33.4	12.4	100

注:百分比和总计以响应者为基础。

3.2.5.14 文化程度与自评阅读障碍之间的关联分析

卡方检验($\chi^2 = 634.942$, $df = 27$, $p = 0.000 < 0.05$, Cramer $V = 0.198$)表明,不同文化程度老年人在自评阅读障碍上的差异达到显著性水平。交叉表显示,"忙于家务"在各文化程度组中都占据较高的比例,表明做家务这一情境障碍产生了普遍影响;"忙于工作"则显示出随文化程度提高,比例增长的状况,卡方检验显示"退休与否"和"文化程度"之间确实存在

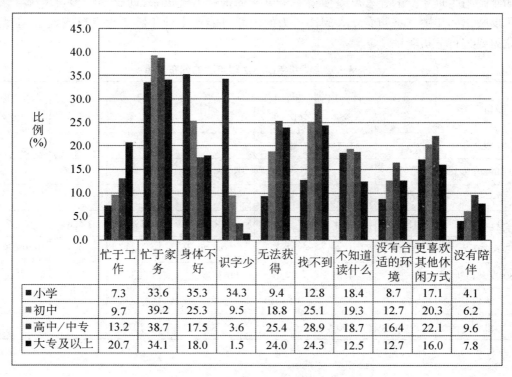

	忙于工作	忙于家务	身体不好	识字少	无法获得	找不到	不知道读什么	没有合适的环境	更喜欢其他休闲方式	没有陪伴
■小学	7.3	33.6	35.3	34.3	9.4	12.8	18.4	8.7	17.1	4.1
■初中	9.7	39.2	25.3	9.5	18.8	25.1	19.3	12.7	20.3	6.2
■高中/中专	13.2	38.7	17.5	3.6	25.4	28.9	18.7	16.4	22.1	9.6
■大专及以上	20.7	34.1	18.0	1.5	24.0	24.3	12.5	12.7	16.0	7.8

图 3 - 12　不同文化程度老年人的自评阅读障碍

显著差异($\chi^2 = 170.330, p = 0.000 < 0.05$)说明忙于工作这一因素随着文化程度的提高对老年人带来的影响在增加;"识字少"在小学组中排名第二,而在其他组中排序都很靠后,这说明文化程度低对老年人阅读造成的知识障碍可能主要限于小学程度;"身体不好"在小学、初中组中排序靠前,在其他组中处于居中位置,说明身体机能这一因素是老年人普遍的阅读障碍;值得关注的反而是"找不到""无法获得"这类可获得性障碍在各组中的排序都比较靠前,这说明老年人阅读障碍除了前述与自身有关的因素外,外界的供给和支持的缺乏也是很重要的阻碍。

3.2.5.15 文化程度与书刊价格感知之间的关联分析

Gamma $= -0.023, p = 0.301 > 0.05$,文化程度与书刊价格感知之间无显著相关,各文化程度老年人均感觉书刊价格偏贵。

3.2.6 感知年龄与老年人阅读行为之间的关联分析

3.2.6.1 感知年龄与生理年龄的对比分析

统计发现,与生理年龄的仅有 3 个层级的分布相比,老年人的感知年龄分布在从"40 岁以下"到"80 岁及以上"的多个层级中(见表 3 - 62),其中感知年龄低于 60 岁的占 30.6%,有 1.7% 甚至在 40 岁以下,这说明老年群体是一个内部层次非常丰富的群体,而并不是一个仅以生理年龄就可以限制和认识的群体;进一步比较个体老年人生理年龄与心理年龄发现,绝大多数老年人感知年龄小于或等于生理年龄,其中,近一半(44.5%)的老年人感知年龄小于生理年龄,仅有 5.1% 感知年龄大于生理年龄,显示出老年人在心态上普遍偏年轻。同时,感知年龄与生理年龄的显著反差使得一个可能的推论浮现出来,即感知年龄与生理年龄相较所反映出的年龄状态与老年人阅读行为的关联可能比生理年龄更为突出或紧密,但是否如此需要进行分析验证。

表 3 - 62   感知年龄与生理年龄的分布对照

感知年龄	N	百分比(%)	累计百分比(%)	生理年龄	N	百分比(%)	累计百分比(%)
40 岁以下	53	1.7	1.7	—	—	—	—
40—49 岁	194	6.3	8.0	—	—	—	—
50—59 岁	696	22.6	30.6	—	—	—	—
60—69 岁	1334	43.4	74	60—69 岁	1901	61.8	61.8
70—79 岁	601	19.6	93.6	70—79 岁	943	30.7	92.5
80 岁及以上	123	4.0	97.6	80 及岁以上	230	7.5	100
缺失	73	2.4	100	—	—	—	—
总计	3074	100	—	总计	3074	100	—

表 3 – 63　感知年龄与生理年龄的对比

感知年龄与生理年龄对比	N	百分比(%)	累计百分比(%)
感知年龄小于生理年龄	1369	44.5	44.5
感知年龄与生理年龄相符	1474	48	92.5
感知年龄大于生理年龄	158	5.1	97.6
缺失	73	2.4	100
总计	3074	100	–

3.2.6.2　感知年龄与阅读态度之间的关联分析

ANOVA 方差分析结果表明(见表 3 – 64),感知年龄小于生理年龄的老年人在阅读态度上比其他两组老年人积极,且达到显著性水平。效应量 $\eta^2 = 0.018$,与生理年龄段与对阅读态度的解释效应量 0.008 相比,表明其对阅读态度方差差异的解释力更强。

表 3 – 64　不同感知年龄老年人在阅读态度差异比较的方差分析摘要表

		平方和	df	均方	F	p	η^2
阅读态度	组间	1063.701	3	354.567	19.066	0.000	0.018
	组内	57091.429	3070	18.597			
	总数	58155.130	3073				
阅读态度均值		感知年龄小于生理年龄(Mean = 24.74),感知年龄与生理年龄相符(Mean = 23.64),感知年龄大于生理年龄(Mean = 23.49)					
事后比较 Dunnett T3 法		感知年龄小于生理年龄 > 感知年龄与生理年龄相符,感知年龄小于生理年龄 > 感知年龄大于生理年龄*					

注:* 均值差的显著性水平为 0.05。

3.2.6.3　感知年龄与阅读目的之间的关联分析

交叉检验显示($\chi^2 = 83.967$, $df = 20$, $p = 0.000 < 0.05$, Cramer $V = 0.070$)显示,年龄状态的各组间存在显著性差异。从表 3 – 65 来看,感知年轻的老年人在多个目的上如"了解时事""休闲消遣""学习知识""保持大脑活跃""兴趣爱好"等上的选择比例都要高于感知年老的老年人,而且有些选项如"了解时事"上的差距还非常明显,表明感知年轻的老人有更多的阅读目的,或者说他们对阅读寄予了更多的期望,而同样的目的如"休闲消遣",对于感知年老的老人来说可能会选择从其他活动中来获得,因而选择比例均低于其他组。

表 3 – 65　感知年龄与阅读目的的交叉表

						阅读目的							
			了解时事	学习知识	兴趣爱好	增加聊天话题	解决问题	保持大脑活跃	休闲消遣	宗教信仰	研究和写作	教育子孙	完成工作	总计
年龄状态	感知年龄小于生理年龄	计数	847	573	408	291	299	455	659	55	50	373	74	1353
		该心态状况的比例(%)	62.6	42.4	30.2	21.5	22.1	33.6	48.7	4.1	3.7	27.6	5.5	–
	感知年龄与生理年龄相符	计数	877	494	344	415	305	434	733	36	23	317	38	1449
		该心态状况的比例(%)	60.5	34.1	23.7	28.6	21	30	50.6	2.5	1.6	21.9	2.6	–
	感知年龄大于生理年龄	计数	71	57	44	25	26	42	56	8	5	34	11	156
		该心态状况的比例(%)	45.5	36.5	28.2	16	16.7	26.9	35.9	5.1	3.2	21.8	7.1	–
总计		计数	1795	1124	796	731	630	931	1448	99	78	724	123	2958
		比例(%)	60.7	38	26.9	24.7	21.3	31.5	49	3.3	2.6	24.5	4.2	100

注:百分比和总计以响应者为基础。

3.2.6.4　感知年龄与阅读载体之间的关联分析

交叉分析($\chi^2 = 65.933, df = 12, p = 0.000 < 0.05$, Cramer $V = 0.076$)表明,感知年龄各组间在阅读载体选择上的差异达到显著性水平。从表 3 – 66 来看,在感知年龄与生理年龄相比的各个组中,"报刊""图书""图文展览及报刊栏"都占据了相当比例,其中在"图书"这一选项上,感知年老的群体选择比例更高;触摸屏电子报在各组中比例类似,都非常低;差别突出体现在"网络""手机"的选择上,感知年龄小于生理年龄组的选择比例明显高于其他两个组的选择百分比。这说明传统阅读载体在老年人中占据了绝对地位,而新兴载体中网络的利用度较高,尤其在感知年轻的老年人中采纳更多。

表 3 – 66　感知年龄与阅读载体的交叉表

					阅读载体				
			报刊	图书	图文展览及报刊栏	电子书	触摸屏电子报	网络	手机	总计
感知年龄	感知年龄小于生理年龄	计数	1140	737	382	90	47	252	137	1324
		该心态状况的比例(%)	86.1	55.7	28.9	6.8	3.5	19.0	10.3	–
	感知年龄与生理年龄相符	计数	1237	670	421	52	37	169	75	1411
		该心态状况的比例(%)	87.7	47.5	29.8	3.7	2.6	12	5.3	–

续表

			阅读载体							总计
			报刊	图书	图文展览及报刊栏	电子书	触摸屏电子报	网络	手机	
感知年龄	感知年龄大于生理年龄	计数	109	91	42	14	5	14	13	150
		该心态状况的比例(%)	72.7	60.7	28	9.3	3.3	9.3	8.7	–
	总计	计数	2486	1498	845	156	89	435	225	2885
		比例(%)	86.2	51.9	29.3	5.4	3.1	15.1	7.8	100

注:百分比和总计以响应者为基础。

3.2.6.5 感知年龄与阅读场所之间的关联分析

交叉分析($\chi^2 = 40.511$, $df = 16$, $p = 0.001 < 0.05$, Cramer $V = 0.067$)表明,感知年龄状态不同的各组在阅读场所的选择上的差异达到显著性水平。从表3-67来看,各组的主要选择均是"自己家中",但感知年老组的选择比例明显低于其他两组;在"图书馆""书店""书市"等需要外出的场所选择上,并未显出感知年轻和感知年老之间的明显差异,反而在如"书店"的选择上,感知年老组的比例还高于其他两组;与此相对照的是,在"养老院/干休所"的选择比例上,感知年老组低于其他两组。这些数据显示,感知年龄状态与阅读场所之间的关联并不十分紧密,这与生理年龄有所不同。

表3-67 感知年龄与阅读场所的交叉表

			阅读场所									总计
			自己家中	亲戚朋友家中	学校/单位	养老院/干休所	图书馆	交通工具	宗教场所	书店	书市	
感知年龄	感知年龄小于生理年龄	计数	1153	84	207	149	189	40	28	186	69	1336
		该心态状况的比例(%)	86.3	6.3	15.5	11.2	14.1	3	2.1	13.9	5.2	–
	感知年龄与生理年龄相符	计数	1257	90	144	151	145	35	39	191	59	1462
		该心态状况的比例(%)	86.0	6.2	9.8	10.3	9.9	2.4	2.7	13.1	4	–
	感知年龄大于生理年龄	计数	117	12	23	15	21	4	8	35	8	156
		该心态状况的比例(%)	75.0	7.7	14.7	9.6	13.5	2.6	5.1	22.4	5.1	–
	总计	计数	2527	186	374	315	355	79	75	412	136	2954
		比例(%)	85.5	6.3	12.7	10.7	12.0	2.7	2.5	13.9	4.6	100

注:百分比和总计以响应者为基础。

3.2.6.6 感知年龄与阅读时段之间的关联分析

卡方检验($\chi^2 = 54.319$, $df = 10$, $p = 0.000 < 0.05$, Cramer $V = 0.085$)表明,感知年龄不同

的老年人在阅读时段的选择存在显著性差异。从表3-68来看,各组选择最为集中的时段是"早上8点到12点",感知年老组第二个选择多的时段是"早上8点前",而另两组则是"下午2点到6点";感知年老组在阅读时段的比例上与其他两组差别明显,在"早上8点前""中午12点到下午2点"的时段比例高于其他两组,而在其他时段比例则低于其他两组。

表3-68　感知年龄与阅读时段的交叉表

		阅读时段						总计
		早上 8 点前	早上 8 点 到 12 点	中午 12 点 到下午 2 点	下午 2 点 到 6 点	晚上 6 点 到 10 点	晚上 10 点 以后	
感知年龄	感知年龄 小于生理 年龄	计数	215	613	171	364	341	113	1347
		该心态状况的 比例(%)	16	45.5	12.7	27	25.3	8.4	–
	感知年龄 与生理年 龄相符	计数	266	577	150	425	311	55	1438
		该心态状况的 比例(%)	18.5	40.1	10.4	29.6	21.6	3.8	–
	感知年龄 大于生理 年龄	计数	35	57	27	24	30	4	156
		该心态状况的 比例(%)	22.4	36.5	17.3	15.4	19.2	2.6	–
总计		计数	516	1247	348	813	682	172	2941
		比例(%)	17.5	42.4	11.8	27.6	23.2	5.8	100

注:百分比和总计以响应者为基础。

3.2.6.7　感知年龄与阅读内容之间的关联分析

卡方检验($\chi^2 = 121.341, df = 32, p = 0.000 < 0.05$, Cramer $V = 0.082$)表明,感知年龄不同的老年人在阅读内容上的差异达到显著性水平。从图3-13来看,"时事政治""社会人文""医疗保险""历史传记""科普知识"是各组老年人主要选择的阅读内容,但感知年老组在各项的选择比例都低于另外两组,同样的还有"旅游地理";"烹饪园艺"也是各组老年人阅读的主要内容之一,不过相对而言各组的差异不大,感知年老组相较而言比例略多;而在"经济商业""哲学宗教"的选择上,感知年老组的比例明显多于另外两组。

3.2.6.8　感知年龄与读物获取方式之间的关联分析

卡方检验($\chi^2 = 116.220, df = 16, p = 0.000 < 0.05$, Cramer $V = 0.101$)表明,感知年龄不同的老年人在读物获取方式上的差异达到显著性水平。从表3-69来看,"自费"在各组老年人中都占据了很高的比例,不过感知年老组的比例明显低于另两组,而他们在"向他人借阅""报刊栏""社区文化中心借阅"的选择比例则高于另两组,在"单位/他人购买""图书馆借阅"上也有相当的选择比例,显示出感知年老的老年人对从外部获取读物的方式具有更多的倾向性;感知年轻的老年人在多种方式上的选择比例都较高,显示出他们的读物获取方式较多样;同时,感知年轻的老年人通过"上网阅读""手机阅读"方式获取读物的比例高于另外两组,显示出他们比其他两类老年人更乐于接受和使用新方式。

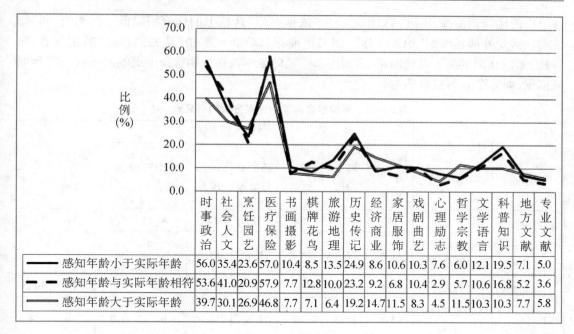

	时事政治	社会人文	烹饪园艺	医疗保险	书画摄影	棋牌花鸟	旅游地理	历史传记	经济商业	家居服饰	戏剧曲艺	心理励志	哲学宗教	文学语言	科普知识	地方文献	专业文献
——— 感知年龄小于实际年龄	56.0	35.4	23.6	57.0	10.4	8.5	13.5	24.9	8.6	10.6	10.3	7.6	6.0	12.1	19.5	7.1	5.0
– – – 感知年龄与实际年龄相符	53.6	41.0	20.9	57.9	7.7	12.8	10.0	23.2	9.2	6.8	10.4	2.9	5.7	10.6	16.8	5.2	3.6
══ 感知年龄大于实际年龄	39.7	30.1	26.9	46.8	7.7	7.1	6.4	19.2	14.7	11.5	8.3	4.5	11.5	10.3	10.3	7.7	5.8

图 3 - 13　不同感知年龄老年人的阅读内容

表 3 - 69　年龄状态与读物获取方式的交叉表

		读物获取方式									总计
		自费	单位/他人购买	向他人借阅	图书馆借阅	上网阅读	租借	报刊栏	手机阅读	社区文化中心借阅	
年龄状态	感知年龄小于生理年龄	计数	962	407	398	299	171	71	267	61	135	1334
		该心态状况的比例(%)	72.1	30.5	29.8	22.4	12.8	5.3	20	4.6	10.1	—
	感知年龄与生理年龄相符	计数	1075	294	351	217	93	60	366	26	137	1444
		该心态状况的比例(%)	74.4	20.4	24.3	15	6.4	4.2	25.3	1.8	9.5	—
	感知年龄大于生理年龄	计数	84	34	55	27	6	5	40	6	26	155
		该心态状况的比例(%)	54.2	21.9	35.5	17.4	3.9	3.2	25.8	3.9	16.8	—
总计		计数	2121	735	804	543	270	136	673	93	298	2933
		比例(%)	72.3	25.1	27.4	18.5	9.2	4.6	22.9	3.2	10.2	100

注:百分比和总计以响应者为基础。

3.2.6.9　感知年龄与读物选取之间的关联分析

卡方检验($\chi^2 = 48.740$, $df = 14$, $p = 0.000 < 0.05$, Cramer $V = 0.069$)表明,各组老年人在读物选取方式上存在的差异达到显著性水平。从表 3 - 70 来看,"随意翻阅""依据兴趣"在

各组中的比例都最高,不过感知年老组在"依据兴趣"选项上的比例明显低于另两组,同时,他们在接受外部建议如"他人推荐""图书馆推荐""广告或推销"或指向性如"特定作者/出版社"上的比例都高于其他两组,表明感知年老的老年人在读物选择上更倾向于有一定标准或依据,而非个人的主观感觉。

表 3 – 70   年龄状态与读物选取方式的交叉表

		读物选取方式								
		特定作者/出版社	随意翻阅	依据兴趣	畅销书与口碑	他人推荐	图书馆推荐	电视/报刊/网络	广告或推销	总计
年龄状态	感知年龄小于生理年龄	计数	237	733	780	116	189	96	214	54	1331
		该心态状况的比例(%)	17.8	55.1	58.6	8.7	14.2	7.2	16.1	4.1	–
	感知年龄与生理年龄相符	计数	198	877	827	94	205	86	140	49	1425
		该心态状况的比例(%)	13.9	61.5	58	6.6	14.4	6	9.8	3.4	–
	感知年龄大于生理年龄	计数	30	95	70	7	24	14	17	10	156
		该心态状况的比例(%)	19.2	60.9	44.9	4.5	15.4	9	10.9	6.4	–
总计		计数	465	1705	1677	217	418	196	371	113	2912
		比例(%)	16	58.6	57.6	7.5	14.4	6.7	12.7	3.9	100

注:百分比和总计以响应者为基础。

卡方检验($\chi^2 = 26.423$, $df = 10$, $p = 0.003 < 0.05$, Cramer $V = 0.056$)表明,各组老年人在读物选取依据上存在显著性差异。从表 3 – 71 来看,感知年轻组和相符组对读物的选取依据前三项均为"实用性""趣味性""丰富性",感知年老组依次是"实用性""思想性""趣味性",在比例上,前两组的比例差距总体较小,而感知年老组在"实用性"上明显低于另两组,这反映出感知年龄不同的老年人对读物选取各有侧重。

表 3 – 71   年龄状态与读物选取依据的交叉表

		读物选取依据						总计
		权威性	思想性	新颖性	丰富性	实用性	趣味性	
年龄状态	感知年龄小于生理年龄	计数	235	327	229	342	625	391	1340
		该心态状况的比例(%)	17.5	24.4	17.1	25.5	46.6	29.2	–
	感知年龄与生理年龄相符	计数	189	246	182	372	579	346	1448
		该心态状况的比例(%)	13.1	17	12.6	25.7	40	23.9	–

续表

年龄状态			读物选取依据						总计
			权威性	思想性	新颖性	丰富性	实用性	趣味性	
年龄状态	感知年龄大于生理年龄	计数	23	40	28	29	44	39	156
		该心态状况的比例(%)	14.7	25.6	17.9	18.6	28.2	25	–
总计		计数	447	613	439	743	1248	776	2944
		比例(%)	15.2	20.8	14.9	25.2	42.4	26.4	100

注:百分比和总计以响应者为基础。

3.2.6.10 感知年龄与阅读时长之间的关联分析

交叉检验(Gamma = -0.156,p = 0.000 < 0.05)显示,感知年龄越老,阅读时长就越短。从表3-72来看,感知年轻的老年人的阅读时长较长,在"1—2小时"及以上的选项上比例都高于其他两组,与感知年老组的差别尤为明显;同时,感知年老组的阅读时长明显偏少,其中40.5%的人阅读时间在"半小时以内",而感知年轻组中仅24.5%的人选择了这一选项,可见,感知年龄状态与阅读时长之间关联紧密,感知年轻的老年人阅读时长更长,反之亦然。

表3-72 年龄状态与阅读时长的交叉表

年龄状态			阅读时长						总计
			缺失	半小时以内	半小时到1小时	1—2小时	2—4小时	4小时以上	
年龄状态	缺失	计数	3	28	22	15	5	0	73
	感知年龄小于生理年龄	计数	30	336	434	415	123	31	1369
		该心态状况的比例(%)	2.2	24.5	31.7	30.3	9.0	2.3	–
	感知年龄与生理年龄相符	计数	28	492	506	343	96	9	1474
		该心态状况的比例(%)	1.9	33.4	34.3	23.3	6.5	0.6	–
	感知年龄大于生理年龄	计数	6	64	45	30	12	1	158
		该心态状况的比例(%)	3.8	40.5	28.5	19.0	7.6	0.6	–
总计		计数	67	920	1007	803	236	41	3074
		比例(%)	2.2	29.9	32.8	26.1	7.7	1.3	100

3.2.6.11 感知年龄与自评阅读量之间的关联分析

交叉检验(Gamma = -0.155,p = 0.000 < 0.05)表明,感知年龄越年老,自评阅读量就越少。从表3-73来看,各组自评阅读量都偏少,不过相对而言,感知年轻的老年人选择"一般"的比例明显高于其他两组,感知年老组在"非常少"上的比例高于另两组,但感知年轻与

感知年老两组在"比较多"和"非常多"上的比例相仿。与他们在阅读时长上的明显差异相对照,他们在自评阅读量上的差异显得并不大,表明尽管感知年老的老年人自评阅读量会少于感知年轻组,但他们对自己的阅读量还是较为满意的,也显示出客观状况与主观感知之间的区别。

表 3 – 73 年龄状态与自评阅读量的交叉表

		自评阅读量						总计
		缺失	非常少	比较少	一般	比较多	非常多	
年龄状态	缺失 计数	3	11	13	35	9	2	73
	感知年龄小于生理年龄 计数	26	155	291	640	233	24	1369
	该心态状况的比例(%)	1.9	11.3	21.3	46.7	17.0	1.8	–
	感知年龄与生理年龄相符 计数	52	193	470	565	184	10	1474
	该心态状况的比例(%)	3.5	13.1	31.9	38.3	12.5	0.7	–
	感知年龄大于生理年龄 计数	4	29	33	61	28	3	158
	该心态状况的比例(%)	2.5	18.4	20.9	38.6	17.7	1.9	–
总计	计数	85	388	807	1301	454	39	3074
	比例(%)	2.8	12.6	26.3	42.3	14.8	1.3	100

3.2.6.12 感知年龄与阅读后续行为之间的关联分析

卡方检验($\chi^2 = 185.465$, $df = 14$, $p = 0.000 < 0.05$, Cramer $V = 0.152$)表明,感知年龄各组在阅读后续行为上的差异达到显著性水平。从表 3 – 74 来看,感知年轻组在阅读后"什么都不做"的比例最低,同时,他们在后续行为各项中的比例普遍高于另两组,说明感知年轻的老年人在阅读后会采取更多的行动以增进阅读效果;感知年老组也有近六成有阅读后续行为,在"藏书收藏""科学研究""背诵记忆"上的比例还高于其他两组,这说明感知年老的老年人同样会有深入阅读的举动;与这两组相较,感知相符组有后续行为的比例反而最低,在后续行为各项的比例上也总体偏低,这与他们中 45% 的人自评阅读量在"一般"以下(这一比例高于其他两组)的情况基本一致,其中的原因值得进一步探讨。

表 3 – 74 年龄状态与阅读后续行为的交叉表

		阅读后续行为								总计
		剪报	做读书笔记	藏书收藏	文献汇编	科学研究	交流心得	背诵记忆	什么都不做	
年龄状态	感知年龄小于生理年龄 计数	325	240	267	65	75	416	106	489	1345
	该心态状况的比例(%)	24.2	17.8	19.9	4.8	5.6	30.9	7.9	36.4	–

续表

年龄状态		阅读后续行为								总计
		剪报	做读书笔记	藏书收藏	文献汇编	科学研究	交流心得	背诵记忆	什么都不做	
感知年龄与生理年龄相符	计数	195	191	165	35	26	340	78	791	1437
	该心态状况的比例(%)	13.6	13.3	11.5	2.4	1.8	23.7	5.4	55	–
感知年龄大于生理年龄	计数	16	21	32	4	9	38	15	62	153
	该心态状况的比例(%)	10.5	13.7	20.9	2.6	5.9	24.8	9.8	40.5	–
总计	计数	536	452	464	104	110	794	199	1342	2935
	比例(%)	18.3	15.4	15.8	3.5	3.7	27.1	6.8	45.7	100

注:百分比和总计以响应者为基础。

3.2.6.13 感知年龄与自评阅读理解困难量之间的关联分析

交叉检验(Gamma $= -0.114$, $p = 0.000 < 0.05$)表明,感知年龄越年老,阅读理解困难量就越多。从表 3 - 75 来看,各组自评的阅读困难都偏少,不过感知年轻组的自评阅读困难量相对最少,仅有 16.2% 的人认为困难"非常多"和"比较多",而感知年老组中的比例则为 28.5%,表明感知年龄与自评阅读困难量之间存在负向关联。

表 3 - 75　年龄状态与自评阅读理解困难量的交叉表

年龄状态		自评阅读理解困难量						总计
		缺失	非常多	比较多	一般	比较少	非常少	
缺失	计数	5	5	4	40	11	8	73
感知年龄小于生理年龄	计数	21	39	183	518	463	145	1369
	该心态状况的比例(%)	1.5	2.8	13.4	37.8	33.8	10.6	–
感知年龄与生理年龄相符	计数	25	51	313	538	447	100	1474
	该心态状况的比例(%)	1.7	3.5	21.2	36.5	30.3	6.8	–
感知年龄大于生理年龄	计数	0	10	35	49	45	19	158
	该心态状况的比例(%)	0	6.3	22.2	31	28.5	12	–
总计	计数	51	105	535	1145	966	272	3074
	比例(%)	1.7	3.4	17.4	37.2	31.4	8.8	100

3.2.6.14 感知年龄与阅读理解困难解决方式之间的关联分析

卡方检验($\chi^2 = 92.678$, $df = 10$, $p = 0.000 < 0.05$, Cramer $V = 0.097$)表明,感知年龄各组

在阅读理解困难解决方式上的选择差异达到显著性水平。从表3－76来看,感知年轻组选择"放弃阅读"的比例最低,感知相符组的比例最高;在困难解决方式中,感知年轻组排名前三的依次是"自己揣摩""向熟人询问""查找工具书",感知年老组则是"向熟人询问""自己揣摩""查找工具书""忽略跳过",反映出感知年轻组更加主动地采用多种方式试图解决阅读困难,感知年老组较依赖外部关系。而感知相符组不仅放弃的比例最高,而且困难解决方式中"忽略跳过"的比例也很高,"自己揣摩""忽略跳过""向熟人询问"的排序反映出这组老年人在解决困难的主动性上较为缺乏。

表3－76　年龄状态与阅读理解困难解决方式的交叉表

		阅读理解困难解决方式						总计
		自己揣摩	查找工具书	向熟人询问	向专业人员询问	忽略跳过	放弃阅读	
年龄状态	感知年龄小于生理年龄	计数	620	483	488	140	369	113	1332
		该心态状况的比例(%)	46.5	36.3	36.6	10.5	27.7	8.5	－
	感知年龄与生理年龄相符	计数	608	371	532	130	568	226	1421
		该心态状况的比例(%)	42.8	26.1	37.4	9.1	40.0	15.9	－
	感知年龄大于生理年龄	计数	49	46	64	12	46	20	158
		该心态状况的比例(%)	31.0	29.1	40.5	7.6	29.1	12.7	－
总计		计数	1277	900	1084	282	983	359	2911
		比例(%)	43.9	30.9	37.2	9.7	33.8	12.3	100

注:百分比和总计以响应者为基础。

3.2.6.15　感知年龄与自评阅读障碍之间的关联分析

卡方检验($\chi^2 = 87.429$, $df = 18$, $p = 0.000 < 0.05$, Cramer $V = 0.091$)表明,感知年龄各组在自评阅读障碍上的选择差异达到显著性水平。从图3－14来看,感知年龄各组在自评阅读障碍的选择总体趋势有相似之处,如"忙于家务""身体不好"对各组老年人来说都是最主要的两个障碍因素,"没人陪伴""忙于工作""识字少"的选择比例上都是本组中最低。不过,差异同样存在,"忙于家务"和"身体不好"在感知年老组中比例高于其他两组,显然这两种因素对他们造成了更大的阅读障碍,这与感知年龄越年老自我健康认知越差(Gamma = -0.236, $p = 0.000 < 0.05$)的结果一致;感知年轻组在"忙于工作""更喜欢其他休闲方式"的比例都高于另两组,而"身体不好""识字少"的比例低于另两组,说明他们有更多的阅读之外的选择,同时也表明他们参与阅读所受到的自身基础条件限制较少。各组波动较大的是"找不到""无法获得""不知道读什么",感知相符组在这三项上的比例都高于其他两组,且在本组中也位居前列,显示出对阅读文本的选择、搜寻和获取对他们影响更大。

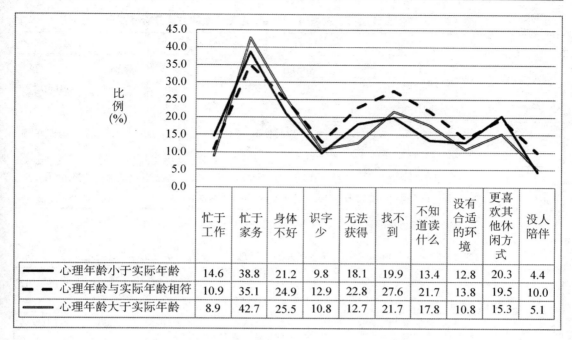

	忙于工作	忙于家务	身体不好	识字少	无法获得	找不到	不知道读什么	没有合适的环境	更喜欢其他休闲方式	没人陪伴
—— 心理年龄小于实际年龄	14.6	38.8	21.2	9.8	18.1	19.9	13.4	12.8	20.3	4.4
- - 心理年龄与实际年龄相符	10.9	35.1	24.9	12.9	22.8	27.6	21.7	13.8	19.5	10.0
—— 心理年龄大于实际年龄	8.9	42.7	25.5	10.8	12.7	21.7	17.8	10.8	15.3	5.1

图 3 – 14　不同感知年龄老年人的自评阅读障碍

此外,从交叉检验结果来看,感知年龄各组间在书刊价格感知上无显著差异(Gamma = 0.032, p = 0.222 > 0.05),各组老年人都感觉价格偏贵。

3.2.7　自评健康状况与老年人阅读行为之间的关联分析

3.2.7.1　自评健康状况与阅读态度之间的关联分析

ANOVA 方差分析结果显示(见表 3 – 77),健康自评状况不同的老年人在阅读态度上存在显著差异,事后比较结果表明,从总体而言,自评健康好的老年人阅读态度也积极。同时分析自评视力状况和记忆力状况与阅读态度的关系同样发现(分别见表 3 – 78 和表 3 – 79),自评状况不同的老年人在阅读态度上存在显著差异,自评偏好的老年人在阅读态度上也更积极。从效应量来看,记忆力状况的效应量大于健康总体自评和视力状况自评的效应量,表明记忆力对阅读态度的解释效应相较而言会更大。

表 3 – 77　不同自评健康状况老年人的阅读态度比较的方差分析摘要表

		平方和	df	均方	F	p	效应量 η^2
阅读态度	组间	1202.884	5	240.577	12.960	.000	0.021
	组内	56952.246	3068	18.563			
	总数	58155.130	3073	–			
阅读态度均值		非常差组(Mean = 22.43),比较差组(Mean = 22.48),一般组(Mean = 23.88),比较好组(Mean = 24.41),非常好组(Mean = 24.71)					
事后比较 Dunnett T3 法		一般组 > 比较差组,比较好组 > 一般组,比较好组 > 比较差组,比较好组 > 一般组,比较好组 > 比较差组*					

注:* 均值差的显著性水平为 0.05。

表 3 - 78　不同自评视力状况老年人的阅读态度比较的方差分析摘要表

		平方和	df	均方	F	p	效应量 η^2
阅读态度	组间	844.679	5	168.936			
	组内	57310.451	3068	18.680	9.044	0.000	0.015
	总数	58155.130	3073	—			
阅读态度均值		非常差组（Mean = 22.64），比较差组（Mean = 23.34），一般组（Mean = 24.23），比较好组（Mean = 24.47），非常好组（Mean = 24.65）					
事后比较 Dunnett T3 法		一般组 > 非常差组，一般组 > 比较差组，比较好组 > 非常差组，比较好组 > 比较差组，非常好组 > 非常差组，非常好组 > 比较差组*					

注：* 均值差的显著性水平为 0.05。

表 3 - 79　不同自评记忆状况老年人的阅读态度比较的方差分析摘要表

		平方和	df	均方	F	p	效应量 η^2
阅读态度	组间	1707.722	5	341.544			
	组内	56447.408	3068	18.399	18.563	0.000	0.029
	总数	58155.130	3073				
阅读态度均值		非常差组（Mean = 22.26），比较差组（Mean = 23.30），一般组（Mean = 23.99），比较好组（Mean = 24.42），非常好组（Mean = 25.31）					
事后比较 Dunnett T3 法		一般组 > 非常差组，一般组 > 比较差组，比较好组 > 非常差组，比较好组 > 比较差组，非常好组 > 一般组，非常好组 > 非常差组，非常好组 > 比较差组*					

注：* 均值差的显著性水平为 0.05。

3.2.7.2　自评健康状况与阅读目的之间的关联分析

卡方检验（$\chi^2 = 116.065, df = 40, p = 0.000 < 0.05$，Cramer $V = 0.058$）表明，不同健康状况老年人在阅读目的上的差异达到显著性水平。从表 3 - 80 来看，"了解时事""休闲消遣""学习知识""保持大脑活跃""增加聊天话题"是各组老年人中位居前列的阅读目的，其中在"增加聊天话题"的选择上，自评健康状况"非常差"和"比较差"老年人的比例要高于其他组老年人，排序也较其他组更靠前，而前四项及其他选项则总体显示出随自评健康状况向好而比例增加的态势，这表明自评健康状况偏好的老年人会对阅读赋予更多的期待。

表 3 - 80　自评健康状况与阅读目的的交叉表

			阅读目的										
			了解时事	学习知识	兴趣爱好	增加聊天话题	解决问题	保持大脑活跃	休闲消遣	宗教信仰	研究和写作	教育子孙	完成工作	总计
自评健康状况	非常差	计数	17	9	6	9	4	9	11	3	0	6	1	35
		该自评健康状况的比例（%）	48.6	25.7	17.1	25.7	11.4	25.7	31.4	8.6	0	17.1	2.9	—

续表

自评健康状况			阅读目的											总计
			了解时事	学习知识	兴趣爱好	增加聊天话题	解决问题	保持大脑活跃	休闲消遣	宗教信仰	研究和写作	教育子孙	完成工作	
自评健康状况	比较差	计数	131	73	41	76	43	74	124	7	3	48	4	253
		该自评健康状况的比例(%)	51.8	28.9	16.2	30	17	29.2	49	2.8	1.2	19	1.6	–
	一般	计数	612	355	223	235	201	269	528	31	13	236	17	1011
		该自评健康状况的比例(%)	60.5	35.1	22.1	23.2	19.9	26.6	52.2	3.1	1.3	23.3	1.7	–
	比较好	计数	714	472	355	281	244	373	534	31	40	278	56	1140
		该自评健康状况的比例(%)	62.6	41.4	31.1	24.6	21.4	32.7	46.8	2.7	3.5	24.4	4.9	–
	非常好	计数	363	239	189	137	140	219	269	28	24	163	45	582
		该自评健康状况的比例(%)	62.4	41.1	32.5	23.5	24.1	37.6	46.2	4.8	4.1	28.0	7.7	–
总计		计数	1837	1148	814	738	632	944	1466	100	80	731	123	3021
		比例(%)	60.8	38	26.9	24.4	20.9	31.2	48.5	3.3	2.6	24.2	4.1	100

注:百分比和总计以响应者为基础。

3.2.7.3 自评健康状况与阅读载体之间的关联分析

卡方检验($\chi^2 = 104.609, df = 24, p = 0.000 < 0.05$, Cramer $V = 0.067$)表明,不同健康状况老年人在阅读载体选择上存在差异。从表3-81来看,"报刊"是老年人首选的阅读载体,各组间差异并不十分明显,除"非常差"组的比例在70%多以外,其他组均在80%以上;在其他选项上,总体而言,随自评健康状况向好,比例均在增长,"网络"的增长态势最为明显。

表3-81 自评健康状况与阅读载体的交叉表

自评健康状况			阅读载体							总计
			报刊	图书	图文展览及报刊栏	电子书	触摸屏电子报	网络	手机	
自评健康状况	非常差	计数	25	13	7	1	0	1	4	33
		该自评健康状况的比例(%)	75.8	39.4	21.2	3	0	3	12.1	–
	比较差	计数	213	103	62	9	5	23	10	251
		该自评健康状况的比例(%)	84.9	41	24.7	3.6	2	9.2	4	–

			阅读载体						总计
			报刊	图书	图文展览及报刊栏	电子书	触摸屏电子报	网络	手机	
自评健康状况	一般	计数	870	495	285	24	20	98	50	970
		该自评健康状况的比例（%）	89.7	51	29.4	2.5	2.1	10.1	5.2	–
	比较好	计数	947	610	337	83	36	190	108	1118
		该自评健康状况的比例（%）	84.7	54.6	30.1	7.4	3.2	17	9.7	–
	非常好	计数	480	304	164	40	29	126	64	576
		该自评健康状况的比例（%）	83.3	52.8	28.5	6.9	5	21.9	11.1	–
总计		计数	2535	1525	855	157	90	438	236	2948
		比例（%）	86	51.7	29	5.3	3.1	14.9	8	100

注：百分比和总计以响应者为基础。

3.2.7.4 自评健康状况与阅读场所之间的关联分析

卡方检验（$\chi^2 = 167.208$, $df = 32$, $p = 0.000 < 0.05$, Cramer $V = 0.096$）表明，不同健康状况老年人在阅读场所上的差异达到显著性水平。从表3-82来看，"自己家中"在各组老年人中都是首要选择，不过"非常差"和"比较差"的比例略低于"一般"以上组，而在"养老院/干休所"的比例则相反，这体现出身体机能衰弱带来的明显影响；在其他选项中值得一提的有"学校/单位""图书馆"和"书店"，它们显出明显地随自评健康状况好转而比例增加的态势，并在"比较好"和"非常好"组中成为仅次于"自己家中"的选择，而且差距缩小，说明自评健康好能让老年人更多外出到公共文化场所进行阅读。

表3-82 自评健康状况与阅读场所的交叉表

			阅读场所									总计
			自己家中	亲戚朋友家中	学校/单位	养老院/干休所	图书馆	交通工具	宗教场所	书店	书市	
自评健康状况	非常差	计数	27	2	1	6	1	1	1	3	0	34
		该自评健康状况的比例（%）	79.4	5.9	2.9	17.6	2.9	2.9	2.9	8.8	0	–
	比较差	计数	207	11	16	49	16	4	9	24	2	251
		该自评健康状况的比例（%）	82.5	4.4	6.4	19.5	6.4	1.6	3.6	9.6	0.8	–

续表

			阅读场所									
			自己家中	亲戚朋友家中	学校/单位	养老院/干休所	图书馆	交通工具	宗教场所	书店	书市	总计
自评健康状况	一般	计数	884	51	73	99	85	16	30	132	32	1007
		该自评健康状况的比例(%)	87.8	5.1	7.2	9.8	8.4	1.6	3	13.1	3.2	–
	比较好	计数	969	92	194	113	176	28	24	176	57	1137
		该自评健康状况的比例(%)	85.2	8.1	17.1	9.9	15.5	2.5	2.1	15.5	5	–
	非常好	计数	492	33	102	53	84	30	12	84	47	586
		该自评健康状况的比例(%)	84	5.6	17.4	9	14.3	5.1	2	14.3	8	–
总计		计数	2579	189	386	320	362	79	76	419	138	3015
		比例(%)	85.5	6.3	12.8	10.6	12	2.6	2.5	13.9	4.6	100

注:百分比和总计以响应者为基础。

3.2.7.5　自评健康状况与阅读时段之间的关联分析

卡方检验($\chi^2 = 58.389, df = 20, p = 0.000 < 0.05$, Cramer $V = 0.062$)表明,不同健康状况老年人在阅读时段上的差异达到显著性水平。从表3-83来看,"早上8点到12点""下午2点到6点"和"晚上6点到10点"的选择是各组老年人的主要选择;而在"早上8点前"的选择上,"一般"以下组的比例高于以上组,而"晚上10点以后"的比例则相反,有可能健康状况不同老年人会在作息时间上有不同安排,不过各组在这两个时间段的比例都是前者多于后者,这与老年人早睡早起的总体状况相符。

表3-83　自评健康状况与阅读时段的交叉表

			阅读时段						总计
			早上8点前	早上8点到12点	中午12点到下午2点	下午2点到6点	晚上6点到10点	晚上10点以后	
自评健康状况	非常差	计数	10	11	4	6	8	0	35
		该自评健康状况的比例(%)	28.6	31.4	11.4	17.1	22.9	0	–
	比较差	计数	52	98	28	58	57	14	252
		该自评健康状况的比例(%)	20.6	38.9	11.1	23	22.6	5.6	–

			阅读时段						总计
			早上 8 点前	早上 8 点到 12 点	中午 12 点到下午 2 点	下午 2 点到 6 点	晚上 6 点到 10 点	晚上 10 点以后	
自评健康状况	一般	计数	216	419	91	292	197	38	999
		该自评健康状况的比例(%)	21.6	41.9	9.1	29.2	19.7	3.8	–
	比较好	计数	175	483	155	308	271	72	1136
		该自评健康状况的比例(%)	15.4	42.5	13.6	27.1	23.9	6.3	–
	非常好	计数	90	247	81	165	158	52	581
		该自评健康状况的比例(%)	15.5	42.5	13.9	28.4	27.2	9	–
总计		计数	543	1258	359	829	691	176	3003
		比例(%)	18.1	41.9	12	27.6	23	5.9	100

注:百分比和总计以响应者为基础。

3.2.7.6 自评健康状况与阅读内容之间的关联分析

卡方检验($\chi^2 = 222.764, df = 64, p = 0.000 < 0.05$, Cramer $V = 0.078$)表明,不同健康状况老年人在阅读内容上的差异达到显著性水平。从图 3 – 15 来看,"医疗保险""时事政治""社会人文""历史传记"等是各组老年人关注多的阅读内容,不过从比例来看,各组在后两者上的差异较明显,"一般"以上组的比例显然高于以下组;此外,在其他如"旅游地理""书画摄影""经济商业""科普知识""文学语言""专业文献"等多个选项上也都显现出这一特征,而在"棋牌花鸟"的选择上则相反,"一般"以下组的比例显然高于以上组,这有可能表明自评健康偏差的老年人对出行、理财之类的活动参与少,而对其他休闲活动如下棋、打牌等的参与更多从而选择更多阅读这方面的内容。

3.2.7.7 自评健康状况与读物获取方式之间的关联分析

卡方检验($\chi^2 = 120.368, df = 32, p = 0.000 < 0.05$, Cramer $V = 0.072$)表明,不同健康状况老年人在读物获取方式上的差异达到显著性水平。从表 3 – 84 来看,"自费""单位/他人购买""向他人借阅""报刊栏"是各组老年人选择的主要读物获取方式,差异较小,而在"图书馆借阅"和"上网阅读"的选择上的差异则较明显,随着自评健康状况向好,比例明显增加,说明健康偏好的老年人对图书馆和网络的利用更多,总体而言,他们对读物的获取方式更加多样。

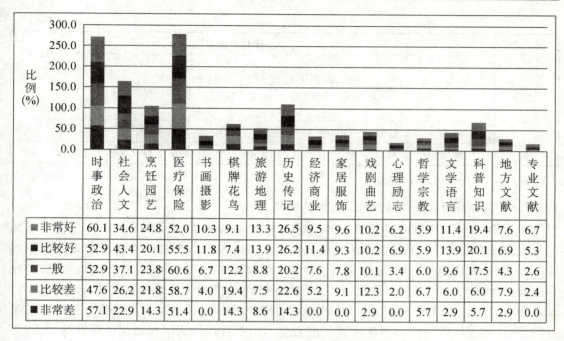

	时事政治	社会人文	烹饪园艺	医疗保险	书画摄影	棋牌花鸟	旅游地理	历史传记	经济商业	家居服饰	戏剧曲艺	心理励志	哲学宗教	文学语言	科普知识	地方文献	专业文献
非常好	60.1	34.6	24.8	52.0	10.3	9.1	13.3	26.5	9.5	9.6	10.2	6.2	5.9	11.4	19.4	7.6	6.7
比较好	52.9	43.4	20.1	55.5	11.8	7.4	13.9	26.2	11.4	9.3	10.2	6.9	5.9	13.9	20.1	6.9	5.3
一般	52.9	37.1	23.8	60.6	6.7	12.2	8.8	20.2	7.6	7.8	10.1	3.4	6.0	9.6	17.5	4.3	2.6
比较差	47.6	26.2	21.8	58.7	4.0	19.4	7.5	22.6	5.2	9.1	12.3	6.0	6.7	6.0	6.0	7.9	2.4
非常差	57.1	22.9	14.3	51.4	0.0	14.3	8.6	14.3	0.0	0.0	2.9	0.0	5.7	2.9	5.7	2.9	0.0

图 3 – 15 不同自评健康状况老年人的阅读内容

表 3 – 84 自评健康状况与读物获取方式的交叉表

			读物获取方式								
			自费	单位/他人购买	向他人借阅	图书馆借阅	上网阅读	租借	报刊栏	手机阅读	社区文化中心借阅	总计
自评健康状况	非常差	计数	17	7	13	2	1	1	7	0	4	35
		该自评健康状况的比例(%)	48.6	20	37.1	5.7	2.9	2.9	20	0	11.4	–
	比较差	计数	162	51	72	22	5	13	49	3	17	249
		该自评健康状况的比例(%)	65.1	20.5	28.9	8.8	2	5.2	19.7	1.2	6.8	–
	一般	计数	728	208	234	147	57	39	253	14	98	995
		该自评健康状况的比例(%)	73.2	20.9	23.5	14.8	5.7	3.9	25.4	1.4	9.8	–
	比较好	计数	855	296	319	257	122	58	252	46	128	1132
		该自评健康状况的比例(%)	75.5	26.1	28.2	22.7	10.8	5.1	22.3	4.1	11.3	–
	非常好	计数	401	184	180	124	85	27	130	33	57	584
		该自评健康状况的比例(%)	68.7	31.5	30.8	21.2	14.6	4.6	22.3	5.7	9.8	–

		读物获取方式									总计
		自费	单位/他人购买	向他人借阅	图书馆借阅	上网阅读	租借	报刊栏	手机阅读	社区文化中心借阅	
总计	计数	2163	746	818	552	270	138	691	96	304	2995
	比例(%)	72.2	24.9	27.3	18.4	9	4.6	23.1	3.2	10.2	100

注:百分比和总计以响应者为基础。

3.2.7.8 自评健康状况与读物选取之间的关联分析

卡方检验($\chi^2 = 72.330, df = 28, p = 0.000 < 0.05$, Cramer $V = 0.059$)表明,不同健康状况老年人在读物选取方式上的差异达到显著性水平。从表 3 – 85 来看,"随意翻阅""依据兴趣""特定作者/出版社"是各组老年人主要的读物选取方式,尽管"非常差"组在前两者的比例上与其他组差距明显,但其他组间并无太大差异,而在后者上则总体显出随自评健康向好而比例增加的态势,与此相同的还包括"电视/报刊/网络"和"畅销书与口碑";此外值得关注的还有"他人推荐"和"图书馆推荐",前者显示出随自评健康向好而比例降低的形势,表明健康偏差的老年人更多从与人交流中获得读物信息,这与他们在阅读目的上"增加聊天话题"比例高的状况一致,显然人际交流对自评健康差的老年人的阅读来说有重要意义;各组在后者的选择上比例都很低,尽管健康偏好的老年人选择比高一些,但总体的低比例提示我们,图书馆推荐在对健康状况不同的老年人来说未充分发挥作用。

表 3 – 85　自评健康状况与读物选取方式的交叉表

			读物选取方式								总计
			特定作者/出版社	随意翻阅	依据兴趣	畅销书与口碑	他人推荐	图书馆推荐	电视/报刊/网络	广告或推销	
自评健康状况	非常差	计数	5	16	12	1	7	1	2	2	34
		该自评健康状况的比例(%)	14.7	47.1	35.3	2.9	20.6	2.9	5.9	5.9	–
	比较差	计数	21	143	132	12	40	10	17	7	247
		该自评健康状况的比例(%)	8.5	57.9	53.4	4.9	16.2	4	6.9	2.8	–
	一般	计数	133	594	556	47	143	53	122	25	986
		该自评健康状况的比例(%)	13.5	60.2	56.4	4.8	14.5	5.4	12.4	2.5	–
	比较好	计数	196	672	669	114	166	95	146	48	1130
		该自评健康状况的比例(%)	17.3	59.5	59.2	10.1	14.7	8.4	12.9	4.2	–

续表

		读物选取方式								总计
		特定作者/出版社	随意翻阅	依据兴趣	畅销书与口碑	他人推荐	图书馆推荐	电视/报刊/网络	广告或推销	
自评健康状况 非常好	计数	116	308	336	49	73	40	89	33	575
	该自评健康状况的比例(%)	20.2	53.6	58.4	8.5	12.7	7	15.5	5.7	—
总计	计数	471	1733	1705	223	429	199	376	115	2972
	比例(%)	15.8	58.3	57.4	7.5	14.4	6.7	12.7	3.9	100

注:百分比和总计以响应者为基础。

从表 3－86 来看,"实用性""丰富性""趣味性"是各组老年人选择的主要读物选取依据,自评健康偏好和偏差的组间差异并不十分明显,而在"权威性"和"思想性"上,健康状况偏好的选择比例高于偏差的组。卡方检验($\chi^2 = 51.028$,$df = 20$,$p = 0.000 < 0.05$,Cramer $V = 0.054$)表明,不同健康状况老年人在读物选取依据上的差异具有统计意义,但效应量小说明两者相关度低。

表 3－86　自评健康状况与读物选取依据的交叉表

		读物选取依据						总计
		权威性	思想性	新颖性	丰富性	实用性	趣味性	
自评健康状况	非常差 计数	7	9	6	4	14	8	34
	该自评健康状况的比例(%)	20.6	26.5	17.6	11.8	41.2	23.5	—
	比较差 计数	12	31	32	52	107	64	249
	该自评健康状况的比例(%)	4.8	12.4	12.9	20.9	43	25.7	—
	一般 计数	138	183	132	257	446	275	1000
	该自评健康状况的比例(%)	13.8	18.3	13.2	25.7	44.6	27.5	—
	比较好 计数	198	245	192	305	480	311	1142
	该自评健康状况的比例(%)	17.3	21.5	16.8	26.7	42	27.2	—
	非常好 计数	97	153	96	141	229	135	582
	该自评健康状况的比例(%)	16.7	26.3	16.5	24.2	39.3	23.2	—
总计	计数	452	621	458	759	1276	793	3007
	比例(%)	15	20.7	15.2	25.2	42.4	26.4	100

注:百分比和总计以响应者为基础。

3.2.7.9 自评健康状况与阅读时长之间的关联分析

交叉检验（Gamma = 0.208, p = 0.000 < 0.05）显示,自评健康状况与阅读时长呈正相关关系,即自评健康状况好的老年人阅读时间也长。具体从交叉表来看(见表3-87),自评健康"非常差"的老年人超过一半阅读时长在半小时以内,超过80%集中在一小时之内,而自评"比较好"和"非常好"的老年人选择比例则大为降低,同时他们在一小时以上各选项的比例均超过健康偏差的老年人。视力感知状况与阅读时长的交叉分析同样发现,两者呈正相关关系(Gamma = 0.145, p = 0.000 < 0.05),视力自评好的老年人阅读时间长;记忆力与阅读时长的交叉检验结论与此相同(Gamma = 0.227, p = 0.000 < 0.05),记忆力越好阅读时长就越长。这些说明健康、视力和记忆状况对老年人阅读时长确有影响,而比较三者的Gamma值可见,自评记忆力状况与阅读时长之间的相关关系更强。

表3-87 自评健康状况与阅读时长的交叉表

			阅读时长						总计
			缺失	半小时以内	半小时到一小时	1—2小时	2—4小时	4小时以上	
自评健康状况	缺失	计数	0	2	3	3	0	0	8
	非常差	计数	1	19	11	3	1	0	35
		该自评健康状况的比例(%)	2.9	54.3	31.4	8.6	2.9	0	—
	比较差	计数	7	116	75	49	11	0	258
		该自评健康状况的比例(%)	2.7	45	29.1	19	4.3	0	—
	一般	计数	26	360	339	246	43	8	1022
		该自评健康状况的比例(%)	2.5	35.2	33.2	24.1	4.2	0.8	—
	比较好	计数	19	274	399	335	111	14	1152
		该自评健康状况的比例(%)	1.6	23.8	34.6	29.1	9.6	1.2	—
	非常好	计数	14	149	180	167	70	19	599
		该自评健康状况的比例(%)	2.3	24.9	30.1	27.9	11.7	3.2	—
总计		计数	67	920	1007	803	236	41	3074
		比例(%)	2.2	29.9	32.8	26.1	7.7	1.3	100

3.2.7.10 自评健康状况与自评阅读量之间的关联分析

交叉分析(Gamma = 0.243, p = 0.000 < 0.05)显示,自评健康状况与阅读量之间呈正相关关系,即自评健康越好的老年人自评阅读量越多,从表3-88可明显看出,随着自评健康向好,老年人自评阅读量偏多的比例也在逐步增加。同时,分析视力状况(Gamma = 0.192,

$p = 0.000 < 0.05$）和记忆力状况（Gamma $= 0.290$，$p = 0.000 < 0.05$）也发现同样的趋势，视力越好，记忆力越好。这些说明健康、视力和记忆状况对老年人自评阅读量确有影响，而比较三者的 Gamma 值可见，自评记忆力状况与自评阅读量之间的相关关系更强。

表3-88　自评健康状况与自评阅读量的交叉表

			自评阅读量						总计
			缺失	非常少	比较少	一般	比较多	非常多	
自评健康状况	缺失	计数	0	1	1	5	0	1	8
	非常差	计数	1	13	7	10	4	0	35
		该自评健康状况的比例(%)	2.9	37.1	20	28.6	11.4	0	–
	比较差	计数	8	58	109	60	20	3	258
		该自评健康状况的比例(%)	3.1	22.5	42.2	23.3	7.8	1.2	–
	一般	计数	28	151	310	435	93	5	1022
		该自评健康状况的比例(%)	2.7	14.8	30.3	42.6	9.1	0.5	–
	比较好	计数	28	104	260	536	210	14	1152
		该自评健康状况的比例(%)	2.4	9	22.6	46.5	18.2	1.2	–
	非常好	计数	20	61	120	255	127	16	599
		该自评健康状况的比例(%)	3.3	10.2	20	42.6	21.2	2.7	–
总计		计数	85	388	807	1301	454	39	3074
		比例(%)	2.8	12.6	26.3	42.3	14.8	1.3	100

3.2.7.11　自评健康状况与阅读障碍之间的关联分析

卡方检验（$\chi^2 = 291.409$，$df = 36$，$p = 0.000 < 0.05$，Cramer $V = 0.116$）表明，不同健康状况老年人在自评阅读障碍上的差异达到显著性水平。从图3-16来看，"忙于家务"在各组老年人中都是主要原因，不过健康偏好的老年人在此选项上的比例要高于健康偏差的老年人，在"忙于工作"的选择上状况与此相同，说明健康偏好的老年人会更多承担家务和工作职责，并因此影响他们在阅读上的投入；在"身体不好"的选择上，可明显看出随自评健康从好到差，比例从低到高的变化趋向，而且比例相差较大，由此可见健康对老年人阅读带来的显著影响；在"识字少"的选择上，也显示出自评健康偏好的老年组选择比例低于"一般"以下组的情况，交叉检验显示文化程度与自评健康之间具有正相关关系，即文化程度越高自评健康越好（Gamma $= 0.212$，$p = 0.000 < 0.05$）。

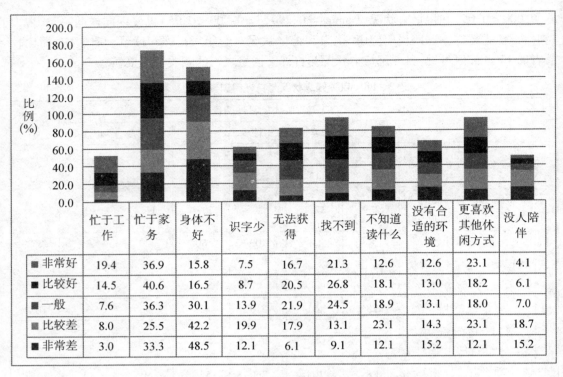

	忙于工作	忙于家务	身体不好	识字少	无法获得	找不到	不知道读什么	没有合适的环境	更喜欢其他休闲方式	没人陪伴
■ 非常好	19.4	36.9	15.8	7.5	16.7	21.3	12.6	12.6	23.1	4.1
■ 比较好	14.5	40.6	16.5	8.7	20.5	26.8	18.1	13.0	18.2	6.1
■ 一般	7.6	36.3	30.1	13.9	21.9	24.5	18.9	13.1	18.0	7.0
■ 比较差	8.0	25.5	42.2	19.9	17.9	13.1	23.1	14.3	23.1	18.7
■ 非常差	3.0	33.3	48.5	12.1	6.1	9.1	12.1	15.2	12.1	15.2

图 3-16　不同自评健康状况老年人的阅读障碍

3.2.8　不同特征老年人的阅读行为特点及研究讨论

3.2.8.1　不同特征老年人的阅读行为特点

研究主要考察了性别、年龄、感知年龄、经济状况、文化程度、自评健康状况等因素与老年人阅读之间的关联,通过检验分析,发现这些因素对老年人阅读态度及具体行为表现产生了不同的影响,获得如下结论:

(1)性别对老年人阅读具有多方面的影响,表现在男性老年人的阅读态度更加积极,在了解时事、研究和写作、完成工作等阅读目的上比女性老年人有更高的选择比例,选择"时事政治""专业文献""书画摄影""棋牌花鸟""旅游地理""历史传记""经济商业""科普知识""地方文献"等多项阅读内容的比例也明显高于女性,他们通过公共场所和新兴阅读载体获取读物的状况较女性为多,在读物选取方式上对外界影响的接受度较高,对读物"权威性""思想性"的要求更高,阅读时长、自评阅读量也多于女性,自评阅读理解困难量则少于女性,在解决方式上选择"自我揣摩""查找工具书""向专业人员询问"的比例都高于女性;女性老年人在宗教信仰、解决问题上的阅读目的比男性更强,她们在宗教场所的比例也远远高于男性,女性选择"烹饪园艺""家居服饰""戏剧曲艺"的比例则大大高于男性,她们对读物"实用性"要求更高,"忙于家务"和"识字少"对她们阅读的阻碍更明显,在解决阅读理解困难时"向熟人询问""忽略跳过"和"放弃阅读"的比例均高于男性。总体而言,男女老年人的阅读行为差异与我国传统的性别分工基本一致,而男女老年人在阅读载体、阅读时段、书刊价格感知的选择上则不存在显著性差异。

(2)生理年龄不同的老年人在阅读行为上也有许多差异,表现在随着年龄增长,老年人阅读态度积极性在减弱,在"休闲消遣""增加聊天话题""解决问题""教育子孙""完成工作"等阅读目的上的比例在下降,对网络、触摸屏电子报、手机等阅读载体的选择减少,在阅读场所上,"养老院/干休所"的比例提高,而"图书馆""书店"等需外出的场所比例下降,对多项阅读内容的选择比例下降,从自费之外的方式获得读物的比例提高,但"图书馆借阅""报刊栏""上网阅读"等需外出或新方式获取的比例则在降低,对阅读的自主抉择度在增强,对"思想性"要求提高,而对"实用性""趣味性"的要求降低,对书刊价格的感知程度在下降,"身体不好""识字少"对阅读的阻碍在增加。年龄不同的老年人在阅读时长、自评阅读量、自评阅读理解困难量、阅读理解困难解决方式均未显示出显著差异。

(3)老年人普遍感觉年轻,感知越年轻的老年人在阅读态度上越积极,阅读时长越长,自评阅读量越多,自评阅读理解困难量越少;感知年轻的老年人在阅读目的的多项选择上比例更高,对"网络""手机"等新兴阅读载体的使用率更高,读物获取方式多样,有阅读后续行为的比例更高,"忙于工作""更喜欢其他休闲方式"等障碍因素对他们的阅读影响更大。感知年老的老年人对"图书"的选择比例更高,他们会更多从外部渠道获取读物,在选取读物时,也会更多接受外部推荐,对读物的"实用性"要求低于感知年轻的老年人,而对"思想性"要求较高,"忙于家务""身体不好""识字少"对他们阅读带来的障碍更明显。感知年龄不同的老年人在书刊价格感知上无显著差异。

(4)经济状况与老年人阅读行为之间的关系表现为,经济收入高的老年人阅读态度更加积极,在"了解时事""学习知识""教育子孙""兴趣爱好""保持大脑活跃""解决问题"的比例更高,对新兴载体的使用更多,对"图书馆""学校/单位"等阅读场所的选择更多,在多项阅读内容上的选择比例更高,对读物"权威性""思想性""新颖性"的要求更高,通过"特定作者/出版社""畅销书与口碑""图书馆推荐""电视/报刊/网络"方式获取读物的比例增加,阅读后续行为更加多样,解决理解困难时"查找工具书"和"向专业人员询问"的比例更高,自评阅读障碍中,忙于工作的比例更高,识字少的比例更低。经济收入越高,对书刊价格感觉越偏向便宜、阅读时长越长、自评阅读量越多、自评阅读理解困难量越少。月收入500元以下老年人在"宗教信仰"上的选择比例则更高,对"宗教场所"的选择也更多,对"戏剧曲艺"的选择高于其他组。

(5)文化程度对老年人阅读行为的影响明显。随着文化程度的提高,老年人对阅读的态度愈发积极,阅读时长越长,自评阅读量越多,自评阅读理解困难量越少。文化程度高的老年人在多项阅读目的上的选择比例更高,选择各类新兴载体的比例提高,在"图书馆""学校/单位"等多个阅读场所的选择比例更高,他们在阅读内容的选择更加丰富、数量更多,获取读物的方式更加多样,尤其在"图书馆借阅""上网阅读""手机阅读"的选择比例更高,读物选取方式也更充分,通过"特定作者/出版社""图书馆推荐""电视/报刊/网络推荐"来选取的比例更高,阅读的后续行为更多,遇到理解困难时忽略和放弃的情况更少,通过"查找工具书""向专业人员询问"解决困难的比例更高,"忙于工作"对阅读的阻碍更明显,而"识字少"的影响更小。小学文化程度的老年人在"宗教信仰"的阅读目的上的选择更多,阅读场所中选择"宗教场所"的比例也更高,"识字少"对他们的阻碍非常明显。而文化程度与书刊价格感知之间未显示出显著相关关系。

(6)自评健康状况对老年人阅读行为的影响表现为:自评健康越好的老年人阅读态度越积极,自评记忆和视力更好的老年人在阅读态度上也更积极,记忆的效应量最大;他们的阅读目的更加多样,对各种阅读载体的使用率更高,在"网络"的使用上体现尤为明显;对需外出的阅读场所的选择比例更高,对多项阅读内容有着更高的选择比例;自评健康越好的老年人阅读时长越长,自评记忆和视力也表现出与阅读时长同样的相关关系,不过自评记忆的效应量更大。自评健康偏差的老年人对"增加聊天话题"有更多的关注,在"养老院/干休所"的比例也更高,对"棋牌花鸟"的阅读内容选择比例更高,他们也会更多从人际交流中获得读物信息,"身体不好"对他们的影响更加显著。而自评健康状况与书刊价格感知之间未显示出相关关系。

(7)从各项因素对老年人阅读行为的影响程度来看(见表3-89),文化程度在多个方面都有很强的影响;经济收入的影响广泛,程度也较强;性别在阅读内容、读物选取依据上的影响明显;生理年龄与感知年龄之间存在较明显差异,在对阅读行为的影响上,感知年龄在多个方面表现更加突出;在书刊价格感知上,多个考察的因素均未显示出影响,而经济收入和生理年龄虽有影响,但程度也很弱。

表3-89 考察的各因素与阅读行为各项目之间关联程度汇总

阅读行为	考察的影响因素
阅读态度	文化程度($\eta^2 = 0.079$)>经济收入($\eta^2 = 0.054$)>自评健康总体状况($\eta^2 = 0.029$)>感知年龄($\eta^2 = 0.018$)>生理年龄($\eta^2 = 0.008$);性别($d = 0.12$)
阅读时长	文化程度(Gamma = 0.482)>经济收入(Gamma = 0.324)>自评健康状况(Gamma = 0.208)>感知年龄(Gamma = −0.156),性别也有影响
自评阅读量	文化程度(Gamma = 0.410)>经济收入(Gamma = 0.293)>自评健康状况(Gamma = 0.243)>感知年龄(Gamma = 0.155);性别也有影响
自评阅读困难量	文化程度(Gamma = 0.387)>经济收入(Gamma = 0.297)>感知年龄(Gamma = −0.114),性别也有影响
书刊价格感知	年龄(Gamma = −0.086)>经济收入(Gamma = −0.068)
阅读目的	文化程度(Cramer V = 0.099)>经济收入(Cramer V = 0.085)>性别(Cramer V = 0.084)>感知年龄(Cramer V = 0.070)>自评健康状况(Cramer V = 0.058)>生理年龄(Cramer V = 0.055)
阅读载体	文化程度(Cramer V = 0.129)>经济收入(Cramer V = 0.088)>感知年龄(Cramer V = 0.076)>生理年龄(Cramer V = 0.071)>自评健康状况(Cramer V = 0.067)
阅读场所	文化程度(Cramer V = 0.155)>生理年龄(Cramer V = 0.105)>性别(Cramer V = 0.104)>自评健康状况(Cramer V = 0.096)>经济收入(Cramer V = 0.095)>感知年龄(Cramer V = 0.067)
阅读时段	感知年龄(Cramer V = 0.085)>文化程度(Cramer V = 0.076)>自评健康状况(Cramer V = 0.062)>经济收入(Cramer V = 0.059)

续表

阅读行为	考察的影响因素
阅读内容	性别(Cramer V = 0.237) > 经济收入(Cramer V = 0.211) > 文化程度(Cramer V = 0.113) > 感知年龄(Cramer V = 0.082) > 自评健康状况(Cramer V = 0.078) > 生理年龄(Cramer V = 0.062)
读物获取方式	文化程度(Cramer V = 0.132) > 感知年龄(Cramer V = 0.101) > 性别(Cramer V = 0.094) > 经济收入(Cramer V = 0.090) > 生理年龄(Cramer V = 0.089) > 自评健康状况(Cramer V = 0.072)
读物选取方式	文化程度(Cramer V = 0.088) > 经济收入(Cramer V = 0.083) > 感知年龄(Cramer V = 0.069) > 性别(Cramer V = 0.065) > 自评健康状况(Cramer V = 0.059) > 生理年龄(Cramer V = 0.054)
读物选取依据	性别(Cramer V = 0.385) > 文化程度(Cramer V = 0.096) > 经济收入(Cramer V = 0.080) > 生理年龄(Cramer V = 0.059) > 感知年龄(Cramer V = 0.056) > 自评健康状况(Cramer V = 0.054)
阅读后续行为	文化程度(Cramer V = 0.203) > 感知年龄(Cramer V = 0.152) > 经济收入(Cramer V = 0.125) > 性别(Cramer V = 0.085) > 生理年龄(Cramer V = 0.055)
阅读困难解决方式	文化程度(Cramer V = 0.143) > 经济收入(Cramer V = 0.099) > 感知年龄(Cramer V = 0.097) > 性别(Cramer V = 0.073)
自评阅读障碍	文化程度(Cramer V = 0.198) > 性别(Cramer V = 0.197) > 生理年龄(Cramer V = 0.178) > 自评健康状况(Cramer V = 0.116) > 经济收入(Cramer V = 0.108) > 感知年龄(Cramer V = 0.091)

3.2.8.2 不同特征老年人阅读行为的研究讨论

本研究丰富了现有研究成果,首先,本研究再次验证了文化程度、经济收入在阅读态度、阅读量、阅读时长等方面对老年人阅读行为的显著影响,并在此基础上进一步发现它们与阅读目的、阅读时空、阅读载体、读物获取和选取、阅读后续行为、阅读困难解决方式等多方面的关联,充实了现有研究。其次,对于现有研究尚未形成一致认识的年龄和性别因素进行的考察发现,年龄增长会带来阅读态度积极性的降低、阅读载体选择范围的缩小、阅读场所的局限、阅读后续行为的减少以及读物获取和选取方式的差异,但与阅读时长、自评阅读量、自评阅读理解困难量、阅读理解困难解决方式等并无相关。这与已有研究结论有部分一致之处,同时又带来了新的研究发现,而与现有研究以客观的数据来调查老年人阅读时长相比,本研究以老年人自我评价来作为考察的依据,并将其应用到阅读量、阅读理解困难量的考察中,两种评估角度的不同是否影响了研究结论的获得值得进一步探讨;性别不同会带来阅读态度及行为表现的多方面差异,尤其在阅读内容、读物选择上表现突出,与已有研究相比,本研究发现男性在阅读行为的多方面表现都好于女性,这与我国学者的研究结论基本一致,同时又扩充了行为表现的范畴,而与国外的研究结果不同,这提示我们在对性别的考察中,跨文化的背景因素值得考虑。研究从多个角度分析的老年阅读行为提供了对老年群体的细分认识,所考察的主要是个体特征,研究所获得的结果对图书馆开展针对性服务能够提供一定的参考。

研究对年龄从生理年龄和感知年龄的维度进行了深度分析，发现老年人普遍感知年轻，在对阅读行为的影响上，感知年龄具有更强的解释力。这提示我们虽然老年人是一个仅从生理年龄角度划分的群体，但我们对他们的认识却不能局限于此，而应从生理和心理角度进行综合考虑，并应更多关注他们的心理感知状态。多项已有研究均指出感知年龄在预测老年消费行为时是更适合的变量，并且指出感知年轻的老年人在行为上也会表现得更年轻，与其对照，本研究在阅读行为上也获得了类似的结论，感知年轻的老年人会更多地利用新兴阅读载体、利用图书馆，阅读态度及行为表现的多方面都更为积极、活跃，这也扩展了现有研究结论的适用范围，并将增进我们对老年阅读行为的认识深度。

从各个因素角度进行的考察都发现，老年人对书刊价格感知的差异几乎没有，而且多数感觉偏贵，这说明书刊价格高在老年群体中是普遍感知，这既对老年出版市场的发展予以提醒，要考虑老年人对书刊价格的担负能力和心理预期，在保证书刊质量的前提下，降低书刊定价更好地满足老年人实际需求，也提示公共图书馆可以将免费获取书刊作为促进老年人阅读的一个可行策略，增加老年人对图书馆服务的利用。此外，在自评阅读障碍中，"找不到""无法获得""不知道读什么"等问题尽管不是首要的障碍，但选择比例也位居前列，这表明读物的选择、检索、获取对老年人而言也是阻碍，而在此方面，图书馆应能展现自身的专业能力，使之成为其推动老年阅读的工作特色。

研究发现，"识字少"主要对小学及以下程度的老年人阻碍明显，这或许说明小学以上文化程度就基本能够支持老年人顺利完成日常阅读，但其他方面的分析却显示不同文化程度老年人之间存在着明显差异，这说明文化程度对阅读绝不仅仅是识字方面的影响，而是在阅读认知和阅读格局等更多方面、更深层次的影响，而这些方面的培育不仅仅是教育的责任，更是社会的责任，塑造社会文化氛围、构建公共文化服务体系、引导社会阅读方向将有助于在老年个体现有识字能力基础上，促进他们的阅读状况，图书馆对此责无旁贷。

文化程度、经济收入、自我感知健康状况、感知年龄之间具有紧密的关联，内部表现为正相关，自我感知健康好的老年人感知年轻，他们常常文化程度也较高、经济收入较好，阅读状况较好，对图书馆、网络的利用也较多，这部分群体显然在阅读的基础条件上具有优势，也自然而然地成为图书馆阅读服务的优质对象。图书馆可通过对这部分群体中的现有图书馆用户提供优质服务，通过他们发挥口碑宣传作用和辐射效应，吸引更多的同类老年人利用图书馆。而与此同时，图书馆应意识到还有更多的老年人在以上某一或某几项因素上受到制约，从而影响他们的阅读行为，如果不予关注，那么这部分群体将陷入情况逐步恶化、阅读状况逐步弱化的境地，因而，要重视并强化对这部分群体的阅读服务，针对他们所受到的限制因素开展有针对性的阅读促进工作。

3.2.8.3 研究不足

在考察阅读量、阅读理解困难、阅读材料价格感知等方面时，采用的是老年人的主观感知，而如果能同时增加客观数据的调查，并与主观感知进行对照，以及与各项影响因素进行交叉分析，必然会更有助于对老年人阅读行为的了解，也更利于与现有研究进行比较，同时还将有助于我们探讨以自我感知对老年读者的分析所具有的合理性，因此，这应当成为今后研究中需要注意的问题。

4　我国老年人数字阅读行为的调查分析

随着数字社会的迅速发展,各种数字阅读设备如电脑、手机、电子书阅读器、平板电脑等逐渐普及,通过网络在线或离线方式进行接收和获取文本信息内容的数字阅读行为已成为一种重要的阅读现象,与传统纸本阅读一起充实着人们的阅读生活。在时代的裹挟中,老年人也越来越多地涉足数字阅读,数字阅读不同于纸本阅读的新特点会给老年人带来怎样的阅读体验?显现出怎样的阅读行为?会遇到哪些阅读困难,又将有哪些力量提供支持?对这些问题的解答将有助于我们了解老年人数字阅读行为特点,为提高老年人数字阅读参与度和满意度提供借鉴。虽然目前对老年人网络使用行为的多项调查都显示浏览信息和查找资料是大多数老年人使用互联网的主要用途,也部分揭示了与阅读有关的信息浏览内容、偏好等特征,但网络使用行为不等于数字阅读,因而需要开展专门的老年人数字阅读行为研究,充分了解老年人对数字阅读载体的选择和使用行为、对数字阅读文本的搜寻和选择行为、在数字阅读行为中的策略、方式以及他们的需求和困难,从而开拓数字阅读研究的细分领域,建立老年人数字阅读行为的系统理论。

4.1　研究设计

4.1.1　研究方法

作为探索性研究,访谈法是比较适宜的方法。研究主要采用深入访谈法了解老年人在数字阅读工具的选择和使用过程中的影响因素和态度情感,了解老年人对阅读文本的搜寻和选择策略以及阅读目的、内容、时间、阅读方式等行为过程特点。访谈对象主要采取偶遇和熟人介绍相结合的方式获取,将对象范围限定在 60 岁以上、有数字阅读行为的老年人。数字阅读的具体行为是采用电脑、手机、电子书阅读器等多种数字阅读工具,通过在线或离线方式,浏览网站的网页信息、论坛帖子、邮件信息、文献数据库、电子书、演示文档、手机短信、数字化报纸期刊等的行为。为避免将网络阅读行为与上网行为混淆,访谈中会首先确认老年人上网的行为内容,排除仅是上网聊天、游戏等行为;对有网络阅读行为的老年人不限定其网络接触状况,即访谈对象既包括刚接触网络的老年人,也包括长期使用网络的老年人。访谈采取面对面方式,每次访谈时间大致在半小时到一小时,2013—2014 年在社区、公园和图书馆(包括公共图书馆和大学图书馆)共访谈了 52 位老年人。

4.1.2　访谈设计

4.1.2.1　访谈的研究框架

数字阅读作为由网络信息技术支撑的新型阅读形态,具有不同于传统纸本阅读的诸多特征,突出体现在工具、文本、浏览过程三方面。本研究从数字阅读的概念界定出发,立足于对数字阅读与传统纸本阅读的差异认识,围绕以上三个核心,加入对数字阅读体验、障碍、影响因素、社会支持的考察,构建数字阅读行为研究框架,见图4-1。

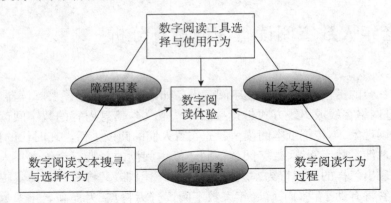

图4-1　数字阅读行为研究框架

结合研究框架形成的访谈内容包括如下六个主要方面:

(1)老年人的人口学特征,包括年龄、性别、学历、身体状况、退休前职业、经济收入、生活状态等。这些个体特征常常成为探讨老年人网络使用的相关影响因素,但结论不尽相同,而且这些因素对数字阅读的影响也缺乏充分的探讨,因而本研究将获取老年人的个人情况,并分析对其在数字阅读工具、文本、浏览、体验、障碍、社会支持等方面带来的影响。当然,研究也期望从研究中获知更多的影响因素。

(2)老年人数字阅读工具的选择和使用行为。数字阅读首次将阅读内容与阅读工具分离开,阅读工具的接触和使用成为进入数字阅读的首道屏障,对老年人而言,影响可能更为明显,那么老年人是如何开始接触和使用数字阅读工具的?哪些因素会影响到他们的接触和持续使用?他们会遇到哪些障碍?数字阅读工具多样,老年人对不同工具的感受如何,又如何做出他们的使用选择?这些是本部分着力探索解答的问题。

(3)老年人数字阅读文本的搜寻和选择行为。数字阅读所面临的数字文本的搜寻和选择问题相较于传统阅读而言更加突出,"检索式阅读可以说是数字化阅读最与众不同之处……在搜索引擎提供的功能日臻完善的服务下,纸张阅读时期检索式阅读的辅助地位逐渐变为现在人们最主要、最重要的阅读模式"[①],对老年人也可能带来更大的挑战。因而本部分主要了解老年人获取阅读文本的搜寻方式、检索策略及对检索结果的选择依据和质量评判方式。

(4)老年人的数字阅读行为过程。数字阅读文本除了具有纸质文本的线性显示特征外,还具有以超链接为代表的非线性显示特征;在界面呈现形式上,有别于纸质文本固定的文字呈现形式,数字文本提供了自我调整变化的可能性。面对数字文本,老年人采取了怎样的阅读方式?他们的阅读浏览表现出怎样的行为特征?这是本部分试图了解的问题。

(5)老年人数字阅读体验。传统阅读是以纸质为基础的阅读,数字阅读则是以屏幕为基础的阅读,基础不同,阅读的工具、内容获取策略、文本呈现方式、文本浏览方式等多个方面都会显露出明显差异,带来不同的阅读感受。本部分的设计问题致力于了解老年人进行数字阅读的主观感受,包括他们从数字阅读中获得的益处、他们对数字阅读的评价、他们对数

---

① 徐婷.数字化阅读及其对传统出版物的影响[D].合肥:中国科学技术大学,2009:22.

字阅读和纸本阅读的比较和利用感受等。

（6）老年人数字阅读障碍与社会支持。老年群体进行数字阅读面临着比其他群体更多的障碍因素，外界所发挥的支持作用至关重要。社会支持本部分试图从阅读工具选择和使用、阅读文本的搜寻和选择、阅读行为过程三方面了解其所面临的困难，以及支持力量在老年人数字阅读行为中的影响。

4.1.2.2 访谈设计的理论基础

数字阅读既是阅读的新形态，也是信息技术的应用之一，因而吸收阅读学和信息技术领域的相关理论能够为本研究细化访谈问题，设置访谈提示以及分析访谈文本等提供有效指导和借鉴。具体包括：

（1）阅读学理论。阅读学是研究阅读规律和阅读行为的科学，读者是阅读的主体，作为知识、信息载体的文献是阅读的对象（客体）。读者经由不同心理驱使，采用不同方法，通过阅读（行为方式）来增长知识、获取信息（行为效果），从而构成阅读这一社会行为的完整过程。由于读者在年龄、知识、志趣、工作、阅历乃至性格、性别上的差异，其阅读目的、兴趣、心理、方法、效果也会不同[①]，阅读学就主要探讨这些方面的行为表现，这为本研究的研究内容提供了直接指导，本研究也将从老年人数字阅读动机出发，分析其阅读内容、阅读偏好、阅读心理、阅读方法、阅读效果等多方面的行为特征。

（2）技术接受模型（Technology Acceptance Model，TAM）及其扩展模型[②③]。技术接受模型由 Davis 等人提出，基于理性行为理论，以感知有用性、感知易用性、使用态度及外部变量等因素来解释人们接受信息技术的影响因素，其中感知有用性是用户主观上认为某一特定系统所提升的工作绩效程度，感知易用性是用户预期使用系统的容易程度，使用态度是个体用户在使用系统时主观上积极的或消极的感受，外部变量包括系统设计特征（如菜单、图标、鼠标和触摸屏等）、用户特征、任务特征、开发或执行过程的本质、培训、政策影响、组织结构等多种因素[④]。其后，Davis 及其他研究者不断探索，发展和完善 TAM 模型，形成了 TAM2、TAM3 模型，在其中加入了新的变量。其中，TAM2 以社会影响（社会规范、自愿性、印象）和认知结构（工作适用性、输出质量、结果论证的可能性、感知易用性）两个复合变量解释了感知有用性和使用意向感知；TAM3 对 TAM2 进行了扩展和改进，建立了目前在技术接受领域中最为全面的诠释，它指出感知有用性和感知易用性由四种不同类型的因素即个人差异、系统特征、社群影响和便利条件决定，具体要素和影响关系则更加多样。

总之，技术接受模型围绕着哪些因素决定对信息技术的采纳和持续使用行为而展开，逐渐扩展到 TAM2、TAM3，并衍生出对多种场景和被试人群的实证性研究[⑤⑥]，对于分析老年人

---

① 阳海清. 建立"阅读学"断想[J]. 图书情报论坛，2007（3）：3 - 7.

② 高芙蓉. 信息技术接受模型研究的新进展[J]. 情报杂志，2010，29（6）：170 - 176.

③ 陈渝，杨保建. 技术接受模型理论发展研究综述[J]. 科技进步与对策，2009，26（6）：168 - 171.

④ Davis F D，Bagozzi R P，Warshaw P R. User ac-ceptance of computer technology：A comparison of two theoretical model[J]. Management Science，1989，35（8）：982 - 1003.

⑤ King W R，He Jun. A meta-analysis of the technology acceptance model. Information & Management，2006，43（6）：740 - 755.

⑥ Legris P，Ingham J，Collerette P. Why do people use information technology? A critical review of the technology acceptance model[J]. Information & Management，2003，40（3）：191 - 204.

参与数字阅读的动机、接触和学习数字阅读工具等行为都将具有极强的参考价值。但这些模型主要基于具有一定强制性的组织工作场景,对于老年人而言,他们多数已退出工作岗位,生活状态以休闲为主,接触数字阅读也具有较强的自愿性,那么技术接受模型中的多种因素能够为老年人数字阅读行为提供哪些解释值得探讨。

(3)社会支持理论。社会支持是与弱势群体的存在相伴随的社会行为,一般指人们从社会中所得到的、来自他人的各种帮助①,个人的社会支持网就是个人能从中获得各种资源支持(如金钱、情感、友谊等)的社会网络,通过社会支持网络的帮助,人们解决日常生活中的问题和危机,并维持日常生活的正常运行②。从支持来源可将社会支持划分为两种,一是非正式的社会支持,包括家人、亲戚、朋友、邻居、社团朋友及工作中的同事等,二是正式的社会支持,包括提供服务的政府、学校、福利机构、卫生机关等的工作者③。从支持方式来看,社会支持可分为情感支持、信息支持、友谊支持和工具性支持四类。其中,情感支持指个体的价值、经验等受到他人的尊重、称赞和接纳,又称作表现性支持、自尊支持,行为表现如提供尊重、情感、信任、关心和倾听等;信息支持指帮助个体界定、理解和应对问题,这个功能通常称为忠告、评价支持和认知指导,其行为表现包括肯定、反馈、社会比较、建议、忠告和指导;友谊支持是指与人交往,受人接纳,有所归依,能够帮助个体实现与他人合群与交往的需要,使他们能够从生活困境中解脱出来,保持积极的情感状态,其行为表现如娱乐活动、与人来往或共度时光;工具性支持也可称为物质支持和有形支持,包括提供财力帮助、物质资源或所需服务等④－⑥。老年人既是生理性弱势群体,在新技术发展普及的当下也成为技术的弱势群体,他们参与数字阅读面临着更多的障碍,社会支持必不可少,那么究竟有哪些支持来源,又提供了何种支持,其效果如何,在对这些问题进行考察时,社会支持理论能够提供一定的参考。

4.1.3 分析工具和方法

研究共获得访谈文本 52 份,均采用基于扎根理论的质性研究方法进行分析。基于扎根理论的质性研究方法是一种自下而上建立理论的方法,以文字叙述为材料、以归纳法为论证步骤、以建构主义为前提的研究方法⑦。在分析过程中,对访谈文本进行反复阅读和思考,运用 Nvivo 软件进行自由编码、轴心编码和选择编码,提取访谈文本中的关键词句和概念,归纳提炼关系,从而探求老年人数字阅读的行为特征与模式。

---

① 张文宏,阮丹青.城乡居民的社会支持网[J].社会学研究,1999(3):12－24.

② 贺寨平.国外社会支持网研究综述[J].国外社会科学,2001(1):76－81.

③ 张晓霞,崔岐恩,钱海娟.社会支持研究简述[J].学园,2010(11):13－14.

④ Cohen S,Wills T A. Stress,social support,and the buffering hypothesis[J]. Psychological Bulletin,1985,98(2):310－357.

⑤ 社会支持的内涵及其理论[EB/OL].[2014－08－12]. http://wenku. baidu. com/view/8ed2d60879563c1ec5da716e. html.

⑥ 周林刚,冯建华.社会支持理论———一个文献的回顾[J].广西师范学院学报(哲学社会科学版),2005(3):11－14.

⑦ 熊秉纯.质性研究方法刍议:来自社会性别视角的探索[J].社会学研究,2001(5):17－33.

具体操作过程是首先进行自由编码,在此阶段,秉持开放的心态,依据访谈文本所呈现的状态进行初步编码,通过编制自由节点的方式,提取文本中的主题概念,直至编码饱和即没有新的概念出现,同时写分析型备忘录,对资料中出现的理论性问题进行思考,逐步深化建构出的初步理论。其次,进行主轴编码,通过编制树节点的方式,将自由节点按照初步建构的理论框架归入相应的树节点中,形成概念之间的等级关系;通过建立关系的方式,分析概念之间单向或双向的关系;通过矩阵查询的方式,分析不同概念之间及行为与个体特征之间的相关关系。最后,进行选择编码,在对概念及其关系的分析基础上,寻求能够从中概括出的核心,以形成一个系统的理论框架。这三种编码过程随着对访谈文本的反复审阅,不断充实、循环交替地重复进行。需要指出的是,尽管访谈设计参考了相关理论,但在分析过程中却并没有囿于现有理论,而是依托于访谈文本本身所呈现出的主题概念及其关系来展开探讨。

4.1.4 样本特征

访谈对象的基本情况如表 4 – 1,需要做出如下说明:

第一,在采访场所的选择上,图书馆占据了较大比例,原因一是图书馆有电子阅览室和老年电脑培训班,以此途径寻找访谈对象更加方便,而且符合要求的访谈对象数量多;二是本研究预计对老年人数字阅读的社会支持状况进行分析,尤其想获得老年人对以家庭为代表的非正式社会支持和以图书馆为代表的正式社会支持的感知对比,想了解老年人对图书馆支持的意见和建议,因此在图书馆开展的访谈更多。

第二,性别调查中,男性的比例高于女性,这与访谈主要在公共场合开展有关,也显示出男性老年人可能更多参与数字阅读,这与 2010 年对北京市 1963 位老年人进行的调查结果即男性使用电脑/互联网的人更多一致[1]。

第三,年龄调查中的三个选项分别代表低龄、中龄和高龄老年组,统计结果表明,访谈对象中 60—69 岁的低龄老年人所占比例最大、70—79 岁中龄组次之、80 岁以上的高龄组比例最小,这在一定程度上显示出低龄老年人参与数字阅读的比例更高,与毛晓欧[2]、季尚尚[3]、石会慧[4]等人的调查结果即老年网民"年轻化"一致。

第四,从文化程度来看,主要集中在"高中/中专"和"大专及以上",后者的比例甚至超过 50%,而初中以下文化程度的没有,这表明进行数字阅读的老年人文化程度普遍较高,这

① 张硕. 中国城市老年人电脑/互联网使用影响因素研究:基于北京市朝阳区的调查[J]. 国际新闻界,2013(7):51 – 61.

② 毛晓欧,刘正捷,张军. 中国老年人互联网使用体验研究[EB/OL]. [2015 – 10 – 09]. http://www.doc88.com/p-473334851255.html.

③ 季尚尚. 北京地区老年网民网络媒体接触研究[J]. 广告大观,2009(3):76 – 90.

④ 石会慧. 基于用户体验的老年人上网行为分析及研究[D]. 济南:山东大学,2012:31.

与现有多项调查的结论一致①-④,说明文化程度对老年人数字阅读具有明显影响。

第五,对老年人职业的调查设计来源于国家统计局进行人口普查时的职业设置,从统计结果来看,"专业技术人员/教师/医生"的人数最多,与毛晓欧⑤的结论一致。

表 4 - 1 访谈对象的基本特征

特征属性		数量(个)	百分比(%)
性别	男	33	63.5
	女	19	36.5
年龄	60—69 岁	38	73.1
	70—79 岁	13	25.0
	80 岁及以上	1	1.9
文化程度	初中	6	11.5
	高中/中专	14	26.9
	大专及以上	28	53.8
	缺失	4	7.7
以前职业	工人/商业服务业人员	15	28.8
	机关/事业单位干部	6	11.5
	企业领导或管理人员	5	9.6
	一般职员/文员/秘书	2	3.8
	专业技术人员/教师/医生	21	40.4
	缺失	2	3.8
数字阅读接触时长	1 年以内	9	17.3
	1—5 年	16	30.7
	6—10 年	8	15.3
	10 年以上	15	28.8
	缺失	4	7.7

① 郑钊利. 老年人的网络健康信息需求研究[J]. 内蒙古科技与经济,2010(12):55-56.

② 张硕. 中国城市老年人电脑/互联网使用影响因素研究:基于北京市朝阳区的调查[J]. 国际新闻界,2013(7):51-61.

③ 杨敏文. 老年读者使用互联网状况的调查及分析——以浙江图书馆为例[J]. 农业图书情报学刊,2013,25(1):125-128.

④ 石会慧. 基于用户体验的老年人上网行为分析及研究[D]. 济南:山东大学,2012:32.

⑤ 毛晓欧,刘正捷,张军. 中国老年人互联网使用体验研究[EB/OL]. [2015-10-09]. http://www.doc88.com/p-473334851255.html.

4.2 老年人的数字阅读行为表现

4.2.1 老年人的数字阅读动机

4.2.1.1 数字阅读动机类别

阅读动机是在阅读需要的刺激下,推动进行阅读的直接动因,对阅读认知过程起着重要的支配和调节作用。根据动机产生的条件.阅读动机可分为外在阅读动机和内在阅读动机。外在阅读动机是指由外部条件引起的阅读动机,内在阅读动机是由读者的理想、志向、兴趣、求知欲而形成的阅读动机[①]。在推动老年人进行数字阅读的动因中,也存在外在和内在两方面的动机,其中,外在动机主要来自个人生活状态变化,老年人退出工作岗位,忙碌的工作状态被轻松的休闲状态所替代,状态的变化带来调节生活的需要,因而不少老年人进行数字阅读的主要动机是充实退休生活、解决生活问题。此外,外在动机还包括社会和他人影响(如社会认为不会电脑网络的是新文盲所以自己要学、看到别人用自己也要用、别人看的内容自己也要看、子女认为自己应与时俱进)、以前或现在工作需要、与在外地或外国的家人联系的需要、外部条件变化(如有人教学电脑网络操作、在国外想了解国内情况、以前没电脑现在有)等。内在动机来源于个人主观能动意愿,跟上时代步伐了解最新形势、获取和更新知识是最主要的动机,与时俱进是他们普遍表达的意愿,如编号 24 的老人说:"我对这些呢总感觉它在更新,总有与时俱进的感觉,所以越是与时俱进越是感觉到我们的知识永远都是不够的,永远都是不知道的,总是在从数字设备上去获取这些知识。"其他内在动机还包括对数字阅读好奇、个人兴趣、喜欢阅读、增强自身独立性、调节心情等。

4.2.1.2 产生阅读动机的影响因素

仅从外在和内在角度了解产生阅读动机的影响因素是比较粗略的,技术接受模型提供了更加细化的认识角度,研究发现感知有用性、感知有趣性、社会规范、便利条件和个体特征能提供一定的解释。

老年人所感知到数字阅读的有用性包括可充实生活、增长知识、获取最新信息、解决生活问题、有利于专业研究、辅助写作、有助于与人交流、在国外可以看国内新闻等。感知有趣性是由数字阅读本身而非数字阅读用途带来的愉悦感觉,老年人感觉到的有趣、老有所乐不仅支持着他们参与数字阅读,而且增强了参与的主动程度,甚至形成依赖,如编号 18 的老人陈述"每当有点累了的时候或是有空闲时间,在电脑上看小说……也是一种乐趣"。

社会规范,又称主观规范,指个体依从于各种社会压力的信念,是个体通过感受外界环境的行为标准、期望与规范以及顺从此标准、期望与规范的行为动机而形成的[②]。对老年人进行数字阅读的社会规范来自两方面:一是来自重要他人主要是子女、同事、朋友的影响,如编号 20 的老人表示"就是看人家(同事)有了我才想用的";二是来自社会观念的影响,如编号 18 的老人陈述:"有人对文盲作了新的解释,把文盲划分为两类,即'传统文盲'和'现

---

① 李德成.阅读辞典[M].成都:四川辞书出版社,1988:18 – 19.

② 巢乃鹏,薛莹,姚倩.功能满足、心理满意、主观规范:新媒体持续使用意向研究——以中国 3G 业务的持续使用为例[J].新闻大学,2014(5):125 – 131.

代文盲'。据说'现代文盲'是指不会讲英语,不会用电脑。我坐了一辈子的办公室,讲'阶级'的那个时代,总是被冠以小知识分子的头衔,可到头来老了又成文盲了。这个'帽子'我不能戴。"但社会规范的作用并不总是有效,如编号25的老人受到孩子的影响,感到"孩子们都会,自己不会就有点惭愧",但又指出"我们身边有些老同志使用数字设备,但是不多,他们对我没有什么影响",这可能与社会规范的来源对老年人而言的重要性程度不同有关。

便利条件对老年人参与数字阅读具有促动作用,这些条件包括有电脑、网络开通、有人教、有机构培训。其中,前两个条件与数字阅读的物质基础(能拥有)有关,后两个条件与数字阅读的技能基础(会使用)有关,作为开展数字阅读的必要条件,它们对促动数字阅读具有更为明显的影响,如编号23的老人陈述"原来吧主要是也不会用,现在呢孩子们教给我……现在也想学了"。

个体特征对数字阅读动机也有一定影响,好奇心强、爱思考的老年人进行数字阅读的主动性强,如编号17的老人所说"一般我跟的还比较快,这就是一种敏感性,本身就好奇对什么都感兴趣,在社会变化这么快的时候更要捕捉新东西"。个人生活经历和生活状态对主动参与数字阅读也形成了影响,生活状态如上文所述他们退休后时间增加、没多少事儿,提供了数字阅读的时间保障,许多老年人都表示在退休后才开始接触电脑、进行数字阅读;个人生活经历如年轻时"文革"、上山下乡、忙于工作等耽误了时间等会带来老年人的补偿心理,他们希望从数字阅读的参与中获得学习知识的新契机,正如编号35的老人所说"因为我们这个年龄段是断档的,所以我们渴望学习";还有些老年人与子女相隔遥远,如子女在外地甚至国外,为了方便双方相互联系,才开始学习电脑操作,进而进入数字阅读。

4.2.2 老年人数字阅读工具的选择和使用行为

数字阅读工具是进入数字阅读世界首先必须跨越的门槛,对于老年人而言,数字阅读工具的多样化带来了选择问题;数字阅读工具作为新技术设备,带来了学习、接受和持续使用的问题,也会产生不同的使用感受。

4.2.2.1 数字阅读工具的选择状况

从访谈对象的选择来看,台式机、笔记本电脑、平板电脑、手机、电子书阅读器都有人选择,这说明老年人对数字阅读工具的认知和利用是广泛的。在这些常用数字阅读工具中,台式机最受青睐,成为所有老年人的使用选择,其原因之一在于熟悉台式机的操作并已形成使用习惯,正如编号4的老人所说"好用,都熟了";与手机、平板电脑等不会用或没有的情况相比,老年人对台式机拥有和操作情况更好,这也进一步巩固了他们的工具选择;而且老年人一旦形成习惯,往往会会持续选择使用,这反过来又进一步强化了已有习惯,如编号4"就一直用电脑"的老年人不在少数。原因之二在于老年人对数字阅读工具的多元化使用并没有强烈需求,台式机就能满足需求,如编号13的老人就表示"其实家里都有,平板电脑、手提电脑都有,但有这个就行了"。原因之三在于台式机具有屏幕大、字号显示大的优点,对于年龄大、眼睛花的老年人而言,是非常具有吸引力的,如编号27的老人就认为"台式机适合老年人的上网,这个屏幕大,字儿也大一些,字太小我们看着费劲儿"。其次是手机和笔记本电脑,平板电脑和电子书阅读器的了解和使用程度最低。与对台式机普遍熟悉的情况相比,老年人之间对手机、笔记本电脑、平板电脑进行数字阅读的了解、拥有和技能掌握程度差异较大,既有同时拥有和使用多种工具的老人,也有没听说、没用过平板电脑、电子书阅读器,以及不会用手机阅读的老人。

各种数字阅读工具各有优劣,老年人也在对比认识之中做出他们的选择,并进而实施不同的利用方式。在台式机与手机的对比中,一方面有老年人认为台式机字号显示大手机小、手机外形大拿着不方便,更偏爱使用台式机,另一方面也有老年人感觉手机更方便,甚至替代了对台式机的使用,如编号 23 的老人表示"原来不用手机的时候,主要是电脑,现在孩子们教给我手机以后,我一般都是用手机看,手机更方便一些";在两者的阅读感受上,有老人表示没什么区别,但也有老人表示不太一样。在台式机与笔记本电脑的对比中,字体显示仍是台式机的优势,而方便、无场所限制是笔记本电脑的优势,编号 11 的老人表示"上网地点太多了,以前在家里,后来有手提了,甚至在国外"。在台式机与平板电脑的对比中,有老人表示"平板的拿着就不舒服",也有老人认为平板方便。总体而言,字号显示、携带手感、使用方便度成为老年人在不同工具之间选择的主要依据,为充分利用各种工具的优势,老年人选择在不同场所使用不同的阅读工具,如编号 24 的老人"平时接触最多的就是台式机,有时候到外面去了不太方便就用平板或者阅读器,在家都是用电脑,字比较大"。

4.2.2.2 数字阅读工具的学习和使用状况

数字阅读工具对老年人来说是新鲜事物,必然需要一个学习过程。从学习方式来看,老年人主要采用自己摸索、子女教、参加电脑培训班、向年轻人请教、向朋友同事请教等方式,其中,前三种采用最多。在学习内容上,自身兴趣(如编号 2 的老人"喜欢什么学什么")和需求(如编号 18 的老人"根据自己的具体情况,急用先学,暂时不用的后学")是他们主要的选择依据,在学习策略上,老年人主要采用了边学习边操作、记笔记再练习、按培训讲义操作、自己随意操作摸索(如编号 3 的老人"你就点呗,点着点着就会了")的策略。

在老年人学习的过程中,他们对以电脑为主的数字阅读工具的感知也发生了明显变化,在学习之前,他们往往感到电脑很陌生、很神秘、很难学,而在初步学习之后,多数老人就感到挺简单、容易学、使用没什么困难,如编号 37 的老人说"没接触的时候觉得挺难的,觉得这么大年龄了这么高科技的东西能学会吗?但是接触之后发现,不难,只要用心钻进去了,就很简单,你看我一个星期基本的操作全都会了"。研究发现,年龄、性别、文化程度对老年人学习难易感知并没有显现出明显影响,而接触时长则有一定影响,感觉困难的多是初学者,但随着时间拉长,感知难易度并没有明显变化,也就是说并没有明显发现随着接触时长增加,感觉容易的程度随之增加的情况。研究发现,当掌握了开关机、鼠标键盘操作、打开网页、会打字这几项技能后,老年人对数字阅读工具操作就基本不再感到困难。另外,研究发现,文化程度高对于老年人学习的自我效能感有正向作用,如编号 33 的老人表示"从我内心来讲,我觉得是不困难的,首先我有高等教育的基础……我看小学生、农民工都可以上网,对我有什么难的。"

在学会之后,老年人的使用态度(如编号 50 的老人"从一开始不敢上网不会上到会了到喜欢")、对数字阅读文本的认知(编号 38 的老人"我在没上网之前啊都接触的是负面的东西,说是网上啊好些个东西都是负面的。结果我上网一看啊,我认为,网上主流还是正确的")、自我形象定位(编号 18 的老人"我跟年轻人半开玩笑说:你有我也有,你会我也会,时尚这个词并不只是你们的专利")、对数字阅读有用性的感知(编号 28 的老人表示电脑使用容易,并表示"有时搜点嘛东西也挺方便的")都发生了积极转变,这表明感知的易用性对老年人数字阅读工具的持续使用和数字阅读认知具有正向作用。当然,并非所有老年人都认为数字阅读工具的使用简单,也有老人认为学习有困难、费劲,但无论是感觉简单还是有难度的老人都选择不放弃、继续使用,这说明感知易用性发挥的是增益作用,而具有根本性推动作用的原因很可能在于动机期望(主要是感知有用性、感知有趣性)与结果确认之间的吻合所带来的满意。基于期望确认理论的信息系统持续使用模型(Expectation-Confirmation Model of IS Continuance,ECM-ISC)指出用户会以使用前期望与使用后绩效表现的比较结果——期望确认程度,判断是否对系统满意,满意度越高,持续使用的意向也就越高[①],从老年人的使用感受来看,多数老年人都认为大有收获,并表达出高兴、满足、很有兴趣、相见恨晚乃至依赖的感觉,这说明老年人学习数字阅读工具的期望确认程度高,达到较高的满意度,从而支持了他们的持续使用,如编号 27 的老人表示:"没有一段时间就放弃的情况,因为对这个挺感兴趣的"。

老年人对数字阅读工具的使用基本都与网络在线方式结合,即以网络行为为主,离线使用也往往是在线使用的延伸,如将网络在线资料下载保存到本地电脑。数字阅读工具的功能多样,除可进行阅读外,还可支持在线聊天如 QQ、游戏、购物、看视频、听歌等行为。访谈发现老年人会同时实施多种网络行为,在这种情况下,他们对数字阅读所投入的时间、关注度都会有所下降,也有老年人上网就是进行阅读,这表明数字阅读在老年人的网络行为中占据重要地位,但它仍需要与其他网络行为争取用户的参与率和参与度。

在老年人自评工具使用能力中,多数老年人认为自己水平一般,有的还感觉自己学的仍然少、操作慢、不熟练、只会看不会打字,这其中既有初学者,也有接触时间超过 5 年的老人,但这些老年人多数都表示对现状满意,认为会简单操作、能满足自己需求即可,如编号 26 的老人自评熟练程度是"只能是看,发表、带密码、带拼音的就不行,我只能看、浏览一些",但也觉得"我想掌握的东西还可以。没什么困难,我就了解一些情况就知足了",因此,除了爱钻研的个别老人外,多数老年人一旦掌握了基本操作(如开关机、鼠标操作、打开网页),有的甚至不会打字,也感觉可以满足需求,就不再追求深入钻研、熟练掌握,以至于技能水平往往多年停留在较低水准。从另一角度来看,这也说明数字阅读的进入门槛并不高,只要有基本的操作技能就可以进行,甚至可以说只要会打开网页就能开展数字阅读,它是数字世界中最为基本和简单的行为。当然,要获得高质量的阅读体验,仅仅会基本操作则是远远不够的,它需要以工具的熟练操作为基础,以阅读素养的综合提高和开发为重要支撑来实现。

4.2.3　老年人数字阅读文本的搜寻与选择行为

数字阅读文本包括网站网页、微博微信文本、在线 Word 及 PDF 等类型文档文件,是数字阅读的对象。在浩如烟海的网络世界中,搜寻、选择、获取、鉴别数字阅读文本对于进行数字阅读具有重要意义,也凸显出不同于传统纸本阅读的特色,对老年人有一定的挑战。

4.2.3.1　数字阅读文本的获取途径

老年人主要通过四种途径来获取阅读文本:第一是通过导航网站来进入相关网站,老年人通常选择的导航网站包括 360 导航、百度网址大全、114、hao123 等,老年人对导航网站的利用方式以点击其中推荐的常用网站为主,主要有新浪、凤凰网、人民网、新闻网、新华网、腾

---

① 巢乃鹏,薛莹,姚倩. 功能满足、心理满意、主观规范:新媒体持续使用意向研究——以中国 3G 业务的持续使用为例[J]. 新闻大学,2014(5):125 – 131.

讯、搜狐、网易等,也有以点击主题分类如新闻、财经、军事导航来获取相关网站的方式;第二是通过搜索引擎以搜索所需要的资料和网站,常用搜索引擎包括百度、360、谷歌、搜索网、搜搜、搜狗、新浪搜索等,其中百度的利用率最高;第三是直接输入网址以访问已知的网站。老年人通过这三种方式常使用的网站既有新浪、腾讯、搜狐、网易等门户网站,也有凤凰网、人民网、新闻网、新华网等新闻网站,还有东方财富网、天天养生网等专类网站和学术研究相关的专业网站。第四种方式是通过社交软件或网站如微博、微信、博客、QQ 空间以及电子邮箱来获取阅读文本。此外,电脑软件的弹出新闻窗口虽然非计划内出现,但也被部分老人有选择地接受并作为阅读文本来源,如编号 3 的老人说"qq 有时候弹出来我也看,我一看是新闻我就看,要是那个'八卦'那我不大喜欢"。在采用这些途径进入文本阅读页面后,老年人还会通过阅读页面下方或右侧的相关阅读来扩展阅读文本的获取范围。总体而言,老年人在阅读文本获取途径上有较强的同质性,上述门户网站和新闻网站就囊括了几乎所有老年人的选择;他们也有较强的惯性,一旦感觉某个网站好用就会一直用,或者将常去网站或网页网址放到收藏夹或建立桌面快捷方式以便之后访问。

4.2.3.2 数字阅读文本的搜索行为

(1)搜索目的和主题

老年人进行搜索的目的归纳起来可包括以下五种:第一是寻找所需网站,如编号 25 的老人就通过输入检索词来进入三九养生堂;第二是解决阅读中的疑难问题,并以此辅助阅读。如编号 17 的老人说"查新闻不知道的,什么叫黑匣子不知道,查一下吧,就出来了,你明白明白不就行了。所以他对你看新闻啊是一个帮手";第三是查找专业资料,老年人不仅为自己查资料,还会为子女或不会搜索的老年朋友查资料;第四是解决生活实际问题,老年人通过搜索来查阅烹饪方法、医药说明等;第五是学习和获取知识。总之,老年人通过搜索方式来获取阅读文本具有主动性、针对性,正如编号 24 的老人所说"我打字去搜索的情况要多一点,我是有想要学的内容,有目的"。

老年人的搜索主题与其搜索目的相关,范围比较广泛,主要涉及政策文件、法律解释、时政信息、学习资料、信息系统操作技术、词语解释、诗词文句出处、戏曲文学作品、艺术、历史、房产信息、公交线路、物价、旅游景点和路线、食谱、养生医药、体育锻炼方式等多方面。

(2)搜索策略

在搜索工具的选择上,老年人采用的策略包括根据不同的搜索主题选择不同的搜索工具(如编号 16 的老人检索房产信息会采用 58 同城、搜狐焦点)、同时采用多个搜索引擎等;在搜索方式上,老年人采用的策略主要是语词及其组合检索,具体包括网站标题、网页题名、书名、作者、关键词检索,其中关键词检索居多;在筛选检索结果时采用的策略有逐一浏览、点击前几个结果、根据自身兴趣选择点击等;在对搜索结果的调整策略上,主要有更换搜索网站、更换检索词、改变检索词表达形式、调整检索词等。

从搜索策略来看,尽管有些老年人会采用多种搜索策略以获取满意结果,但总体而言,老年人检索水平一般,具体表现在:第一,检索技能缺乏,多位老年人表示不会搜索、需要求助他人;第二,检索工具选用不合适,如编号 10 的老人进行搜索和阅读的主要目的之一是为完成课题查找资料,但他选仅采用百度作为检索工具,并没有利用专业数据库;第三,检索词设定不够合理,如编号 25 的老人查找网站每次都采用"三九养生堂,提倡中医养身,是全国最大的养生门户"作为检索词而不知道能够缩短检索词或采用其他方式进入网站,还有如编号 18 的老人陈述"当我学习建立和谐社会的时候,我想要和谐就要宽容,于是我就在百度搜索宽容方面的资料",尽管他有设定相关检索词的意识,但却没有首先以"和谐社会"这一最为直接也最准确的检索词进行检索就改用"宽容"作为检索词,自然会带来结果的不准确;第四,检索调整意识较低、策略较少,如编号 21 的老人表示当搜索不到结果时会选择"半途而废",再如编号 49 的老人表示检索并不总能找到所需结果,但却无奈表示"有时候百度给了你什么了,我就看一看"。

(3)搜索评价

百度是老年人最多选用的搜索工具,多数老年人对其满意,认为百度好用、方便、对搜索结果陈述较详尽,搜索结果数量多、内容全,甚至认为它是百宝箱、万宝囊,什么都有、有问必答。但也有老年人表示搜索结果少或没有、效果不满意、结果真假好坏混杂、搜索结果多重复应合并,还有老年人指出不同搜索方式获得的结果质量不一,如编号 5 的老人指出"用百度搜相关的资料。百度文库的资料比较成型,比百度知道好。百度知道是大家在上面回复的,比较乱"。

4.2.3.3 数字阅读文本的选择行为

(1)对数字阅读文本的评价

阅读文本是文字内容和呈现形式两者的结合,由于数字文本缺乏把关人机制,它没有传统纸本读物质量上的严格控制,由于数字文本提供了更加多样的排版布局、文字设计的选择,它也会带来了不同于纸本读物的视觉呈现感受。从访谈分析来看,老年人的评价涵盖了这两方面。从对文本内容的评价来看,老年人普遍认为数字文本时效快、内容丰富、渠道来源多能获得多角度、多观点的内容,而在文本真伪好坏、价值用途方面的评价则存在差异。在真伪好坏的评价上,较多老年人认为存在良莠不齐、真假混杂的问题,但主流是好的,有的则认为不同类别信息的可信度不同,还有的老年人认为自己做不出真假好坏的判断。在价值用途方面,较多老年人持肯定态度,但也有老年人认为仅作参考甚至无保存价值,当然也有老年人认为"真正的用途说不好"。从对文本呈现形式(具体表现为文字大小、排版布局)的评价来看,字号小的意见较多,但总体而言,老年人多数并没有对此有太多感受,多数认为可以、还行,认为自己"不是专业人士,提不出好坏"(编号 34 的老人)、"因为不懂,就没有什么好不好"(编号 9 的老人)是其潜在心理动因,没有对己带来妨碍或干扰是直接原因,如有一些老年人认为虽然字号小,但自己眼睛好或会放大显示比例,不影响阅读。

(2)数字阅读文本的鉴别

面对信息质量尤其是可信度参差不齐的阅读文本,老年人会通过多种方法来进行鉴别。首先,根据文本类别来鉴别,认为科技、新闻、戏曲、学术内容可信,医药养生信息泛滥、可信度低,微博内容不可信;其次,根据文本来源来鉴别,权威网站如人民网、权威机构如正规医院、正规新闻机构的网站内容可靠,百度文库的质量比百度知道好,正规电视节目推荐的网站内容可信;再次,根据文本内容和形式特征来鉴别,专家撰写、作者署名清楚、内容系统、叙述表达客观的文本可信;最后,以个人阅历、知识和实践为基础进行的判断也很重要,如编号 27 的老人认为网络军事新闻很可靠,因为自己"基本多半辈子都是跟这些打交道",编号 47 的老人表示"搜索出来的东西分不清真假,必须得通过自己实践,才能知道哪个适合自己用"。总体而言,绝大多数老人认为自己具有辨别文本真假的判断力,在对文本的选择和阅读中都坚持兼听则明但要有个人观点,认为数字文本"不能全信,有的就是在网上散布一些什么,但要有自己的一个判断,不能全信"(编号21的老人),能对文本价值进行分类鉴别,如编号23的老人指出"有的东西你可以自己消化,有的东西就作为一种消遣,就是看看",对虚假内容、夸大其词的广告有较高的警惕性,如编号12的老人表示"绝不上广告卖药的那些网站"。

（3）数字阅读文本的选择

老年人主要源于个人需要来选择阅读文本,而源于工作需求的外部强制性较少,这与老年人退出工作岗位、避免了功利性目的驱使进行阅读的心理状态有关。在自愿选择阅读的情形下,老年人遵从自己内心,选择了自己感兴趣的、与自己有关系的、适合自己的阅读文本。其次,年轻时的爱好也是很重要的选择驱动因素,一方面,老年期会延续年轻时的爱好,保持文本选择的一贯性;另一方面,有些老年人年轻时因各种原因未能学习和践行自己的爱好,到了老年就会选择相关文本作为阅读对象以重启年轻时的爱好。在具体文本选择方式上,老年人会选择看内容全的文本,选择阅读信任的网站和网页,通过题目或类别进行初步判断以做出选择,不重复看各网站的同主题文本,不看标题和内容言辞夸张的文本,不看广告。还有些老年人对于阅读文本并没有特意地选择意向和方式,而是充满了随意性、随机性,如编号6的老人说"反正打开电脑再看吧",编号9的老人表示自己"有什么看什么,哪哪都看,点哪看哪"。

4.2.4 老年人数字阅读行为过程

数字阅读行为过程涉及阅读场所、时长、频率、内容、策略、后续行为等多方面,直接体现着老年人数字阅读的行为特征。

4.2.4.1 数字阅读场所与时间

（1）数字阅读场所

多数老年人家中配置有电脑和网络,从费用承担上看,访谈老年人的经济收入从2000多元到6000多元不等,数字阅读工具由自己购买或子女提供,承担的单月网费从30元到200元不等,但基本都表示可以承担,这是在家进行数字阅读的物质基础。退休后在家的时间也在拉长,因而家成为老年人进行数字阅读的主要场所。其次是图书馆,图书馆对老年人可提供两小时免费上网时间是重要的刺激因素,有些老年人出于经济方面的考虑在家中没有配置电脑或网络,如编号47的老人就反复表示网络费用太高了,编号23的老人也说"现在这个时候(老年期)咱就实打实的,能省钱就省钱";也有老人因担心自己控制不住上网时间影响健康而特意不在家中配置电脑网络,如编号15的老人所说"其实买台电脑也无所谓,我们孩子那也有用完的不用的,我怕在家里自己管不住自己,时间一长了以后眼睛受不了,来这有强制性的,两个小时以后呢就完了",这两种情况下图书馆成为他们主动选择的唯一阅读场所。还有些老年人是因为图书馆有馆员可以咨询、有专门培训课程可以学习、技术设备更好、环境安静所以选择图书馆;也有老年人已形成图书馆利用习惯,因而会在阅读书报之外安排数字阅读。其他场所还包括工作单位、老年大学、社区活动室、公园、同事朋友家,但选择的比例较低,这与访谈开展的场所选择有关,也显示出这些场所选择的偶发性、个体性较强。

（2）数字阅读时间

老年人阅读频率较高,绝大多数人选择每天都阅读,少数选择偶尔,有的老人对数字阅读的依赖性很强,基本上只要有空就上网(编号 8 的老人)、再忙也要上网(编号 18 的老人)。在阅读时段上没有一定之规,上午、下午、晚上都会成为老年人上网阅读的时段选择。在阅读时长上也有差异,有些老人每天固定投入时间多达 6—8 小时,甚至偶尔会更长,这些老人基本都比较好学、融入数字世界的主动性强、爱好阅读,心态也较年轻,如编号 8 的老人说:"我最少每天 5、6 个小时,要是多了就得 7、8 个小时。但是我不是玩,我不看电视啊,游戏啊,我就是看一些东西。"另外,数字文本的形式也有作用,如编号 14 的老人一天最多有十个小时,而他已 78 岁了,身体也不好,颈椎动过手术,之所以能持续如此长时间,原因在于他的阅读对象是有声小说,感觉"比看省劲"。多数老人控制在两小时以内,甚至很短。这其中的原因一是为保健身体(保护眼睛和颈椎、防辐射)进行的自我控制;二是忙于家务无暇多顾,如编号 52 的老人说自己"坐不了多久,一个是注意保护眼睛,一个就是一个人住好多事都要做";三是工作或其他活动(包括公益活动、社区活动、个人休闲活动、老年大学学习班)安排挤占了数字阅读时间;四是偏好纸本阅读形式;五是图书馆有时间限制。

4.2.4.2　数字阅读对象和内容

在阅读对象上,老年人多以文字量中下的文本如电子报纸、新闻报道、评论文章为阅读对象,对于文字量较大的书一般很少涉足,但也有老人专门搜寻文学小说或利用有声书。对于文字和图片的态度,多数老人文字图片都看,但基于阅读纸质书多文字、少图片的惯性在数字阅读时也更愿意看文字而非图片,如编号 21 的老人说"因为我们这个年龄段的人在年轻的时候特别爱看书,到现在也保持这个阅读的习惯,我愿意通过文字来直接了解情况,不愿意看图片";有的会配合新闻看下图片,一般的就不会看;仅个别老人表示更喜欢看图片,认为比较吸引人。

老年人的阅读内容较为广泛,其中,时政新闻是所有老年人的共同选择,表明他们普遍关心国际国内形势,其他包括社会、娱乐、体育、时尚在内的新闻也有老年人阅读,但就未能达到如时政新闻一般的覆盖率;老年期到来引发了老年人对身体保健、老年保障、老年相关政策的关注,使得养生保健、医疗医药、退休政策、劳保政策、医保政策的阅读较为集中;与老年人普遍爱好的日常活动有关的阅读内容包括文学作品、戏曲曲艺、书法绘画、舞蹈、体育、股票、旅游、饮食烹饪、英语学习;老年人对于往昔时光的留念带来他们对历史、人物传记的较多阅读;隔代教育的需求带来对幼儿信息、教育资料的阅读;与个人专业背景、以前职业及爱好有关的阅读内容包括专利、军事、考古、文字学、航空航天、科技发明等。总体而言,阅读内容与老年生活状态、个人专业背景、以前职业、个人爱好都有关联,此外,性别也会产生一定影响,分析发现,军事、科技、航天的阅读者都是男性,舞蹈资料的阅读者是女性,而在其他方面没有显示出明显的性别差异。

4.2.4.3　数字阅读方式

老年人在获取和选择阅读文本后,进行浏览时采取了多种方式,包括:第一,随意跳读,阅读的目标指向性弱,阅读主题随时会发生改变,如编号 34 的老人所说"打开我那博客,突然间呢,旁边有一条新闻说,中国军队都到东北去集结了。哎。我就点下这个看一下。正看着看着,沈阳四月份下雪了。好奇,就看那个了"。第二,略读,有的老年人只看标题。第三,详读,有的老年人会对选择阅读内容逐字细看,还会阅读文本的网友评论,阅读基本延续了纸本阅读方式。第四,有选择性地进行详读和略读。老年人会先看大标题以做出初步判断,据此对重点阅读内容进行详读,对其他内容则观其大概。而让其做出这种选择性的原因一是身体条件,二是阅读工具特性,如编号 24 的老人就表示"如果是平板的话,我就浏览一下近来发生的有什么事情,随便浏览一下,回去以后我再在电脑上认真阅读"。第五,同一主题的关联阅读,老年人会在阅读完所选内容后,通过网页下方更多推荐来浏览同主题的相关内容,或者浏览网友评论以加深对阅读内容的认知。第六,有目的、有针对性搜寻文本并进行反复阅读,对疑难问题会进行查检,对没有理解的地方会反复琢磨,这是最为主动和深入的阅读方式,但只有极个别的老人会采用这一方式。

4.2.4.4 数字阅读后续行为

后续行为是指在阅读之后还会进行的行为,在某种意义上反映出老年人阅读的投入程度和对阅读文本的利用程度。有部分老年人"看完就完"或者"有意思的再看一遍也行"(编号 42 的老人),但不下载保存,也不评论交流。这其中不评论的原因一是老年人经历过"文革"等政治运动,对于发表评论有所顾忌,所以不评论;二是有心无力,因自觉操作技能跟不上或理解不透而不评论,如编号 29 的老人所述"我看不透,我也不好意思说人家评论的怎么样";三是老年人认为自己人微言轻,发挥不了作用所以不评论,如编号 8 的老人说"我一看咱是无名啊,有名的可以,评论有什么用呢"。无论哪种原因,都反映出老年人谨慎、严肃的态度。

有后续行为的老年人较多,采取的方式多样,主要有:①离线保存,这是采用最多的方式。操作方式有直接下载打印、下载到 U 盘保存、复制到写字板、Word 或 Excel 中再保存或打印、截图保存,保存内容既有文本也有网址或网站名称,老年人保存文本后会集中时间详看,或仅仅保存备份,或留存以便日后对照验证,如编号 22 的老人所述"比如现在说社会的一些事情,说今后会怎么怎么样,我就保存下来,我就看今后会不会是这样子"。②编辑整理。在阅读之余,通过做笔记的方式对重要内容进行记录,或者进行分类整理、编辑资料汇编,如编号 5 的老人"弄了好多个文件夹,把下载的资料分类整理。比如儿科疾病,中年病、老年病、常见病等"。③写作交流。具体方式包括对阅读文本发表评论,或者基于阅读所得为己所用,写作文章并投稿,或者与家人朋友进行文本的交流分享。有些老人充满了评论热情,如编号 17 的老人表示自己对重点文章"不但看全,我最后还要评论。我这最大特点我要把这人全看了,就表示我有感动了有感慨了,我总要发表点意见"。与家人朋友交流分享阅读所得的老年人较多,交流分享的内容多集中在新闻事件。④收藏转载,老年人会通过在桌面建立快捷方式、放入收藏夹方式保留网站或网页网址,以便以后阅读之需,转载的运用主要是在"360doc 个人图书馆"中将个人感兴趣的阅读文本转载到"我的图书馆"。

4.2.5 老年人数字阅读障碍及社会支持

4.2.5.1 数字阅读障碍

老年人在数字阅读工具学习和使用、阅读文本获取和选择和阅读过程中都会面临一些困难,对其数字阅读的顺利开展造成阻碍。首先,在数字阅读工具的学习和使用中面临的障碍包括:①心理障碍。在接触之前,认为电脑网络无用、数字阅读无必要、有害健康等思想阻碍了老年人探求数字阅读的热情,而在接触之后,老年人对数字阅读无用无必要的态度虽然多会发生转变,但认为其有害健康的心理还或多或少存在。此外,怕把电脑弄坏了、担心自己学不会、不好意思请教他人等心理也会阻碍他们对数字阅读工具的深入使用。②身体障碍。动作慢、记忆力差往往导致老年人操作数字阅读工具速度慢、学习困难,如编号 1 的老人所说"脑子反应慢,忘得快,记不牢,所以,这个是年龄的事"。③技术操作障碍。多数老年人对电脑网络的掌握还不熟练,会遇到较多使用问题。尤其是通过自我摸索学会使用的老年人,因为没有经过系统的电脑学习,也少有人可随时咨询,所以遇到的理解和操作问题更多。④硬软件障碍。电脑硬件设备故障、软件病毒、网速慢、没有手写板等以及由此带来的维修不便不仅带来数字工具的使用困难,而且进一步加重了老年人怕把电脑弄坏了的心理负担。

其次,在数字文本的搜寻和选择过程中,老年人所遇到的障碍可分为三类:①操作障碍。不会打字对老年人阅读文本搜寻带来了显著的影响,多数老年人没有学过汉语拼音,对于他们而言重新学习拼音难度很大,记忆力差更加大了这种难度,这阻碍了他们通过搜索获取阅读文本的行为,如编号9的老人所说"自己不会打字,你想查点嘛,不会"。②搜索技能障碍。如前所述,老年人的搜索技术一般偏低,合理构造检索式、选择检索工具、有效调整检索策略的意识和技能较弱,有些老年人以碰运气式的方式来搜寻所需内容,这些都使得他们的搜寻效果不佳,很多老年人表示存在搜寻不到所需资料的情况,但却没有有效的方法解决。③文本鉴别障碍。部分老年人表示无法分辨阅读文本的真假,也有老年人遇到文题不符的问题,这既说明数字文本缺乏有效的质量控制,也说明老年人的阅读素养有待提高。

最后,在数字阅读行为过程中显现出的障碍包括:①身体障碍。老年期难以避免的身体机能衰退,使得老年人进行数字阅读多会遇到眼睛和颈椎不好、动作慢等障碍,他们会据此控制阅读时间,调整阅读策略,如编号14的老人表示"我刚开始的时候那看得很仔细,从题目一直看到完,连评论,详细极了。到后来发现不行,那么看太累了,浑身累得慌。怎么办呢,就看大标题,哪个耐看,一看关系到国计民生或者跟咱有关系,或者有新鲜事,一般的就不看了"。②心理障碍。心态上的"老"比实际年龄的"老"对老年人数字阅读的影响更大,如有些老年人刚过60岁就动辄以"这岁数的人""主要岁数在这了"来限制自己的阅读。③阅读能力障碍,主要是理解速度变慢、知识储备较少,如编号15的老人表示"我感觉我现在阅读能力变慢了,上岁数的人他就是看东西需要消化一下",编号45的老人感觉"困难真是多,就觉得自己学问太低了"。④情境障碍,老年人除了进行数字阅读外,还有很多的生活安排,包括参加其他活动、做家务,与子女同住的老人承担的家务和隔代教育的责任更多,这都会限制他们对数字阅读的投入程度,如编号39的老人所述"我们老两口照顾他们小三口,所以我们基本没有时间上网"。⑤网站设计障碍。网页字号小对于老年人来说是个非常明显的障碍,很多老年人都表达了对字号小的意见;广告和弹出窗口对阅读也造成了干扰,多数老人对此感到厌烦。⑥技术操作障碍。由于技术操作不熟及对浏览器不了解影响阅读进行,如老年人在阅读中会因各种误操作导致页面关闭或无法回到初始文本,或者不了解压缩方法导致下载保存无法进行,或者因不熟悉账号登录操作而导致无法转载文本到个人数字图书馆等问题。

综上所述,可将老年人数字阅读的障碍归纳为身体障碍、技术设备障碍、心理障碍、阅读素养障碍、情境障碍、网站设计障碍等。其中,前两者带来的影响最为明显,影响范围也最广泛。对于所遇到的阅读障碍,老年人采取的应对方式有三:一是尝试自己解决,包括自己胡乱摸索凑巧解决问题,以及有针对性在网上搜寻解决方法并实践检验;二是求助他人,求助对象包括家人、朋友、同事、学生、图书馆员、专业维修人员等;三是解决不了就放弃。

4.2.5.2　数字阅读中的社会支持

来自家人、朋友、同事等个人关系渠道的非正式社会支持和来自老年大学、图书馆等社会机构的正式社会支持在老年人数字阅读行为中都有体现,但作用方式和效果却有所不同。

（1）社会支持的作用方式

非正式社会支持尤其是家人对老年人数字阅读的作用方向有三种:第一,正向支持,表现为情感支持(支持鼓励老年人参与数字阅读)、工具性支持(提供数字阅读工具、配置网络连接、支付网费、安装相关软件)、信息支持(教习电脑、解决操作上的疑难问题、帮助查找阅读文本、解决电脑故障)、友谊支持(与朋友家人交流分享阅读所得)。第二,反向支持,主要是反对老年人进行数字阅读,理由包括认为数字阅读无用、有害健康、不安全、不良信息多影响大、浪费钱等。第三,无影响,一种是家人持中立态度、不干涉老年人的自我选择,如编号6的老人表示"家里人不管了,你愿意怎么玩怎么玩";另一种是家人因各种原因如在国外或外地、工作忙等没有无法顾及;还有一种是老人个人独立,不在意家人态度,如编号8的老人说"我自己买的电脑,自己买的无线上网卡,他们管不着我啊"。

正式社会支持的来源有图书馆、社区和网站。来自图书馆的支持方式可归纳为情感支持(馆员态度亲切、有耐心)、工具性支持(有专门电子阅览室、提供每天两小时免费上网、提供开水)、信息支持(开设公益性的电脑培训班、解答操作上的疑难问题、提供课件资料)、友谊支持(提供了认识他人、与朋友交流的场所和机会,如编号34的老人表示"过去的老同事也经常上这来,能碰着面")。来自社区的支持方式主要是工具性支持即社区活动室中提供电脑,但多数老年人并未感知到来自社区的影响;来自网站和软件设计的支持主要是工具性支持,包括提供放大功能(浏览器显示比例可调、电子报纸可放大)、输入法联想功能。

（2）社会支持评价

对于来自家人的非正式支持,老年人的评价集中在家人态度,多数老人表示子女、孙子女在教习电脑或解答操作疑难问题时态度不耐烦乃至贬低老人,以致挫伤了他们的学习积极性,如编号51的老人所说"一开始孩子教我,后来他没时间忙得要命,有时候我就忘了,他说'你怎么这么笨呐',有时候我都不愿意问他"。此外,在工具性支持方面也有不足,数字阅读工具配置不足或较低端,这影响了老年人对数字阅读的参与度,如有一些老人所得的电脑来自子女淘汰下的,速度和故障较多,还有老年人(编号19)表示"想让孩子们给买一个手写板,也没给买,(电脑和网络)用的就少了"。

对于来自图书馆的社会支持,老人们普遍评价较高,表示图书馆免费、环境干净又安静、硬件设备好、网速快、上网方便、馆员态度热情耐心、解答问题认真专业、电脑培训班收获大、促进了人际交流,并建议图书馆多办电脑培训班或讲座并应分层次设班(如基础班、提高班)、延长电子阅览室个人免费上网时长。在与来自家人社会支持的对比中,老年人对图书馆支持的正面感知更高,如在情感支持上,老年人多表示馆员态度好、耐心,不像家人那样不耐烦,有效推动了他们对电脑网络的学习,如编号41的老人表示"老师比我女儿还好,结果就敢问了";在工具性支持上,图书馆使用电脑网络方便而且免费,环境也比家里好,使得老人更愿意来图书馆;在信息支持上,图书馆开展的培训更系统,学习效果更好,如编号36的老人所说"家里让孩子们教不如这里系统,这儿教的还特别好",编号35的老人表示"我怎么就上这个班(图书馆老年电脑培训班)就这么明白了,原来就那么糊涂";在友谊支持上,图书馆提供了结识新朋友的机会,这是家人支持难以比拟的,如编号43的老人在陈述为何家中有电脑还要来图书馆时，表示"这（图书馆）不是热闹吗，家里光自己没有意思，在这儿有时候说会儿话什么的，认识人"。当然，也有少数老年人反映图书馆硬件易坏、死机多、网速慢、部分图书馆馆员缺乏职业素养、手续烦琐，并建议图书馆应改善硬件配置、增加复印业务、提高服务水平。

对社区支持的评价较少，老年人表示社区对自己没有影响，少数利用过社区活动室的老年人则反映其感受不好，原因一是设施设备不到位，有些老年人表示社区没电脑提供阅读，也有老年人表示"电脑社区里已经有了，居委会最基层的已经有电脑了，但是没开，因为它现在不会联网"（编号 52 的老人）；二是缺乏操作指导，如编号 50 的老人所说"电脑在那，你上你就上，你要不会也没有人教你"。

网站和软件设计的两点功能对老年人阅读提供了极大的支持，一是放大功能，对老年人来说这是解决网页字小的很方便的办法，老年人评价好，如编号 26 的老人表示"字放大了，我眼就行了，一开机它写的是 100，我给它弄 150，字就变大了，这个我看着挺好"；另一个是输入法的联想功能，可以提高打字效率，正如编号 5 的老人所说"汉字输入法发展了，打一个字能出来很多，很方便"。这些表明网站和软件设计对老年人数字阅读也是一种有效的社会支持来源，与他人的指导和辅助所提供的支持不同，它增进了老年人独立开展数字阅读的能力，提高了老年人对不同数字阅读文本的适应程度，减少了老年人对部分阅读障碍的感知。虽然老年人对网站和软件设计等并没有清晰的意识，但其无意的感知更反映出网站和软件人性化设计的价值。

4.2.6　老年人数字阅读体验

4.2.6.1　数字阅读评价

数字阅读作为老年人从未接触过的阅读形式，给他们带来了强烈的新鲜感，也给他们带来了许多收益。从对数字阅读的特点感知来看，老年人都认同其具有随时随地获取信息的方便性、迅速快捷地发布信息的高时效性、多渠道信息供给的全面性、各类型多内容的丰富性、高科技支持的时尚性等特点，但也指出数字阅读存在信息良莠不齐、真假混杂、干扰信息多、缺乏监管等问题，并提出通过 IP 控制、实名制方式来约束网络信息的随意发布行为，增加编辑以审核网络内容等方法来净化阅读内容，需要消除不良信息和广告弹出窗口，以降低对阅读的干扰。

从个人收益感知来看，老年人普遍感受明显，认为数字阅读帮助保持大脑活跃、有利于身体保健，增长了知识、开阔了眼界，提供了休闲娱乐新方式、充实了退休生活，提供了交流话题、促进了线上和线下的人际交往，有效帮助解决了生活实际问题，便利了专业资料查找和获取，增加了个人自信和自豪、带来了心理上的愉悦感和成就感，满足了老年人对新技术和新内容的猎奇心理。这种对收益的感知促成他们对数字阅读积极正面的情感倾向，以及行为上较高的投入程度，甚至有些老人已形成了对数字阅读的依赖。当然，老年人也会同时认为数字阅读有辐射、累眼睛、对身体不好、没有用，会因此降低对数字阅读的收益感知和情感认同，减少对数字阅读的参与。

4.2.6.2　数字阅读与纸本阅读的对比体验

（1）数字阅读和纸本阅读的优劣感知对比

老年人从多角度做出了对数字阅读和纸本阅读的对比，评价各异。其中，认为纸本阅读不及数字阅读之处表现为：在形式上，纸本阅读文本存放占地方、会因丢失或他人使用而影响自己使用，而数字阅读文本不占地方、可有多个复本供多人同时阅读，如编号13的老人所说"过去那个图书，几屋子几屋子存，现在都不用，存电脑里，要什么有什么"；在内容上，纸本阅读内容来源不及数字阅读全面、内容范围不及数字阅读丰富、内容容量不及数字阅读多、内容时效性不及数字阅读强、内容自主选择性不及数字阅读强；在文本获取上，纸本阅读需要购买、获取不便、也不易搜索，而数字阅读文本不需花费、更易获取，也可支持搜索（如编号27的老人表示"看书的话要去买，（而网上）我要看哪篇文章我一输入不就出来了嘛"）；在行为实施上，纸本阅读速度慢、需要光线明亮、保存和记录不方便，而数字阅读不限光照条件、下载收藏保存方便、不需翻阅阅读速度快。认为纸阅读优于数字阅读的表现在于：纸本阅读可反复看而数字阅读文本动态性强容易找不到、纸本阅读更有实感更直观、纸本阅读场所灵活而台式机固定阅读不便、纸本如报纸内容更深入详细、纸本可以翻页比电脑方便、纸本阅读更随意。

老年人身体状况对他们的评价具有一定影响，如编号14的老人手哆嗦就感觉数字阅读比较方便；还有很多老年人在进行纸本阅读时需要戴眼镜，而数字阅读时则不需要，会因前者不能持久而更青睐数字阅读。但也有老年人（编号21）表示纸本阅读可调整姿势，对眼睛和颈椎好。

（2）数字阅读和纸本阅读的关联利用

对数字阅读和纸本阅读的对比带来了老年人不同的阅读选择，有的老人表示纸本阅读更适合自己、更好一些，有些老年人表示两者各有所长、对自己一样重要，还有些老人则认为数字阅读比纸本好，甚至可以替代纸本尤其是报纸。但总体来看，老年人多是同时保有数字阅读和纸本阅读行为，并会将两种形式结合运用，如在图书馆看书加上网；对不同内容采用不同阅读形式，如看图书内容、保健知识通过纸本阅读、看新闻通过数字阅读，或者优先选择纸本阅读而以数字阅读为辅，如编号50的老人所述"保健的一般报纸上差不多，很少在网上找，除非报纸杂志上没有在网上找，有就不找"；想详细了解报纸上某主题新闻就上网搜寻浏览，如编号16的老人所述"报纸标题如果我想详细了解就会上网看"；先读纸本书记录相关关键词然后在上网搜寻，如编号10的老人"现在报纸上感兴趣的东西记录起来不是很方便，我就手记下来关键字，然后去百度上搜文章去，我就是这样，我感兴趣的话就把题目当作关键词，再到百度里面去查"。

4.3 老年人数字阅读行为模型与特征

4.3.1 老年人数字阅读行为模型

通过对上述各个部分的考察和深入分析，"老年人数字阅读行为模型"这一核心范畴逐渐从原始访谈资料中浮现出来（见图4-2），围绕其形成的故事线为：老年人数字阅读行为由动机推动，以阅读工具的选择和使用为基础，经过搜索浏览、导航链接、直接定位、社交媒体等方式获取阅读文本，对阅读文本进行鉴别选择，进入阅读阶段，在不同场所、占用不同时长、采用不同阅读策略进行阅读，满足需求，并对重要内容进行存储利用，并与他人交流分享，实现信息的传播。阅读所获得的体验感受与阅读产生的动机期望相符甚至超越将带来高的期望确认度,从而获得满意。在阅读唤起到阅读实现的全过程中有多种因素产生影响。

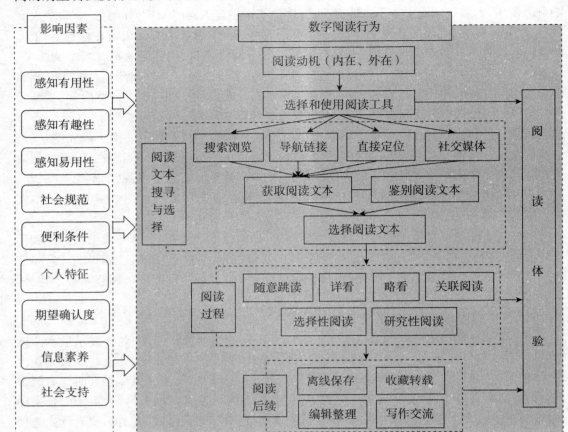

图4-2　老年人数字阅读行为模型

4.3.2　老年人数字阅读行为特征

研究通过访谈方法,获得了对老年人数字阅读行为的了解,发现其行为具有以下特点:

①老年人数字阅读行为由内在、外在动机共同推动,感知有用性、感知有趣性、社会规范、便利条件和个体特征对其参与数字阅读具有影响。老年期的数字阅读得以开展,来自工作情境的强制性约束减少,而来自休闲生活情境中的主观自愿性增强,由此产生的影响具有两面性:一方面使得老年人会主动学习甚至钻研数字阅读工具操作,形成对数字阅读的积极正向态度,不会轻易放弃数字阅读行为,主要根据个人兴趣喜好选择阅读内容;另一方面,也使得老年人数字阅读从工具使用、文本获取和阅读技能多停留在较低水平,满足于浅尝辄止,数字阅读能力难以提高,对数字阅读文本的利用难以深入。

②老年人数字阅读工具的选择多样,其中台式机占据了首要地位,与其普遍的使用率相比,对手机、笔记本电脑、平板电脑和电子书阅读器的认知、拥有和使用状况各异,字号显示、携带舒适度和使用方便度成为在不同工具中进行选择的主要依据。阅读工具的使用以网络在线方式为主、离线使用为辅。

③老年人对数字阅读工具的入门多感觉容易,即易用易学,其感知的难易程度与接触时

长和掌握的技能有一定联系,表现为初学者、不会拼音打字的老人多感觉困难。感知易用性、期望确认程度对于老年人数字阅读工具的持续使用具有正向作用。掌握开关机、鼠标键盘操作、打开浏览器是进行数字阅读最基本需要掌握的技能,也就是说,掌握这几项操作就足以支持老年人数字阅读行为的开展了,相对于其他如在线聊天、玩游戏、听音乐来说,阅读是数字世界中最简单的操作,进入门槛最低。而会打字(键盘输入或手写板输入)则可有效支持老年人对数字阅读文本的搜寻,增强其选择的主动性和灵活性。

④老年人数字阅读具有较强的同质性和习惯性。同质性主要表现在阅读文本的获取途径和来源网站非常集中,导航网站和搜索引擎是最主要的获取途径,常见门户网站(新浪、网易、腾讯、搜狐等)和新闻网站(凤凰、新华、人民等)是最主要的来源网站;在阅读内容偏好上也比较相似,时事新闻、养生保健、老年相关政策等是主要内容;在阅读文本的搜索方式上,百度是最主要的搜索工具,关键词搜索是采用最广泛的搜索策略。习惯性主要表现在无论是阅读工具的使用方法、阅读文本的获取方式还是后续阅读行为方式,老年人初始接触时采用的方式往往会持续使用;阅读内容和方法往往会延续年轻时的喜好和习惯。

⑤老年人数字阅读具有指向性与随意性结合的特点。指向性表现在他们对数字阅读工具学习内容上具有明确指向,即需要什么学什么而不追求全面掌握;在阅读内容和搜索主题上都与个人所关注的内容有关,即想看什么就只看什么而不追求范围的广泛覆盖。随意性表现在他们对阅读工具使用水平、阅读文本搜索效果、阅读文本获取充分性和准确性上的要求不高,尽管会感到所存不足或不便,但多会接受自己的能力现状,以能做什么就做什么、能搜到什么就搜什么、能看什么就看什么的随意态度来进行阅读,深入钻研以充分满足自己所需的人较少。

⑥老年人数字阅读态度严肃、认真,有较好的鉴别和自控能力。表现在多方面:在阅读文本的获取和选择上信任权威网站、权威机构和权威专家,对网络虚假信息、广告信息有较强的警惕性;在阅读时间上,会依据自身身体条件、情境状况及个人特点来控制时间;在阅读之余,会采用保存、打印、收藏、转载、编辑整理、记录、交流分享、写作等多种方式延续阅读,以备离线阅读、实践、检验或查核;对阅读后进行评论的态度谨慎,无论是否评论,其理由都显示出老年人的态度很认真;对网络信息的随意发布保留意见,并提出了编辑审核、进行监管、实行实名制等建议。

⑦老年人在数字阅读工具选择和使用、阅读文本搜寻和选择、阅读行为过程中都面临着障碍因素,主要包括身体障碍、技术设备障碍、心理障碍、阅读素养障碍、情境障碍、网站设计障碍等。来自外界的社会支持力量对老年人数字阅读有影响,其来源包括来自家人、朋友、同事等的非正式社会支持,和来自图书馆、社区和网站等的正式社会支持,其支持方式可分为工具性、情感、信息、友谊支持,不同来源的社会支持提供了不同的支持方式。但社会支持的作用方向和效果存在差异,既会发挥鼓励和帮助老年人进行数字阅读的作用,其态度、设备、服务等方面存在的不足也会导致老年人数字阅读遭遇社会支持障碍,降低参与意愿和深入程度。

⑧个体特征与老年人数字阅读有一定关联关系,具体包括:第一,数字阅读的老年人中男性比女性参与更多,性别对阅读内容有影响,阅读军事、科技、航天的阅读者都是男性,舞蹈资料的阅读者是女性;第二,数字阅读的老年人中文化程度高的居多,文化程度对数字阅读工具学习和使用的自我效能感有一定影响,专业背景对阅读内容有直接影响;第三,经济状况对老年人参与数字阅读有一定限制,免费对他们来说具有较强吸引力;第四,个性好奇

心强、爱思考、乐观积极的老年人对数字阅读的参与主动性强;第五,个人生活状态(居住状态、工作状态、休闲活动状态)和经历对老年人数字阅读的动机、内容有影响。

⑨老年人的数字阅读体验总体较好,对数字阅读的益处感知明显,对纸本阅读和数字阅读的优势劣势有比较充分的对比感知,也采取了一些方式对两种阅读形式进行综合应用。在纸质载体为主的传统阅读环境中,老年群体是纸本尤其是报纸阅读的忠实用户,但随着对数字阅读的接触运用,在老年群体中也显现出两种阅读形态转换过程中的不同抉择,其中部分老年人认为可用电脑代替报纸的观点,更显示出纸质书刊的边缘化进程难以避免并在加快。

4.4　研究讨论

4.4.1　本研究与技术接受模型的比较探讨

本研究借鉴了技术接受模型(TAM)来探讨老年人数字阅读动机和工具使用行为。TAM主要是基于工作情境的探讨,而老年人多已退出工作岗位,是在休闲生活情境中接触和开展数字阅读,尽管情境不同,本研究仍发现 TAM 的多种因素,主要是感知有用性、感知有趣性、感知易用性、社会规范、便利条件和个体特征对老年人数字阅读动机产生、行为持续和阅读工具使用具有很好的解释力,这说明 TAM 具有很强的情境适应性。但因情境的不同,本研究中这些因素的表现和作用机制也有所差异:

①感知有用性在 TAM 中的四个指标即提高产量、提高工作表现、提高工作效率、对于工作直接有用[1]均与工作有关,而本研究中认为的有用性则表现为老年人自我感知对其身体健康、知识增长、充实生活等多方面的收益。对这些收益的期望产生数字阅读动机,对这些收益的确认带来体验感受,而对期望与确认之间吻合的判断带来了对数字阅读的持续参与意向,总之,感知有用性在老年人数字阅读行为中具有重要的正向作用。

②感知有趣性在 TAM 扩展研究中被定义为"用户在使用某一系统的过程中感知到的、不由系统绩效引起的,而是由系统本身带来的趣味性"[2],而本研究感知有趣性则表现为用户从阅读行为本身而非阅读所得产生的实际应用中获得的愉悦感觉。感知有趣性对于分析老年人数字阅读是一个值得重视的影响因素,因为老年人开展数字阅读基本不与工作的强制要求和绩效要求产生关系,而主要与主观自愿、自由抉择与个人追求有关,因而以兴趣为主导,追求个人爱好、身心愉悦的导向对老年人数字阅读动机生成、阅读持续意向都产生了正向作用,对数字阅读内容选择产生了直接影响。

③社会规范在 TAM 中更强调其强制成分,即强调个体依从各种社会压力的信念,因而会更多关注用户的外显行为如使用频率或使用量,较少涉及用户的心理感知[3]。与其强制性

---

①　Legris P,Ingham J,Collerette P. Why do people use information technology? A critical review of the technology acceptance model[J]. Information & management,2003,40(3):191 – 204.

②　Venkatesh V,Davis F D. A theoretical extension of the technology acceptance model:four longitudinal field studies[J]. Management Science,2000,46(2):186 – 204.

③　李霆,张朋柱,王刊良.社会规范对技术接受行为的影响机制研究[J].科学学研究,2005,23(3):319 – 324.

的作用机制不同,本研究发现社会规范在老年人数字阅读中更多表现为内化机制,他们会主动选择是否接受社会观念、社区他人和重要他人如家人、朋友的影响,如果老年人认可外在的社会规范,就会内化为自己积极的使用意向和行为,但并没有在阅读时间、频率上有明显表现。两者作用机制之所以不同,自愿使用是个重要的控制变量,这一点与 Venkatesh[1] 和 Hartwick[2] 的研究发现一致,概括起来就是社会规范对外显行为的强制作用受用户自愿使用程度制约。

④在 TAM 中经常被探讨的个性特征包括老年人的人口学特征(如性别、年龄、文化程度、经济收入、身体状况等)和心理特征,而现有研究的结论并不一致,本研究在这些方面也进行了分析,获得了一些值得探讨的发现(数字阅读以网络阅读为主,因而可视为网络利用的方式之一,具有与研究网络使用的研究有比较分析的基础)。第一,在身体健康方面,多位研究者指出身体机能的下降是影响老年人网络利用的主要因素之一[3]-[6],而刘劲劲等人则发现身体机能的下降并不是老年人持续使用互联网的重要影响因素[7]。本研究与后者有共通之处,也发现老年人虽然会有眼睛、颈椎、行动能力的问题,也会因此受到家人反对开展数字阅读和阅读时长的自我约束,但并没有人因此中断数字阅读,而是采用佩戴眼镜、选用不同阅读工具、控制时间、适当休息等方式来降低身体所带来的不便。这表明身体因素在已有数字阅读行为的老年人中并不具有决定性的影响,而很可能的推断是它会是开始数字阅读的决定性因素,当然对此推断需要通过对不参与数字阅读的老年人的调查来进行证明。第二,不同年龄、性别、文化程度、经济收入的老年人在数字阅读的不同方面存在一定差异,但其均未显示出特别具有偏向性的影响,因而如进行定量检验时能否达到统计分析的显著性是值得继续探讨的,如刘劲劲等人的定量研究就发现这些因素均对老年人网络持续使用无影响[8]。第三,在心理特征上,补偿心理和好奇心理值得关注。研究发现年轻时经历过上山下乡、“文革”或其他变动,或工作忙、条件差的老年人会有很强的补偿心理,希望在老年期能弥补年轻时的缺失,由此对数字阅读动机生成和阅读内容偏向都带来了明显的影响,这一点与谢波的结论基本一致。本研究还发现,好奇心理及由此带来的主动探索对于老年人参与数字阅读具有积极影响,不仅推动他们学习和使用数字阅读工具、利用网络,而且推动他们

①　Venkatesh V,Davis F D. A theoretical extension of the technology acceptance model:four longitudinal field study[J]. Management Science,2000,46(2):186 – 204.

②　Hartwick J,Barki H. Explaining the role of user participation in information system use[J]. Management Science,1994,40(4):440 – 465.

③　Phang C W,Sutanto J,Kankanhalli A. Senior Citizens'Acceptance of Information Systems:A Study in the Context of E-Government Services[J]. IEEE Transactions on Engineering Management,2006,53(4):555 – 569.

④　刘磊,刘悦,黄士敏. 微博对老年人日常生活的影响[J]. 中国老年学杂志,2011(12):4741 – 4743.

⑤⑨　Pan S,Jordan-Marsh M. Internet use intention and adoption among Chinese older adults:From the expanded technology acceptance model perspective[J]. Computers in human behavior,2010,26(5):1111 – 1119.

⑥　Namazi K H,McClintic M. Computer use among elderly persons in long-term care facilities[J]. Educational Gerontology,2003,29(6):535 – 550.

⑦⑧　刘劲劲. 基于期望确认理论的老年人互联网应用持续使用实证分析[J]. 管理评论,2012,24(5):89 – 101.

充分搜寻阅读文本并开展深入阅读,这与甘勇灿[1]、Swank[2] 的发现相近。

4.4.2 对社会支持的思考

本研究发现在老年人数字阅读行为过程中,非正式社会支持是他们最直接感知和利用的支持来源,正式社会支持如社区、图书馆则只在部分老年人中获得感知和利用,如在社区访谈的老年人中无人提及图书馆的支持,绝大多数老年人对来自社区的支持无感知,这表明正式社会支持未充分发挥作用。老年人退出工作角色后也往往带来社会关系网络的削弱,非正式社会支持的获取通常也变得更加单一、动态而薄弱,如仅有少数老年人表达了从过去同事那里获得帮助,老年人对子女的依赖多但多趁着子女有空或偶尔的咨询解答来学习电脑和网络操作。与此同时,如果正式社会支持也不能发挥有效作用,那么老年人参与数字阅读的主动性将会受到压制,技能水平也将无法提高乃至无法获取,他们在数字世界中的缺位将会更加严重。本研究同时也发现,一旦正式社会支持发挥作用,其效果是很好的,对非正式社会支持具有极强的增补甚至部分替代作用,如在图书馆电脑培训班的老年人对其评价大大超过对子女的评价,因而,为推动老年人的数字融入,正式的社会支持大有可为,应予以重视并发展完善,从而与非正式社会支持一同构筑老年人的社会支持网络。

现有研究显示培训能有效地提高老年人对电脑和互联网的使用[3],但老年人遇到的主要障碍之一就是缺乏上网的技术支持和培训[4]。本研究发现,恰恰在提供培训方面,正式的社会支持尤其是图书馆支持作用明显。老年人从图书馆电脑培训班不仅得到了系统的技能培训,而且从图书馆员耐心、认真、专业的服务态度中获得了对参与数字阅读的鼓励和尊重,这是相较于子女支持非常明显的优势。此外,图书馆的良好环境和设施设备、免费服务有效降低了老年人的心理负担、经济顾虑(当然,免费服务对经济收入足以支持电脑网络使用的老人也很有吸引力),也提供了从家庭这一单一环境跳脱出来的选择和建立社交关系的新平台,这些也是家人支持难以完全比拟优势。总之,图书馆的支持具有自身独特优势,其提供的支持对缺乏和拥有数字阅读技能的老年人来说具有普遍的增益作用。但图书馆支持目前存在的普遍问题是,在提高老年人搜索策略和阅读策略,提供阅读指导方面并没有充分发挥作用,而这些本应是图书馆职业的核心能力,因而如何提高图书馆支持的作用层次,展现其独特的职业素养值得思考。

本研究还发现网站和软件等的交互设计也是种社会支持,放大显示功能和输入法联想功能的设计提高了老年人的感知易用性和个体独立性,有效支持了老年人的阅读过程和文

---

① 甘勇灿.我国老年群体新媒介使用行为与影响因素研究[D].哈尔滨:哈尔滨工业大学,2013:21.

② Swank C. Media uses and gratifications:need salience and source dependence in a sample of the elderly [J]. American Behavioral Scientist,1979,23(1):95–117.

③ Yang H,Yu C,Huang C,et al. Teaching information technology for elder participation:a qualitative analysis of Taiwan retirees[J]. Wseas Transactions on Information Science and Application,2010,7(9):1190–1199.

④ Pan S,Jordan-Marsh M. Internet use intention and adoption among Chinese older adults:From the expanded technology acceptance model perspective[J]. Computers in human behavior,2010,26(5):1111–1119.

本搜寻。尽管如此,当前的网站、网页和软件设计对于老年人来说仍然造成很多障碍①,更有研究表示有超过50%的老年人在使用过程中遇到的问题可通过改进人机交互设计来解决②,因而对老年用户来说,友好的、具有高可用性的无障碍交互设计非常必要,字号调节、操作提示和说明、搜索提示、自动屏蔽弹出广告、经验兼容性等设计对于进行老年人数字阅读来说尤为关键。

4.4.3　研究不足

本研究的不足主要有两点:第一,访谈地点主要在社区、公园和图书馆,而没有涉及老年人可能接触电脑的老年大学、养老院等,这使得对正式社会支持的了解存在局限;第二,对不同阅读技能水平的老年人并未进行区分,因而对他们在数字阅读各环节中的表现差异并未展开充分探讨,这也是今后研究需要改进的方面。

---

① Wagner N,Hassanein K,Head M. Computer use by older adults:A multi-disciplinary review[J]. Computers in Human Behavior,2010,26(5):870-882.

② 宫晓东.老年人科技生活环境设计研究[D].北京:北京理工大学,2014:102.

5 图书馆促进老年人阅读的理论支撑与现实依据

图书馆促进老年人阅读从图书馆和老年人两个角度来看都有其深刻的理论基础,也有现实依据,它们提供了图书馆为什么要促进老年人阅读,阅读促进又何以成为可能,以及在阅读促进中会存在哪些可能的问题等的解释,能够为开展老年人阅读促进的学术研究和实践工作提供有效指导。

5.1 图书馆促进老年人阅读的理论支撑

5.1.1 图书馆学理论

5.1.1.1 来自图书馆本质的理论探讨

在图书馆学对图书馆本质的探讨中,阅读被认为是一个关键因素。1931 年,印度图书馆学家阮冈纳赞的《图书馆学五定律》问世,提供了"我们职业最简明的表述",在一定程度上揭示了图书馆的内在本质①。其中,"书是供使用的"指明图书馆要将获得的文献提供利用,"每个读者有其书"要求图书馆"一视同仁地向每个人提供图书,将严格而认真地坚持看书、学习和享受机会平等的原则","每本书有其读者"要求馆员要为书与人之间的匹配发挥作用,"节省读者时间"要求图书馆考虑读者获取阅读资料的成本和效率,"图书馆是一个生长着的有机体"提示图书馆应随着社会发展不断调整,馆员要结合图书、读者的变化而不断变化。为贯彻五定律要求,阮冈纳赞进一步提出,图书馆实践中要消除读者与书籍之间的障碍,实行免费阅读、平等开放、开架借阅,馆员应研究读者的阅读倾向、熟悉和宣传图书、引导读者检索和阅读各种文献,提高读者利用图书馆的技能等②。总而言之,阮冈纳赞的五定律从促进图书为读者所使用这一角度为阅读促进提供了理论支持和实践要求,也展现了图书馆学人文主义精神。但就对阅读促进本质的揭示而言,芝加哥学派的认识更加深刻。

1931 年,芝加哥学派的代表人物巴特勒在其著作《图书馆学导论》中提出了一个著名的观点,即"图书馆是将人类记忆的东西移植于现在人们的意识之中的一个社会装置",紧随其后的另一代表人物谢拉则进一步明确提出图书馆是知识交流的"社会机关"③。他们的观点中包含两层含义,其一,"移植"或"交流"都是为了将文献中所包含的"社会的知识"转移到"个人的知识",而转移得以实现,"阅读"是必不可少的中间环节;其二,图书馆是这种转移过程发展到系统化、规模化、复杂化阶段时的社会需要,也就说需要图书馆这一制度化的社会机构来促进阅读,从而完成知识的社会"移植"或"交流"。因此,以他们为代表的芝加哥

---

① 石宝军. 国外图书馆学基础理论研究述评[J]. 中国图书馆学报,1991(4):37-45.

② 郭星寿. 阮冈纳赞及其图书馆科学的五法则[J]. 图书情报知识,1984(3):57-63.

③ 林嘉. 评介图书馆学的芝加哥学派[J]. 高校图书馆工作,1987(4):74-77.

学派都特别重视"阅读"这样一个"社会的文化的交换的"核心问题①,不仅将其作为理论构建的重要基石,而且开展了多样化的实证调查来切实研究阅读现象和阅读行为。正如他们"第一次在真正意义上确立了图书馆学作为一门科学的地位"的学术地位一样②,芝加哥学派从图书馆学视域提供了对阅读和阅读促进的本质性的理论阐释,其分析的深刻程度也是前所未有的,并对后世产生了持久影响,只要以知识为基点来认识图书馆,阅读促进就是相伴而生的职能,使得阅读促进具有了图书馆内生性需求的特征,始终被视为图书馆的职业使命之一。同时,芝加哥学派对图书馆作为"社会"机构的性质判定,也确立了图书馆学在社会背景中考察图书馆实践的诸多问题、注重图书馆与社会互动关系的研究思维,在老龄化背景下讨论图书馆为老年人服务的问题正是这一思维的体现③。

5.1.1.2 来自图书馆起源与发展的历史分析

对英美公共图书馆的发展历程进行分析都发现,促进平民阅读是早期创办公共图书馆的主要动因。英国在工业革命之后,城市扩张、市民阶层壮大、社会经济发展、闲暇时间增多带来了社会大众对阅读的强烈需求,他们既需要识字以满足阅读操作说明书和提升生产技能的需求,也需要阅读来填充空虚的精神生活④,这一需求带来了扫盲运动的开展,也带来了对图书馆向公众免费开放的普遍要求,在有识之士的倡导下,1850 年英国颁布了世界上第一部由国家颁布的公共图书馆法,公共图书馆蓬勃发展,迅速形成了分布于全国的公共图书馆体系,使所有纳税人均能平等地享受免费阅读的机会。至 1860 年,英国已有 28 所公共图书馆,图书馆的读者除了律师、建筑家、军人和传教士外,工人、手工业者、职员、店员等传统的弱势人群渐渐成为阅读群体的大多数⑤。从 19 世纪 80 年代起,由于卡内基财团的资助和英国图书馆协会的推动,英国公共图书馆数据剧增,其社会作用日益显著⑥。

同一时期美国也表现出类似的发展轨迹,以阅读来完成扫盲与教化成为推动公共图书馆发展的动力,"好书有益……对来自好的阅读所产生的正面而积极的影响的信念从未动摇过,成为那个时代共同的信条"⑦,而这一信条的确立与当时企图打击有害的文学作品在社会上的不良影响有关⑧,社会普遍认同公共图书馆作为"人民的大学",通过"以最小的成本将最好的图书提供给最多的读者"的方式来促进阅读,能够弥补学校所不能带来的延伸教育,提升广大民众的知识与道德水平,由此,法律保障和慈善捐赠推动了公共图书馆的快速发展。1849 年,新罕布什尔州最早颁布图书馆法,1851 年,马萨诸塞州公布了征收图书馆建设税法并在 1854 年建立了第一家依法设立的公共图书馆——波士顿公共图书馆。同时各州相继成立了图书馆委员会,通过流动图书车或建立小型乡镇图书馆的形式将图书馆服务扩大到农村地区。1901 年,卡内基开始捐献巨资在各地兴建公共图书馆,美国公共图书馆也

---

① 黄纯元.论芝加哥学派(下)[J].图书馆,1998(2):6-9.
② 黄纯元.论芝加哥学派(上)[J].图书馆,1997(6):1-3.
③ 于良芝.在芝加哥学派开创的道路上——国外图书馆学研究及对我们的启发[J].图书馆,1989(1):14.
④ 李超平.公共图书馆宣传推广与阅读促进[M].北京:北京师范大学出版社,2013:240.
⑤ 杨威理.西方图书馆史[M].北京:商务印书馆,1988:196-197.
⑥ 华薇娜.英国公共图书馆产生的背景及其历史意义[J].图书馆杂志,2005(1):3-9,19.
⑦ 李超平.公共图书馆宣传推广与阅读促进[M].北京:北京师范大学出版社,2013:243.
⑧ 曹海霞.美国公共图书馆发展的社会历史条件探析(1850—1900)[J].图书馆杂志,2012(6):14-19.

掀起了建设高潮①。

英美公共图书馆的发展起源都显示出与阅读促进的密切联系,也彰显了平等、免费、包容的职业核心价值,强调要面向所有社会成员服务,而不因年龄、性别、种族、经济地位等带来差异。英美两国公共图书馆运动为其他国家图书馆建设树立了榜样。1893 年 7 月,第 2 届国际图书馆员大会召开,会议首次对公共图书馆的目标、任务做出比较明确的定义,从而在世界范围内发起了一场建立类似英美公共图书馆的新型公共图书馆运动②。在此其中,英美图书馆通过促进阅读施行平民教育、面向所有社会成员提供平等服务的理念也被推广,面向老年人的阅读服务作为两者的交叉领域,也自然而然地成为图书馆的业务内容之一。

伴随着社会环境的变化和图书馆的自身发展,图书馆职业在阅读促进的立场上也进行着不断调整。公共图书馆在创建之初一直将自身看作是正式教育过程的同盟者,并把自己看成是不能接受正规教育的社区民众的直接教育者③,为此,在阅读材料上强调"拥有良好图书、重要而流行的期刊以及可读的有关政治、社会和文学论文"④,在阅读促进上强调阅读教育和干预。但通俗小说的巨大流通量(在一些图书馆,通俗小说的流通率甚至占到总流通率的 80%⑤)与图书馆预设目标之间的落差促使图书馆职业开始了新的审视,1876 年 Kert 所提出的"公共图书馆的基本目的是为各阶层的人士提供图书,不应无视广大读者的各类需要"的观点在 20 世纪初开始获得更多认同⑥,19 世纪 30 年代以 Wapls 为代表的研究者开展了多样化的调查以了解大众阅读状况和需求,图书馆界越来越清晰地意识到"就像读者有很多种类一样,所谓好书也是有很多种类的"。过去以图书馆员的选择强加于读者阅读选择的立场开始转变,在思考阅读促进作为外在干预的伦理正当性和实施科学性的过程中,图书馆阅读促进注重强调以服务来调动读者阅读兴趣、满足和引导读者阅读需求、营造阅读氛围,休闲型阅读与学习型阅读获得同样的职业认可,成为阅读促进的内容。

之后,随着知识社会的发展和终身学习观念的普及,图书馆作为学习中心的地位备受重视,成为公众最需要的功能之一;随着社会经济文化发展,人们的闲暇时间增多,精神文化需求更加迫切,图书馆作为公共文化服务机构的职业属性被着重强调;随着网络技术、数字技术的普及,阅读形态发生变化,"图书馆必须成为这场阅读革命的一部分,支持和维护数字化读者的权利"⑦;知识鸿沟、数字鸿沟的深化呼唤图书馆发挥扫盲和社会稳定器的作用,提供平等、自由的知识信息获取机会,阅读能力被视为知识信息获取的必备能力。在这一系列的发展变化中,图书馆阅读促进的内涵和层次更加丰富,并始终成为图书馆的主要工作之一,产生切实的影响。国际图联阅读部(Reading Section)在 2001 年对 18 个国家的 50 家图书馆开展的调查发现,34 个图书馆有专门从事阅读促进的馆员,有 37 个图书馆将阅读促进作为

① 潘小枫. 中美两国的公共图书馆运动及背景分析[J]. 图书馆,2005(4):9 – 12.

② 丘东江,等. 国际图联(IFLA)与中国图书馆事业(上)[M]. 北京:华艺出版社,2002:3.

③ 郑永田. 美国公共图书馆史文献评述[J]. 中国图书馆学报,2012(4):29 – 38.

④ Adams H B. Public libraries and public education[M]. Albany:University of the State of New York,1900:72.

⑤ 于良芝. 公共图书馆存在的理由:来自图书馆使命的注解[J]. 图书与情报,2007(1):1 – 9.

⑥ 肖希明. 信息资源建设[M]. 武汉:武汉大学出版社,2008.

⑦ Peters T. The future of reading[J]. Library Journal,2009,134(8):18 – 22.

所有员工的工作内容之一,有 46 个图书馆开展了阅读促进活动①。

　　图书馆职业所发生的这些发展变化对于老年人而言都具有意义,他们也有继续学习的内在动机,甚至为了弥补年轻时因种种原因未能实现的兴趣爱好和愿望,学习欲望和积极性更加强烈;他们的闲暇时间更多,也有充实闲暇时光、避免孤独寂寞的主观需要;为了不成为数字世界中的落伍者,获得培训以掌握数字阅读技能对他们极其重要;生理性弱势、社会性弱势和知识性弱势集中于他们,增进社会包容、保障知识公平对他们意味深远,而对这些,图书馆阅读促进均可发挥作用,同时,这些需求也成为图书馆老年人阅读促进的内容或遵守的原则。

5.1.1.3　来自图书馆职业使命的陈述

　　理论分析和历史实践都显示出图书馆天然具有促进阅读的职业使命,对这一使命的自觉认识通过一系列公共图书馆宣言、指南、声明予以发布,成为图书馆职业的广泛共识,也成为图书馆对社会做出的庄严承诺。这些通过公开文件所表达的图书馆职业使命从两种角度切入了老年人阅读促进(见表 5 - 1):一种是从图书馆作为保障公民平等获取知识信息的制度安排的角度,要求图书馆关注阅读公平,提供不分年龄的平等服务;要保障阅读自由,以阅读促进的方式,消除老年群体获取知识信息的多方面障碍,保障他们知识信息的获取权利;要促进老年人数字阅读,从而缩小与社会普遍水平之间的数字鸿沟,共享数字社会的发展成果。另一种是从社区生活的角度,要求图书馆需要关注老龄化所带来的变化,及由此对图书馆所服务社区带来的影响,如英国《博物馆、图书馆、档案馆的社会产出原型框架》(*Generic Social Outcomes*)就从重视社会成效的角度指出需要考虑支持老年独立生活、社区群体间对话、健康的生活方式②。这种关注对于图书馆自身而言,也意味着它对于其所服务社区的责任和作用。Greenhalgh 等人通过引用 1000 名被调查者的评论及案例分析,发现公共图书馆在公共生活的五个方面确有影响,即丰富文化生活、提供信息、个人成长与终身学习、弱势群体关怀、经济发展③,这其中前四项与老年人阅读均有关联,间接反映出图书馆阅读促进可能的社会价值。由此,促进老年人阅读显示了在职业使命观照中的合理性,一是它符合抽象的职业理念,二是它显示了具体的职业贡献。

　　随着公共图书馆的功能扩展,其职业使命的规定也逐渐增多,如《公共图书馆宣言》(*UNESCO Public Library Manifesto*)1994 年版本中规定的图书馆使命多达 12 条,这对于具体图书馆而言,显然无法负荷,因而选择至关重要。1983 年马丁(Martin L A)提出公共图书馆功能(任务)(role setting)设计的理念,即各图书馆根据所服务社区的情况,从公共图书馆的功能列表中选择若干项,作为本馆在特定时期的基本功能和辅助功能,然后设计相应策略以实现这些功能④;美国图书馆协会所发布的《公共图书馆使命陈述及其对服务的必要性》(*Public Library Mission Statement and Its Imperatives for Service*)、英国《科米迪亚报告》(*Come-*

---

①　Briony Train. Reading Section International reading Survey:Presentation of Finding[EB/OL]. [2014 - 04 - 06]. http://www. ifla. org/VII/s33/project/irs. htm.

②　Generic social outcomes[EB/OL]. [2014 - 12 - 10]. http://www. inspiringlearningforall. gov. uk/tools-templates/genericsocial.

③　周吉. 公共图书馆社会影响评价研究——理论、方法与设计[D]. 上海:华东师范大学,2010:11.

④　潘拥军. 图书馆规划编制实践研究——以广州图书馆为例[J]. 四川图书馆学报,2011(5):22 - 26.

dia Report)也都提示图书馆要根据具体情况,选择几项进行重点建设,从而形成适合本地实际情况的具体目标①②,也就是说图书馆实现的是有限目标,而社会环境和所服务社区环境变化是其选择的重要依据之一。在老龄化快速发展的社会进程中,老年群体数量和比例增多显然是图书馆界应予以重点关注的环境变化,美国早在 1964 年就结合当时的老龄局面起草了《公共图书馆对老年人的责任》(*The Library's Responsibility to the Aging*)声明,指出对于由于年龄增大而引起的社会的、经济的、生理的等诸多问题,所有的图书馆,尤其是公共图书馆应该负起责任③。而在近年来,全球老龄化愈演愈烈,不仅是图书馆界,社会也主动意识到图书馆在其中的重要性,正是在这个意义上使得 2005 年白宫老龄会议上图书馆成为老龄决策中主动被表决的议题。图书馆面临的另一方面变化是国民图书阅读率下降,数字阅读率虽持续上涨,但在阅读工具的操作技能、阅读材料的搜寻和鉴别、阅读行为层次的深入方面还存在许多有待提升的空间。在这一背景中,图书馆培育社会阅读风气、创造良好阅读环境、激发大众阅读兴趣、提供便利的阅读资源和服务等的固有使命更受重视,并在公共文化服务体系建设中得以强调,老年人自然被纳入这一使命的对象指向中。总之,从社会环境的变化来看,促进老年人阅读应可成为图书馆重点选择、并通过切实的行动予以履行的职业使命。

表 5 - 1　与老年阅读促进相关的图书馆使命陈述文件

文件名称	发布机构	发布时间	主要的相关陈述
公共图书馆宣言(*UNESCO Public Library Manifesto*)④	联合国教科文组织	1949 年	公共图书馆是平民教育的生力军,是民主的教育机构,是现代民主政治的产物,也是终身教育过程中民主信念的实证。作为一个民有民享的民主机构,公共图书馆……对其所在民众,应不分职业、信仰、阶层或种族,一视同仁,给予同等的免费服务
公共图书馆宣言(*UNESCO Public Library Manifesto*)⑤		1972 年	公共图书馆应当随时都可让人到馆,它的大门应当向社会上一切成员自由地、平等地开放,而不管他们的种族、肤色、国籍、年龄、性别、宗教、语言、地位或教育程度。 公共图书馆建筑应该位于中心地点,应该便于老弱病残人的来馆。 公共图书馆必须对成年人和儿童提供机会以便他们随时赶上时代,不断地对他们施加教育并使他们随同科学与艺术一道进步

①　于良芝,李晓新,王德恒.拓展社会的公共信息空间——21 世纪中国公共图书馆可持续发展模式[M].北京:科学出版社,2004:89.

②　Comedia. From ordinary to extraordinary: transforming South Tyneside'sfuture[EB/OL].[2014 - 09 - 09]. http://www. southtyneside. info/search/tempDocuments/tmp_16374. pdf.

③　日本图书馆为老年人服务的现状和课题——自立参与关怀自我实现尊严[J].汪卫红,译.情报资料工作,2002(年刊):419 - 420,410.

④　公共图书馆宣言(1949)[EB/OL].[2014 - 02 - 11]. http://libforum. xmu. edu. cn/tiki-slideshow2. php? page_ref_id = 188.

⑤　联合国教科文组织公共图书馆宣言(1972)[M].刘国钧,译//文化部图书馆事业管理局科教处.世界图书馆事业资料汇编.北京:书目文献出版社,1990:44 - 46.

续表

文件名称	发布机构	发布时间	主要的相关陈述
公共图书馆宣言（*UNESCO Public Library Manifesto*）①	联合国教科文组织	1994 年	公共图书馆作为当地获取知识的门径,应为个人及社会团体的终身学习、独立决策和文化的发展提供基本的条件。 公共图书馆在人人平等的基础上提供服务,而无论人们在年龄、种族、性别、宗教、国籍、语言或社会地位上的差异。 不同年龄的群体必须能找到适合于他们需要的资料。 促进信息和计算机扫盲技术的发展。支持并参加为各种年龄的人群所开展的扫盲活动和计划。 必须制定延伸教育和用户教育计划以帮助用户从所有的信息资源中受益。 对社区所有成员的服务必须切实可行。这就要求图书馆馆址适中,拥有良好的阅读和学习条件以及相应的技术和充分的开放时间以方便用户,同时应为那些不能亲临图书馆的读者提供延伸服务
图书馆可持续发展声明（*Statement on Libraries and Sustainable Development*）②	国际图书馆协会联合会	2002 年	图书馆还需要加强对公众阅读习惯、信息素养的培养,促进教育,提高公众意识并开展培训活动。 图书馆有益于提高人们的阅读能力和信息素养水平,促进教育,公众意识及培训水平的提升
突尼斯声明——图书馆、阅读和代际对话:建立社会凝聚力的策略（*The Tunis Declaration on Libraries. Reading and Intergenerational Dialogue:A Strategy for Building Social Cohesion*）③		2011 年	组织青少年和老年人在阅读推广上的互动,图书馆可以促进不同年龄段读者之间的联系,如老年人为婴儿、儿童和青年提供的阅读的活动,青少年为老年人培训信息技术等

---

①　联合国教科文组织公共图书馆宣言（1994 年）[J].沈鸣,译.江苏图书馆学报,1995（4）:59－60.

②　Statement on Libraries and Sustainable Development[EB/OL].[2011－12－22].http://www.ifla.org/III/eb/sust-dev02.html.

③　The Tunis declaration on libraries. reading and intergenerational dialogue:A strategy for building social cohesion[EB/OL].[2014－11－15].http://www.ifla.org/files/literacy-and-reading/publications/tunis-declaration-en.pdf.

续表

文件名称	发布机构	发布时间	主要的相关陈述
新编面向结果的计划：流水作业法（The New Planning for Results：A Streamlined Approach）①②	美国公共图书馆协会	2001 年	满足用户自主学习的需求；帮助他们实现个人发展；帮助用户培养信息查询、信息评价及信息利用等技能；维持基本阅读能力、满足基本阅读需求；向用户提供与日常工作、学习和生活问题相关的各类信息或解答；帮助社区居民了解文化及社会动向、流行话题与流行图书，满足娱乐需要
设置公共图书馆的目的（Setting Objectives for Public Library Services）③	英国艺术与图书馆办公室	1991 年	公共图书馆是社区的主要设施；它的使命在于保证和鼓励社区内的个人或团体全面获取图书、信息、知识和文学艺术成果，从而鼓励他们积极参与社会的文化、民主和经济活动，帮助他们参加正式的或非正式的教育计划，辅助他们建设性地利用闲暇时间，促进阅读和写作能力，鼓励他们使用信息和理解信息价值
未来框架：新十年的公共图书馆、学习和信息（Framework For the Future：Libraries，Learning and Information in the Next Decade）④⑤	英国文化、传媒及体育部	2003 年	将公共图书馆的使命归在三个标题之下，即促进阅读和学习、帮助获取数字技能和服务、促进社会包容和公民权利。 相关内容包括：帮助阅读和写作能力低于 11 岁儿童水平的成人获得阅读和写作能力；倡导自主学习；为弱势群体提供信息保障；帮助获得信息技能
中国图书馆服务宣言⑥	中国图书馆学会	2008 年	现代图书馆秉承对全社会开放的理念，承担实现和保障公民文化权利、缩小社会信息鸿沟的使命。 图书馆是一个开放的知识与信息中心。图书馆以公益性服务为基本原则，以实现和保障公民基本阅读权利为天职，以读者需求为一切工作的出发点 图书馆向读者提供平等服务。各级各类图书馆共同构成图书馆体系，保障全体社会成员普遍均等地享有图书馆服务 图书馆在服务与管理中体现人文关怀。图书馆致力于消除弱势群体利用图书馆的困难，为全体读者提供人性化、便利化的服务 图书馆努力促进全民阅读。图书馆为公民终身学习提供保障，促进学习型社会的建设

①⑤　于良芝.公共图书馆存在的理由：来自图书馆使命的注解[J].图书与情报，2007(1)：1-9.

②　Nelson S. The new planning for results：A streamlined approach[M].Chicago：American Library Association，2001.

③　于良芝.探索公共图书馆的使命：英美历程借鉴[J].图书馆，2006(5)：1-7，31.

④　Department for Culture，Media and Sport. Framework for the future：Libraries，learning and information in the next decade[M]. London：DCMS，2003.

⑥　图书馆服务宣言[EB/OL].[2014-09-10].http://www.lsc.org.cn/c/cn/news/2010-12/21/news_5091.html.

5.1.2 老年学理论

5.1.2.1 老化理论与毕生发展理论

老化(aging)是人生发展阶段中一种逐渐变老的过程,老化理论从年岁、生理、心理和社会老化等多层面指出这一过程的变化状况。年岁老化指一个人出生后所累积的岁数,年龄越大,老化程度越深,国际国内都用日历年龄作为年岁老化的标志,60岁、65岁是最经常采用的标准。生理老化则指机体的所有组织和器官在形态和功能上发生的退行性改变。心理老化指个人行为上的老化现象,既体现在感知、记忆、智力的退化,又反映了个人的成熟程度及个人对紧张压力的适应与对付程度,对新经验的态度、变迁的适应能力、对生命的看法等皆影响一个人的心理老化,顽固、保守、持旧等都是心理老化的表征[①]。社会老化指由于年龄老化而导致的社会角色和社会规范的变化。

老化与老年并不等同,甚至无关年龄,而与个体的差异性有关。尽管如此,但老年期仍是老化的集中表现期,生理上的变化最为明显,脑细胞、运动神经、感觉系统都出现普遍的退行性变化,心理上的老化如智力在35岁左右发展到顶峰,其后逐渐呈现下降趋势,到60岁以后衰退极快[②]。由于年龄增长,老年人的社会角色也同样发生变化,表现为劳动角色到供养角色、决策角色到平民角色、家长角色到被照顾角色、工具角色到感情角色、父母角色到祖父母角色的转换[③]。当然退行性变化在老年人中同样存在差异,由此需要区分出不同年龄层(低龄老年人、中龄老年人、高龄老年人)、不同身体状况(健康或残障)、不同社会情境(退休或仍在工作)、不同居住状态(独居、与子女共同居住、住养老院等)的老年人。总之,老化理论有助于全面理解老年人的衰老维度,也支持了对老年人多样性的认识,同时为全方位采取对策提供了理论依据。

当然,老年人的老化并不是单向性的,根据毕生发展理论(life-span development theory),年龄并非是影响心理发展的唯一因素,人的行为是生物基因和社会文化的过程与条件共同建构的结果,进化选择的优势随年龄的增长而衰退,作为因丧失而进行的调整和补偿,老年人对文化的需求随年龄的增长而增加[④]。因而个体的心理和行为的发展并没有到成年期就结束,而是扩展到了整个生命过程。这一理论说明衰退与获得的复杂结合是个体发展的本质,发展有着极大的个体可塑性,老年人同样存在发展的基础,这为图书馆促进老年人阅读、鼓励终身学习、培养数字阅读技能提供了有力支持。

5.1.2.2 社会损害与重建理论

社会损害与重建理论(social breakdown and reconstruction theory)是从符号互动理论中派生出来的理论,符号互动理论(symbolic interactionism theory)的主要观点是人们根据他人对自己的评判、态度来思考自己,形成自我概念[⑤]。在此基础上,柴斯门(Zusman)于1966年进

---

① 蔡文辉. 社会学[M]. 台北:三民书局,1996:240.

② 赵慧敏. 老年心理学[M]. 天津:天津大学出版社,2010:60.

③ 范明林. 老年社会工作案例评析[M]. 上海:华东理工大学出版社,2010:14–15.

④ 王磊,伍麟. 毕生发展心理学的理论研究进展[J]. 齐齐哈尔医学院学报,2010,31(14):2291–2293.

⑤ 仝利民. 老年社会工作[M]. 上海:华东理工大学出版社,2006:108.

一步提出社会损害理论①,指出社会对老年人所强加的不良标签(刻板印象)或过分关心都会对他们的自我认知和身心健康带来损害②。老年歧视、老年刻板印象就是社会大众对老年人的无理损害,当被归入某类弱势、顽固、保守的范畴,老年人对自我的认识和行为都会向消极方向发展,并循环往复。

与此相对,库伯斯和本斯东(Kuypers and Bengston)于1973年提出的社会重建理论则提出了干预这种消极循环的模式,指出必须通过改变老年人生存的环境以帮助建立与自我概念之间的良好互动③。改变的方式包括改善外围环境、为老年人的自我判断提供框架以及让老年人参与计划制订,从而协助他们增强信心和提升能力。

社会损害和重建理论有助于我们认识环境与个体之间的互动关系对老年自我认知的影响,为图书馆提供平等服务、抵制老年歧视和老年刻板印象提供了理论支持,因为这些都意味着对老年人环境的改善和社会重建。

5.1.2.3 连续性理论、老年亚文化理论和世代理论

连续性(continuity)理论认为包括老化在内的生命周期各个阶段都有着一定的连续性,不能截然断开。一个人在特定的环境条件下生存和发展,形成一定的习惯爱好、性格个性,尽管在一生中会因环境和事件的影响有所改变,但是未成年和成年时期形成的个人生活方式和交往方式仍具有延续的性质,并支配着老年的生活和活动④。这一理论承认老年个体之间存在差异,又提供了对差异根源的理论解释,对于认识老年人阅读习惯、爱好的异质性和延续性特点及图书馆提供个性化服务具有启发。

老年亚文化(subculture of aging)理论最初由美国学者罗斯(Rose)提出,旨在揭示老年群体的共同特征,老年人之间的身心状况、兴趣、价值观及生活方式相似,倾向于互相交往、聚集和共享,从而会形成他们独特的老年文化,与其他年龄组的社会群体的文化相区别⑤。显然,这一理论与连续性理论的侧重不同,它重在从老年群体与其他年龄群体间对比的角度,提供了老年群体同质性的思想来源,而连续性理论则强调老年群体内部的比较,相应地,前者对于将老年人从成年群体中区分,进行专门服务奠定了理论基础,后者则为开展个性化、针对性服务提供了理论支撑。

世代(generation)理论从生命周期理论和生命历程理论中延展而来,对世代的认识包含了年代世代和社会历史世代两个层面,年代世代主要指处于不同生命周期阶段、以年龄层次形成的青年、成年和老年群体,从新生儿到逐渐成熟,到社会化为成人,再到繁衍下一代,实际上就是一个代际更替的过程,在这其中会发生个体角色如祖辈、子辈角色的变化,也会发生依赖期(儿童青少年期和老年期)与独立期(成年期)的不断变换⑥。社会世代则源自于一

① Zusman J. Social explanations of the changing appearance of psychotic patients: antecedents of the social breakdown syndrome concept[J]. The Milbank memorial fund quarterly,1966,44(1):363-394.

② 范明林. 老年社会工作案例评析[M].上海:华东理工大学出版社,2010:14-15.

③ Kuypers J A,Bengston V L. Social breakdown and competence: a model of normal aging[J]. Human development,1973,16(3):181-201.

④ 王裔艳. 国外老年社会学理论研究综述[J].南京人口管理干部学院学报,2004,20(2):37-39,42.

⑤ Ward R A. Services for older people: an integrated framework for research[J]. Journal of health and social behavior,1977,18(1):61-70.

⑥ 包蕾萍. 生命历程理论的时间观探析[J].:120-133.

种从质上理解的、同时经历了某些重要历史事件及其影响的人群范畴①，它与生命历程理论中的"同龄群体"（cohort group）概念相近。它带有历史时间感，是在相同历史时间出生的一代人，具体的时间跨度因具体背景而异，可能是 10 年或者 15 年。他们处于同一历史时空情境中，会经历共同的社会历史事件，从而会或多或少地在他们的思想和行为上打上共同的时代烙印，并将其与其他历史时间的群体区分开来，形成这一世代人的共性特征。总体而言，世代理论将社会、历史层面与个体层面结合，形成对老年群体的整体性认识，对于图书馆工作而言，有助于理解老年所发生的生理、心理和社会渐行变化，配置和推荐适合老年阶段的阅读资料，注重调动和发挥老年人积淀一生的人生经验的作用，也有助于从群体角度理解老年世代的同质性特征。同时，在老年期的长时间跨度中，会出现若干不同世代，因而对老年人的认识不能单一，其群体间的差异也很明显，提示图书馆服务要充分认识老年群体同质性与异质性共存的特点，理解老年群体与年轻群体以及老年群体之间在健康、教育、技术、生活方式等多方面的代际差异，开展有针对性的服务。重视结合世代变化规划服务方向和内容，如欧美"婴儿潮"老人已成为图书馆当前关注的重点群体。

5.1.2.4　活动理论与积极老龄化理念

活动理论（activity theory）强调社会活动和社会生活的基础对各个年龄组人口来说都大致相同，但由于实际生活往往剥夺了许多老人期望扮演社会角色的机会②，因此主张通过新的参与、新的角色以改善老年人因社会角色中断所引发的情绪低落，把自身与社会的距离缩小到最低限度③。虽然它侧重个体层面的老年行为选择模式，但强调参与、活动与社会认同的观念促动了国际社会对老龄问题的态度转变，从国家、社会应对人口老龄化的层面上确立了"积极老龄化"的发展理念，将老年人视为社会的宝贵财富，将老龄化视为社会的重大成就。"积极老龄化"于 1999 年由 WHO 提出，把健康与参与、发展并列为三大支柱，意味着老年个体在身体、社会、经济和心理方面保持良好状态，并按照自己的需要、愿望和能力来参与社会、经济、文化、精神和公民事务。它承认老年群体的差异性、丰富性和能动性，由此带来的服务战略必然是从"以需要为基础"转变为"以权利为基础"，承认人们在增龄过程中，在生活的各个方面都享有机会平等的权利④；并对社会机构提出了要求：要支持老年参与、保障老年权利、消除年龄歧视、塑造老年人的积极形象、建立社会支持网络，改善老年人社会参与的自身条件和社会条件。"积极老龄化"目前已经成为世界各国应对老龄现象的政策指导。

对图书馆而言，活动理论和"积极老龄化"思想丰富了对图书馆促进老年人阅读的价值的认识，因为阅读的价值不仅在于休闲娱乐和获取知识信息，而且它与几乎所有积极的个人和社会行为都有关系⑤，提供了老年人社会参与、社会交往、强化自尊的方式，进行阅读的老

①　沈杰.青年、世代与社会变迁：世代理论的源起和演进[J].中国青年政治学院学报,2010(3)：1－7.

②　王裔艳.国外老年社会学理论研究综述[J].南京人口管理干部学院学报,2004,20(2)：37－39,42.

③　范明林.老年社会工作案例评析[M].上海：华东理工大学出版社,2010：14－15.

④　熊必俊.制定新世纪老龄行动计划应对全球老龄化挑战——第二届世界老龄大会综述和启示[J].市场与人口分析,2002,8(5)：75－78.

⑤　Iyengar S. To read or not to read：a question of national consequence[EB/OL].[2013－04－21]. http://www.nea.gov/research/toread.pdf.

年人更倾向于参与社会事务①,类似阅读俱乐部的团体阅读更有助于促进老年人的社会接触和保持一贯的积极水平②③。同时,它们对图书馆促进老年人阅读也提出了相应要求,这一理论和理念承认老年群体的差异性,因而需要认识到不同身心状况、生活和活动方式、年龄组和世代、社会文化背景、兴趣和需求老年人并存的状况,采用多种途径获得老年人各方面信息、吸引老年人参与,并在图书馆规划、经费预算、馆藏、设施设备和服务中体现出来,不仅是满足老年人的需求,更重要的是保障其增权参与、健康积极生活的权利。

5.1.3　阅读学理论

阅读学对阅读主体、阅读客体、阅读环境、阅读过程等多个方面进行了深入研究,揭示了阅读这一复杂过程的发生机制和发展规律,为图书馆了解老年人阅读行为模式和特征提供了最直接的理论指导。

5.1.3.1　阅读的生理过程

大脑和眼睛是阅读的生理基础,眼球运动是视觉感知文字材料的过程,文字符号以光波的形式反映到眼睛视网膜,引起兴奋后,由视神经传入大脑皮层的初级视觉区,然后是大脑中枢进行复杂的分析综合活动,由角回区、威尔尼克氏区、布罗卡氏区为主进行信息的识别、校正、改造、重组、联想、储存等,之后再传至相应的运动中枢,引起唇、舌、喉等处肌肉的活动,从而发出声音。这就是朗读的原理。如果是默读,路线大致是一样的,但唇、舌、喉肌肉的活动受到抑制,只有声带的轻微颤动,因而没有发出声音,我们觉察不出来④。

随着年龄增加,视觉器官和大脑神经系统都会发生退行性变化,从而影响阅读过程和效果。医学研究发现,40 岁以后脑细胞数量明显减少,每天大约要丧失数以千计的神经细胞,到 80 岁时,神经细胞减少约 25% 。成人脑神经细胞不能再分裂增殖,丧失后得不到补充,致使脑体积缩小,重量减轻。神经细胞体及树突出现退行性变化,树突分枝减少及树突侧刺脱落消失,大大减少功能性突触后膜的面积,树突的肿胀及断裂使处理信息的结构基础受到破坏,从而使脑功能出现障碍⑤。从大脑的运作而言,大脑能量消耗大、代谢率高,在阅读过程中,大脑很容易产生疲劳。因为阅读活动使大脑皮层兴奋区域的代谢增强,血流量和耗氧量都增加,同时还会导致心跳加快、血压升高等一系列生理变化。如果连续用脑时间过长,吸氧量及心脏血液送出量均会有所减少,供给大脑的氧气和血液不足,就会造成大脑的疲劳甚至过度疲劳,出现头昏脑涨、瞌睡、失眠、头热、脚冷的感觉,还会导致注意、理解、思维和记忆等心理机能减退,严重的会引起神经衰弱、食欲不振、功能失调等症状⑥。这些症状因人而异,轻重程度也不相同,一般来说,老年人因为生理机能的退化,较容易出现疲劳。

① Wolf R E. What is reading good for? perspectives from senior citizens[J]. Journal of reading,1977,21(1):15 –17.

② Mates B T. 5-star programming and services for your 55 + library customers[M]. Chicago:American library association,2003:48.

③ Luyt B,Chow Y H,Ng K P,et al. Public library reading clubs and Singapore's elderly[J]. International journal of libraries and information services,2011,61(3):205 –210.

④ 李德成. 阅读辞典[M]. 成都:四川辞书出版社,1988:42.

⑤ 邬沧萍,姜向群. 老年学概论[M]. 北京:中国人民大学出版社,2006:65.

⑥ 黄葵,俞君立. 阅读学基础[M]. 武汉:武汉大学出版社,1996:84.

　　从视觉器官的变化来看，视觉功能的完成需要眼球、视觉传导通路、有关的神经核团和大脑皮质视觉中枢等部位参与，随着增龄，这些部位都会发生退行性变化。例如，眼球内陷、老年环出现，角膜实质混浊，角膜直径变小或扁平化，瞳孔缩小，视力下降，调节睫状肌的神经机能、睫状肌和连续晶状体的睫状小带本身退化等原因导致老视眼出现；晶状体及角膜对光的散射性强，视网膜内感光细胞的变性以及视觉中枢的变化导致视敏感度下降；视网膜血液供应不足、视神经纤维数目减少及中枢视皮层细胞数下降等使老年人视野缩小①。人的知识信息有90%是通过视觉获得的②，因此视觉器官的退化对阅读的影响十分显著。视力的特征有远距离视力和近距离视力两种，前者用于检验辨认小字体和物体的能力和判断小点及细线条差别的能力方法，后者是检验在一般阅读距离上能辨认多大的字。在远距离视力方面，赫斯基（Hirsch）的研究结果表明，在60岁以前，还保持在比较稳定的水平上，而到60岁以后，便急剧衰退。产生原因主要在于：①随着年龄的增长，晶状体逐渐硬化，因而造成了皮层及核层的屈光率的差异减少；②随着年龄的增长，晶状体变浑浊，成黄褐色，因而造成物象的清晰度下降；③由于白内障早期所产生的晶状体膨胀，造成过渡性老年近视等。近距离视力比远距离视力的变化更大，这是老年人视力状况的主要特点。这意味着，在300cm左右的读书距离内视力减退，这主要是由于焦点调节功能下降造成的③。在进行数字阅读时，视力下降对老年人所带来的影响同样明显，他们会看不清所显示的信息，会用更长时间在屏幕上搜索所需图标，并可能在选择图标时感到困惑；在对比灵敏度上也呈现降低的趋势，而对于人们日常阅读或使用计算机产品时，对比灵敏度比视力还重要，因为日常的许多信息细节很少在类似视力测试表的高对比度下呈现，必然带来对界面理解、判断和操作的困难④。

　　此外，在阅读中还涉及精细运动能力的运用，如翻阅书页，而数字阅读对此能力的要求更高，如计算机操作、浏览网站、手机的信息读取或发送等往往需要大量的较为精细的动作，有些操作对动作的反应时间还有要求，随着年龄老化，老年人的这两方面能力都有所下降，如在客观环境相同的前提下，个体达到65岁时，反应时间会增加25%，与30岁以下的人相比，完成同样的任务，老年人会多花50%的时间⑤，因而容易带来鼠标点击或按键选择的错误，影响对数字阅读的接触和持续参与。

　　尽管有上述种种退行性变化，但由于老年人有长期的视觉和感觉经验，可以弥补他们在脑力和视力能力下降的不足。近一二十年来，在大脑老化与大脑可塑性研究中发现且一再得到证实的重要生物现象就是突触和树突具有形态学和功能学的可塑性，树突的可重塑性在中年和老年脑中均存在，而且这种可塑性可以使树突产生更多的关联，形成相当数量的新的神经环路，以致超过已丧失的原有神经元的位置，使中枢神经系统形成新的树突网络，可有效地补偿由于脑的老化与神经退行性改变带来的神经结构缺陷。另外，成年人的大脑重量一般为1200—1500克，60岁以后仅减轻100—150克，大脑细胞有140亿个，而实际使用

①　邬沧萍，姜向群.老年学概论［M］.北京：中国人民大学出版社，2006：67.

②　李志军.在庆祝第21届国际盲人节《盲人月刊》杂志创刊50周年座谈会首届中国信息无障碍论坛开幕式上的致词［EB/OL］.［2007－10－15］.http://temp.cdpj.cn/zmxh/2005-01/25/content_3292.htm.

③　孙颖心.老年心理学［M］.北京：经济管理出版社，2007：29－30.

④　宫晓东.老年人科技生活环境设计研究［D］.北京：北京理工大学，2014：37－38.

⑤　宫晓东.老年人科技生活环境设计研究［D］.北京：北京理工大学，2014：37－38，42.

的仅占 1/10,脑细胞的代偿潜力很大①,因而,老年人阅读仍然具有较坚实的生理基础。而且,大脑遵循"用进废退"的原理,研究发现,总是让大脑保持活跃的人患老年痴呆症的概率比不常用脑的人降低 1.6 倍,阅读这类需要动脑的活动能够保持大脑活跃性②,阅读名著影响更为显著③,均可降低得老年痴呆症的风险。总是让大脑阅读辞藻深奥繁复的大师级作品时脑部活动较活跃,也就是说,阅读名著有助于脑部灵活而且可以防止老人罹患痴呆症。此外,通过"积极性休息"可以调节和缓解阅读疲劳,研究证实,大脑集中精力最多只有 25 分钟,所以学习 20 到 30 分钟后就应该休息 10 分钟④;合理安排脑力劳动和体力劳动轮换,规律用脑、自我松弛、进行健脑运动等方法都可以缓解大脑疲劳。在视力感知方式之外,采用替代方式如听读来实现阅读也可以弥补视觉功能退化所带来的不便,Hensil 和 Whittaker 研究发现,视力较低的老年人使用电脑进行有声阅读和其他人用眼睛阅读在速度上没有明显区别。对于图书馆而言,了解老年人阅读的生理过程和机能变化将有助于合理选择阅读资料类型如报纸、杂志、大字书,应提供听书、对面朗读等服务,保持耐心的服务态度等。

5.1.3.2 阅读的心理过程

阅读心理机制包括两个方面:一是阅读的认知机制,是智力要素;一是阅读的调控机制,是阅读的非智力要素。这两个方面相互制约、相互促进,将智力和非智力因素结合共同实现阅读目标⑤。认知机制包括阅读感知、注意、记忆、理解、思维等一系列心智活动,强调的是智力因素对阅读的影响。智力是随着年龄的增长而变化的,在 35 岁左右发展到顶峰,以后缓慢衰退,到 60 岁以后衰退得极快⑥。从智力的分类来看,流体智力和晶体智力两分法是最为普遍的划分,流体智力是主体在信息加工和问题解决过程中所表现出的基本能力,较为依赖于个体生理结构条件,表现为知觉速度、注意、工作记忆、思维能力等。它会随着年龄脑神经功能的退行性变化而下降,在视觉编码速度上,每增加 10 岁,60 岁以上老人在视觉信息处理过程中知觉、处理信息的时间就增加 20 毫秒;视觉搜索即通过扫描视觉影像找出重要信息的效率最早在 30 岁开始降低,而且缺乏系统性和完整性,一般认为 60 岁后视觉搜索能力下降,这是由视觉的注意力分配能力下降所致⑦;工作记忆是指当人们在从事另一项工作时记住信息的能力,对于 60 岁以上的老人,年龄增长,工作记忆呈下降趋势⑧,而工作记忆老化对语言理解能力和阅读理解能力具有显著影响⑨,工作记忆越少的读者需要越多的回视和越长

① 赵慧敏. 老年心理学[M]. 天津:天津大学出版社,2010:67 - 68.

② 看报纸能防老年痴呆症[N]. 广州日报,2007 - 06 - 29(A21).

③ 张钰. 读名著可防老年痴呆症[EB/OL]. [2013 - 01 - 30]. http://health. gog. com. cn/system/2006/12/21/001069071. shtml.

④ 杨孝文,任秋凌. 揭开大脑的秘密[J]. 青年教师,2005(4):53.

⑤ 黄葵,俞君立. 阅读学基础[M]. 武汉:武汉大学出版社,1996:94.

⑥ 赵慧敏. 老年心理学[M]. 天津:天津大学出版社,2010:60.

⑦ 赵慧敏. 老年心理学[M]. 天津:天津大学出版社,2010:26.

⑧ Czaja S J,Charness N,Fisk A D,et al. Factors predicting the use of technology:Findings from the Center for Research on Aging and Technology Enhancement (CREATE)[J]. Psychology and Aging,2006(21):333 - 352.

⑨ Qualls C D,Harris J L. Age,working memory,figurative language type,and reading ability:influencing factors in African American adults' comprehension of figurative language[J]. American journal of speech-language pathology,2003,12(1):92 - 102.

的眼停时间来处理复杂语句,从而降低阅读速度①。总之,流体智力随年龄增长呈下降趋势,研究发现,成年期后随增龄每隔 10 年流体智力下降 3.75%。与此同时,值得注意的是晶体智力反而增长 3.64%②,晶体智力是通过流体智力所学到的并得到完善的能力,是通过学习语言和其他经验发展起来的。研究发现,老年人随年龄积累的语言知识会降低甚至消除他们的阅读能力衰退③,这反映出晶体智力对阅读的作用,老年人在心理上仍然有足够的阅读基础。而且利用辅助设备,老年人能够弥补感知能力损失;给予老年人一定的指导和练习能够显著提高他们的流体智力④,经常参与阅读等复杂活动的老年人认知功能高于那些不做这些活动的人⑤,也就是说,老年人进行阅读不仅有认知心理基础,而且通过阅读的训练,这一能力还有继续提升的空间。

阅读不光是心智行为,还有各种调控因素的参与。阅读的调控机制是指没有直接参加信息加工,但却决定着信息加工的策略和手段,对信息加工起调节控制作用的过程。它可分为执行调控和期望调控两种,前者主要是通过采取不同的认知策略和手段来影响阅读的认知活动及效果;后者主要是指非认知的心理因素,包括动机、兴趣、意志、情绪、人格等(心理学称之为非智力因素)对认知过程起影响作用的意向,它会调动或抑制阅读主体的主观能动性,从而影响阅读行为的实施及结果⑥⑦。阅读的调控机制在老年人阅读活动中的作用表现比较突出。在阅读动机上,老年人源于外在压力的动机减少,而出于休闲消遣、兴趣爱好、排遣寂寞等的内在动机增强,阅读成为主动的选择行为。对于有些老年人而言,老年是个人身心最自由的时期,他们会选择做以前没时间或没机会完成的事情,完善或补偿失去的时光,以获取内心的满足。在这种内在动机的推动下,老年人阅读具有更强的自主性和自觉性,对于困难也具有较强的意志进行克服。当然,在阅读多处于自主选择的情况下,老年人阅读没有紧迫性和强制性,阅读的意志力可能较为薄弱,老年面临着的各种障碍就可能会影响他们阅读的开展或持续进行,也可能会带来阅读中的不求甚解或轻易放弃。因而,图书馆如何调动他们的阅读兴趣、降低阅读障碍对于促进老年人阅读而言具有重要意义。

5.1.3.3 阅读的认知模式

对阅读整体过程进行研究经历了被动到主动到互动的阶段,主要表现为三种不同的理论模式:自下而上的阅读模式(bottom-up model),认为阅读是从感知字母、辨认词、理解语义到掌握段落篇章的信息处理过程⑧;自上而下的阅读模式(up-bottom model),认为阅读是依赖读者已经掌握的社会知识、认知策略和语言能力来进行猜测、验证、修改的过程,是从整体

---

① Kemper S,Liu C J. Eye movements of young and older adults during reading[J]. Psychology and aging,2007,22(1):84-93.

② 赵慧敏. 老年心理学[M]. 天津:天津大学出版社,2010:66.

③ Madden D J. Adult age differences in the effects of sentence context and stimulus degradation during visual word recognition[J]. Psychology and aging,1988,3(2):167-172.

④ 赵慧敏. 老年心理学[M]. 天津:天津大学出版社,2010:68.

⑤ Schooler C,Mulatu M S. The reciprocal effects of leisure time activities and intellectual functioning in older people:A longitudinal analysis[J]. Psychology and aging,2001,16(3):466-482.

⑥ 黄葵,俞君立. 阅读学基础[M]. 武汉:武汉大学出版社,1996:95.

⑦ 李德成. 阅读辞典[M]. 成都:四川辞书出版社,1988:15.

⑧ 王龙. 阅读研究引论[M]. 香港:天马图书出版公司,2003:14-16.

到部分、从深层结构到表层结构的加工过程①；交叉阅读模式（interactive model），认为阅读是自下而上和自上而下两种模式不断交叉的过程，既有视觉信息的作用，也有先前文化知识或背景知识的作用，交易阅读模式（transactional model）更进一步指出阅读是某个阅读环境和某个读者互相发生作用的过程，由于读者经历不同，阅读时的情绪和环境不同，会带来不同的阅读理解，在某个环境条件下，作者和读者若有共同语言和思绪的话，阅读就能达到心有灵犀一点通的程度②。对这三种模式分析可见，自下而上的阅读模式主要体现的是在阅读时对书面语言不同层次信息的处理过程，而后两种模式中，都强调了阅读主体已有的知识包括语言知识、文章体裁结构知识、社会生活知识、历史文化知识、文章的背景知识等，以及以此为基础形成的推断能力（鲁姆哈特（Rumelhart）将其称为"图式"），在阅读中的重要作用，阅读在此意义上成为利用已有图式去构造理解的行为。

对于老年读者而言，对于字词句到篇章的语言处理能力是他们在年轻时就已具备的能力，对于不识字或识字较少的老年人而言，尽管很难在老年期要求他们能够处理书面语言的信息，但通过听读的方式他们依然能够完成对语言的处理。老年人拥有丰富的人生阅历和生活体验，相对而言，这是其他年龄层读者难以比拟的优势，这些能够作为老年读者进行阅读时的背景知识，支持着他们去理解、体会阅读材料。有些阅读正如交易阅读模式所言，只有在某个阶段才能有更深的体会，正如林语堂所述："孔子曰：'五十以学《易》。'便是说，四十五岁时候尚不可读《易经》。孔子在《论语》中的训言的冲淡温和的味道，以及他的成熟的智慧，非到读者自己成熟的时候是不能欣赏的。"老年人经历和体察的悲欢离合和岁月积淀下来的人生智慧都有助于他们与阅读内容产生深刻共鸣，获得更好的阅读效果。当然，新的信息环境和网络话语体系对老年人来说是陌生的、未纳入其固有图式中的知识，会对他们的阅读带来挑战。首先是语言的处理层次，不断出现的新兴词语，尤其是网络用语，会带来他们在阅读上的理解困难，无论是纸质阅读还是数字阅读，这一影响都不同程度地存在，在数字阅读环境中可能程度更深。其次，是背景知识层面，信息技术的普及应用仅是近一二十年的事情，大众数字阅读的历史更短，多数老年人尤其是年龄更大一些的老年人都没有接触过这些新事物和新知识，需要通过重新学习以补充和扩展图式，而学习的重新启动并非易事。这些提示图书馆应全面分析老年人阅读所具有的优势与不足，调动他们发挥既有的丰富人生阅历的作用去促进个人阅读和代际阅读，也要帮助他们扩展背景知识，深化阅读，开展数字阅读。

5.2 图书馆促进老年人阅读的现实依据

5.2.1 法规政策提供了指导和保障

我国中央和地方各级人大和政府通过发布或施行法规或政府规章的方式为图书馆促进老年人阅读提供了强有力的支持和指导。主要可分为三类（见表 5-2）：一是有关老年人的法规或规章，以国家的《老年人权益保障法》、各地老年人权益保障条例（如《山东省老年人权益保障条例》《上海市老年人权益保障条例》《江苏省老年人权益保障条例》）、各地实施国家《老年人

---

① 王云华.阅读认知模式的运作及其应用[J].基础英语教育,2009,11(5):3-8.
② 朱俐萍.阅读研究的新趋势[J].心理科学,1988(4):38-41.

权益保障法》办法(如《陕西省实施〈中华人民共和国老年人权益保障法〉办法》)、各地老年人优待办法(如《山东省优待老年人规定》《新疆维吾尔自治区优待老年人规定》)等形式发布,内容主要是规定 60 岁以上老年人免费进入公共图书馆;二是有关公共文化服务的政策,主要将图书馆作为公共文化服务的重要机构,将老年人作为公共文化服务的重点对象,将读书看报和免费开放作为图书馆基本公共服务项目;三是有关全民阅读的法规或规章,其中明确了公共图书馆作为全民阅读活动基地的重要地位,提出要研究不同群体的阅读需求、重点关注老年人等特殊群体、实施多种形式的阅读促进活动、促进数字阅读服务。总而言之,这些制度保障了老年人免费获取图书馆服务的权利,将老年人定位为阅读促进的重点对象,提出借阅书刊和数字阅读的促进内容,有利于营造良好的老年服务和阅读的宏观环境,也给图书馆提出了相应的服务基本要求。

表 5-2　与图书馆促进老年人阅读有关的政策法规

政策法规名称	发布/施行时间	相关条款内容
中华人民共和国老年人权益保障法①	2013 年 7 月 1 日起施行	第五十八条　博物馆、美术馆、科技馆、纪念馆、公共图书馆、文化馆、影剧院、体育场馆、公园、旅游景点等场所,应当对老年人免费或者优惠开放
关于加快构建现代公共文化服务体系的意见②	2015 年 1 月发布	(六)保障特殊群体基本文化权益。将老年人、未成年人、残疾人、农民工、农村留守妇女儿童、生活困难群众作为公共文化服务的重点对象
国家基本公共文化服务指导标准③	2015 年 1 月发布	基本服务项目:读书看报:1.公共图书馆(室)……等配备图书、报刊和电子书刊,并免费提供借阅服务。 基本服务项目:设施开放:9.公共图书馆……等公共文化设施免费开放,基本服务项目健全
全民阅读促进条例(草案)④	2013 年 8 月	第十二条　(阅读活动基地)全国全民阅读活动指导委员会制定标准,地方全民阅读指导委员会对符合要求的各类图书馆……认定为全民阅读活动基地,依法给予政策和经费支持。 第十六条　(新技术应用)国家支持、鼓励各类阅读组织积极应用新技术、新媒体,促进各类数字阅读、移动阅读新技术开发、新媒体应用和新型阅读机构的发展,强化全民阅读的技术支撑,满足国民各类数字阅读新需求。 第十七条　(全民阅读活动内容)全民阅读活动应当包括以下内容:……(二)研究不同社会群体的阅读需求,有针对性地提高公民阅读能力和阅读积极性,以适应经济社会发展要求;……(四)开展各类阅读活动

① 中华人民共和国老年人权益保障法[EB/OL].[2015-04-12]. http://www. gov. cn/flfg/2012-12/28/content_2305570. htm.

② 《关于加快构建现代公共文化服务体系的意见》(全文)[EB/OL].[2015-04-12]. http://news. xinhuanet. com/zgjx/2015-01/15/c_133920319. htm.

③ 国家基本公共文化服务指导标准[EB/OL].[2015-04-12]. http://legal. people. cn/n/2015/0115/c188502-26387690. html.

④ [转载]全民阅读,图书馆岂能缺席——《全民阅读促进条例(草案)》修改意见[EB/OL].[2015-04-12]. http://blog. sina. com. cn/s/blog_498b56950101etrj. html.

政策法规名称	发布/施行时间	相关条款内容
湖北省全民阅读促进办法①	2015 年 3 月 1 日施行	第十二条　公共图书馆……等全民阅读公共服务场所,应当按照国家和省有关标准建设,发挥全民阅读阵地作用。县级以上公共图书馆应当加强数字阅读、移动阅读和网络阅读平台建设。 第十八条　全民阅读公共服务场所应当为残疾人、老年人等特殊群体提供必要的阅读辅助设施、设备,适应其阅读需求
江苏省人民代表大会常务委员会关于促进全民阅读的决定②	2015 年 1 月 1 日	五、地方各级人民政府应当根据本行政区域内人口规模、分布和服务需要,合理设置公共图书馆……等公共阅读服务场所 六、建立和完善全民阅读在线服务,推进公共图书数字资源、阅读信息服务资源、公共阅读服务平台等共享网络建设。 十、公共图书馆应当为公众提供良好的阅读环境和便捷高效的借阅服务,优先采购优秀读物,免费向公众开放馆藏阅读资源,积极开展阅读推广和专业指导。 十五、地方各级人民政府有关部门、基层群众自治组织和有关社会服务机构应当为老年人、残疾人开展阅读关爱服务。公共阅读服务场所应当为老年人、残疾人阅读提供便利
深圳经济特区全民阅读促进条例(征求意见稿)	2014 年 11 月	第三十一条　(社区阅读)鼓励各级公共图书馆、社会组织在社区设立分站、分支机构,开展社区阅读活动,尤其是举办面向老年人和少儿等读者的特色阅读活动

注:因各地老年人权益保障条例、老年人优待办法数量较多,因此未在表中显示。

5.2.2 老年人具有阅读的有利条件和实践基础

尽管老化的影响不可避免,但我国老年人参与阅读仍具有较多有利条件,也存在较稳定的实践基础。

5.2.2.1 老年人身体健康状况较好

随着我国社会经济和人民生活水平的不断提高以及医疗保障体系的逐步完善,我国人口平均预期寿命不断延长。1990 年我国人口平均预期寿命是 68.55 岁,到 2000 年进入老龄化社会时预期寿命为 71.40 岁,而到了 2010 年就增长到 74.83 岁,比 10 年前提高了 3.43 岁。人口平均预期寿命指同时出生的一批人若按照某一时期各个年龄死亡率水平度过一生平均能够存活的年数,是综合反映健康水平的基本指标③。预期寿命的延长表明我国人口的总体健康水平在不断提高。在此其中,老年人自评健康状况也较好,2010 年"中国城乡老年人口状况追踪调查"显示,60 岁以上城乡老年人自评健康为"一般"以上的比例达 75.41%,

---

①　《湖北省全民阅读促进办法》全文[EB/OL].[2015 - 04 - 12]. http://www. hubeici. com/zcfg/201501/t20150115_48877. shtml.

②　江苏省人民代表大会常务委员会关于促进全民阅读的决定[EB/OL].[2015 - 04 - 12]. http://news. china. com. cn/rollnews/news/live/2014-12/01/content_30118078. htm.

③　国务院第六次全国人口普查领导小组办公室. 我国人口平均预期寿命达到 74.83 岁[EB/OL]. http://www. stats. gov. cn/tjsj/tjgb/rkpcgb/qgrkpcgb/201209/t20120921_30330. html.

其中,"一般"占51.48%、"较好"占20.06%、"很好"占3.87%[①];老年人眼睛(包括戴着眼镜)看东西非常清楚的占8.67%、比较清楚的占30.15%、一般的占28.96%,即"一般"以上的比例达到67.78%[②]。这些数据说明我国老年人总体身体健康和视力状况良好,虽然这些并非阅读的必要条件,身体虚弱、视力差的老人也同样可以参与阅读,阅读还可成为抚慰人心的疗法,但良好的自评健康和视力状况不仅意味着老年人总体具有较好的阅读基础条件,也会降低老年人对阅读的心理障碍。人均寿命延长意味着老年期也在延长,再加上老年人身体良好,不仅是国家和社会,老年人自身也会思考如何度过有意义、有质量的老年生活,阅读能够成为他们的自觉选择。当然,以上数据也显示仍有两三成老年人身体和视力较差,再加上老年期不可避免的衰退对所有老年人都有影响,这些都会让他们的阅读受到较多生理及由此带来的心理限制,需要图书馆注意在设施设备、资源提供等方面的相应配置。

5.2.2.2　老年人文化程度在提高

阅读作为对书面语言进行处理的行为既需要掌握一定数量的字词和语法文法知识,也需要具备一定的背景知识,这两方面与教育都息息相关。从2010年老年人受教育程度的调查来看(见表5-3),七成老年人具有识字能力,而且年轻老年人识字水平更高,随着接受学历教育的成人逐步进入老年,我国老年人受教育程度还将不断提高,这些都奠定了老年人进行阅读的文化知识基础。但数据也显示出老年人中学历普遍偏低、文盲数量较多,年龄越大这一状况就越明显,这很可能使他们遇到比其他群体多的阅读困难;老年人的教育程度是在年轻时期奠定的,而在时代快速发展的背景中,新词汇、新用法、新事物、新知识不断涌现,老年人会遭遇知识老化的情况,会对他们固有的阅读思维习惯形成冲击。因而,图书馆促进老年人阅读需要选择文字易懂、内容贴近老年人需求的阅读材料,提供文本阅读之外的多种方式如讲座、展览、扫盲培训等延伸阅读。

表5-3　按年龄分的2010年我国老年人受教育程度　　　　　　　(单位:%)

受教育程度＼年龄段	合计	60—64 岁	65—69 岁	70—74 岁	75—59 岁	80 岁及以上
不识字	29.97	18.89	23.11	33.66	41.00	55.83
私塾	1.98	0.75	0.88	2.63	3.85	4.40
小学	38.55	47.27	38.30	35.16	33.62	25.29
初中	18.32	21.52	24.52	15.69	12.26	8.14
高中/中专	7.44	7.36	9.86	8.52	5.56	3.34
大专	2.22	3.18	2.04	1.75	2.06	0.78
大学及以上	1.51	1.00	1.23	2.56	1.40	2.01

数据来源:2010年中国城乡老年人口状况追踪调查数据,总调查人数177 434 175 人[③]。

---

① 吴玉韶,郭平.2010 年中国城乡老年人口状况追踪调查数据分析[M].北京:中国社会出版社,2014:37.

② 吴玉韶,郭平.2010 年中国城乡老年人口状况追踪调查数据分析[M].北京:中国社会出版社,2014:356.

③ 吴玉韶,郭平.2010 年中国城乡老年人口状况追踪调查数据分析[M].北京:中国社会出版社,2014:28.

5.2.2.3　老年人拥有较多的闲暇时间

进入老年期,老年人普遍退出工作岗位,拥有了大量的闲暇时间。闲暇时间指个人可以真正自由支配的时间,即除工作时间、家务劳动时间、满足生理需要时间以外的全部时间①。从全国性和地方性调查来看,老年人的闲暇时间普遍较多。赵凌云对湖州市老年人的调查显示,闲暇时间在 8 小时以上者占 47.8%、4—8 小时的占 37.5%、4 小时以内的仅为14.7%②,王琪延等人对北京居民生活时间分配的调查显示,老年人的自由支配时间即闲暇时间为 8 小时 31 分钟,占全天的 35.4%,是各个年龄段中最多的,比平均水平多 2 小时 47分钟③。2006 年中国人民大学应用统计研究中心的调查显示,老年人一天中的闲暇时间有 7小时 24 分,占全天的 30.83%④。对农村老年人的研究得到了相似的结论,“中国北方农民闲暇生活方式差异研究”课题组 2001 年对农民闲暇活动的调查显示,平均每天占有闲暇时间最多的是 50 岁以上的老年人,日均 357.38 分钟(将近 6 个小时)⑤。与成年人 37.1% 的人因“工作太忙没时间读书”(这也是我国成年人不读书的最主要原因)⑥相比,老年人有充足的闲暇时间,这为他们进行阅读提供了充分的时间保证。从老年人的闲暇时间安排来看,总体还较单调,对城市老年人的调查显示,60—64 岁、65—69 岁、70 岁以上三个年龄段“闲坐”(无指向性)的时间,男性依次为 28、46、41 分钟(日平均),女性依次为 34、44、73 分钟(日平均)⑦;对农民闲暇活动的调查显示,50 岁以上年龄群体平均每天无事休息的时间是53.15 分钟,位居各年龄段之首⑧,这说明老年人闲暇时间的有效利用率偏低、休闲活动的无指向性较强。与此相对,阅读具有明显的指向性、能动性,因而通过阅读能够更有效地填补老年人漫长而空虚的闲暇时间,调动大脑活动,取得情感平衡和精神充实,真正使闲暇时间成为老年人的财富而非负担。

5.2.2.4　老年人进行数字阅读有一定潜力

在网络日益普及、数字阅读蓬勃发展的大背景中,老年人的数字阅读参与率也在逐渐上升。2011—2013 年全国国民阅读调查数据显示,50 岁以及以上人群的数字阅读比例从

---

①　沈康荣. 城市居民闲暇生活探略[J]. 社会,2000(9):7 – 11.

②　赵凌云. 老年人闲暇时间利用问题研究——对湖州市 352 位老年人的调查分析[J]. 湖州师范学院学报,2000(2):39 – 45.

③　王琪延,雷弢,石磊. 从时间分配看北京市老年人的生活状况——北京居民生活时间分配调查系列报告(之十二)[J]. 北京统计,2003(7):34 – 35.

④　王琪延,罗栋. 北京市老年人休闲生活研究[J]. 北京社会科学,2009(4):23 – 28.

⑤　田翠琴,齐心菁. 农民闲暇[M]. 北京:社会科学文献出版社,2005:219.

⑥　陈宵. 中国人读书调查:年人均 4.39 本没时间成不读书主因[EB/OL]. [2015 – 02 – 28]. http://news. ifeng. com/shendu/fzzm/detail_2013_08/14/28593657_0. shtml.

⑦　王琪延. 中国人的生活时间分配[M]. 北京:经济科学出版社,1999:115 – 116.

⑧　田翠琴,齐心菁. 农民闲暇[M]. 北京:社会科学文献出版社,2005:220.

3.2% 到 4% 再增至 6.3%①~③。中国互联网络信息中心(CNNIC)的调查显示,1999 年 60 岁及以上网民的比例在 1999 年仅为 0.3%④,而到 2013 年则增至 2.0%⑤。尽管比例都偏低,但以上结果反映出老年人的数字阅读接触率在缓步上升。从未来趋势的预测来看,波士顿咨询公司预测城市年长者(51 岁及以上)对互联网增长的贡献率将在 2011 年至 2015 年间以每年 22% 的速度增长,将成为增长最快的群体,老年人和农村居民用户将成为未来中国互联网发展的关键推动力量⑥。第 29 次《中国互联网络发展状况统计报告》中也指出,鼓励高龄人群、低学历人群等新技术的晚期接受者尝试使用互联网工具,将是下一阶段推动我国网民规模进一步扩大的重要条件⑦,第 32 次的报告又再次指出中老年群体是中国网民增长的主要来源⑧。这些数据表明,促进老年人数字阅读是有潜力可挖的,对于互联网发展也具有重要意义。但是,数字阅读对老年人而言是完全陌生的新生事物,需要重新学习,也会遇到较多的困难,很可能让老年人望而生畏乃至固步不前,因而,图书馆需要发挥培训、支持的作用,提供设备、空间、技能等多方面的条件,以促进老年人数字阅读、缩小其面临的数字鸿沟。

5.2.2.5　老年人阅读和图书馆利用均具备一定的现实基础

在老年人的休闲选择中,阅读始终位居前列,总体表现稳定。2000 年"中国城乡老年人口状况一次性抽样调查"结果显示,"读书看报"在城市、农村老年人中的比例分别为 44.8%、7.7%,分别位居第四、第六位⑨。2006 年"中国城乡老年人口状况追踪调查"时,这一数据对应变为 47.32%、9.99%、第三位、第五位⑩。到 2010 年"中国城乡老年人口状况追踪调查",在老年人平常参与的活动中,"读书看报"的比例为 23.73%,仅次于"听广播看电视",城乡的比例依次是 44.22%、7.58%,排序分别是第三、第六位⑪。从地区性的调查来看,也表现出同样的选择状况,1998 年对广州市 2000 位老年人进行的调查显示,看书报是位

① 屈明颖. 当下数字阅读发展:阅读时长增势强于传统阅读[EB/OL]. [2014 - 01 - 20]. http://www. chinanews. com/cul/2011/07-11/3172735. shtml.

② 第九次全国国民阅读调查:图书阅读率为 53.9% [EB/OL]. [2014 - 01 - 20]. http://www. chinanews. com/cul/2012/04-19/3832813_3. shtml.

③ 张辰. 第十次全国国民阅读调查成果发布[EB/OL]. [2014 - 01 - 20]. http://www. meijiezazhi. com/news/bk/2013-04-22/12276. html.

④ 老年人使用电脑和网络状况调查[EB/OL]. [2014 - 01 - 10]. http://wenku. baidu. com/link? url = kspNb33RgmGdUY0TkmxX1lCKlEhbjniIZmREND x99bWWmIUSHYmZ045a0Cu5XHNU5666ffO2zQgJeGrHHNP QhuGbIIsjXtn-XVs6bZ8MGNq.

⑤⑧ 中国互联网络信息中心. CNNIC 第 32 次中国互联网络发展状况统计报告[EB/OL]. [2014 - 01 - 12]. http://www. cnnic. net. cn/hlwfzyj/hlwxzbg/hlwtjbg/201307/t20130717_40664. htm.

⑥ 麦维德, 耐迪贤, 周园. 中国数字化新世代 3.0:未来的网络领军者[EB/OL]. [2013 - 12 - 28]. http://www. bcg. com. cn/cn/newsandpublications/publications/reports/report20120412001. html.

⑦ 中国互联网络信息中心. 第 29 次中国互联网络发展状况统计报告[EB/OL]. [2014 - 01 - 10]. http://www. cnnic. net. cn/research/bgxz/tjbg/201201/t20120116_23668. html.

⑨ 张恺悌. 中国城乡老年人社会活动和精神心理状况研究[M]. 北京:中国社会出版社,2008:63,132.

⑩ 郭平,陈刚. 2006 年中国城乡老年人口状况追踪调查数据分析[M]. 北京:中国社会出版社,2008: 221,229.

⑪ 吴玉韶,郭平. 2010 年中国城乡老年人口状况追踪调查数据分析[M]. 北京:中国社会出版社, 2014:414,419,423.

居第二的休闲活动,比例达 67.69%①。1998 年上海市老龄委对上海市老年人的调查显示读书看报在老年人闲暇活动中位居第二,比例占 58.37%,人均每天 49 分钟②。叶南客在 1999年对南京城区 260 多名老人的闲暇生活进行调查,数据显示,看电视、读书、看报纸杂志是大多数老人闲暇生活的主要方式,其中 59.77% 的老人选择了读书看报作为闲暇活动③。"中国北方农民闲暇生活方式差异研究"课题组 2001 年对农民闲暇活动的调查显示,老年人中有 8 项闲暇活动付出的时间位于各年龄群体之首,其中位列第二的就是阅读书报杂志④。2006 年中国人民大学应用统计研究中心的调查显示,北京市老年人对"作为兴趣的读书"的参与比例是 32.7%,在所有休闲活动方式中位居第二,阅读报纸书刊的时间仅次于看电视和游园散步,达到 47 分钟⑤。多样的数据都显示出老年人阅读具有坚实的现实基础。

对于图书馆而言,老年群体已在事实上成为图书馆的主要读者群之一,从多个图书馆的现状来看,老年用户的比例均呈现出增长的趋势:衡阳市图书馆 2004 年 60 岁以上老年持证读者约占读者总数的 15%,阅览人数约占 20%,并呈上升趋势⑥;河北省唐山市图书馆 2000年至 2005 年以来,老年读者在图书馆读者队伍中所占比例逐渐增加,达到 1/3 左右,报纸阅览室的老年读者已达到 60%⑦;浙江省图书馆手持有效借阅证的 4 万读者中,有近 1 万名是60 岁以上的老年人,而且老年读者还在以每年近千名的速度递增,报刊阅览室 85%—90%的读者是老年人⑧;2008 年哈尔滨市图书馆年接待读者为 90 万人次,其中老年读者在总接待人次中位居第三,占 15%⑨;2008 年浙江省图书馆手持有效借阅证的 4 万读者中,有近 1万名是 60 岁以上的老年人,而且老年读者还在以每年近千名的速度递增,报刊阅览室85%—90% 的读者是老年人⑩;2011 年在天津市河东区图书馆的报刊阅览室中,每天的老年读者比例就达 70%,相对于 20 世纪 80 年代的 30% 而言,增长幅度是非常惊人的⑪。随着老龄化形势进一步发展,过去未被充分重视的老年人在图书馆潜在用户中的比重还将越来越大,而阅读是他们在图书馆的重要活动,因而关注老年阅读,推进老年服务也是图书馆拓展"银发市场"的必要行为。

① 钟英莲,阎志强.大城市老年人闲暇生活的特征及对策[J]市场与人口分析,2000(4):69 - 71.

② 孙常敏.城市老年人余暇生活研究——以上海城市老人为例[J].上海社会科学院学术季刊,2000(3):126 - 134.

③ 叶南客.城市现代化进程中的老年生活考察——南京市老年人生活方式与生活质量变迁的个案研究[J].社会学研究,2001(4):77 - 88.

④ 田翠琴,齐心菁.农民闲暇[M].北京:社会科学文献出版社,2005:221 - 222.

⑤ 王琪延,罗栋.北京市老年人休闲生活研究[J].北京社会科学,2009(4):23 - 28.

⑥ 陈丽华.公共图书馆读者老龄化现象[J].图书馆,2004(1):90 - 91,95.

⑦ 陈建英.公共图书馆需大力加强老年读者服务工作[J].新世纪图书馆,2005(4):31 - 33.

⑧⑩ 记刘慧,杜凌燕.浙江老年读者最爱泡省图书馆[EB/OL].[2014 - 06 - 27].http://www.libnet.sh.cn/tsgxh/list/list.aspx? id = 4280

⑨ 李冬梅,熊丽华.老龄化时代公共图书馆的服务与对策——以哈尔滨市为例[J].图书馆界,2010(2):47 - 49.

⑪ 陈彤芳.公共图书馆如何适应老龄化社会的探索[J].图书馆工作与研究,2011(7):96 - 98.

5.2.3 公共图书馆具有促进阅读的有利条件和实施经验

5.2.3.1 图书馆具备公益性质

公共图书馆的公益性质是自其创立以来就具有的属性,在我国,2003 年国务院发布《公共文化体育设施条例》指出:"公共文化体育设施,是指由各级人民政府举办或者社会力量举办的,向公众开放用于开展文化体育活动的公益性的图书馆、博物馆、纪念馆、美术馆、文化馆(站)、体育场(馆)、青少年宫、工人文化宫等的建筑物、场地和设备。"①以政府规章的形式明确了公共图书馆作为公益性文化机构的性质。2005 年国务院下发的《关于深化文化体制改革的若干意见》中再次声明:"国家兴办的图书馆、博物馆、科技馆等均为群众提供公共文化服务的单位,为公益文化事业。"

作为公益性机构,公共图书馆所提供的资源和服务具有公共物品性质,是非排他、可共享的,也就意味着公共图书馆的服务是均等的,应保障所有公民的知识自由、阅读自由和智识自由,为此它需要通过向弱势群体的倾斜来实现整体的公平、需要协助公众克服所遇到的知识获取和阅读障碍;作为公益性机构,公共图书馆主要由公共财政来予以支持,必然要提供免费服务,这一点在我国也由 2011 年发布的《关于推进全国美术馆、公共图书馆、文化馆(站)免费开放工作的意见》《关于加强美术馆、公共图书馆、文化馆(站)免费开放经费保障工作的通知》予以确定,并最终全面实现了公共图书馆基本服务免费;作为公益性机构,公共图书馆就要为社会公共利益而非机构私利服务,在社会公共事务中发挥主体作用,对于图书馆而言,其所主要参与的是社会文化事务,全民阅读促进是其中之一,这使其与其他商业性阅读促进机构区别开来。正是在此意义上,国家在发展公共文化服务体系和推进全民阅读中都提出要发挥公共文化机构的骨干作用,将公共图书馆作为关键力量,如 2011 年《中共中央关于深化文化体制改革推动社会主义文化大发展大繁荣若干重大问题的决定》中指出"要以公共财政为支撑,以公益性文化单位为骨干,以全体人民为服务对象,以保障人民群众看电视、听广播、读书看报、进行公共文化鉴赏、参与公共文化活动等基本文化权益为主要内容,完善覆盖城乡、结构合理、功能健全、实用高效的公共文化服务体系","加强文化馆、博物馆、图书馆、美术馆、科技馆、纪念馆、工人文化宫、青少年宫等公共文化服务设施和爱国主义教育示范基地建设并完善向社会免费开放服务","完善面向妇女、未成年人、老年人、残疾人的公共文化服务设施"②。

总之,公共图书馆的公益性质既是自身职业使命的必然要求,也为国家政策所予以确认和支持,不仅提供了图书馆促进老年人阅读的必要性说明、有助于确立和理解公共图书馆在其中的主体定位,而且提供了对图书馆服务而言强有力的现实保障,它标示着公共财政需要为图书馆付费,以支持图书馆从商业机构如出版社、数据库商、计算机设备销售商等处购买资源,然后免费提供给公众利用,否则就会有很多的公众放弃使用这些资源,导致知识鸿沟、数字鸿沟、阅读低迷的不良后果。对于老年群体而言,他们在退出工作岗位之后也往往面临

---

① 公共文化体育设施条例[EB/OL].[2014-10-11]. http://www.ccnt.gov.cn/zcfg/xzfg/t20060329_25238.htm.

② 中共中央关于深化文化体制改革的决定(全文)[EB/OL].[2014-07-19]. http://news.sohu.com/20111026/n323403147_1.shtml.

着收入锐减的状况,免费资源和服务对他们具有更大的吸引力,而图书馆的公益性意味着他们能够免费获得图书馆的阅读资源、设施设备的使用以及基本服务,因而公共图书馆的公益性也有利于激发老年群体参与图书馆的阅读促进活动。

5.2.3.2 图书馆具有资源优势

图书馆在馆舍、馆藏、分布、管理和服务方面具有长期积累,形成了自身优势,随着近年来国家对公共文化服务发展和全民阅读的重视,公共图书馆又迎来了发展的最好时期,财政拨款不断增加,馆藏购置不断增多,自身实力进一步增强,第五次公共图书馆评估结果显示,全国共2230个图书馆达到三级以上图书馆标准,其中一级图书馆859个,二级图书馆640个,三级图书馆731个。与第四次评估定级相比,上等级馆数量增加了446个,增加25%①,服务效益也不断提升(见表5-4),这些为开展老年阅读奠定了较为坚实的现实基础。

具体而言,图书馆的资源优势首先表现为文献资源优势。图书馆的文献数量庞大、种类齐全、层次丰富,能够支持老年读者不同的阅读爱好和需求;图书馆馆藏具有累积性,能够有效保障阅读的连续性,老年读者不仅能够在此获得新近出版的文献,而且可以获取以前各时期的文献;图书馆文献获取方便,不仅提供了"一站式"获得各种载体、内容的信息资源的便利,而且获取途径多样,通过文献资源协作网络或图书馆联盟能够将文献资源的获取范围从单馆扩展到全国乃至全球,有助于保障文献的可获得性;图书馆馆藏具有优选性,是经过馆员精选的阅读文本,有助于阅读质量的提升;数字图书馆和图书馆数字信息资源建设不仅增加了读者对文献获取的范围和类型,而且提高了获取的便捷性和自主性,提供网络和移动阅读的支持,无障碍数字图书馆的建设如上海图书馆无障碍数字图书馆、全国图书馆信息服务无障碍联盟等,还有助于消除老年人获取信息的障碍,有利于促进老年读者的数字阅读。

其次,图书馆具有人力资源优势。我国公共图书馆已形成一支稳定的馆员队伍,在职业道德、职业素养、职业能力等方面的素质还在不断提升。他们作为阅读促进活动的实施主体,不仅通过对阅读文本的选择、组织、内容著录和解读来为读者阅读提供有序的、高质量阅读资料,而且通过策划、发起和开展各种阅读促进活动来鼓励读者参与阅读、唤起读者阅读兴趣,一线馆员更是能够直接与读者面对面沟通,开展一对一的数字阅读培训、朗读、送书上门等活动,在促进阅读之余还发挥了对读者情感慰藉和人格尊重的作用,对于生理、心理和社会交往出现退行性变化的老年人而言,这一作用可能更为重要。

最后,图书馆具有场所和服务体系优势。作为场所的图书馆具有多重价值,也是其宗旨使命、文献、设施设备、人力资源和服务的综合体现。正如国际图联主席艾伦·泰塞所说:"图书馆提供给人们的不单是丰富的视听图书资源,还有一个社会空间。人们可以在这个空间里阅读、交流、分享,这对于知识的获取和自身素养的提高是非常重要的。"②对于老年人而言,图书馆的场所价值首先在于它提供了安静、整洁、设施设备齐全、有文化氛围的实体阅读空间,近年来,各地都掀起了建设图书馆新馆或扩、改建旧馆高潮,能为老年人阅读提供更加宽敞、舒适、开放、灵活的阅读环境和学习交流空间。图书馆的场所价值还在于它为老年

---

① 进一步完善图书馆服务体系,充分发挥公共图书馆在全民阅读社会建设中的重要作用[EB/OL].[2014-07-19]. http://kejiao.cntv.cn/2013/11/08/ARTI1383907963729957.shtml.

② 商意盈,李璐. 国际图联主席:电子阅读不会取代图书馆[EB/OL].[2014-07-20]. http://www.zj.xinhuanet.com/newscenter/2010-08/26/content_20729075.htm.

人提供了跳脱于家庭之外、重构社会交往的公共空间。当前,随着城镇化的加速发展,因购置房产而聚居的居民社区越来越多,因子女而迁居外地的老年人也越来越多,这样的变化使得传统以家族、工作单位为基础而形成的社区逐渐消解,"熟人社会"逐渐被"陌生人社会"所取代,老年人在退休之后本已缩小和减少的人际交往因这种变化会进一步削弱,急需建立新的人际交往,图书馆通过开展阅读促进活动能够成为老年人新建人际交往的中介场所,有助于增进交流和人际交往,开阔视野和胸怀。此外,图书馆的场所价值还体现在它并非一个个孤立的场所,而是已基本形成了覆盖城乡的服务体系,构成大中城市的市、区、街道、社区四级和农村县、乡镇、村三级公共图书馆服务网络,不仅实施阵地服务,而且开展延伸服务,通过总分馆体系、流动图书馆、流通点、送书上门等方式提供近在身边的图书馆服务,这对于出行范围有限的老年人来说是非常有利的。

表 5-4　我国公共图书馆发展状况

		2009 年	2012 年	增长幅度
馆舍与服务体系状况	机构数(个)	2850	3076	7.92%
	分馆数量(个)	–	11 060	–
	每万人建筑面积(平方米)	63.7	78.2	22.76%
	阅览室面积(平方米)	203.5	281.9	38.53%
	阅览室座席数(万个)	60.2	73.5	22.09%
经费状况	本年收入合计(千元)	–	10 020 681	–
	财政拨款(万元)	550 808	934 890	69.73%
	购书专项经费(千元)	–	1 412 526	–
	人均购书费(元)	0.782	1.091	39.51%
馆员状况	从业人员(人)	52 688	54 997	4.38%
馆藏状况	总藏量(万册件)	58 521	78 852	34.74%
	人均拥有馆藏量(册)	0.44	0.58	31.82%
	本年新购藏量(万册)	2939	5826	98.23%
	新增藏量购置费(万元)	104 404	147 785	41.55%
服务状况	总流通人次(万人次)	32 167	43 437	35.04%
	图书外借册次(万册次)	25 857	33 191	28.36%

注:1. 因为 2009 年是第四次公共图书馆评估截止年份,2012 年是第五次公共图书馆评估截止年份,因而,选用这两个年份的数据进行对比以分析公共图书馆发展变化。

2. 资料来源:中国图书馆学会,国家图书馆. 中国图书馆年鉴 2013[M]. 北京:国家图书馆出版社,2013:450-469.

5.2.3.3　图书馆具有管理制度约束

各级图书馆法规或规章、标准中或多或少为图书馆老年阅读服务提出了要求,主要是指出图书馆要为老年人提供方便和优先照顾、创造良好阅读环境、开展群众性读书活动;在多个馆的管理规则中也有涉及老年阅读服务的内容,有的馆还有专门的老年读者服务规定,如《云南省图书馆关于改善老年读者服务工作的暂行办法》,在第六章中会进行详细分析。尽管这些制度还存在不完善、不充分的问题,但毕竟明确了图书馆应当为老年人提供阅读的便利条件和服务,对图书馆而言具有一定的约束力。

表 5 - 5　图书馆老年服务的相关制度

制度名称	发布年	相关内容
中华人民共和国公共图书馆法(征求意见稿)①	2012 年	第十七条(公共图书馆的职能)(三)　开展面向少年儿童、老年人、残疾人等特殊人群的服务。 第三十四条(特殊人群服务)　公共图书馆应考虑未成年人、残疾人、老年人群体的特点,提供适合其需要的文献信息资源、设施、设备和服务
公共图书馆建设标准(建标 108—2008)②	2008 年	第十六条　公共图书馆的技术设备包括电子计算机……视障和老龄阅读设备……等 12 类。 第二十五条　公共图书馆总平面布置必须分区明确,布局合理,流线通畅,朝向和通风良好。老龄阅览室和视障阅览室应设在一层。 第三十四条　公共图书馆的主要阅览室特别是少儿和老龄阅览室应有良好的日照,并应充分利用自然通风和天然采光
公共图书馆服务规范(GB/T 28220—2011)③	2012 年	公共图书馆服务对象包括所有公众。……努力满足残疾人、老年人、进城务工者、农村和偏远地区公众等的特殊需求
北京市图书馆条例④	2002 年	第四章　图书馆服务和读者权益保障 第二十四条　图书馆应当为读者利用文献信息资源创造便利条件,为老年人、残疾人提供方便
北京市图书馆条例实施办法⑤	2003 年	第二十五条　公共图书馆应当免费为残疾人和达到法定离、退休年龄的离、退休老年人办理借书证、阅览证
北京市公共图书馆文明服务规范⑥	2007 年	第二十七条　工作人员应尊重读者,敬老、爱幼、助残,为弱势读者提供便利
河南省公共图书馆管理办法⑦	2002 年	第十七条　公共图书馆对图书、报刊借阅实行免费服务,优先照顾未成年人、老年人和残疾人

---

　　① 　中华人民共和国公共图书馆法(征求意见稿)[EB/OL].[2012 - 03 - 13].http://www.czlib.com/Article/sj/2012/03/10/249.html.

　　② 　中华人民共和国住房和城乡建设部,中华人民共和国国家发展和改革委员会.公共图书馆建设标准[EB/OL].[2011 - 11 - 14].http://www.henanlib.gov.cn/uploadfile/20110708/105829.pdf.

　　③ 　王世伟.关于《公共图书馆服务规范》编制的若干问题[J].中国图书馆学报,2011,37(3):25 - 37.

　　④ 　北京市图书馆条例[EB/OL].[2011 - 12 - 06].http://www.34law.com/lawfg/law/1797/3021/print_461638171717.shtml.

　　⑤ 　北京市图书馆条例实施办法[EB/OL].[2011 - 12 - 06].http://www.34law.com/lawfg/law/1797/3021/law_893825462589.shtml.

　　⑥ 　北京市公共图书馆文明服务规范[EB/OL].[2012 - 02 - 14].http://www.clcn.net.cn/guifan.htm.

　　⑦ 　河南省公共图书馆管理办法[J].河南省人民政府公报,2002(9):3 - 4.

续表

制度名称	发布年	相关内容
河南省公共图书馆工作规范(试行)①	2011 年	第十七条　各级公共图书馆在服务与管理中应体现人文关怀,营造、维护良好的阅读环境,为全体读者提供人性化、便利化的服务。在服务设备、设施上应消除弱势群体利用图书馆的困难
湖北省公共图书馆条例②	2001 年	第六条　公共图书馆应当……实行开架或者半开架借阅,努力营造和维护良好的阅览环境,为读者利用文献资料提供服务;应当向老、弱、病、残的读者提供方便
山东省公共图书馆管理办法③	2009 年	第十四条　建立健全服务制度,完善服务条件……并为少年儿童、老年人、残疾人提供便利
山东省图书借阅服务规范(DB37/T1075—2008)④	2008 年	5　图书管理员 5.1　职业道德 5.1.4　坚持平等服务的原则,对读者一视同仁,不以性别、年龄、职业、宗教等因素而区别服务
江苏省公共图书馆管理办法(征求意见稿)⑤	2009 年	第四章第二十二条　公共图书馆应当设置读者目录或者馆藏文献资源检索终端,配置电子计算机与网络设备,视听、缩微、复制、视障和老龄阅读、文献消毒等必要的图书馆专用设备,设计无障碍通道,满足各类读者需求
四川省公共图书馆条例(征求意见稿)⑥	2010 年	第五章第三十二条　公共图书馆应当设置无障碍通道,并根据条件设置盲人阅览室和残疾人阅览专座,安排专人为老、弱、病、残等特殊人群提供服务
陕西省图书馆条例(征求意见稿)⑦	2008 年	第四章第二十八条　图书馆应当为读者利用文献信息资源创造便利条件,为老年人、残疾人提供方便

①　河南省公共图书馆工作规范(试行)[EB/OL].[2012 – 03 – 01].http://www.ayx.gov.cn/info_detail.asp? id=27427.

②　湖北省公共图书馆条例[EB/OL].[2012 – 02 – 16].http://www.hbwh.gov.cn/Article/HTML/1262.shtm.

③　山东省公共图书馆管理办法[J].山东政报,2009(9):5 – 7.

④　图书借阅服务规范[J].山东图书馆学刊,2009(1):121 – 124.

⑤　江苏省公共图书馆管理办法[EB/OL].[2012 – 02 – 18].http://www.jscnt.gov.cn/jswht/UploadFile/File/20090104160842914.doc

⑥　四川省公共图书馆条例(征求意见稿)[EB/OL].[2012 – 02 – 18].http://wenku.baidu.com/view/99a10d49c850ad02de804106.html.

⑦　陕西省文化厅.陕西省图书馆条例(征求意见稿)[EB/OL].[2012 – 02 – 18].http://www.snwh.gov.cn/sxwh/shwhjs/zywj/4/200711/t20071113_34823.htm

制度名称	发布年	相关内容
云南省公共图书馆免费开放管理办法(试行)①		第十二条　公共图书馆在实现均等性公共服务基础上,应不断拓展服务领域、方式和手段,重点增加对未成年人、老年人、农民工、残障人士等特殊人群的对象化服务
辽宁省公共图书馆文明服务规范②	1997 年	第十三条　工作人员对待读者应一视同仁,对老年及残疾读者应优先照顾
江西省公共图书馆服务标准(试行)③	2008 年	4.2　公共图书馆应倡导文明服务用语,追求人性化、便利化、无障碍的服务。特别要注意保障社会弱势群体享受图书馆服务的权利
新疆维吾尔自治区公共图书馆免费开放服务标准(试行)④	2011 年	二、服务范围和方式 第六条　各级公共图书馆要在实现均等性公共服务基础上,不断拓展服务领域、方式和手段,重点增加对未成年人、老年人、农民工、残障人士等特殊人群的对象化服务
乌鲁木齐市公共图书馆管理办法⑤	2008 年	第三章第二十三条　公共图书馆应当建立完备的馆藏书目数据库,实现自动化、网络化检索,为读者利用文献资料创造良好、便利的条件,为老年人、残疾人提供方便

5.2.3.4　图书馆具有促进阅读的实施经验

从 1997 年以在全国提升图书馆事业的质量、形成全民阅读的良好风尚为目的的"知识工程"来算,公共图书馆参与开展全民阅读活动已有近 20 年时间,如从 1989 年开始开展的公共图书馆"服务宣传周"开始计算,图书馆开展全民阅读活动的历史更长,在如此长的时期里,图书馆已积累了丰富的工作经验和研究积累。中国图书馆学会自 2003 年起开始承担"全民读书月"活动,全民阅读活动被正式列入学会的年度工作计划;2004 年与国家图书馆首次举办"倡导全民读书,建设阅读社会"世界读书日宣传活动;2005 年开始开展"图书馆阅读服务宣传周"活动⑥,同年成立"科普与阅读指导委员会"专门负责全民阅读活动的策划、组织和实施,至 2009 年更名为"阅读推广委员会";2007 年与广东图书馆学会联合举办第一届全民阅读论坛,进行阅读促进活动的理论探讨和实践交流。随着这一系列工作的展开,图书馆界实施全民阅读活动的系统性、规划性、科学性越来越强,每年都会设定不同主题和相关要点,于年初发布并逐级下发传达到各分支机构和基层组织,自上而下完成遍及全国的行

---

①　云南省文化厅关于印发《云南省公共图书馆免费开放管理办法(试行)》等相关管理办法的通知[EB/OL].[2015－04－12].http://www.whyn.gov.cn/doc/public/view.php? cata＝pubdoc&id＝85.

②　辽宁省文化厅.辽宁省公共图书馆文明服务规范[J].图书馆学刊,1997(1):2－4.

③　关于征求《江西省公共图书馆服务标准(试行)》修改意见的通知[EB/OL].[2012－02－15].http://xxgk.jiangxi.gov.cn/bmgkxx/swht/fgwj/qtygwj/200809/t20080926_90041.htm.

④　关于印发自治区公共图书馆、文化馆(站)免费开放服务标准的通知[EB/OL].[2012－02－21].http://www.xjwh.gov.cn/9ae2a80a-54f1-4b7a-a000-48021010e8c3_1.html.

⑤　乌鲁木齐市公共图书馆管理办法[EB/OL].[2012－02－16].http://china.findlaw.cn/fagui/p_1/356862.html.

⑥　许琳瑶.从"振兴中华"读书活动到全民阅读推广工作:1982—2012[D].南京:南京大学,2013:15.

业动员①。就各个图书馆而言,阅读促进也日渐成为图书馆的核心工作之一,阅读促进活动日益常态化、多样化、广泛化,涌现出不少典型案例和创新模式,形成了各具特色的阅读促进活动品牌,也积淀了深厚的促进心得。这些心得对于图书馆聚焦老年人的阅读促进无疑是非常有益的,具有宏观思路上的指导意义和具体工作上的启发价值。

对老年人的阅读促进行动是图书馆促进全民阅读的重要组成部分,但作为单一的促进对象,老年人的图书馆阅读服务启动更早,可追溯到 1982 年上海市黄浦区广东街道图书馆成立的上海市第一个老年读书会②;在此之后的 1985 年,浙江平湖市图书馆建立老年读书会并活跃至今,河北省张家口市图书馆设立了专门的老年阅览室③;1996 年,上海市徐汇区天平街道设立了老年图书馆④。随着全民阅读促进活动的开展,图书馆对老年人的阅读服务也越来越显示出职业的自觉意识,进行了有针对性的活动规划,如苏州市图书馆自 2008 年起就开始开展"扶老上网"免费培训活动,不仅在苏州市图书馆和各分馆开设针对不同基础老年读者的基础班、提高班和兴趣班,而且编写专门教材、建立读者网上交流群、开展技能竞赛,工作人员还需进行严格的培训,合格之后方能上岗教课⑤,有效地推动了老年人的数字阅读。除此之外,当前各地图书馆还开展了丰富多样的老年阅读活动,在第六章中会进行专门调查分析,在此不详述。总而言之,我国图书馆较早就显示出对老年人阅读的关注,并开展了阅读促进行为,并逐步实现了从自发到自觉、从单一到多元服务的转变,尽管现状还存在一些不足,但已显示出图书馆具有开展老年阅读促进的长期历史和丰富经验,未来在完善自身的基础上,图书馆必将能更好地完成老年阅读促进职责。

---

① 郝振省,陈威.全民阅读蓝皮书(第一卷)[M].深圳:海天出版社,2009:56 – 68.
② 周志光.丰富老年人精神生活的好形式——介绍上海第一个老人读书会[J].社会,1983(6):23 – 24.
③ 童光范,班金梅.老年之家——记张家口市图书馆"老年阅览室"[J].图书馆杂志,1996(2):38 – 39.
④ 市领导视察徐汇区长桥街道图书馆、天平街道老年图书馆[J].图书馆杂志,1996(2):19.
⑤ 苏州图书馆"扶老上网"[EB/OL].[2015 – 05 – 18].http://news.xinhuanet.com/edu/2013-03/22/c
_124488871.htm.

6 我国公共图书馆老年阅读促进服务现状分析

6.1 我国公共图书馆老年服务的制度设计现状及其反思

当前及未来相当长时期内的老龄化形势需要公共图书馆从多方面予以关注和调整,其中,制度设计作为将服务创新传递给用户的基础手段①,也必然需要在反思现状的基础上进行完善和创新。我国图书馆的老年服务从 20 世纪 90 年代后期开始获得制度设计层面的关注,也出台了一系列制度,但到目前为止对制度本身却缺乏分析、评估和改进的相关研究。因此本研究试图在广泛收集老年服务制度的基础上,采用内容分析法,通过定性与定量相结合的方式客观地描述和确认制度文本的特征,从而获得对制度设计现状的认识,发现存在的问题并提出完善思路。具体来说,研究希望重点考察以下问题:①作为规范特定行动和关系的行为规则②,老年服务制度具体表现为哪些形式? 规范了哪些对象的行动? ②我国老龄化地区差异显著,那么各地的制度设计是否也存在差异? ③面对老龄化发展形势,图书馆在制度内容上做出了哪些回应? 这些是否有效? ④为增进老年服务成效,制度应如何进行完善?

6.1.1 研究设计

本研究所采用的内容分析法是一种对具有明确特性的传播内容进行客观、系统和定量描述的研究技术③。通过对文献内容所含信息量及其变化的分析,它有助于发现隐含于文献中的关键信息内容,描述内容的倾向、趋势和比较不同样本的内容特征,进而达到推断信息意图和态度的目的。从研究问题出发,内容分析法主要遵循选取样本、确定分析单元、制定分析框架、进行编码统计和解释检验④的实施步骤。

6.1.1.1 选取研究样本

作者从制度效力和类型将图书馆制度设计划分为三个层次:宏观的法律法规、中观的标准规范、微观的规章规划,于 2011 年 11 月至 2012 年 3 月期间进行了初次调查,其后又在 2012 年 12 月进行了更新和补充。调查包括三方面:一是通过中国期刊网,二是通过百度和谷歌搜索,前两者均采用"图书馆""老年""老人""制度""规章""规划""条例""办法""规范""标准""公约""宣言""守则""承诺""须知"等多个检索词进行组配检索;三是对 31 个省、直辖市、自治区公共图书馆网站进行浏览,提取与老年服务相关的制度。共收集了 75 份

---

① 蒋永福,王株梅.论图书馆制度——制度图书馆学若干概念辨析[J].中国图书馆学报,2005(6):10-13,24.

② 卜卫.试论内容分析方法[J].国际新闻界,1997(4):55-68.

③ 邱均平,邹菲.关于内容分析法的研究[J].中国图书馆学报,2004(2):12-17

④ 中华人民共和国公共图书馆法(征求意见稿)[EB/OL].[2012-03-13].http://www.czlib.com/Article/sj/2012/03/10/249.html.

制度文本,时间跨度为 1997—2012 年,其中宏观制度 12 条、中观制度 10 条(见表 6 - 1)、微观制度 53 条,涉及 1 个国家图书馆、42 个省、市、区县图书馆和 3 个图书馆联合体,范围覆盖 26 个省、自治区和直辖市。

表 6 - 1 宏观和中观层次的公共图书馆老年服务制度

制度层次	制度名称	颁布/发布年份	制度名称	颁布/发布年份
宏观的图书馆老年服务制度	《中华人民共和国公共图书馆法(征求意见稿)》①	2012 年	《四川省公共图书馆免费开放管理办法(征求意见稿)》②	2011 年
	《四川省公共图书馆条例(征求意见稿)》③	2010 年	《山东省公共图书馆管理办法》④	2009 年
	《江苏省公共图书馆管理办法(征求意见稿)》⑤	2009 年	《乌鲁木齐市公共图书馆管理办法》⑥	2008 年
	《陕西省图书馆条例(征求意见稿)》⑦	2008 年	《广州市图书馆条例(草案)》⑧	2007 年
	《北京市图书馆条例实施办法》⑨	2003 年	《北京市图书馆条例》⑩	2002 年
	《河南省公共图书馆管理办法》⑪	2002 年	《湖北省公共图书馆条例》⑫	2001 年

---

① 中华人民共和国公共图书馆法(征求意见稿)[EB/OL]. [2012 - 03 - 13]. http://www.czlib.com/Article/sj/2012/03/10/249.html.

② 四川省文化厅关于《四川省公共图书馆免费开放管理办法》、《四川省文化馆(站)免费开放管理办法》征求意见的通知[EB/OL]. [2012 - 02 - 10]. http://www.mylib.net/content.asp? ChannelID = 44&ContentID = 194.

③ 四川省公共图书馆条例(征求意见稿)[EB/OL]. [2012 - 02 - 18]. http://wenku.baidu.com/view/99a10d49c850ad02de804106.html.

④ 山东省公共图书馆管理办法[J]. 山东政报,2009(9):5 - 7.

⑤ 江苏省公共图书馆管理办法[EB/OL]. [2012 - 02 - 18]. http://www.jscnt.gov.cn/jswht/UploadFile/File/20090104160842914.doc.

⑥ 乌鲁木齐市公共图书馆管理办法[EB/OL]. [2012 - 02 - 16]. http://china.findlaw.cn/fagui/p_1/356862.html.

⑦ 陕西省文化厅.陕西省图书馆条例(征求意见稿)[EB/OL]. [2012 - 02 - 18]. http://www.snwh.gov.cn/sxwh/shwhjs/zywj/4/200711/t20071113_34823.htm.

⑧ 关于公开征求《广州市图书馆条例(草案)》意见和建议的公告[EB/OL]. [2012 - 02 - 14]. http://www.gzdcn.org.cn/2007/1101/21538.html.

⑨ 北京市图书馆条例实施办法[EB/OL]. [2011 - 12 - 06]. http://www.34law.com/lawfg/law/1797/3021/law_893825462589.shtml.

⑩ 北京市图书馆条例[EB/OL]. [2011 - 12 - 06]. http://www.34law.com/lawfg/law/1797/3021/print_461638171717.shtml

⑪ 河南省公共图书馆管理办法[J]. 河南省人民政府公报,2002(9):3 - 4.

⑫ 湖北省公共图书馆条例[EB/OL]. [2012 - 02 - 16]. http://www.hbwh.gov.cn/Article/HTML/1262.shtm.

制度层次	制度名称	颁布/发布年份	制度名称	颁布/发布年份
中观的图书馆老年服务制度	《公共图书馆服务规范》（GB/T 28220—2011）①	2012 年	《公共图书馆建设标准》（建标108—2008）②	2008 年
	《图书馆服务宣言》③	2008 年	《新疆维吾尔自治区公共图书馆免费开放服务标准（试行）》④	2011 年
	《河南省公共图书馆工作规范（试行）》⑤	2011 年	山东省《图书借阅服务规范》（DB37/T 1075—2008）⑥	2008 年
	《江西省公共图书馆服务标准（试行）》⑦	2008 年	《北京市公共图书馆文明服务规范》⑧	2007 年
	《江苏省公共图书馆文明礼仪服务规范（草案）》⑨	—	《辽宁省公共图书馆文明服务规范》⑩	1997 年

6.1.1.2 确定分析单元和分析框架

选取分析样本之后，将其中与研究目的有关的各项因素作为分析单元，并区分为形式和内容两类特征，制定分析框架（见表6-2）。

表6-2 公共图书馆制度文本的内容分析框架

制度名称	制度形式特征							制度内容特征			
	层次	类型	覆盖范围	颁布/发布年	区域	省份	馆级别	服务对象定位	服务目标	服务原则	服务方式

对分析框架做以下规定：①"层次"指根据制度的效力进行的区分，即宏观、中观和微观；根据职能将"类型"分为法律法规、规范标准、自律声明、图书馆服务规章、读者管理规章、发展规划等；"覆盖范围"分为全国、地区、机构。②"颁布/发布年"对于正式法规标准采用颁

① 王世伟.关于《公共图书馆服务规范》编制的若干问题[J].中国图书馆学报,2011(5):25-37.

② 中华人民共和国住房和城乡建设部,中华人民共和国国家发展和改革委员会.公共图书馆建设标准[EB/OL].[2011-11-14].http://www.henanlib.gov.cn/uploadfile/20110708/105829.pdf.

③ 中国图书馆学会.图书馆服务宣言[J].中国图书馆学报,2008(6):5.

④ 关于印发自治区公共图书馆、文化馆（站）免费开放服务标准的通知[EB/OL].[2012-02-21].http://www.xjwh.gov.cn/9ae2a80a-54f1-4b7a-a000-48021010e8c3_1.html.

⑤ 河南省公共图书馆工作规范（试行）[EB/OL].[2012-02-21].http://www.ayx.gov.cn/info_detail.asp?id=27427.

⑥ 图书借阅服务规范[J].山东图书馆学刊,2009(1):121-124.

⑦ 关于征求《江西省公共图书馆服务标准（试行）》修改意见的通知[EB/OL].[2012-02-15].http://xxgk.jiangxi.gov.cn/bmgkxx/swht/fgwj/qtygwj/200809/t20080926_90041.htm.

⑧ 北京市公共图书馆文明服务规范[EB/OL].[2012-02-14].http://www.clcn.net.cn/guifan.htm.

⑨ 江苏省公共图书馆文明礼仪服务规范（草案）[EB/OL].[2012-02-20].http://www.wxlib.cn/xuehui/article.asp?articleid=95.

⑩ 辽宁省文化厅.辽宁省公共图书馆文明服务规范[J].图书馆学刊,1997(1):2-4.

布年,对处于"草案""征求意见稿"阶段的文件采用发布年。③根据国家统计局的区域划分,将全国省份划分为东部、中部、西部、东北四个经济区域,其中东部地区包括北京、天津、河北、上海、江苏、浙江、福建、山东、广东、海南10个省市,中部地区包括山西、安徽、江西、河南、湖北、湖南6省,西部地区包括重庆、四川、贵州、云南、西藏、陕西、甘肃、青海、宁夏、新疆、内蒙古、广西12省市区,东北地区包括辽宁、黑龙江、吉林3省[①]。④馆级别是根据2010年"公共图书馆第四次评估定级"结果[②]来确定的,分为一、二、三级,未列入评估定级名单的图书馆标注为"无等级"。⑤中国国家图书馆虽然是国家图书馆,但具有公共图书馆的属性特征,因此也纳入了调查范围,但不纳入区域、省份和馆级别的统计分析之中。采取相同方式处理的还包括各类全国性制度。

6.1.2 我国公共图书馆老年服务的制度现状

6.1.2.1 制度文本的形式特征分析

（1）老年服务制度设计的表现形式和规范对象

老年服务制度的表现形式较为丰富:从宏观层次来看,目前已颁布或发布草案、征求意见稿的法律法规共21部,18部可获得全文,其中12部涉及老年服务的内容,包括全国性《公共图书馆法(草案)》1部和11部地方法规,占可获得文本总数的66.7%。但其中6部仍处于"草案"或"征求意见稿"的立法阶段,迟迟未能成为正式颁行的法律法规,这毫无疑问会影响其在实践中的执行力。其他已出台的法律法规除《北京市图书馆条例》外,还缺乏相配套的实施细则,这也会影响其实施的可操作性,使其作用大打折扣。从中观层次来看,10部与老年服务有关,占83.3%,其中全国性标准2部、地方性标准规范7部及1部全国性行业自律宣言。从微观层次来看,制度类型主要包括:①读者管理规章,以"入馆须知""办证须知""管理办法"等形式呈现,共38部;②机构服务制度,以"服务公约""服务承诺""服务守则"等形式呈现,共12部;③机构发展规划,共2部。从规范对象来看,宏观和中观制度侧重强调了对图书馆服务条件的要求、对服务理念的弘扬及对馆员行为的规范,而在微观层次,较多是面向用户进行的管理规定,重在传递服务使用的约束信息,而对图书馆自身服务行为和责任的规约则较少涉及。

（2）老龄化与老年服务制度的地区分布差异

我国人口老龄化的地区差异显著,在地域分布上符合著名的人口地理分布线,即以"瑷珲—腾冲"连接线表示人口分布和密集差异,东部地区的人口老龄化程度较高,而西部地区人口老龄化程度较轻[③]。这一分布特征在老年服务制度的区域分布中也明显体现出来:东部、中部地区各省份均制定有相关制度,东北地区中有2个省、西部地区中仅7个省出台了相关制度。考虑到各区域所覆盖的省份数量不一,图6-1采用均值来比较各区域的制度数量,同样可以看出由东向西的梯次分布特征。

---

① 中华人民共和国国家统计局. 东西中部和东北地区划分方法[EB/OL]. [2011－10－12]. http://www.stats.gov.cn/tjzs/t20110613_402731597.htm.

② 文化部公布第四次全国公共图书馆评估定级结果[N/OL]. 中国文化报,2010－01－23(2－4) [2012－02－11]. http://news.idoican.com.cn/zgwenhuab/html/2010-01/23/content_49771471.htm.

③ 张恺悌,郭平. 中国人口老龄化与老年人状况蓝皮书[M]. 北京:中国社会出版社,2009:21－22.

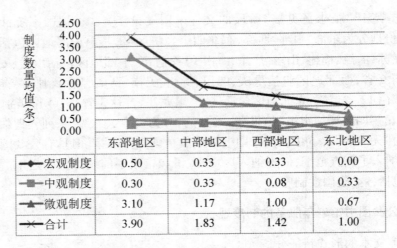

制度 数量均 值(条)	东部地区	中部地区	西部地区	东北地区
◆宏观制度	0.50	0.33	0.33	0.00
■中观制度	0.30	0.33	0.08	0.33
▲微观制度	3.10	1.17	1.00	0.67
✕合计	3.90	1.83	1.42	1.00

图 6-1 公共图书馆老年服务制度的区域分布图

资料来源于作者统计。

（3）老龄化与老年服务制度的省际分布差异

省际之间的老龄化发展差异与老年服务制度之间一方面显现为同向关联：随着进入老龄化的省份增加（从 2000 年的 14 个增至 2010 年的 26 个[1]），制度数量也在增加。在 39 份有时间的文本中仅 1 份是 2000 年之前的，2007 年一年发布的文本数量就达 33 条之多。而青海、宁夏、新疆、西藏等还未进入老龄化的省份则几乎为零。此外，与老龄化发展变化一致，重庆、四川、湖北、安徽、陕西等的老龄化指数在 10 年时间内增长迅速，相应的制度数量也较多。但另一方面又体现为逆向关联：老龄化速度较快的甘肃、吉林、广西等省和自治区并没有老年服务制度，而作为老龄化程度低、发展速度较慢的广东省却在制度安排中较多考虑了老年服务的问题。对此可有两种解释：一是劳动年龄人口跨区域流动对老龄化发展的影响。吸纳劳动年龄人口较多的省份老龄化速度相对于劳动力流出的省份总体要慢[2]，也就是说，作为人口流入大省的广东和人口流出大省的甘肃等省在老龄化发展上的差异在很大程度上可归结为劳动年龄人口的迁移，并不能充分反映各自本地人口的老龄化发展状况，因而会出现老龄化程度不同的省份在制度设计上表现不一。二是与图书馆发展状况存在的东西部地区差异有关，广东省的公共图书馆发展水平居于前列，而相对来说甘肃、吉林、广西与其他一些西部省份的公共图书馆发展还存在滞后。尽管如此，这种错位仍反映出制度设计对于变化的老龄化形势并没有做出及时的回应。

（4）老年服务制度的图书馆分布差异

从制度的图书馆级别分布来看，根据公共图书馆评估结果对 42 个图书馆进行了统计分析，发现一级馆占绝大多数（31 个，占 73.80%），二级馆仅 4 个，另有无等级图书馆 7 个。全国公共图书馆评估结果在一定程度上反映了图书馆的发展和服务水平，这说明随着图书馆服务的提升，老年服务的制度设计才获得较多关注，它还没有成为图书馆服务制度的基本安排。从制度的图书馆省份分布来看，由老龄化和图书馆发展的地区差异所带来的分布不平

---

① 中华人民共和国国家统计局. 中国统计年鉴 2011[M]. 北京：中国统计出版社，2011：100.

② 张恺悌，郭平. 中国人口老龄化与老年人状况蓝皮书[M]. 北京：中国社会出版社，2009：21－22.

衡现象同样存在(见图6-3)。由于对图书馆的统计所对应的是微观层次的机构制度,因而将其与中观制度的分省分布结合分析发现,一些省份制定了中观制度但在微观层次上却没有体现出来如河南、新疆,相反,制定了微观制度但缺乏中观制定的情况也存在,如福建、海南等,这在一定程度上凸显出我国图书馆老年服务制度的体系性还不强,制度配套建设还存在不足。

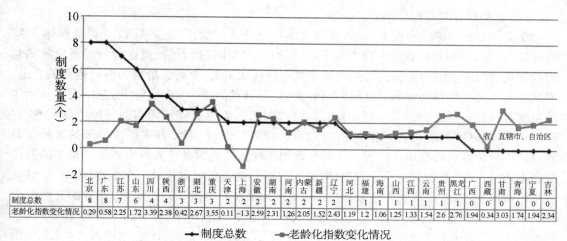

	北京	广东	江苏	山东	四川	陕西	浙江	湖北	重庆	天津	上海	安徽	湖南	河南	内蒙古	新疆	辽宁	河北	福建	海南	山西	江西	云南	贵州	黑龙江	广西	西藏	甘肃	青海	宁夏	吉林
制度总数	8	8	7	6	4	4	3	3	3	2	2	2	2	2	2	2	2	1	1	1	1	1	1	1	1	0	0	0	0	0	0
老龄化指数变化情况	0.29	0.58	2.25	1.72	3.39	2.38	0.42	2.67	3.55	0.11	-1.3	2.59	2.31	1.26	2.05	1.52	2.43	1.19	1.2	1.06	1.25	1.33	1.54	2.6	2.76	1.94	0.34	3.03	1.74	1.94	2.34

◆━ 制度总数　■━ 老龄化指数变化情况

图6-2　老龄化指数变化情况与老年服务制度的分省分布图

资料来源:老龄化指数来源于《中国统计年鉴2011》①,制度的分省分布数量来源于作者统计。

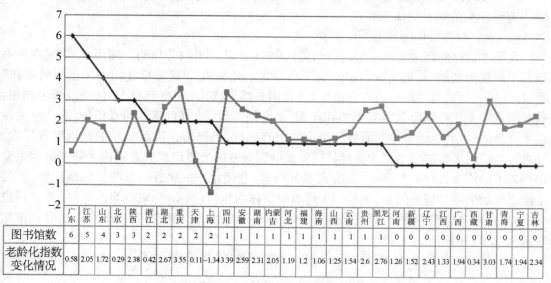

	广东	江苏	山东	北京	陕西	浙江	湖北	重庆	天津	上海	四川	安徽	湖南	内蒙古	河北	福建	海南	山西	云南	贵州	黑龙江	河南	新疆	辽宁	江西	广西	西藏	甘肃	青海	宁夏	吉林
图书馆数	6	5	4	3	3	2	2	2	2	2	1	1	1	1	1	1	1	1	1	1	1	1	0	0	0	0	0	0	0	0	0
老龄化指数变化情况	0.58	2.05	1.72	0.29	2.38	0.42	2.67	3.55	0.11	-1.34	3.39	2.59	2.31	2.05	1.19	1.2	1.06	1.25	1.54	2.6	2.76	1.26	1.52	2.43	1.33	1.94	0.34	3.03	1.74	1.94	2.34

◆━ 图书馆数　■━ 老龄化指数变化情况

图6-3　老龄化指数变化情况与老年服务制度的图书馆分省分布图

资料来源:老龄化指数来源于《中国统计年鉴2011》②,制度的图书馆分省数据来源于作者统计。

①②　中华人民共和国国家统计局.中国统计年鉴2011[M].北京:中国统计出版社,2011:100.

以上的分析仅针对单个图书馆而言,值得一提的是在制度设计中图书馆联合体所展现的力量,如北京市公共图书馆网络联合所发布的"读者一卡通办证须知"、杭州地区 7 个县市 15 个图书馆联合发布的《杭州地区公共图书馆服务公约》及湖南 14 个市 80 多个图书馆共同发布的《湖南省县(市、区)公共图书馆服务公约》,它们大大扩展了制度的覆盖范围。

6.1.2.2　制度文本的内容特征分析

(1)老年服务对象定位中的老龄观

在老年服务对象的定位上,绝大多数文本将老年人归属于"老弱病残""弱势群体""特殊群体"行列,虽然其将老年人作为一个单独的用户群体进行看待,但这种归类所反映的老龄观却是消极的。因为消极的老龄观基于老年歧视认识上,会将老龄视为不可避免的衰退,将所有老年人看作是纯粹同一性质的弱势群体、是被照顾者[①]。但实际上,老年人只是从年龄角度对社会人群进行的单一划分,与其他群体相比,老年群体所涵盖的年龄范围从 60 岁到 100 多岁,跨度是最大的。由于年龄段、世代、教育、健康、生活方式等所带来的多样性是难以从年龄角度获得全面认识的。这种显著的个性差异成为老年人口不同于其他年龄群体的最重要特点[②]。当我们承认老年群体的差异性时,就会意识到这是一个丰富、能动、个性化的用户群体,在制度设计中才会以积极而非消极、深入了解而非刻板印象、充分细分而非简单类分的视角来定位老年用户。不仅如此,我国老年人中 60—74 岁的年轻型老年人(占 74.75%[③])和健康老年人(占 83.2%[④])占绝大多数,制度设计中更不宜把绝大多数处于"第三年龄"(以低龄老人、户外健康老人为主体的人生,时间较长)的老人和"第四年龄"(指那些生活难以自理或完全不能自理、要依赖他人照料的高龄老人,时间较短)的老人混为一谈[⑤],笼统地归为弱势群体。

(2)老年服务目标的思维倾向

在服务目标的制定思维上呈现出两类倾向:一类从图书馆管理的立场出发,为实现图书馆利用而提出诸如"帮助消除利用困难""方便地利用资源""保障享受图书馆服务的权利"等目标,另一类从老年用户的立场出发,结合用户需求提出"支持终身学习,提供学习知识、获取信息和文化休闲服务""帮助善用闲暇,丰富阅读生活"等目标。两者相较,前者更关注自身资源的利用,延续资源—服务—用户的固有思维,仍停留在资源驱动的被动服务层次,并进一步增强了将图书馆视为满足特殊需要的照顾者的潜意识。后者则进入到了解和激发用户需求的层次,以用户为中心来决定服务内容,遵循用户—服务—资源的思维路径,体现了用户驱动的主动服务思想,也显现了对老年群体的积极认识。后者与当前提倡的"以用户为中心"的服务思路相吻合,但在数量上前者却居于多数,这说明在制度层面还没有真正实现从资源中心向用户中心的转变。

在目标要求的陈述中,多是"尽量帮助""努力满足"等笼统、抽象的字眼,还有一些制度

---

①　熊必俊.制定新世纪老龄行动计划应对全球老龄化挑战——第二届世界老龄大会综述和启示[J].市场与人口分析,2002(5):75-78.

②　陈勃.对"老龄化是问题"说不——老年人社会适应的现状与对策[M].北京:北京师范大学出版社,2010:3.

③④　国务院人口普查办公室,国家统计局人口和就业统计司.中国 2010 年人口普查资料[M/OL].北京:中国统计出版社,2011[2012-10-09].http://www.stats.gov.cn/tjsj/pcsj/rkpc/6rp/indexch.htm.

⑤　李泽.加强老龄教育　开创"第二人生"[J].晋中师范高等专科学校学报,2003(3):197-199.

完全没有涉及目标要求。如果仅有指导性、鼓励性的文字而缺少硬性的指标规定,服务目标的规定很可能流于形式,其能否切实实现以及如何评价实现效果都难以保证,制度的价值也无法彰显。

（3）老年服务原则与制度环境的影响

按照制度变迁理论,制度环境的变化将决定着制度安排的变化,而制度安排则是制度环境的具体体现和延伸[①]。制度环境,也就是一个组织所处的法律制度、文化、社会规范、观念等为人们"广为接受"的社会事实。处于同一制度环境下的各个组织为了与制度环境一致,都采用了类似的结构和做法,从而出现趋同性[②]。制度环境的这一影响在老年服务原则的形成中表现格外明显。文本中体现的服务原则可归纳为"免费""平等""优待""敬老",而这些原则的形成一方面源于图书馆对自身服务宗旨和使命的追求,另一方面则受到制度环境的约束,如社会道德规范的引导或外部制度的强制要求。以"免费""优惠"原则为例,尽管图书馆界对于是否免费争执多年,但在对老年人服务免费问题上却基本与各地的"老年人优待办法"相一致,较多制度提出免费或优惠的要求,受惠对象也多要求"持优待证";在2011年《关于推进全国美术馆公共图书馆文化馆(站)免费开放工作的意见》政策发布后,一些图书馆原有的老年读者免费或优惠的规定被全民免费所取代,本次调查的两次间隔中就有一些制度发生了变化。这些都反映了外部制度环境对图书馆自身制度安排的影响。但是我们应意识到由制度环境影响所带来的服务原则仅反映了社会体系对老年服务的基础要求,对于提高老年服务水平而言,图书馆显然应当确立更高层次、更具针对性的原则。

（4）老年服务方式的特征分析

文本中详列出的服务方式主要有设施设备、资源人员和服务活动三方面:设施设备的要求包括老花镜、放大镜、无障碍设施、光照、通风和楼层布局、设置休息专座等;资源人员的要求包括充实适合老年人的资源、提供公益组织的信息、安排专人服务、指引上下楼梯;服务活动的要求包括免费或优惠办证、允许代借、优先办理事务、优惠借期和借数、电话预约、送书上门、开展公益讲座、阅读推广和信息服务以及与相关机构合作开展活动等。数量上,无障碍设施、免费或优惠办证、优先办理事务、优惠借期和借数的出现频率较高,这些方式与服务原则中的陈述重点基本对应。但对激发和满足老年用户需求的核心服务要素——资源、人员和服务活动的规定却非常少,原因在于这些规定在制度文本中通常面向了所有用户而非老年用户,这其中似乎隐含着一种意识即老年用户和其他用户对资源和服务的需求相同。但是,尽管老年期在一定程度上是成年期的延续,进入老年期的人们也会因共享相似的变化情境如退休、闲暇时间增多、重新安排生活、身体衰退而呈现出与成年群体不同的生活状态,具有某种程度上的群体共同特性,在资源和服务需求上自然具有与成年群体的不同特征,这是老年服务制度制定时需要考虑的。

6.1.3　图书馆老年服务制度设计的现状反思

6.1.3.1　图书馆老年服务制度设计的现存不足

从以上分析可以看出,我国已在不同区域、省份和图书馆进行了不同层次和类型的老年

---

①　冯晋祥,宋旭红.大学特色的形成与发展[M].青岛:中国海洋大学出版社,2010:223.

②　汤晓蒙.高等教育趋同现象探析:新制度学派理论的视角[J].教育发展研究,2009(3):18-22.

服务制度设计,对公共图书馆和老年用户的行动和相关关系确立了初步规范,制定了基本的服务定位、目标、原则和方式,为图书馆老年服务实践提供了一定的指导和约束。图书馆服务宗旨和职业使命、图书馆发展状况、我国老龄化状况、老年优待办法和公共文化服务政策等构成了影响制度特征的内外因素,图书馆联合体对扩大制度的覆盖范围具有积极影响。但总体而言,仍存在较多不足:

(1)思想基础偏向消极,设计思路仍显被动

思想基础中蕴含着老年服务的价值追求、理想信念和思维方式,但现有制度中呈现的主要是对老年用户"弱势""衰退"的刻板印象和以照顾为主的服务思想,体现的是消极老龄化的指导思想。在设计思路上,多数制度仍体现的仍是以规范用户行为、便利图书馆管理为主的倾向,还没有切实体现了解和激发用户需求、规范服务行为、表达服务承诺的制度建设思路。

(2)实践基础薄弱,对环境变化响应不力

老龄化形势应成为制定老年服务制度的前提,但从制度与区域、省份老龄化发展的错位状况来看,这一前提并未受到足够重视。同样,面对普遍存在的老龄化现象,老年服务制度设计不应是个别发展较好的图书馆才考虑的问题。此外,各地各级图书馆所面临的服务环境是不同的,本地性对强化服务针对性具有重要意义,这就需要作为服务指导的制度对本地老年人口、图书馆所服务社区、老年机构、相关机构等本地特性进行强调,但这一点丝毫没有体现出来。

(3)制度的开放性弱

一项制度安排是嵌入在整体的制度结构中的,图书馆老年服务制度既是图书馆服务制度的分支,也是老年服务制度体系的重要组成,因而与已有的外部老年服务制度如《老年人权益保障法》、各地的老年人优待规定、《老年人建筑设计规范》《老年无障碍网页/网站建设规范》等应是互补的。但目前除了在优待、免费方面存在互通外,图书馆老年服务制度偏于封闭,与其他制度之间存在隔离。

(4)内容过于单薄

首先,文本内容过于简略,往往只有只言片语,而且行文和规定都极其相似,既无法涵盖老年服务的全部规定,也体现不出针对图书馆自身定位和不同用户的差别。其次,对用户的使用约束说明具体,对图书馆的责任规定则笼统模糊,影响了制度应有的客观性和可识别性。在现实执行中,会使图书馆自我掌控的自由度过大,在实施机制薄弱的情况下,很可能使制度约束成为空谈。最后,提供的服务指导较为传统,与图书馆的服务实践相比,制度内容非但不"超前"反而有些滞后,这与制度缺乏评估和修订有关。

(5)体系性弱、配套制度不健全

很多地区的服务制度只停留在宏观或中观层次,而切实的制度执行是需要扩展到微观的图书馆层次,但落实到这一层次的制度数量较少,总体还没有形成宏观、中观、微观相互联系、相互协调的制度体系,导致制度执行乏力。而且缺乏实施细则,以方向性而非具体描述性形式出现的制度如果没有配套实施细则,将更加凸显自身的先天局限,难以在实践工作中进行操作和评价。

6.1.3.2 图书馆老年服务制度设计的创新思路

在我国老龄化态势加速发展的背景下,老年人正在成为公共图书馆的主要用户群体且

比例还在持续增加,而现有制度还无法适应这一变化,亟须调整和完善。以下从 5 方面对发展思路提出建议:

(1)确立积极老龄化的指导思想,转变思维观念。制度设计中应以积极老龄化作为指导思想,抵制老年刻板印象和老年歧视主义,以用户细分的思想认识老年群体的同质性和异质性;将服务立场从居高临下的照顾者转变为老年人权利的保障者,以服务为依托、以图书馆为平台营造积极老龄化的社会支持环境;设计思维应切实实现从约束用户行为转向深入了解和满足用户需求、维护用户权利的重点转移,增加有关图书馆责任承诺、服务规范和服务质量标准的制度设计。

(2)增加实践调查,倡导全局视野。对实践的调查应成为制度设计的前提,应在对全国或本地老龄化、老年用户和图书馆状况以及国内外老年服务实践和较为成熟的服务制度开展广泛调查的基础上,结合自身情况制定具有鲜明特色和针对性的制度。应将图书馆老年服务置于社会老年服务体系的背景中予以强调,形成与其他老年服务制度的紧密联结。

(3)充实制度内容,明确服务标准。应增强制度编制的实用性和指导性,扩充现有制度关于老年服务的内容篇幅,还可考虑在《公共文化服务规范》的指导框架下,由中国图书馆学会主导,借鉴美国、加拿大图书馆协会编制图书馆老年服务指南的国外成功经验制定专门的老年服务规范,并引导各地公共图书馆制定老年服务指南,形成相互呼应的指南体系。应充实制度内容,增加对服务责任、标准和管理方式的具体说明,将服务指导扩展到网络环境中,增加无障碍网络、网络培训、网络信息导航等服务内容。

(4)完善配套制度,建立健全实施机制。首先,应形成完备的制度体系,推进法律法规和标准规范的建设,行业协会和图书馆联盟的作用值得强调,微观上应注重落实,将老年服务的理念、原则、标准、方法反映到个体图书馆的服务规章中。其次,完善配套实施细则,对法规、规范的条文进行补充说明或辅助性规定,包括具体的条文依据、适用范围、执行标准、实施方法、执行程序和奖惩措施,推进规范化和精细化管理。最后,公共图书馆评估定级对于图书馆具有较强的约束力,因此可考虑将老年服务制度的实施与评估工作结合,将制度细则的完善与评估指标体系的细化统一起来,并加大评估体系中老年服务的评分比例。

(5)建立制度评估机制,推动制度修订。制度环境总在变化,所以制度本身也存在着能否适应环境、能否对环境的变化适时做出相应的调整等问题[1]。需要通过制度评估来提供运行信息和环境变化信息,检验制度的实施效果,并在此基础上决定制度是否需要调整、修订和更新[2]。因而应加强对制度执行环境、执行情况和执行效果的评估,根据调查和反馈结果来评价制度的合理性、规范性、可操作性和指导性,从而进行适时的修订。

6.2　我国公共图书馆老年阅读促进工作状况的调查分析

我国图书馆界在 20 世纪 80 年代就意识到"公共图书馆如何适应当前形势发展,加强为

---

①　李怀,赵万里.制度设计应遵循的原则和基本要求[J].经济学家,2010(4):54-60.

②　曹淼,肖希明.美国图书馆政策的重点领域及对中国的启示[J].国家图书馆学刊,2012,79(1):15-21.

老年读者服务工作,已是刻不容缓地提到议事日程服务上来了"[1],并切实开展了为老年群体服务的工作。上海市黄浦区广东街道图书馆在 1982 年成立了上海市第一个老年读书会[2],浙江平湖市图书馆在 1985 年建立老年读书会并活跃至今,河北省张家口市图书馆设立了专门的老年阅览室[3]、上海市徐汇区天平街道 1996 年设立了老年图书馆[4]。近年来随着老龄化加速发展,老年群体正日益成为图书馆的主要读者群体,在这一背景中,图书馆为老年群体服务在全国又获得广泛关注,开展了更多的服务实践。对公共图书馆老年服务状况,王素芳[5]与笔者[6]都曾进行过调查收集,但均未进行深入分析,因此本研究试图通过广泛的文献收集,采用统计分析和内容分析相结合、定性和定量相结合的方式全面掌握我国图书馆为老年群体服务的状况,具体研究目的包括:①了解我国公共图书馆老年服务的制度保障、服务条件、服务方式和服务内容等发展状况;②了解我国图书馆老年服务的区域、时间、馆级别等分布状况;③通过对前两者的深入分析发现图书馆老年服务存在的问题,思考进一步的改进策略。

6.2.1　研究设计

6.2.1.1　研究方法

根据伯纳德·贝雷尔森的经典定义,内容分析法是"一种对具有明确特性的传播内容进行的客观、系统和定量描述的研究技术"[7]。在应用中可分为解读式、实验式和计算机内容分析法,本研究采用的是实验式内容分析,将定量与定性分析相结合,首先将文本内容划分为特定类目,计算每类内容元素出现频率,并描述明显的内容特征;其次对定量化数据的含义进行深入解读[8]。随着网络信息的发展,内容分析法成为最早应用于网页分析的方法之一,应用程度不断提高,这使得它的应用范围从传统媒体的传播内容扩展到网络信息,应用模式也进行了扩展,更加灵活[9]。

6.2.1.2　研究文本

本研究分析的文本同时涵盖传统文献与网络文献:一是以传统媒体发布的内容作为抽样框,具体包括 2002—2011 年《中国图书馆年鉴》"各地图书馆"版块的所有内容以及通过中国知网(CNKI)数据库,以"图书馆"与"老人""老年读者""老年服务"等为检索词组配检索获得的 2002—2011 年期刊文献;二是建立网络信息的抽样框,对于 31 个省级公共图书馆

---

① 石萍.适应形势发展加强老年读者服务工作[J].图书馆工作与研究,1986(3):36 – 37.

② 周志光.丰富老年人精神生活的好形式——介绍上海第一个老人读书会[J].社会,1983(6):23 – 24.

③ 童光范,班金梅.老年之家——记张家口市图书馆"老年阅览室"[J].图书馆杂志,1996(2):38 – 39.

④ 市领导视察徐汇区长桥街道图书馆、天平街道老年图书馆[J].图书馆杂志,1996(2):19.

⑤ 王素芳.公共图书馆弱势群体服务研究[D].北京:北京大学,2009:333 – 336,153.

⑥ 肖雪,王子舟.公共图书馆服务与老年人阅读现状及调查[J].图书情报知识,2009(3):35 – 57,116.

⑦ Berelson,B. Content Analysis in Communication Research[M]. New York:Free Press,1952:18.

⑧ 邱均平,邹菲.关于内容分析法的研究[J].中国图书馆学报,2004(2):12 – 17.

⑨ Herring S C. Web content analysis expanding the paradigm[EB/OL]. [2013 – 11 – 14]. http://www. sfu. ca/cmns/courses/2012/801/1-Readings/Herring% 20WebCA% 202009. pdf.

按照省份名录建立离线型抽样框;对于其他公共图书馆采用在线型抽样框[①],根据研究问题以"老年""老人""老龄""老年读者""老年服务""图书馆"为检索词在百度、谷歌中进行关键词搜索获得网页信息。对进入抽样框中的资料,人工抽取其中涉及老年服务的内容作为分析样本,经鉴别、去重后,收集的样本涉及 31 个省馆、78 个市馆、139 个区县馆和 24 个街道社区乡镇图书馆,共计 271 个图书馆。

6.2.1.3 分析框架

对分析样本建立类目框架,从图书馆的服务保障和服务活动两方面进行分析(见表 6-3 和表 6-4)。对分析框架做以下规定:①根据国家统计局的区域划分,将全国省份划分为东北、东部、中部、西部四个经济区域[②]。依此划分,本次调查中东部馆有 142 个(占 52.4%)、中部馆 48 个(占 17.7%),西部馆 67 个(24.7%),东北地区馆 14 个(占 5.2%)。②"馆级别"以行政区划为主进行划分,分为省、市、区县、街道社区四级图书馆。③服务保障包括设施设备供应、馆舍功能布局、服务体系、馆藏建设、经费与管理,但限于篇幅原因,表 6-3 未完全列出。④服务活动包括讲座、培训、展览、赠书、上门服务、读者组织、休闲活动和图书馆参与 8 类,其中单个馆的单次活动如属于明确的两种不同类别的活动,则分别归类,否则依其主要活动形式归类、不做重复归类。限于篇幅原因,表 6-4 中未完全列出。在类目框架之后根据需要抽取文本中的词组、短语作为分析单元在对应的类目下进行编码和赋值(在对应类目有内容的就赋值为 1,否则不予赋值),可见表中示例。

表 6-3 公共图书馆老年服务保障的内容分析类目框架(片段)

服务保障		图书馆名称			图书馆所属区域				图书馆级别				时间	
		图书馆1	图书馆2	……	东北	东	中	西	省级	市级	区县级	街道社区级	开展时间	持续时间
设施设备供应状况	老花镜、放大镜	1	1			1	1			2				
	坡道、护栏													
	电子助视器/大字阅读设备		1			1				1				
	开水、水杯													
	纸笔	1					1			1				
	老年专用桌椅													
	无障碍网站		1			1				1				
	其他													

---

① 惠恭健,李明. 内容分析法在互联网研究中的应用初探——以与传统媒体内容分析法应用的比较为视角[J]. 图书馆学研究,2011(2):5-7,12.

② 中华人民共和国国家统计局. 东西中部和东北地区划分方法[EB/OL]. [2014-10-12]. http://www.stats.gov.cn/tjzs/t20110613_402731597.htm.

表6－4　公共图书馆老年服务活动的内容分析类目框架（片段）

服务活动		图书馆名称	图书馆所属区域				图书馆级别				活动数量	合作单位	时间	
			东北	东	中	西	省级	市级	区县级	街道社区级			开展时间	持续时间
讲座	老年养生保健	图书馆1		1				1			5	…		
		图书馆2			1		1				6			
		……												
	电脑学习	图书馆1												
		图书馆2												
		……												
	英语学习	图书馆1												
		图书馆2												
		……												
	……	图书馆1												
		图书馆2												
		……												
	其他	图书馆1												
		图书馆2												
		……												

6.2.2　公共图书馆老年服务保障状况分析

6.2.2.1　设施设备状况

进入老年期,身体机能的衰退难以避免,辅助设备的提供成为必要。从调查来看,仅有35个图书馆(占总数的12.9%)明确列出所提供的设施设备(见表6－5),并且这些图书馆还主要集中在东部地区(占51.4%)和省市馆(占68.6%),这说明意识到老年人身体障碍并提供切实帮助的图书馆还比较少。

表6－5　图书馆老年服务设施设备分布表

馆级别＼地域	东部	中部	西部	东北	合计
省馆	7	1	2	1	11
市馆	6	1	4	2	13
区县馆	4	2	3	1	10
街道社区馆	1	0	0	0	1
合计	18	4	9	4	35

在提供设备的图书馆中,老花镜、放大镜最为普遍,占68.6%,其次是开水(45.7%)、纸笔(25.7%),其他还包括老年专用桌椅、坡道、防滑条、医疗箱、便民箱、轮椅等。这些说明图书馆较好地把握了老年人的生理特点和阅读习惯。值得一提的是有14.3%的图书馆提供大字阅读设备、电子助视器、电子读屏软件;2011年上海市图书馆启动"上海无障碍数字图书馆"建设,提供无障碍网站、有声电子书和数字化讲座,同时对图书馆门户网站进行无障碍化改造,提供有声网页播放功能和无障碍浏览辅助工具[①];2011年中国西部地区公共图书馆协作网第二十届年会上,网络无障碍阅读工具"贴心广角"进行功能展示[②],2012年即在绵阳市图书馆[③]、泸州市图书馆[④]提供服务,这些说明图书馆敏锐的关注到老年群体的网络化适应问题,将设施设备提供空间从实体馆走向网络。

6.2.2.2 馆舍功能布局状况

为表示对老年群体的重视,一些图书馆会在馆舍中专门开辟区域提供老年用户使用,冠以老年阅览室、老干部活动室、老年活动中心、老年人座席等各种名称,开设时间最早可追溯到20世纪80、90年代。据调查,共有42个馆在馆舍中设置了专门的老年阅读和活动场所,市馆与区县馆成为开设的主力(达90.5%),仍集中分布在东部地区(见表6-6),山东省最为突出。

表6-6 馆舍功能布局状况分布表

地域 馆级别	东部	中部	西部	东北	合计
省馆	1	1	1	1	4
市馆	11	1	3	1	16
区县馆	14	3	4	1	22
街道社区馆	0	0	0	0	0
合计	26	5	8	3	42

设立专门阅览室在一定程度上表明了图书馆对老年用户的细分意识和重视程度,结合老年阅览室的开设,图书馆在设备、环境、馆藏、服务中采取了针对措施,8个馆为阅览室配置各类设备以营造良好环境,7个馆指出要结合老年人阅读习惯和喜好配置馆藏或设置专架,还有一些图书馆在服务上有所创新,如山东省馆建立老年读者通讯簿,张家口市馆对于老年读者借阅该室图书在种、册数上实行便捷灵活的方式,重庆九龙坡区馆提供每周免费上网。总体来看,设立了老年阅览室的图书馆在老年服务上普遍较好。但就设立思路而言,有

---

① 全国首个无障碍数字图书馆今启动[EB/OL].[2012-01-20]. http://news. cntv. cn/20111203/120261. shtml.

② 天锐科技. 贴心广角亮相中国西部公共图书馆年会[EB/OL].[2012-02-13]. http://technology. ten-chou. com/shownews. asp? id=185.

③ 绵阳市图书馆官方网站无障碍服务开通[EB/OL].[2012-04-22]. http://www. mylib. net/shownews. asp? NewsID=814.

④ "贴心广角"贴心服务残障人士[EB/OL].[2012-04-22]. http://www. lzlib. com/Article/ShowArticle. asp? ArticleID=2639.

4个馆以"老干部阅览室/活动室"命名,这种以社会身份决定阅读权利的设立理念与图书馆平等服务的宗旨是背离的。

外在制度对老年阅览室的设立发挥了推动作用,如青岛市《"十二五"老龄事业发展规划》规定:"市、区(市)图书馆均开设老年阅览室,市级图书馆老年阅览室报纸杂志种类不低于200种。"①但来自图书馆的内在动力则较为缺乏,曾有调查显示尽管一些馆开设了老年阅览室(其中还有些仅出于评估需要),但几乎没有任何图书馆单独设置了管理部门,与少儿服务形成鲜明对比。此外,配套的经费、馆藏、专职人员和专题活动都较为缺乏,从图书馆的实际行动反映出多数图书馆在老年服务方面所持的基本立场是"没有必要将老年人群从成年人群中独立出来进行考虑",它与单独设置老年人阅览室似乎在一定程度上是自相矛盾的②。本次调查中也存在类似情况,这种矛盾的局面实质上投射出图书馆在对老年群体是否应当成为一个细分用户群体的认识上还存在模糊之处。老年人是同质性和异质性并存的群体,同样的生活时代、相似的人生经历使得老年人具有相同或相近的阅读习惯、阅读风格和阅读喜好,这些阅读特征和老年人的年龄特征将老年群体和其他群体像青少年、成年区别开来。图书馆要根据老年群体所遵循的价值标准和行为规范来和老年人互动与对话,并根据老年人次文化的基本内容和特点来提供属于他们的"个性化服务",应该尽量避免将其他年龄组群体的文化和服务方式强加于老年人身上,或者以此来衡量老年人的价值标准和行为方式。因此,设立老年专用阅览和活动空间仅仅是基础,更重要的应是图书馆针对老年群体的异质性进行细分,确定不同类型读者阅读促进的重点和活动方式,对不同身体状况的读者提供不同的阅读设施,对不同阅读兴趣的读者提供相应的阅读资源,对不同阅读程度的读者制订分层阅读计划③。

6.2.2.3 服务体系状况

老年人因身体原因,活动空间有限。有研究发现,距离社区中心1公里的范围是基本休闲圈,益智怡情型休闲距离为1.9公里,日常休闲空间受休闲设施分布影响强烈④,因而提供近在身边的图书馆服务对于老年人来说具有显著意义。图书馆主要通过建立服务体系即由公共图书馆独立提供或通过合作方式提供的平台来实现这一目标,本次调查中发现41个图书馆开展了面向老年人的服务体系建设(见表6-7),具体形式包括两类。一类是由图书馆建立流通点或分馆,共有5个图书馆开办了老年分馆,31个图书馆建立了服务流通点,合计48个服务点。场所主要分布在老年人较为集中的地点,依次是养老机构如敬老院和老年公寓(占56.3%)、老年活动中心(占20.8%)、社区公园(占12.5%)、老年大学(占10.4%);从设立时间来看,在30个提供时间的图书馆中,40%集中在2010年,76.7%的馆在2008年之后,这也显示出近年来图书馆对老年群体的关注度在提高。另一类形式是图书馆与其他机构合作共建老年服务平台,有3个图书馆与老年大学合作,开办老年大学图书馆分校,有2个图书馆建立老年阅读教育基地。在服务体系的建设过程中,图书馆除了与老年大学、老龄

① 青岛市"十二五"老龄事业发展规划[EB/OL].[2012-04-05].http://www.qingdao.gov.cn/n172/n68422/n68424/n16185733/22736548.html

② 王素芳.公共图书馆弱势群体服务研究[D].北京:北京大学,2009:333-336,153

③ 肖雪,王子舟.公共图书馆服务与老年人阅读现状及调查[J].图书情报知识,2009(3):35-57,116.

④ 刘璇.中国城市老年人日常活动空间研究[D].北京:北京大学,2003:82.

委、民政局这些老年机构合作外,还与广播台、民间基金会、文化团体等合作。这说明图书馆开放的意识在增强,通过将"走出去"与"引进来"相结合,将图书馆力量与社会力量结合,共同推动图书馆服务和形象的延伸。尽管目前这种延伸还不普及也不充分,但它应是未来图书馆建设老年服务体系着力发展的方向。

表6-7　图书馆老年服务体系建设状况分布表

地域 馆级别	东部	中部	西部	东北	合计
省馆	1	4	1	0	6
市馆	7	5	3	4	19
区县馆	8	4	2	1	15
街道社区馆	1	0	0	0	1
合计	17	13	6	5	41

6.2.2.4　馆藏建设状况

图书馆在馆藏建设方面主要开展了两项工作,即文献配置与专题书目建设。调查发现,图书馆在馆藏配置时多考虑要适应老年人阅读需求和阅读特点,但如何了解呢?一些馆采取了实际行动,如重庆市涪陵区图书馆组织"你选书,我买单"老年人专场补充馆藏①、北京市宣武区大栅栏街道图书分馆举行老年读者联谊、推荐图书②,但这毕竟是少数,由于图书馆对日常性的馆藏建设报道较少,所以多数馆没有给出答案。本调查主要结合27个图书馆赠书、为流通点配置的书籍内容来获取这方面的信息。从文献类型来看,以纸质文献为主,其中,以提供图书的馆最多(占85.2%),其次是期刊(占44.4%)和报纸(25.9%),而已有的老年人信息获取渠道调查显示③④报纸、期刊的选择比例都远远超过图书,这说明图书馆针对老年读者的馆藏配置存在一定的错位,应配置更多的报刊而非图书。从文献内容来看,主要集中在养生保健、文学艺术、历史传记和生活百科,其他时事政治、经济、兴趣爱好、计算机、教育等只有零星涉及。结合14个图书馆设置的老年专题书目/书架来看,9个馆的主题是养生保健,1个馆是养老问题,1个馆是红色文献,3个馆不明确内容。总的来看,图书馆馆藏建设主题还比较狭窄,而实际上,时代变迁与老年世代更替使得当今老年人的生活世界和精神需求都在发生变化,在身体保健之外,"老有所乐""老有所学""老有所教""老有所为"的精神追求促使他们关注更为丰富的知识内容。因此图书馆需要通过实际的调查、读者问询等方式切实深入的了解老年用户需求,建立适应其需求并倡导优质老年生活的馆藏体系。

---

① 涪陵区图书馆开展老年读者选书活动[EB/OL].[2011-11-20].http://www.cqcrtv.gov.cn/html/1/wgdt/dfdt/news_559_5789.html.

② 张冠男.老年读者联谊会[EB/OL].[2011-11-20].http://www.xwlib.com/content.asp?artid=6679D455-B5AC-45C4-900E-30FA2681C5A0.

③ 北京市信息化工作办公室.北京市数字鸿沟研究报告(2005)[M].北京:中国发展出版社,2005:64.

④ 肖雪.促进老年人阅读的公共图书馆创新研究[M].天津:天津大学出版社,2010:123,165.

6.2.2.5　经费与管理状况

针对老龄化发展趋势,一些图书馆已经开始有意识的调整服务重点和方向,在经费分配、管理体制等方面有所侧重。如青岛市图书馆明确"每年根据老年读者增长的比例,确定为老年读者服务用经费",其用于老年读者的经费比例从 1.5% 增加到 3.36% ,呈逐年递增趋势①。上海闸北区北站社区图书馆用来自馆员工资的 2% 设立"敬老自募小基金"②开创了经费的新来源。从服务管理来看,图书馆采取了多种方式:一是设置专门的管理部门,如宁夏回族自治区图书馆设置了"青少年与老年读者服务部"③;二是建立老年读者档案,如山东省馆建立老年读者通讯簿④、银川市馆将一些老年读者做了特别登记⑤;三是开展老年特色服务,如青岛市图书馆、浙江瑞安市图书馆、北京市朝阳区图书馆、天津河北区图书馆、上海市徐汇区图书馆等均将老年服务作为本馆服务特色,开展多项专题活动,有些馆已逐渐形成品牌;四是建立应急处理机制,如辽宁锦州市图书馆针对老年读者的身体状况,制定突发病应急预案⑥。但总体而言,多数图书馆在经费安排和服务管理方面还没有投入关注,实质反映出同样的认识问题即对老年群体的忽视。

6.2.3　公共图书馆老年服务活动状况分析

6.2.3.1　图书馆老年服务活动的区域分布状况

我国区域间人口老龄化程度发展很不平衡,呈现出明显的由东向西的区域梯次特征,与此对应,图书馆老年服务也呈现出类似的区域分布特点(见表 6－8),无论从开展活动的图书馆数还是从开展的活动数来看,东部地区都高于其他地区(考虑到各地区涵盖的省份数量不同,此结论从平均数值中获得)。从图书馆级别来看(见表 6－9),服务活动则相对集中于省市级图书馆,区县和街道社区图书馆分布较少,这对于活动范围小、居家养老的老年人而言是非常不方便的,与提供普遍均等的图书馆服务宗旨也是不相符的,着力将老年服务活动向下延伸应成为图书馆未来的目标。

此外,我国城乡老龄化程度的差异也极其明显,在农村成年劳动力外出务工的环境中,农村老年人比例急剧上升,但公共图书馆老年服务在农村基本是空白,这与我国城乡二元分离的管理体制有关,县级以上各级政府是各级公共图书馆的投资主体,但乡镇一级的图书馆则和文化馆等合为一体成为群众事业,其建立不是靠国家投入,而主要靠农民的积极性,靠文化站的"以文补文",靠一次性的捐资和捐书,使得其生存缺少制度规定的投资主体⑦,自

---

①　我馆重视做好老年读者优待工作[EB/OL].[2012－02－11].http://www.qdlib.net/list.asp? unid=1313.

②　杨俭新.迎新春　送关爱——北站社区图书馆慰问敬老院老人[EB/OL].[2012－01－15].http://www.zblib.org/cf-source/qk201102.pdf.

③　宁夏图书馆.机构设置[EB/OL].[2011－11－09].http://www.nxlib.cn/gegz/jgsz/.

④　杨红.让老年读者如在家中一般[J].山东图书馆季刊,2007(3):65－67.

⑤　银川市图书馆.2008 年银图动态[EB/OL].[2011－12－09].http://library.yinchuan.gov.cn/publicfiles/business/htmlfiles/library/p2008/21876.htm.

⑥　锦州市图书馆为老年读者提供特色服务[EB/OL].[2012－01－11].http://www.jz.gov.cn/lnjz/2011/05/16/142595.html.

⑦　肖雪.促进老年人阅读的公共图书馆创新研究[M].天津:天津大学出版社,2010:123,165.

然服务也难以有效开展。因此,改善老年服务状况根本上还要改善农村图书馆的发展状况,建立城乡图书馆联盟、开展流动服务、倡导社会力量参与是可以考虑的策略。

表6-8 公共图书馆老年服务的区域分布表

服务活动形式＼图书馆地域	东部地区		中部地区		西部地区		东北地区		合计	
	图书馆数	活动数	图书馆数	活动数	图书馆数	活动数	图书馆数	活动数	图书馆数	活动数
讲座	38	106	16	29	13	21	4	27	71	183
培训	38	–	9	–	22	–	2	–	71	–
展览	22	47	6	9	5	14	2	4	35	74
赠书	13	13	8	11	5	5	3	3	29	32
上门服务	19	–	2	–	7	–	3	–	31	–
读者组织	13	13	1	1	2	2	2	3	18	19
休闲活动	18	36	2	8	13	14	2	3	35	61
图书馆参与	15	20	3	9	5	5	3	3	26	37

表6-9 公共图书馆老年服务活动的级别分布表

服务活动形式＼图书馆级别	省级		市级		区县级		街道社区级		合计	
	图书馆数	活动数	图书馆数	活动数	图书馆数	活动数	图书馆数	活动数	图书馆数	活动数
讲座	17	67	16	36	33	74	5	6	71	183
培训	9	–	20	–	38	–	4	–	71	–
展览	12	40	15	25	8	9	0	0	35	74
赠书	4	4	9	11	14	15	2	2	29	32
上门服务	7	–	10	–	13	–	1	–	31	–
读者组织	2	3	3	3	9	9	4	4	18	19
休闲活动	8	15	9	25	12	14	6	7	35	61
图书馆参与	3	12	10	11	9	9	4	5	26	37

6.2.3.2 图书馆老年服务活动的时间分布状况

伴随着对老龄问题的重视,我国在1989年将每年的重阳节确定为"老人节"、联合国大会决议从1991年起将每年10月1日定为"国际老年人日"(International Day of Older Persons)、全国老龄委办公室从2010年将重阳节所在的月份定为"敬老月",在全国范围内组织开展活动,由此形成了图书馆集中开展老年服务的重要时间节点,并且极大地推动了图书馆老年服务活动数量和内容的增加。进入21世纪之后,老年服务活动总体呈现逐年上涨的趋势(见图6-4),2010年后开展的各类型服务活动数量基本都占据了总数的70%—80%,当然,这一结果受到信息收集方式的影响会有一定的偏差,但从各类活动冠名中的"敬老月"字眼还是可以部分印证上述结论的。同时,专题性、特色性、持续性的活动增多,如上海市徐汇区图书馆自 2010 年开设周日老年健康知识讲座并致力形成品牌①,首都图书馆从 2010—2011 年举办的"我谈老年人的体育生活"系列讲座。

从活动的具体时间来看,老人节、国际老年人日(也是国庆节)、敬老月、世界读书日以及春节、元旦等主要节日、纪念日成为比较集中的时间,50% 的赠书、45.9% 的休闲活动、40.5% 的图书馆参与活动和 37.3% 的展览讲座可归于此时间段。与图书馆老年服务保障状况结合分析,说明老年服务活动还没有成为图书馆持续稳定的常态化工作,应景性、形式化问题还较突出。不过可喜的是讲座已经成为老年服务的日常活动,仅有 6.6% 的讲座分布在节假日和纪念日;并且从报道中可以看到不少图书馆计划今后长期开展其他相关活动,虽然真实性不能确认,但这已预示着好的开端。

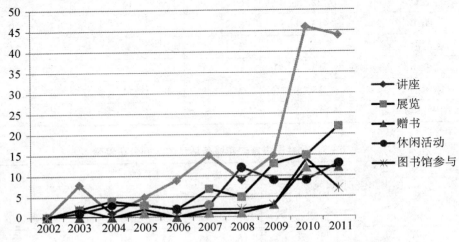

图 6 – 4   2002—2011 年公共图书馆老年服务活动数量分布图

6.2.3.3   图书馆老年服务活动的内容分布状况

从服务活动的内容来看,结合时代发展特点和老年世代的变化,图书馆服务活动形式日益丰富,内容也更趋充实,但在不同类别的服务活动中,发展状况仍存在较大差异。培训活动的主题较为丰富,涵盖了电脑网络、语言、书画、摄影、音乐舞蹈、阅读与写作、花鸟、体育等多个方面,但开展程度存在明显差别,电脑网络培训占有绝对比重(占 77.6%)并有较好的持续性和广泛的地区分布,而其他活动却非常零散、多集中在东部省市级图书馆。从电脑网络培训的内容来看,一方面是介绍电脑和网络操作的基础知识、常见软件的使用方法,另一方面则是介绍图书馆和共享工程资源的利用方法;培训方法多采用一对一、互帮互学、上机实操的模式,较适应老年人的学习特点;但在培训层次上,多停留在入门阶段,对象主要是零基础的老人,仅有 4 所图书馆同时开设了基础班和高级班。这些情况说明随着信息社会的持续推进,扶老上网成为图书馆实现老有所教、老有所学的重要体现形式,但随着老年网民的比例持续上升,图书馆的电脑网络培训应兼顾到不同水平的老年人;同时,老年人终身学习的需求是多元的,图书馆应扩展培训活动的内容,提高针对性和适应性。

---

① 我馆 2012 年公益讲座全部排定[EB/OL].[2011 – 12 – 19]. http://www.xhlib.net/news/ArticleDetail.aspx? id = 1200.

讲座活动的主题主要围绕老年养生保健展开,与此有关的主题包括综合性的身体保健和针对性的老年常见疾病预防、饮食营养、心理健康四类,共占讲座总量的78.3%。其他主题还包括文化电脑学习、老年权益保护、养老问题和隔代教育,但比例合计仅有21.1%。从展览活动的内容来看,主要集中在书画展(占66.7%)和摄影展(21.3%),题材较为狭窄,展品也较为简单;展源较为单一,主要来自老年协会、书画艺术协会、老年大学等,来自普通民众的比例低;在展览中多数馆处于被动地位,往往仅承担提供场地的角色,主动策展、多样化办展的能力不足;馆内展览居多,巡展、联展少,影响力较小。

在上门服务活动中,提供阅读书籍成为主要内容,服务对象涵盖行动不便的、高龄的、居于老年公寓的老人,具体服务形式上包括提供预约借还服务、文献推送、报刊外借、一对一服务、电话续借等,但以馆员为主要服务力量会造成图书馆人力资源紧张,使得上门服务并未全面铺开,鉴于此,一些图书馆采取了灵活的应对措施,如苏州市图书馆采用青年志愿者,上海市图书馆、青岛市图书馆在制度上规定允许亲属或他人代为借还。提供书籍文献是赠书活动的主题,图书、期刊、杂志和视频光盘成为主要的文献类型,养生、文学、历史、时事政治成为主要的内容选择,赠书对象以福利院、养老服务中心、托老所等老年养老机构为主,部分针对老年大学或个人,赠书多数由图书馆独立开展,仅有少数开展了合作共享,如晋江市图书馆与晋江老年大学签订讲座资源共建共享协议书[①]。

读者组织在不同的图书馆有不同的名称,如读书会、俱乐部、沙龙等,但它们都是由图书馆主导、老年人参与建立和管理的集体组织,促进老有所学、老有所乐成为它们的共同主旨。从读者组织的类别来看,以促进阅读为主的读书会数量最多(占73.7%),并且开展时间久、持续性较好、影响力较大,内容形式包括导读、讲座、培训、交流读书心得、成果展示等;此外还包括以促进终身学习为主的网上俱乐部、英语沙龙,以促进休闲娱乐为主的合唱团,以促进交流沟通为主的长寿沙龙、聊吧等。这体现出近年来老年读者组织的多样化发展态势,同时也显现出公共图书馆对自身作为第三空间的价值挖掘,正从单一的文献服务中心向多元化文化服务中心转变。图书馆组织的老年休闲活动也很好地体现了这一点,内容形式比较丰富,包括联谊慰问、书画笔会、电影播放、音乐会、演唱会、健身活动、益智活动、脱口秀、体育比赛等,以前三者为主。

老年人拥有沉淀一生的丰富阅历和常年累积的知识技能,这些值得珍视和充分利用,目前在图书馆组织的老年读者参与活动中,出现了读者座谈会、阅读和选书推荐、读书报告和征文、老少共读、举办讲座、记录老年人记忆、招募老年志愿者等内容形式,其中以前两种为主,也就是以为图书馆业务建言献策为主,而对老年人本身的能力经验的调动和运用还不够充分,老年用户的主体能动作用还没有得到完全发挥,因而图书馆需要扩展和拓深老年用户参与的内容形式,真正实现老有所为。

6.2.4 研究结论与分析

6.2.4.1 研究结论

通过调查发现在过去10年,我国公共图书馆老年服务取得了较为显著的进展,具体表

---

① 重阳节送关爱晋图资源走进晋江老年大学[EB/OL].[2011-12-18].http://www.jjswhtyj.gov.cn/news/? 173.html.

现如下：①服务围绕阅读促进进行展开和延伸，从图书馆的馆藏配置、专门阅读场所开设、服务体系建设到服务活动形式和内容无不体现出以阅读为核心的服务特点。②服务设施设备在逐渐完善，除了常见的放大镜、老花镜外，公共图书馆建设或提供的坡道、专用桌椅、医药箱、轮椅等显示出服务愈加细致，更值得一提的是图书馆适应网络环境发展提供了大字阅读设备、电子助视器、电子读屏软件等设备及开展无障碍网站建设。③老年服务体系的开放性、灵活性增强，图书馆不仅通过建立老年分馆、服务流通点和提供上门服务等方式将服务延伸到老年机构甚至老年用户家中，而且通过建设老年大学图书馆分校的方式使自身成为老年机构的基层触角，形成图书馆与老年机构良好的双向互动。④常态性服务活动在增加，从活动时间来看，尽管老年服务还存在应景性、形式化的问题，但随着敬老月的设立和图书馆对老龄化问题的重视，持续性、常态性的服务在增加，尤其在讲座、培训、读者组织三方面表现突出，有些馆甚至已经形成特色和品牌。⑤外部力量与共享工程合力促进图书馆老年服务，国家与各地优待老年人规定、敬老月活动规划以及老龄发展规划中涉及图书馆的一些规定为图书馆老年服务提供了一定的外围保障，同时全国文化信息资源共享工程为图书馆老年服务提供了直接的资源和设备支持，这种支持作用在县级、街道级基层图书馆中尤为明显。

但问题依然存在：①服务定位不明确，缺乏对用户的充分了解。老年群体在生活状态、关注焦点、身心健康等方面与成年用户都有差异，因而针对这两个群体而进行的服务定位是有区别的，但目前多数图书馆的认识并不十分清晰，即使在设有老年阅览室的图书馆也是如此。对老年服务的认识一种是将其等同于成年服务，另一种是将老年服务视为面向年老体弱、智力减退群体的照顾，这两种认识都是对老年用户的误解，说明我国图书馆对老年用户的认识还不充分，服务目标定位不明晰。②管理体制尚不完善。各项法规、规章对老年服务所提出的要求非常笼统，缺乏具体性的实施办法和可操作的评价指标；缺乏对老年服务的专项经费投入，也缺少专门的管理人员和管理部门，因此馆藏建设、服务规划也缺乏有效的针对性，说明图书馆总体对老年服务的重视程度不够。③服务内容主题狭窄，服务范围有限，质量层次需提升。图书馆开展的各项老年服务活动主题还多集中在养生保健、书画，活动内容和形式较为单一，在服务对象范围上也存在较大局限，而老年人的需求内容、类型层次是非常丰富的，因而未来的提升空间还很大。④欠缺吸引社会合作和用户参与的意识与行动。图书馆的老年服务活动多是以图书馆为单一实施主体的，主动寻求社会组织和志愿者协助的意识和实际行为都较为缺乏，同时，对老年用户蕴积的人力资源并未充分调动和利用，因而限制了图书馆某些服务活动的充分展开，也抑制了图书馆与外界和老年用户的交流合作。

6.2.4.2 研究讨论

在我国老龄化形势日益严峻的今天，图书馆老年服务还存在很多需要加强和完善的方面，而前提与关键就在意识和定位的改变。为此首先需要考虑两个问题：一是用户定位，即要意识到我们的服务对象是什么样的；二是功能定位，即要思考我们要为这些服务对象做什么、怎么做。

对于第一个问题，图书馆需要思考的内容包括：①老年群体的异质性。老年群体的年龄跨度从 60 岁到 100 多岁，世代更替、身体健康、社会背景、生活和活动方式、精神需求等都千差万别，但这一群体的复杂性和多样性在过去却经常被严重忽视，因此重新定位我们的老年服务对象就必须建立起对其异质性特点的深刻体察，多角度细分用户、了解用户需求。②认识到老年用户与成年用户的区隔。尽管作为成年期的延续,进入老年期的人仍然会保留成年期的一些行为和需求,但在老年期会面临的身体衰退、退休、家庭责任的解脱、闲暇时间的增多等情境以及由此带来的生活和活动方式、思维方式、信息处理方式、信息需求等变化却不是成年用户会有的经历。因此在我们认识到老年群体异质性的同时,还必须认识到老年群体会共享的独特经历和体验,他们不是既有成年用户群的扩展和延伸,而是一个具有显著性的市场区隔。③以积极视角看待老年人,抵制老年刻板印象。刻板印象是指社会广泛持有的对认识客体与现实情况不尽相符的认识/看法①,对老年人的刻板印象长期存在,导致的后果就是简单地以年龄为依据对老年人的能力和地位做出贬低评价,将老年人与保守、衰老、依赖他人照顾者等同,而忽视了老年群体的丰富性和能动性。因而抵制刻板印象就要确保看待老年人的积极视角。首先要认识到老年人数量的增长是社会经济和医疗卫生的发展成果,同时这种发展是有质量的,老年人健康状况、自理能力和社会功能在75—80岁时依然能保持很高水平②,老年人越来越多地展现出活跃独立的社会形象。其次,要认识到越来越多的老年人利用闲暇时间、人生阅历、知识智慧参与社会事务、志愿行动、终身学习等活动中,充分发挥自己的社会价值。再次,要意识到老化是一个正常的过程,建立对衰老和老龄的正确认识,尊重老年人的多样性和平等权利。

对第一个问题的思考会对第二个问题的解决提供重要参考,首先有助于图书馆确定自己的服务使命,即通过服务制度、服务体系、馆藏设备、馆员、社会合作等的完善来提供社会支持,保障和增加老年权利。图书馆业务工作的核心是通过阅读实现人与人、人与信息资源的动态交流和终身学习,因此它所发挥的社会支持力量主要是知识信息支持,在过程中融入了情感支持、工具性支持与友谊支持,实现对老年用户普遍的增益作用。其次,提示图书馆应从以图书馆为主的服务立场转变到以老年人为主的立场(当然从图书馆管理的角度出发,这种转变也是必要的,因为老年人在图书馆用户中所占比例在上升,而且存在可观的潜在市场),深入调查老年人的特点、了解老年人多样化的信息需求、细分老年用户,以此来开展针对性服务和特色服务,并确定服务的环节和细节要求。再次,为图书馆确立指导思想提供了参考即积极老龄化思想。积极老龄化在1999年由世界卫生组织提出,2002年写入联合国第二届世界老龄大会的政治宣言,成为全球应对老龄化的指导思想。它把老年健康与参与、发展并列为三大支柱,承认人们在增龄过程中,在生活的各个方面,都享有机会平等的权利③。这一内涵与公共图书馆的宗旨是吻合的,能为图书馆的老年服务提供思想导向,当然作为一个政策框架,积极老龄化还需要与图书馆宗旨使命和工作实际结合以发挥有效的指导作用。总之,明晰图书馆老年服务的指导思想、服务使命和服务立场有助于确立服务的宏观思路,在此导引下具体层面的服务工作才能取得有效进展。

6.2.4.3 研究的不足

由于本次调查主要采用网络和文献调查的方式获取数据信息,受其所限,调查获得的信息数量很可能少于实际的信息量,年份分布也并不均匀;同时出于分析的便利,假定所有的

---

① 汪露. 刻板印象与老年传播[M]. 北京:新华出版社,2010:50.

② 邬沧萍,谢楠. 关于中国人口老龄化的理论思考[J]. 北京社会科学,2011(1):4-8.

③ 世界卫生组织提出《积极老龄化的政策框架》[EB/OL]. [2012-03-14]. http://www.shanghaigss. org.cn/news_view.asp? newsid=2018.

信息报道均是真实有效的,但这个假定也很可能与现实情况不完全相符,尽管研究中通过与其他报道相互印证的方式来尽量保真,但也难以确保信息的完整性和真实性,因此今后还需要更多的实地调查和相关数据来辅助支持本次研究的结论。

6.3 基于用户体验的图书馆老年阅读促进服务调查

6.3.1 研究设计

为进一步开展和完善图书馆老年服务,有必要了解老年用户对图书馆的认知和利用行为。用户体验就是用户在使用一项产品或服务时的所做、所想、所感,涉及通过产品或服务提供给用户的理性价值和感性体验[①],了解用户体验就要了解用户行为、感受和期待。依据是否使用图书馆服务将研究对象划分为两个群体:对于使用过图书馆的老年人,主要从用户体验的角度了解他们日常利用图书馆的类型、使用目的、访问时长等客观情况以及在使用图书馆服务中的主观感受,从用户行为角度了解他们的图书馆使用行为,从用户期望角度了解他们对图书馆的意见和建议;对于未使用过图书馆的老年人,主要分析相关的限制因素,并了解他们对图书馆的意见和建议。在对老年人阅读状况进行问卷调查的同时,对他们认知和利用图书馆阅读促进服务也进行了调查,相关调查样本情况详见第三章。

6.3.2 老年人知晓和利用图书馆情况

6.3.2.1 老年人知晓和利用图书馆情况的描述分析

调查显示(见表6-11),老年人对图书馆利用状况并不乐观,仅有32%的老年人利用过图书馆,其中多数还是"偶尔利用","经常利用"的比例仅为8.2%;而不利用的比例高达68%。显示出图书馆并未与老年人的阅读产生紧密关联。而且,老年人对图书馆的知晓与利用状况严重不符,超过一半的老年人"听说过但没利用过"图书馆,其中,"听说过"的情况较多是因图书馆是地铁或公交站或所在城市标志性建筑,还有从他人处获知、去图书馆公干,甚而图书馆就在居住区附近;"没有利用"的原因主要包括年轻时没有利用图书馆的经历和习惯,感觉图书馆很严肃、正式不敢去,没什么问题需要专门到图书馆,去图书馆路途远、不方便等。对于图书馆而言,这一结果表明虽然图书馆通过不同的方式进入到老年人的意识范围,但并不是以图书馆所希望树立的社会形象进入。对于图书馆而言,成为居民生活"第三空间"的场所价值和作为知识信息聚散地的专业价值是其着力想要对社会展现的,也才可能真正调动老年人知晓而且利用图书馆,而非以公交站名等形象而存在,并导致包括老年人在内的公众知而不用、过而不入的后果。总之,调查结果反映出图书馆亟须改善的方面,如要加强图书馆的营销宣传、提高在老年读者中的知晓度和利用度,成为亲近居民的"书房"而非疏离的"殿堂",要立足社区深入了解老年人需求、主动调动老年人而非被动等待老年人来利用,要加大延伸服务、总分馆、流动书车等服务力度,立足社区创建近在身边的图书馆。

---

① Daniel L. Understanding user experience[J]. Web Techniques,2000,5(8):42 – 43.

表 6 - 11　老年人知晓和利用图书馆情况

	频率	百分比（%）	累积百分比（%）
经常利用	239	8.2	8.2
偶尔利用	693	23.8	32.0
听说过但没利用过	1541	52.8	84.8
没听说过也没利用过	443	15.2	100
合计	2916	100	—

6.3.2.2　老年人知晓和利用图书馆情况的关联因素分析

考察与知晓和利用图书馆情况有关联的各种因素发现,性别、年龄虽有关联,但关系强度近乎为 0(性别 Cramer's V = 0.083,p = 0.000 < 0.05;年龄段 Cramer's V = 0.061,p = 0.000 < 0.05),说明这两个因素的解释力不强。

分析自评健康状况与图书馆知晓和利用情况之间的关联发现,两者之间有显著的相关关系,自评健康差的老年人知晓和利用图书馆情况也较差,但关系强度很弱(Gamma = - 0.153,p = 0.000 < 0.05,因知晓和利用图书馆是从经常利用到不利用,自评健康状况是从非常差到非常好,因而检验值为负数),这意味着不同健康水平的老年人在知晓和利用图书馆情况上存在的差异很小。分析老年人自评行动能力与其知晓和利用图书馆情况之间的关系,同样发现,两者之间有显著的相关关系,自评行动能力差的老年人知晓和利用图书馆的情况也较差,但关系强度同样很弱(Gamma γ = - 0.110,p = 0.000 < 0.05,因知晓和利用图书馆是从经常利用到不利用,自评行动能力是从不能自主活动到无任何困难,因而检验值为负数)。这说明虽然老年人利用图书馆(当前的主要利用形式还是到馆)与身体机能有关,但它并不具有非常强的说服力。

距离与图书馆知晓和利用情况之间的交叉分析显示(见表 6 - 12),两者之间呈较强的相关关系(Gamma = .437,p = 0.000 < 0.05),老年人知晓的图书馆距离多在 3 公里以上,距离远的知晓和利用情况也较差;另一方面,对于实际利用图书馆的老年人而言,距离在 1 公里以内的比例最高(见表 6 - 13),两者对比显示出距离对老年人利用图书馆情况产生了一定的影响。控制了自评健康变量,再考察距离与知晓和利用图书馆之间的关系发现,在自评健康的各水平组中都显示出随着距离的拉长,知晓和利用图书馆的情况变差的关系,而且关系强度除健康非常好组中变弱之外,其他组中都稍有提高(见表 6 - 14)。这些说明距离对于不同健康水平的老年人来说都具有重要影响,近在身边的图书馆对所有老年人都具有重要意义。

表 6 - 12　知晓和利用图书馆情况与知晓的图书馆距离交叉表

知晓和利用图书馆情况		知晓的图书馆距离					合计
		缺失	1公里以内	1—3 公里	3 公里以上	不知道	
经常利用	计数	8	120	66	41	4	239
	比例（%）	3.3	50.2	27.6	17.2	1.7	100
偶尔利用	计数	6	185	268	200	34	693
	比例（%）	0.9	26.7	38.7	28.9	4.9	100

续表

知晓和利用图书馆情况		知晓的图书馆距离					合计
		缺失	1公里以内	1—3公里	3公里以上	不知道	
听说过但没利用过	计数	142	178	286	558	377	1541
	比例(%)	9.2	11.6	18.6	36.2	24.5	100
没听说过也没利用过	计数	55	36	23	28	301	443
	比例(%)	12.4	8.1	5.2	6.3	67.9	100
合计	计数	211	519	643	827	716	2916
	比例(%)	7.2	17.8	22.1	28.4	24.6	100

表6-13 实际利用图书馆的老年人距图书馆的距离

	频率	百分比(%)	累积百分比(%)
缺失	20	2.1	2.1
1公里以内	332	35.6	37.8
1—3公里	309	33.2	70.9
3公里以上	228	24.5	95.4
不知道	43	4.6	100
合计	932	100	—

表6-14 控制自评健康状况下距离与知晓和利用图书馆之间的关系

自评健康状况	距离与知晓和利用图书馆之间的关系检验	
	Gamma	显著性 p
非常差	0.436	0.026*
比较差	0.447	0.000*
一般	0.459	0.000*
比较好	0.496	0.000*
非常好	0.283	0.000*

$p < 0.05$

文化程度与知晓和利用图书馆情况之间也有关联(见表6-15),两者呈较强的负相关关系(Gamma = -0.405,p = 0.000 < 0.05,因知晓和利用图书馆是从经常利用到不利用,文化程度从小学到大专及以上,因而检验值为负数),文化程度高的老年人也较多知晓和利用图书馆,反之亦然。从交叉表来看,在知晓和利用图书馆的各选项中,"经常利用"的老年人中将近80%具有高中以上文化程度,大大超过小学文化程度的5.0%,在文化程度的各水平组中,小学文化的老年人中超过一半"没听说过也没利用过"图书馆,与大专及以上文化程度的5.8%形成鲜明对照。控制距离变量,再考察文化程度与知晓和利用图书馆情况之间的关系(见表6-16),依然呈中等的负相关关系;控制文化程度变量,考察距离与知晓和利用图书馆情况之间的关系(见表6-17),也呈较强的相关关系,说明文化程度和距离对于知晓和

利用图书馆情况均具有比较紧密的关联。

表 6-15　知晓和利用图书馆情况与文化程度交叉表

知晓和利用图书馆情况		文化程度					合计
		缺失	小学	初中	高中/中专	大专及以上	
经常利用	计数	2	12	36	85	104	239
	该类知晓和利用图书馆情况中各文化程度所占比例(%)	0.8	5	15.1	35.6	43.5	100
	该类知晓和利用图书馆情况在各文化程中所占比例(%)	10.5	2.1	4.2	9.4	18.4	8.2
	调整残差	0.4	-5.9	-5.1	1.6	9.8	—
偶尔利用	计数	2	79	169	231	212	693
	该类知晓和利用图书馆情况中各文化程度所占比例(%)	0.3	11.4	24.4	33.3	30.6	100
	该类知晓和利用图书馆情况在各文化程中所占比例(%)	10.5	13.8	19.7	25.6	37.5	23.8
	调整残差	-1.4	-6.2	-3.3	1.6	8.5	—
听说过但没利用过	计数	7	313	512	492	217	1541
	该类知晓和利用图书馆情况中各文化程度所占比例(%)	0.5	20.3	33.2	31.9	14.1	100
	该类知晓和利用图书馆情况在各文化程中所占比例(%)	36.8	54.7	59.7	54.6	38.3	52.8
	调整残差	-1.4	1	4.8	1.3	-7.7	—
没听说过也没利用过	计数	8	168	141	93	33	443
	该类知晓和利用图书馆情况中各文化程度所占比例(%)	1.8	37.9	31.8	21.0	7.4	100
	该类知晓和利用图书馆情况在各文化程中所占比例(%)	42.1	29.4	16.4	10.3	5.8	15.2
	调整残差	3.3	10.5	1.2	-4.9	-6.9	—
合计	计数	19	572	858	901	566	2916
	该类知晓和利用图书馆情况中各文化程度所占比例(%)	0.7	19.6	29.4	30.9	19.4	100
	该类知晓和利用图书馆情况在各文化程中所占比例(%)	100	100	100	100	100	100

表 6-16　控制距离变量下文化程度与知晓和利用图书馆之间的关系

距离	文化程度与知晓和利用图书馆之间的关系检验	
	Gamma	显著性 p
1 公里以内	-0.406	0.000 *
1—3 公里	-0.322	0.000 *
3 公里以上	-0.418	0.000 *
不知道	-0.231	0.000 *
p < 0.05		

表 6-17　控制文化程度变量下距离与知晓和利用图书馆之间的关系

文化程度	距离与知晓和利用图书馆之间的关系检验	
	Gamma	显著性 p
小学	0.408	0.000 *
初中	0.430	0.000 *
高中/中专	0.491	0.000 *
本科/大专及以上	0.405	0.000 *
p < 0.05		

6.3.3　老年人利用图书馆情况的变化

调查显示,83.1%的老年人利用图书馆状况没有发生过变化,这反映出习惯的重要影响,提示图书馆应加强图书馆意识和利用习惯的培养和巩固;进一步比较发现,没有利用图书馆的老年人利用无变化的比例比利用图书馆的老年人无变化的比例高(见表6-18),表明如果没有外界的激发,老年人自身很难主动利用图书馆,因而图书馆的宣传推广、激发需求、鼓励引导、主动服务更显重要。

表 6-18　知晓和利用图书馆情况与利用变化交叉表

知晓和利用图书馆情况		利用变化			合计
		缺失	有	无	
经常利用	计数	24	39	176	239
	该类知晓和利用图书馆情况中各类利用变化情况所占比例(%)	10.0	16.3	73.6	100
	该类知晓和利用图书馆情况在各类利用变化情况中所占比例(%)	8.6	18.2	7.3	8.2

续表

知晓和利用图书馆情况		利用变化			合计
		缺失	有	无	
偶尔利用	计数	75	103	515	693
	该类知晓和利用图书馆情况中各类利用变化情况所占比例(%)	10.8	14.9	74.3	100
	该类知晓和利用图书馆情况在各类利用变化情况中所占比例(%)	27	48.1	21.2	23.8
听说过但没利用过	计数	126	69	1346	1541
	该类知晓和利用图书馆情况中各类利用变化情况所占比例(%)	8.2	4.5	87.3	100
	该类知晓和利用图书馆情况在各类利用变化情况中所占比例(%)	45.3	32.2	55.5	52.8
没听说过也没利用过	计数	53	3	387	443
	该类知晓和利用图书馆情况中各类利用变化情况所占比例(%)	12.0	0.7	87.4	100
	该类知晓和利用图书馆情况在各类利用变化情况中所占比例(%)	19.1	1.4	16	15.2
合计	计数	278	214	2424	2916
	该类知晓和利用图书馆情况中各类利用变化情况所占比例(%)	9.5	7.3	83.1	100
	该类知晓和利用图书馆情况在各类利用变化情况中所占比例(%)	100	100	100	100

对于利用图书馆发生变化的老年人来说,主要有以下两个方向上的变化情形:第一种是对图书馆利用从无到有、从少到多。对这部分老年人来说,主要原因包括:退休后的休闲需求和隔代教育需求增加(更注重图书馆的休闲功能;陪孙辈读书,图书馆对教育子孙有帮助)、个人素养的持续培育(增长知识,保持大脑活跃,丰富精神生活,提高修养)、可扩展社会交往(认识很多人,开阔视野,交流信息)、距离或时间方便(搬家后离图书馆距离很近;退休后休闲时间变的充裕,有更多的时间利用图书馆)、图书馆服务好(免费,借阅方式发生变化,服务越来越好,馆藏种类多、数量大,环境改变明显,硬件好,馆员服务热情,在利用中发现越来越有趣)。

第二种变化情形是对利用图书馆由多到少,从有到无。对这部分老年读者来说,变化原因包括:退休带来的动机缺乏(退休前因工作、学习、研究需要频繁利用图书馆,退休后缺乏利用图书馆的动机,不再利用图书馆)、身体机能衰退(身体健康状况不佳,不再利用图书馆)、距离或时间不便(居住处所搬迁后距离图书馆远或者图书馆变迁,利用不方便,不再使用图书馆;个人自由时间与图书馆开放时间冲突)、图书馆建设或服务不尽如人意(当地无图书馆;有当地正在建设新图书馆,旧图书馆的建筑已被拆除而新馆尚未建成无法利用;图书馆好书不多;环境不如家里自在)。

从上述变化情形的原因来看,首先,它显示了进入老年期所带来的复杂影响,进入老年身体健康的影响开始凸显,机能衰退是老年人普遍面对的生理困境;退休意味着从工作角色向家庭角色、从忙碌状态向休闲状态的转变,也带来了社交关系的部分中断和重新建立。这些都必然引发老年期的生活调适,对于图书馆利用而言就带来了截然相反的变化,反过来,图书馆想要提高老年人的利用率就需要考虑满足老年人的休闲、社交、隔代教育等需求,进行无障碍环境建设,加强分馆建设、上门服务和流动服务,建设15分钟图书馆圈,延长开放时间等降低老化带来的负面影响。其次,它显示了图书馆服务所带来的显著影响,老年人对图书馆服务的感知包括馆舍环境、馆员态度、馆藏、服务持续性、服务方式、服务活动等多方面,好的服务带来积极的利用变化,反之亦然。这对图书馆来说是促动,因为习惯一旦养成难以改变,对于老年人可能尤为如此,但持续地、全面地改善服务必将带来成效。

6.3.4 老年人实际利用图书馆的状况分析

与上文重在了解老年人对图书馆知晓情况不同,本部分是对实际利用图书馆即选择"经常利用"和"偶尔利用"图书馆的老年人进行分析。

6.3.4.1 利用的图书馆类型

从表6-19可见,以省市级、县级为代表的公共图书馆利用百分比位居前列,其中,省市级图书馆比例最高,这些馆往往是省馆或市馆的中心馆,知晓度很高,用户集中度高,在一些老年人中对所在地也仅知道这一个图书馆,这样是不利于发挥图书馆分布广泛的价值,也容易导致老年人因距离和身体原因而放弃利用图书馆。因而,将公共图书馆的利用从单个馆扩展到多个图书馆群很有必要,社区图书馆具有格外重要的意义,值得更大力度推进。高校图书馆的利用率也较高,但与公共图书馆不限用户不同的是,利用学校图书馆的老年人多限制在学校在职或退休教职工范围。选择"其他"的主要是大型厂矿企业的图书馆。

表6-19 老年人主要利用的图书馆类型

图书馆类型	响应		个案百分比(%)
	N	百分比(%)	
学校图书馆	144	11	15.9
省市图书馆	445	33.9	49.1
区县级图书馆	284	21.6	31.3
乡镇级图书馆	100	7.6	11
社区图书馆	218	16.6	24
流动图书馆	32	2.4	3.5
养老院图书馆	81	6.2	8.9
其他	8	0.6	0.9
总计	1312	100	144.7

注:有效填答个案907人,缺失值25人,总计932人。

6.3.4.2 利用图书馆的目的

老年人利用图书馆的主要目的是"休闲娱乐"和"增长知识"(见表6-20),这与他们休闲生活状态相一致,也体现了终身学习理念的影响,"陪伴他人"主要是陪孙辈。这些与前述老年人利用图书馆变化的原因有相同之处,都体现了老年带来的变化,也提示图书馆可将老年服务与青少年服务结合,如开展老少共读活动、在少儿阅览室附近设置老年阅览室等。

表6-20 老年人利用图书馆的目的

利用图书馆目的	响应		个案百分比(%)
	N	百分比(%)	
休闲娱乐	593	42.5	65
增长知识	593	42.5	65
写作研究	102	7.3	11.2
陪伴他人	95	6.8	10.4
其他	12	0.9	1.3
总计	1395	100	153

注:有效填答个案912人,缺失值20人,总计932人。

6.3.4.3 利用图书馆的时长

从利用时长来看(见表6-21),主要集中在半小时至1小时和1—2小时,两者相加比例超过60%,可见老年人对图书馆的利用时间并不长。不仅如此,从访谈了解到老年人的利用时间会受较多因素限制,如陪孙辈的老年人往往是在间隙中利用图书馆,做家务的老年人要在闲暇时才能来图书馆,还有的老年人会受图书馆服务方式影响,如有的图书馆对老年人上网提供1小时的免费利用,很多老年人就会组合利用图书馆,上网阅读1小时然后再到阅览室阅读。

表6-21 老年人利用图书馆的时长

	频率	百分比(%)	累积百分比(%)
半小时至1小时	335	35.9	35.9
1—2小时	323	34.7	70.6
半小时以内	135	14.5	85.1
2—4小时	105	11.3	96.4
4小时以上	12	1.3	97.7
缺失	22	2.4	100
合计	932	100	

6.3.4.4 利用的图书馆服务形式

从表6-22可见,尽管老年人对图书馆的各种阅读服务都有所利用,但主要仍集中于传统的书报借阅,与其相比,其他服务的利用率就大大降低,也比较分散。"老少共读"的选择位居第四,这与老年人进行隔代教育息息相关。对于新载体如网络、触摸屏电子报的利用也比较靠前,这与图书馆开设的电子阅览室和放置的触摸屏电子报阅读器有关,这些不仅利用方便而且免费,对老年人来说是有一定吸引力的。还要特别指出的是对于"数字图书馆/手机图书馆"的利用率很低,在实际考察时发现即使经常到图书馆上网或参加图书馆举办的电脑网络培训班的老人也很少,其中图书馆没有宣传和引导是重要原因,很多老人表示不知道图书馆网页及其电子资源,因而图书馆要注意自身的功能定位,不能成为免费网吧,而要以免费公益的形式引导老年人利用图书馆资源。

表 6 – 22　老年人利用的图书馆服务形式

利用的图书馆服务形式	响应		个案百分比(%)	利用的图书馆服务形式	响应		个案百分比(%)
	N	百分比(%)			N	百分比(%)	
书刊借阅	668	30.6	74.6	电脑或其他培训课程	71	3.2	7.9
书报栏	514	23.5	57.4	馆际互借/文献传递	68	3.1	7.6
信息检索/咨询	173	7.9	19.3	大字体书	64	2.9	7.2
老少共读	110	5	12.3	读书会	54	2.5	6
上网浏览	102	4.7	11.4	数字图书馆/手机图书馆	29	1.3	3.2
讲座/展览/征文等活动	96	4.4	10.7	朗读服务	28	1.3	3.1
触摸屏电子报	94	4.3	10.5	电纸书阅读器	20	0.9	2.2
阅读推荐	94	4.3	10.5	总计	2185	100	244.1

注:有效填答个案895人,缺失值37人,总计932人。

6.3.4.5　老年人利用图书馆的体验感知

从图书馆服务宗旨、形象、环境、馆藏、馆员、功能等多方面设计语句,以用户体验为基础,考察老年人实际利用感受。构造的图书馆利用感知量表共13条语句,采用 α 可靠性系数法对量表进行检测,Cronbach's Alpha 系数为 0.911,大于 0.8,表明该量表信度非常好。整个量表方差 F 值为 99.249,p = 0.000,表明量表重复度量效果好。量表共 7 个项目,Hotelling's 检验结果表明,F = 56.063,p = 0.000,项目间平均得分的相等性好,即项目具有内在的相关性。因此,可以说明,老年群体阅读态度量表信度非常好。结构效度检验结果显示(见表 6 – 23),KMO 值为 0.918,符合进行因子分析的普遍准则(至少在 0.6 以上),并表示很适合进行因子分析[1],Bartlett's 球形检验的 χ^2 = 6262.140,p = 0.000 < 0.05,达到显著水平,说明非常适合进行因子分析。采用主成分分析法提取共同因素时,所有题项的共同性均高于 0.20,所有题项均予以保留[2]。从 13 个题项中提取出两个公共因子,累积可以解释的总变量为 59.920%(见表 6 – 24),说明提取的 2 个因子可以接受。依据各题项在各因子的载荷量,因子 1 包括前面 9 个题项,可命名为"功能性感知因子",因子 2 包括后面 4 个题项,可命名为"情感性感知因子",因子构成与量表设计时的理念构成及题项基本一致。

---

① 吴明隆. 问卷统计分析实务——SPSS 操作与应用[M]. 重庆:重庆大学出版社,2010:208.
② 吴明隆. 问卷统计分析实务——SPSS 操作与应用[M]. 重庆:重庆大学出版社,2010:220.

表 6 - 23 老年人对图书馆阅读服务感知量表的 KMO 和 Bartlett 检验

取样足够度的 Kaiser-Meyer-Olkin 度量		0.918
Bartlett 的球形度检验	近似卡方	6262.140
	df	78
	Sig.	0.000

表 6 - 24 老年人对图书馆阅读服务感知量表的解释总方差

成份	初始特征值			提取平方和载入			旋转平方和载入		
	合计	方差的%	累积%	合计	方差的%	累积%	合计	方差的%	累积%
1	6.375	49.039	49.039	6.375	49.039	49.039	4.603	35.408	35.408
2	1.415	10.881	59.920	1.415	10.881	59.920	3.187	24.512	59.920
3	0.896	6.892	66.812						
4	0.690	5.309	72.121						
5	0.547	4.210	76.331						
6	0.522	4.012	80.343						
7	0.513	3.945	84.288						
8	0.405	3.114	87.402						
9	0.393	3.026	90.428						
10	0.360	2.771	93.199						
11	0.329	2.531	95.731						
12	0.323	2.485	98.216						
13	0.232	1.784	100.000						

提取方法:主成份分析

单样本 t 检验显示(见表 6-25),利用图书馆的老年人在对因子 1 上的均值大于中值 3,而在因子 2 上的均值小于 3,而且均达到显著性水平,表明老年人在对图书馆服务的功能性感知显著高于一般水平,而在情感性感知上则显著低于一般水平,从效应量来看[1],效应均较小,在情感感知上的效应更小,这表明两者与一般水平之间的差异都偏小,而后者的更小。从配对样本 t 检验结果来看(见表 6-26),老年人在图书馆服务的功能性感知上也好于情感性感知,而且差异也达到显著水平,从效应量来看,也对应着中等效应,两者之间有一半的标准差[2]。

从单项来看(见表 6-27),在功能性感知中,老年人对图书馆所提供的良好阅读环境、方便的服务、丰富的读物及对他们精神生活充实的感知度最高,而在提供信息解决实际问题、开展阅读推荐、阅读活动以促进阅读方面的感知度相对较低;在情感性感知中,老年人感知度最高的是受到了尊重,而在交流、人际关系扩展方面的感知度较低,均低于一般水平,这

---

① Yockey R D. SPSS 其实很简单[M]. 刘超,吴铮,译. 北京:中国人民大学出版社,2010:83.

② Yockey R D. SPSS 其实很简单[M]. 刘超,吴铮,译. 北京:中国人民大学出版社,2010:105.

说明图书馆的老年阅读服务偏于静态和孤立,需要强化与老年人实践需求的关联,增进老年人群的社会交流,开展动态的阅读活动。

表6-25 老年人对图书馆阅读服务感知的单样本 t 检验

因子	N	均值	标准差	t(3)	df	p	均值差值	效应量 d
功能性感知	932	3.3518	0.84537	12.706	931	0.000	0.35185	0.4162
情感性感知	932	2.9155	1.05592	-2.443	931	0.015	-0.08450	-0.0800

表6-26 老年人对图书馆阅读服务感知的配对样本 t 检验

因子对	N	均值差	标准差	t	df	p	效应量 d
功能性感知—情感性感知	932	0.43634	0.85422	15.594	931	0.000	0.5108

表6-27 老年人对图书馆阅读服务的感知状况

	N	均值	标准差	t(3)	df	p	均值差值	效应量 d
我可以免费或以较少费用利用图书馆。	932	3.30	1.219	7.549	931	0.000	0.302	0.247744
图书馆很容易进入。	932	3.37	1.102	10.138	931	0.000	0.366	0.332123
图书馆提供了良好的阅读环境。	932	3.55	1.066	15.856	931	0.000	0.554	0.5197
我可以方便地获得图书馆服务。	932	3.41	1.155	10.781	931	0.000	0.408	0.353247
图书馆为我提供更丰富的读物。	932	3.58	1.057	16.795	931	0.000	0.582	0.550615
图书馆提供的信息帮我解决了问题。	932	3.18	1.175	4.656	931	0.000	0.179	0.15234
图书馆充实了我的精神生活。	932	3.52	1.087	14.490	931	0.000	0.516	0.474701
图书馆为我提供了多种阅读活动。	932	3.17	1.186	4.447	931	0.000	0.173	0.145868
图书馆书刊推荐帮助我更好地进行阅读。	932	3.09	1.194	2.250	931	0.025	0.088	0.073702
图书馆员对我很尊敬、很亲切。	932	3.31	1.145	8.238	931	0.000	0.309	0.269869
我喜欢和图书馆员交谈。	932	2.69	1.307	-7.216	931	0.000	-0.309	-0.23642
图书馆扩大和深化了我的人际关系。	932	2.77	1.350	-5.289	931	0.000	-0.234	-0.17333
图书馆让我有种归属感。	932	2.90	1.364	-2.330	931	0.020	-0.104	-0.07625

6.3.4.6 利用图书馆所遇到的问题

从结果来看(见表6-28),位列第二的回答是"没有问题",说明图书馆的服务基本能够令老年读者实现自助式服务,但也有部分原因是有些老年人的动机不强烈,就是随意浏览、过程简单,也就没有感觉有问题。在老年人利用图书馆所遇到的问题中,一方面是来自于图书馆,其中最突出的是书刊乱架、毁坏情况严重,导致所需书刊无法找到,影响借阅,这是很多图书馆都面临的问题,一般来说,公共图书馆更加严重。RFID技术对于解决这一问题作用明显,但因成本问题仍难以普及,图书馆需要争取加大投入,同时在现有条件下,增加整架频率、使用代书板也是可行之策。其次是时间和进入管理限制,在公共图书馆中尤其是省市级馆中开放限制少,但在其他馆中,如何弱化进馆限制条件、增加开放时间是很需要思考的,对于和老年人距离较近的社区、乡镇图书馆来说更加必要。环境问题包括灯光暗、空调温度低、声音嘈杂等各种情况;馆舍空间小在社区、街道、乡镇馆中比较突出,一些图书馆是与文化馆、文化站合用空间,除开书库就没有多少空间提供在室阅览;馆藏少、旧,手续复杂也是读者长期诟病的问题;在其他问题中还存在馆员说话声音大;这些问题的存在提示图书馆应从多方面改善服务,馆员素质也需要加强。另一方面问题则与老年读者自身有关,如不知如何查找/检索书刊、不知该看什么。图书馆基本都采用《中图法》进行书刊排架,但这一分类体系对于普通读者而言是不易理解的,馆藏目录OPAC检索对于不熟悉电脑网络技能的老年人而言也是一大障碍,因而,图书馆可通过加强排架提示和馆员解答、进行读者培训等方式来解决;图书馆馆藏丰富,但也存在选择困难,因而开展阅读推荐很有必要。

表6-28 老年人利用图书馆遇到的问题

| 利用图书馆遇到的问题 | 响应 | | 个案百分比(%) | 利用图书馆遇到的问题 | 响应 | | 个案百分比(%) |
	N	百分比(%)			N	百分比(%)	
书刊乱架、毁坏情况严重	293	17.5	32.8	书刊太多,不知该看什么	170	10.1	19.1
没遇到过	235	14	26.3	馆舍空间太小,无法阅读	125	7.4	14
时间和进入管理限制太多	207	12.3	23.2	手续复杂	89	5.3	10
书刊数量太少	189	11.3	21.2	其他	2	0.1	0.2
不知道怎样查找/检索书刊	188	11.2	21.1	总计	1678	100	188.1
环境不好	180	10.7	20.2				

注:有效填答个案892人,缺失值40人,总计932人。

6.3.4.7 利用图书馆服务的满意度

对于图书馆最主要的分布与环境、馆藏与活动、馆员服务三项进行满意度调查(见表6-29),结果发现老年人的满意度都居中偏好。独立样本T检验发现(见表6-30),这三项的满意度的均值都高于中值3,也说明老年人对图书馆服务有较高的满意水平,其中,"分布与环境"的满意水平最高,"馆藏与活动"的满意水平最低;与中值3的差异均达到显著水平,但从均值及效应量来看,效应为中小水平,说明与中值的差异并不大,说明老年用户对图书馆分布与环境、馆藏与活动、馆员服务的满意度还需更多的提升。

表 6 – 29　老年人对图书馆服务的满意度

		非常 不满意	比较 不满意	一般	比较 满意	非常 满意	缺失	合计
分布与环境	频率	37	106	331	340	82	36	932
	百分比（%）	4	11.4	35.5	36.5	8.8	3.9	100
馆藏与活动	频率	58	101	361	320	51	41	932
	百分比（%）	6.2	10.8	38.7	34.3	5.5	4.4	100
馆员服务	频率	35	71	323	364	73	66	932
	百分比（%）	3.8	7.6	34.7	39.1	7.8	7.1	100

表 6 – 30　老年人对图书馆服务满意度的单样本 t 检验

	N	均值	标准差	$t(3)$	df	p	均值差值	效应量 d
分布与环境	932	3.23	1.133	6.243	931	0.000	0.232	0.20476
馆藏与活动	932	3.09	1.144	2.348	931	0.019	0.088	0.0769
馆员服务	932	3.18	1.239	4.520	931	0.000	0.183	0.1476

6.3.4.8　对图书馆的建议

（1）对图书馆建设与服务的建议

从建议来看,对于图书馆建设与服务来说,结果比较分散,其中"就近设立图书馆"最多,显示出距离对于老年读者而言的重要性。其次是"提供开水空调",虽是细节,但对老年人长时间利用图书馆却很重要,对于安装中央空调的图书馆而言,如何保持适宜温度也值得考虑。老年身体机能衰退带来对"提供老花镜、助听器等设备""合理安排阅览室位置""配备电梯和无障碍设施"等的需求,老年人经常利用的书报刊或者有些馆专设的老年阅览室应安排在一楼这样的低楼层。"扩大图书馆宣传"的选择较前,说明图书馆的社会认知度依然不高,需要多加推广。"减免费用""减少借阅限制""延长借阅时间""增加借阅数量"等建议涉及图书馆规章,图书馆应在开放、公益、包容等原则的指导下予以改进,但也要关注可行性和宣传说明。"提供书刊检索和咨询服务""提供上网培训""建立读者组织"对于增进老年人的自主利用能力、跟上数字时代步伐、重构社会关系有积极意义,而且图书馆多以免费形式来提供,但选择比例偏低。除需求不足需调动之外,还有些老年人对其是否可行、是否收费、自己是否能学会和持续参加、管理约束是否多等心存疑虑,因而进行充分说明很有必要,活动形式也可以多样化,如上网培训可将正式的授课形式、较自由宽松的讲座形式、张贴或发放基本操作的文字说明、视频播放、手把手教习等多种形式结合使用。

表6-31　老年人对图书馆建设的建议

对图书馆 建设的建议	响应		个案百 分比(%)	对图书馆 建设的建议	响应		个案百 分比(%)
	N	百分比 (%)			N	百分比 (%)	
就近设立图书馆	435	13.1	49.2	配备电梯和无障碍设施	155	4.7	17.5
提供开水空调	369	11.1	41.7	提供合理标识	151	4.6	17.1
提供老花镜、助听器等设备	349	10.5	39.5	提供书刊检索和咨询服务	137	4.1	15.5
扩大图书馆宣传	322	9.7	36.4	减少借阅限制	123	3.7	13.9
创建安静舒适的阅读环境	301	9.1	34	提供上网培训	108	3.3	12.2
合理安排阅览室位置	228	6.9	25.8	建立读者组织	95	2.9	10.7
增加借阅数量	189	5.7	21.4	其他	2	0.1	0.2
减免费用	187	5.6	21.2	总计	3318	100	375.3
延长借阅时间	167	5	18.9				

注:有效填答个案884人,缺失值48人,总计932人。

(2)对图书馆馆藏的建议

就馆藏而言,"增加数量""改进种类与质量""更新馆藏"的比例位居前列,反映出老年读者对馆藏建设的最主要需求即全、广、新;"书刊分类清楚""排架正确"比例也较高,说明老年读者对馆藏的快速获取也有较高要求;"增加宣传和推荐"位列第四,表明老年读者对馆藏阅读"精"要求,也显示出图书馆阅读导读工作的重要性和较强的社会需求;"书刊贴近生活"则反映了对馆藏内容的需求,与老年人侧重休闲阅读、注重解决实际问题的阅读目的有关;"保持馆藏外观完好"是对馆藏形式的要求;"保证馆藏连续性"则是从时间的纵向上对馆藏"稳"提出的要求。总体而言,老年读者对馆藏的要求可归纳为全、广、新、精、稳、完整。

表6-32　老年人对馆藏的建议

对馆藏的建议	响应		个案百 分比(%)	对馆藏的建议	响应		个案百 分比(%)
	N	百分比 (%)			N	百分比 (%)	
增加馆藏数量	405	16.5	45.2	书刊贴近生活	230	9.4	25.7
改善馆藏种类与质量	332	13.6	37.1	保持馆藏外观完好	182	7.4	20.3
书刊分类清楚	311	12.7	34.7	保证馆藏连续性	177	7.2	19.8
增加宣传和推荐	291	11.9	32.5	其他	7	0.3	0.8
更新馆藏	262	10.7	29.2	总计	2448	100.0	273.2
排架正确	251	10.3	28.0				

注:有效填答个案896人,缺失值36人,总计932人。

（3）对图书馆馆员的建议

对于馆员,老年读者对于馆员基本素质如保持安静的建议比例最高,调查中较多老年读者抱怨馆员自顾自聊天或者搬运物品不注意,都导致声音大而嘈杂影响阅读;对于馆员服务的建议最多的是态度要亲切,其次是提高服务效率和正确解决问题,这反衬出图书馆服务意识薄弱导致脸难看、服务差的痼疾。还有老年人建议馆员要提高专业技能、多与读者交流。图书馆作为服务性部门,是"人"而非"物"将直接传达出其服务意识和质量,因而强化服务意识,加强馆员基本素质和专业素质非常关键。

表 6 – 33　老年人对馆员的建议

	响应		个案百分比（%）
	N	百分比（%）	
提高基本素质	437	27.5	51.1
服务态度亲切	420	26.5	49.1
提高服务效率	388	24.4	45.3
正确解答问题	340	21.4	39.7
其他	2	0.1	0.2
总计	1587	100	185.4

注:有效填答个案856人,缺失值76人,总计932人。

6.3.4.9　有意愿参与的阅读促进服务

从表 6 – 34 可见,"送书上门""流动借书""朗读服务"的选择比例高,一方面显示出老年身体机能尤其是行动能力和视力衰退影响了他们到馆利用,近在身边的图书馆服务和朗读服务能够降低这一影响;另一方面由于老年人以休闲状态为主,利用图书馆的动机并不十分强烈,不足以支持他们长期、远距离地到馆活动,只有提高图书馆服务的便捷性才会对他们产生吸引力。"阅读推荐"位居第二,这与他们对馆藏发展建议中"增加宣传和推荐"比例靠前的选择是一致的,说明面对数量庞大的馆藏文献,老年读者选择读物的难度加大,对图书馆推荐有较强需求,应成为阅读促进工作的核心。"图书馆使用导引"是利用的基础,"讲座/展览/吟诵等活动"丰富了阅读服务形式都得到较多的选择。"电脑和上网培训"也有一定的比例,显示了数字社会发展对老年人的影响,他们也希望接触和使用新的阅读载体,图书馆可将此工作作为服务老年人的新形式,但要注重体现图书馆特色,即以网络技能的掌握为基础,以促进老年人数字阅读、推动以数字图书馆为代表的优质网络资源的利用为核心来开展培训。"老少共读"的参与意愿体现着老年人希望隔代教育与自身阅读两者并进的意向,在实际利用图书馆中也是较多涉及的服务形式,再次提示图书馆要打开思路,将老年服务与青少年服务结合。"读书会""阅读方法指导"的比例则较少,对于前者,老年读者感到有较强的约束,与自身自在随意地阅读状态不符;对于后者,老年读者感到已形成了固定的阅读习惯和方法,不需要专门的指导,这说明要促进老年人阅读就要与他们的老年生活状态和阅读特征相吻合,以渗透式指导替代专门性指导,以较灵活松散的俱乐部形式替代目的单一的读书会,将多种活动形式和内容融合其中,以此能更好地增加老年人的参与意愿与行为。

表6-34 老年读者有意愿参与的图书馆阅读促进服务

阅读促进活动参与意愿	响应		个案百分比(%)	阅读促进活动参与意愿	响应		个案百分比(%)
	N	百分比(%)			N	百分比(%)	
送书上门	400	16.9	45.1	电脑和上网培训	196	8.3	22.1
阅读推荐	386	16.3	43.6	老少共读	181	7.7	20.4
流动借书	272	11.5	30.7	读书会	146	6.2	16.5
讲座/展览/吟诵等活动	259	11	29.2	阅读方法指导	112	4.7	12.6
图书馆使用导引	213	9	24	总计	2364	100	266.8
朗读服务	199	8.4	22.5				

注:有效填答个案886人,缺失值46人,总计932人。

6.3.5 不利用图书馆的老年人调查

6.3.5.1 不利用图书馆的原因

在不利用图书馆的原因中,"不了解图书馆"首当其冲,凸显出图书馆社会认知度低的顽疾,图书馆对自身服务宗旨、形象、功能等应加强宣传和展示;"没有需求"紧随其后,对于这一点应深入剖析,信息需求存在着客观的信息需求、意识到的需求及表达出的信息需求三个不同层次,没有需求往往是没有意识或表达出需求,而并非真正没有客观需求,因而要深入观察和调查用户,体会和发现他们的客观信息需求,以此为基础进行图书馆服务宣传设计将更具针对性,有助于调动潜在用户利用。"距离太远、交通不便"显示出距离对于利用的阻碍,其频率排序靠前反映了这一阻碍的普遍性,"手续烦琐、限制太多"也有较多的响应频率,它从进入门槛就将老年人阻隔在图书馆之外,既不利于使用,也无助于图书馆平等、包容职业理念的实现和亲切友好的社会形象的建立,因而对于图书馆尤其是公共图书馆而言,简化流程、减少无谓的进入限制很有必要。"环境不适应""藏书不能满足需求""服务不好"反映出在老年人感知中的图书馆不足,但其响应百分比都较低,很可能与他们并无利用经历也就无亲身感受有关;"没时间""身体不好""缺乏阅读能力"反映了情境、身体和文化程度对利用的阻碍。

表6-35 老年人不利用图书馆的原因

不利用的原因	响应		个案百分比(%)	不利用的原因	响应		个案百分比(%)
	N	百分比(%)			N	百分比(%)	
不了解图书馆	776	21.3	44.0	缺乏阅读能力	217	6.0	12.3
没有需求	770	21.2	43.7	环境不适应	122	3.4	6.9
交通不便	527	14.5	29.9	藏书不能满足需求	97	2.7	5.5
没时间	465	12.8	26.4	服务不好	60	1.6	3.4
身体不允许	363	10.0	20.6	总计	3637	100	206.2
手续烦琐、限制太多	240	6.6	13.6				

注:有效填答个案1764人,缺失值220人,总计1984人。

6.3.5.2 有意愿参与的阅读促进服务

不利用图书馆的老年人对图书馆阅读促进活动的选择,从总体上与利用图书馆的老年人相似,"送书上门""阅读推荐""流动借书""讲座/展览/吟诵等活动"都有较高的选择比例,可作为图书馆需普遍开展的服务;两者对"阅读方法指导"的选择比例都偏低,可不用特意开展而将其融合到阅读推荐、讲座、展览等服务中。相较而言,不利用图书馆的老年人愿意参与"朗读服务""老少共读""读书会"的比例和排序更高,这些提示图书馆在争取潜在老年用户时可优先开展的阅读服务形式,而对"图书馆使用导引""电脑和上网培训"的需求相对较弱,说明在到馆用户中采取这些服务形式可能效果更佳。

表 6-36　老年读者有意愿参与的图书馆阅读促进服务

阅读促进活动的参与意愿	响应		个案百分比(%)	阅读促进活动的参与意愿	响应		个案百分比(%)
	N	百分比(%)			N	百分比(%)	
送书上门	956	23.7	52.1	读书会	315	7.8	17.2
阅读推荐	496	12.3	27	图书馆使用导引	303	7.5	16.5
朗读服务	437	10.8	23.8	电脑和上网培训	206	5.1	11.2
老少共读	388	9.6	21.2	阅读方法指导	167	4.1	9.1
流动借书	385	9.5	21	总计	4036	100.0	220.1
讲座/展览/吟诵等活动	383	9.5	20.9				

注:有效填答个案 1834 人,缺失值 150 人,总计 1984 人。

6.3.6　老年人感知和利用图书馆的特点

通过调查发现老年人感知和利用图书馆呈现出如下特点:

(1)在有阅读行为的老年人中,利用图书馆的比例非常低,而多个图书馆的数据显示,在其用户群体中,老年人占据了较高比例[1]-[5],一方面是老年人利用图书馆比例低,另一方面老年人已成为图书馆的主要用户群之一,两者对比表明图书馆扩展老年用户还大有可为空间。不利用图书馆的老年人中因不了解图书馆而不利用的比例最高,利用和不利用图书馆的老年人都建议扩大图书馆宣传,这些说明图书馆亟须加强宣传推广工作,并通过刺激需求、改善服务、提供图书馆使用导引来调动更多的老年人利用图书馆。

(2)在知晓和利用图书馆的各关联因素中,距离、文化程度的效应突出,而性别、年龄、自评健康的关联偏弱;在老年人对图书馆建设的建议中,"就近设立图书馆"排在首位;在有意愿参与的阅读促进服务中,"送书上门""流动借书"选择比例高。这些都表明距离是一个非

① 陈丽华.公共图书馆读者老龄化现象[J].图书馆,2004(1):90-91,95.

② 陈建英.公共图书馆需大力加强老年读者服务工作[J].新世纪图书馆,2005(4):31-33.

③ 记刘慧,杜凌燕.浙江老年读者最爱泡省图书馆[EB/OL].[2014-06-27].http://www.libnet.sh.cn/tsgxh/list/list.aspx? id=4280

④ 李冬梅,熊丽华.老龄化时代公共图书馆的服务与对策——以哈尔滨市为例[J].图书馆界,2010(2).

⑤ 陈彤芳.公共图书馆如何适应老龄化社会的探索[J].图书馆工作与研究,2011(7):96-98.

常重要的影响因素,依据《公共图书馆建设标准》,通过总分馆、流动书车、送书上门等多种形式,建设覆盖广泛的图书馆服务网势在必行。

（3）进入老龄阶段对老年人利用图书馆带来的影响有两面性,既可能将老年还给老年人,带来更多属于自己的需求满足和生活安排,从而增加对图书馆的利用;也可能因身体机能衰退、退出工作角色等变化而降低利用图书馆的动机。因而全面地认识老龄带来的变化对于图书馆建立正确的老年服务意识并开展针对性服务具有重要意义。隔代教育就是老年人普遍面对的情况,也在某种程度上成为促进他们利用图书馆的原因,并激发了他们对老少共读活动的参与意愿。而老年身体机能衰退也使得他们对送书上门、流动借书、提供老花镜等有较高的需求。

（4）公共图书馆是老年人普遍利用的图书馆类型,休闲娱乐和增长知识是他们利用的主要目的,传统的书报刊借阅是他们利用的主要服务形式,利用时间主要在2小时以内,这些特征与他们的休闲生活状态和阅读特点相一致。老年人对图书馆服务的满意度总体上处于中等偏上水平,他们对图书馆服务的功能性感知高于一般水平,而情感性感知则低于一般水平。

（5）在老年人利用图书馆所遇到的问题可分为两大类,一类是图书馆馆藏、环境、馆员、服务、管理等方面存在的问题,最突出的是馆藏乱架毁坏严重,其次是时间和管理限制多;另一类是在阅读读物选择和获取方面存在的问题,表现为不知如何查找书刊、不知道该看什么。对应于前者,他们提出的改进建议集中在位置设置、阅览环境、设施设备、馆藏建设等方面;对应于后者,他们对阅读推荐活动的参与意愿高。

7 国外图书馆老年阅读服务现状及对我国的启示

7.1 国外图书馆协会老年服务指南的质性研究及对我国的启示

1865 年法国成为第一个老年型国家,率先开启了世界老龄化进程。进入 20 世纪 70 年代,世界范围内的人口老龄化进程加快,几乎所有的发达国家均已加入老年型国家的行列[①],1996 年全世界 65 岁以上老年人口比重上升到 7%[②],全球成为老年型世界。伴随着老龄化形势的发展,自 20 世纪 40 年代,公共图书馆的老年服务在主要发达国家正式开展(1941 年美国克利夫兰公共图书馆成立成人教育服务部门,被认为是老年服务的开端[③]),并逐渐获得图书馆协会层面的关注和倡导,形成了一系列规范指南,并不断完善。如美国图书馆协会于 1964 年发布并先后于 1970 年、1981 年修订的《公共图书馆老龄责任书》(*The Library's Responsibility to the Aging*),声明对于老年人,图书馆应致力于建立将老年人视为资源而非负担的积极态度,并提供了开展服务的十个领域[④]。1975 年发布《图书馆老年服务指南》(*Library Services to Older Adults Guidelines*),对公共图书馆应如何承担为老年人服务的责任提出详尽指导,并分别在 1987、1999 和 2008 年进行修订。此外,国际图联及加拿大、英国、澳大利亚等国图书馆协会也都编制了相关指南文件。这些指南文件对于图书馆制订老年服务规划[⑤],编制本馆服务指南[⑥],指导服务工作[⑦],开展服务评价[⑧],组织管理资助项目[⑨]都发挥了指导作用。

反观我国,人口年龄结构在 20 世纪 80 年代中期达到成年型,世纪之交达到老年型,15 年走完了许多国家需要 50 年甚至上百年才完成的转变,目前中国已是世界上老年人口最多

---

① 应斌. 银色市场营销[M]. 北京:清华大学出版社,2005:7.

② 张彩. 老龄化社会与老年广播[M]. 北京:中国传媒大学出版社,2007:8.

③ Javelin M C. How library service to the aging has developed[J]. Library trends,1973,21(3):367 – 389.

④ Casey G M. Library services for the aging[M]. Hamden:The Shoe String Press,1984:141 – 142.

⑤ Halifax public libraries. Service to older adults:a plan for Halifax public libraries 2007—2008[EB/OL]. [2013 – 07 – 18]. http://www. halifaxpubliclibraries. ca/assets/files/reports/service_to_older_adults. pdf.

⑥ Missouri State library. Library development division,Dahma-Stinson N,Mates B T. Serving seniors:a resource manual for Missouri libraries[M]. Jefferson City:Missouri State Library,2002.

⑦ Maine State library. Serving seniors[EB/OL]. [2013 – 09 – 10]. http://www. maine. gov/msl/libs/services/seniors. htm.

⑧ Piper D,Palmer S,Xie B. Services to older adults:Preliminary findings from three Maryland public libraries [J]. Journal of education for library and information science,2009,50(2):107 – 118.

⑨ Institute of museum and library services. IMLS-funded programs and services for older adults[EB/OL]. [2013 – 09 – 19]. http://transforminglifeafter50. org/files/Older_Adults_-IMLS-funded_projects_and_services_29May2012. pdf.

的国家[①]。我国人口老龄化快速发展的社会形势预示着比例不断上升的老年群体将成为图书馆需要特别重视的服务对象,这对图书馆提高老年人服务水平提出了更紧迫的要求,需要从全国公共图书馆行业发展的高度,由中国图书馆学会牵头制定行业指南和规范,国外指南编制的成功经验值得借鉴。

借鉴国外经验本身就意味着全球话语与本土情境的融合。在老龄化成为全球议题并达成多项全球共识的背景中,国外指南的理论基础和内容框架具有较强的通用性,能为我国提供直接的参考;而国情差异的存在则提示我们要与本土情境结合,在比较分析国内外差异的基础上思考对国外经验的选择性借鉴。循此思路,本研究试图采用质性研究方法,深入剖析国外图书馆协会的指南文本,重点研究以下问题:①提取和归纳国外指南的内容框架,分析指南形成的理论基础和背景因素;②结合对我国与国外情况的比较分析,为我国借鉴国际经验提出有针对性的建议。

7.1.1 研究设计

7.1.1.1 研究文本

目前,国外制定的图书馆老年服务指南多样,本研究主要选择由图书馆协会组织制订并通过的内容综合的指南文本。由于英国图书馆与信息专业人员协会(CILIP)2005年制定的《对老年人的图书馆和信息服务指南》(*Library and Information Services for Older People*)未能获取,故此文本未在此次分析之列。为考察指南变化中的影响因素,本研究将美国和加拿大图书馆协会老年服务指南的上一期版本纳入研究文本中(见表7-1)。

表7-1 国外图书馆协会老年服务指南列表

文本类别	名称	制定机构	国别	最新版本制定时间
质性分析文本	对医院病人、老年人和长期居住在护理机构中的残疾人的图书馆服务指南:11.1老年人[②]	国际图联(IFLA)	国际	2000年
	对老年人的图书馆和信息服务指南[③]	美国图书馆协会(ALA)	美国	2008年
	加拿大对老年人的图书馆和信息服务指南[④]	加拿大图书馆协会(CLA)	加拿大	2009年

① 张凯悌,郭平. 中国人口老龄化与老年人状况蓝皮书[M]. 北京:中国社会出版社,2009:1-6.

② Guidelines for libraries serving hospital patients and the elderly and disabled in long-term care facilities[EB/OL]. [2013-07-23]. http://www.ifla.org/files/assets/hq/publications/professional-report/61.pdf.

③ Guidelines for library and information services to older adults[EB/OL]. [2013-07-23]. http://www.ala.org/rusa/resources/guidelines/libraryservices.cfm.

④ Canadian guidelines on library and information services for older adults[EB/OL]. [2013-07-23]. http://www.cla.ca/Content/NavigationMenu/Resources/PositionStatements/OlderAdultsrevsept09.pdf.

续表

文本类别	名称	制定机构	国别	最新版本制定时间
质性分析文本	澳大利亚公共图书馆标准和指南：G19 老年服务①	澳大利亚图书馆与信息协会（ALIA）	澳大利亚	2011 年
比较分析文本	图书馆老年服务指南②	美国图书馆协会（ALA）	美国	1999 年
	加拿大对老年人的图书馆和信息服务指南③	加拿大图书馆协会（CLA）	加拿大	2002 年

7.1.1.2 研究方法和研究工具

质性研究是以文字叙述为材料，以归纳法为论证步骤，以建构主义为前提的研究方法④。在实际操作中，质性研究是一种生成的过程，研究者以资料为主导，通过对其中关键词句、概念的提取和深度描述建立由下而上的扎根理论，获得解释性理解和本质再现，从而对处于类似情形的人和事起到一种对照的作用（这被称为"通过认同而达到推广"）⑤。本研究采用质性研究方法，通过对国外图书馆老年服务的指南文本进行深度分析、信息标注和归纳整合，揭示同类文本的共同点，形成具有一定概括性和抽象性的认识，并将这一认识与我国的状况进行对照，发挥质性研究的推论作用。

具体使用的研究工具是 Nvivo 8.0。首先，在 Nvivo 中仔细阅读文本，对文本中表达关键词句和概念的参考点进行开放编码以建立自由节点，并对文本资料进行概念化命名。若同一文字内容涵盖几个节点，则分别标记在不同的节点下，若现有节点无法涵盖则重新建立节点，直至编码饱和。其次，进行主轴编码，根据各自由节点的特性，通过反复比较、抽象，将在开放编码中被分割的资料加以类聚和概念化命名，形成较为稳定、结构清晰的树节点，并分析不同树节点之间的主从关系。在此基础上进行选择编码，对经过主轴编码的各个树节点再进行精炼，形成核心的主题范畴，构成国外老年服务指南的框架结构。在编码的过程中，对文本中出现的案例、背景资料及理论性问题建立分析型备忘录，以便进行国内外对比分析。

7.1.2 国外指南的内容框架分析

在质性分析的四份文本中，美国图书馆协会（ALA）、加拿大图书馆协会（CLA）所发布的指南采用的是独立文件的形式，国际图联（IFLA）和澳大利亚图书馆协会（ALIA）发布的指南

---

① Standards and guidelines for Australian public libraries[EB/OL].[2013 - 07 - 23]. http://alia. org. au/sites/default/files/documents/advocacy/PLSG_ALIA_2012. pdf.

② Missouri State library. Library development division，Dahma-Stinson N，Mates B T. Serving seniors：a resource manual for Missouri libraries[M]. Jefferson City：Missouri State Library，2002：229 - 232.

③ Canadian guidelines on library and information services for older adults[EB/OL].[2013 - 07 - 18]. http://www. cla. ca/AM/Template. cfm? Section = Position _ Statements&Template =/CM/ContentDisplay. cfm&ContentID =3029.

④ 熊秉纯. 质性研究方法刍议：来自社会性别视角的探索[J]. 社会学研究，2001(5)：17 - 33.

⑤ 陈向明. 旅居者和"外国人"留美中国学生跨文化人际交往研究[M]. 北京：教育科学出版社，2004：42.

是一个整体文本的组成部分,既相对独立又与其他部分相互联系。因此,它们的内容与篇幅存在一定差异,在分析时会出现参考点数量悬殊的情况,如前两者的参考点数量均在 200 个左右,而后两者的数量仅 70 多个。尽管如此,这四份文本却在内容结构、指导原则和服务重点的陈述上表现出较高的一致性,从而可以对其进行归纳、比较和借鉴。

7.1.2.1 指南目标与编制思想

CLA 和 ALIA 围绕老年服务来确立指南目标,即提供服务目录、设计老年服务,确保老年人能获取和利用图书馆资源与服务。IFLA 与 ALA 则从确立服务指导思想角度确立指南目标。IFLA 明确以世界卫生组织(WHO)的"积极老龄化"(Active Aging)为导向,指出图书馆应以支持达成这一目标为己任,ALA 强调了三个重点导向,即增权参与(Empowerment),保持身体、心理和社会功能健康,以及通过信息技术改善老年生活,其隐含的指导思想同样指向了"积极老龄化"。"积极老龄化"是把健康、参与、发展并列为三大支柱,意味着老年个体应在身体、社会、经济和心理方面保持良好状态,并按照自己的需要、愿望和能力来参与社会、经济、文化、精神和公民事务。它承认老年群体的差异性、丰富性和能动性,由此带来的服务战略必然是从"以需要为基础"转变为"以权利为基础"[①],必然对图书馆提出要求:支持老年参与,保障老年权利,消除年龄歧视,塑造老年人的积极形象,建立社会支持网络以改善老年人社会参与的自身条件和社会条件等。

在指南的编制思想上,IFLA 在指南前言中指出:"指南不仅要提供方向,更应当作为描述性文本发挥指导实践的作用,如此不仅对已提供服务的图书馆有用,而且对寻求创新、评价或扩展服务的人员也有价值。"其他指南尽管没有明确说明,但在文本上 ALA 和 CLA 所提供的指导翔实具体,具有很强的操作性,与 IFLA 的想法不谋而合。

7.1.2.2 认识老龄化和老年人

对图书馆而言,如何理解老龄、老龄化和老年人反映了服务所秉持的老龄观,将直接决定着老年服务工作的策略选择,因此这部分内容在四份指南文本中都处于首要位置。具体内容包括:

(1)对老年人的界定。指南均采用年龄作为界定标准,但具体的年龄起点则各有不同,ALA、CLA、ALIA 分别采用了 55 岁、60 岁、65 岁,IFLA 采用 WHO 的定义,同时采用 65 岁和 80 岁两个起点。在用词上,前三者均采用"older adults"来指代老年人,IFLA 则采用"elderly"一词。

(2)老龄化发展状况及未来趋势。各指南用数据表明,随着人均寿命的延长,老年人口数量在迅速增长,世界各国都在并将长期面临老龄化现象。指南同样注意到老年人口结构的变化,一是 75 岁以上的"高龄老年人"(the very old)数量和比例增长最快,另一个则是"婴儿潮一代"(baby boomers)在未来十年将大批进入老年,构成年轻型老年人的重要组成部分。

"婴儿潮一代"是指在二战后持续近 20 年的生育高峰期中(美国是 1946—1964 年,加拿大是 1947—1966 年,澳大利亚是 1946—1961 年[②])出生的大量人口(美国约有 7600 万,占总

---

① 熊必俊. 制定新世纪老龄行动计划应对全球老龄化挑战——第二届世界老龄大会综述和启示[J]. 市场与人口分析,2002(5):75 – 78.

② Rosenberg M. Baby boom[EB/OL]. [2013 – 08 – 22]. http://geography. about. com/od/populationgeography/a/babyboom. htm.

人口的 29%,加拿大有 600 万①,澳大利亚有 400 多万②),他们在 2005 年后相继进入老年期。这一代人不仅人口规模大,而且呈现出与之前世代(世代指的是在同一历史时期出生的一代人,他们共有的历史经验会产生对现实的相同感知和理解,生成一种共同的世代意识,具有相似的行为特点,形成独特的世代风格,与其他世代区分开来③)显著不同的特点,因而受到国外社会的广泛关注。对比 CLA 2002 年和 2009 年指南发现,最明显的变化就是加入了有关婴儿潮老人的内容。他们拒绝被称为老人(如"senior""elderly""aged""old"等词语④)而乐于接受"年龄大一些的成年人"(older adults)⑤这样的称谓,这可以解释 ALA、CLA、ALIA 文本中采用"older adults"的原因,也反映出老年活动理论所指的将老年期视为成年期的延续,老年人视为年长型成年人的积极态度。同样 ALA 指南采用 55 岁作为老年人的年龄起点,也很可能与美国图书馆界在 2005 年白宫老龄大会(会议集中关注的正是即将面临退休的婴儿潮老人⑥)前后将服务对象延伸到 55 岁乃至 50 以上的"准老年人"有关,因为这一代人进入老年要延续十余年时间。可资印证的是在介绍部分所指出的"在 2007 年每 5 人中就有 1 人年龄在 55 岁以上,总人数超过 6800 万,婴儿潮老人将在未来十年使这一数字变得更多"。

(3)老龄带来的影响。结合对老龄化发展态势的认识,各指南都认为这将对图书馆产生巨大而复杂的影响(CLA 和 IFLA 分别用 great 和 profound 来形容)。包括:进入老年期老年人将面临退休和身体衰退的变化,导致他们在生活和活动方式上的改变,从而影响老年人获取信息的能力与期望;老年群体数量增加会带来图书馆潜在用户群体构成的变化,过去老年用户未被充分重视的局面如果持续,将给图书馆带来严重影响,会影响公众对图书馆重要性的判断;老年人口结构变动带来的影响是婴儿潮老人将重新定义他们的退休期待和生活需求。因此图书馆要关注这些变化,重视老年用户及其需求,确保老年用户获取专用资源,并在服务功能上重视阅读疗法,以及辅助老年人接受的其他治疗。

(4)对老年人特点的把握。多样化、异质性被各指南反复提及,仅此一点的参考点就多达 36 个,充分凸显各指南对此特点的重视。CLA 开篇就指出老年人不是一个容易被划分的同质群体,ALA 也特别指出当前的老年人在美国历史上最具异质性。这种异质性的表现在文本中被提及最多的是老年人具有不同的兴趣和信息需求,也存在阅读能力和阅读兴趣的差异,其关联因素包括年龄、性别、语言、活动状况、收入、教育背景、文化背景、网络技能、性取向等。其次是老年人的身体和心理状况存在差异以及老年的多世代并存现象,老年人作为年龄跨度达几十年的群体,处于不同出生队列的人们会形成不同的世代,显露出不同的群

---

① Baby boom generation[EB/OL].[2013 – 08 – 22].http://www.u-s-history.com/pages/h2061.html.

② Baby boomers[EB/OL].[2013 – 08 – 22].http://australia.gov.au/about-australia/australian-story/baby-boomers.

③ 沈杰.青年、世代与社会变迁:世代理论的源起和演进[J].中国青年政治学院学报,2010(3):1 – 7.

④ Kahlert M. The impact of the baby boomers on public libraries:Myth and reality[J]. Australian public libraries and information services,2000,13(1):25 – 41.

⑤ Decker E N. Baby boomers and the United States public library system[J]. Library Hi Tech,2010,28(4):605 – 616.

⑥ The booming dynamics of aging:From awareness to action[EB/OL].[2013 – 09 – 01].http://nicoa.org/wp-content/uploads/2012/04/2005-WHCOA-Final-Report.pdf.

体特征。在承认异质性的同时,指南同样强调了老年群体的同质性和延续性。同质性表现在老年人会共享相似的变化情境包括退休、家庭责任的解脱和身体衰退,这些变化使其呈现出与成年群体不同的生活状态,具有某种程度上的群体共同特性;延续性表现在老年人会继续其成年期的个性和生活方式,在阅读兴趣上将保持稳定。

7.1.2.3 图书馆老年服务原则

作为图书馆协会所制定的指南,从宏观上提供指导原则是其核心和重点,通过归纳,各指南所提出的原则包括以下六个方面:

(1)整合原则。在指南中主要表现在三个方面。第一是将老年服务视为图书馆工作中持续进行的、不可分割的部分,要将其纳入图书馆总体规划、预算和营销之中,这在 ALA、CLA 和 ALIA 指南中均有表述,此外 ALA 还特别指出如果有外来资金支持老年服务项目,图书馆也需要考虑如何将其纳入本馆日常的预算和服务中。第二是在 ALIA 指南中提出要倡议将公共图书馆老年服务纳入市政管理和社会文化发展规划之中,这体现了将图书馆老年服务与社会老年服务整合的思想。第三是 CLA 指南中提及将老年服务与图书馆为其他群体如青少年开展的服务项目相连接。

(2)抵制老年刻板印象(stereotype)。刻板印象是指社会广泛持有的对认识客体与现实情况不尽相符的认识及看法①。指南指出对于老年群体而言,刻板印象往往导致老年歧视主义,因而一再强调要意识到老年刻板印象的危险并在计划馆藏、项目和服务时抵制这一错误观念。指南还提出了操作措施,包括要培训馆员与老年刻板印象斗争,在图书馆所有视觉推广资料中展示老年人的积极形象,将图书馆作为与老年歧视主义和刻板印象做斗争的展示范本。

(3)适应老年用户特点。基于对老年人异质性特点的认识,各指南均在多处指出图书馆服务要秉持认识、反映和适应用户的原则,图书馆服务首先就要认识到老年群体存在不同的兴趣和需求。其次,图书馆应在馆藏、服务和项目中反映老年人的多样性特征,并在更广泛的范围内倡导对老年人多样化需求的关注和回应,适应老年人休闲娱乐和信息获取等方面的需求差异,适应老年人对延伸服务不断增长的需求,适应老年人对平装书的利用倾向。第三,图书馆服务要适应不同环境中不同类型老年人的需求,包括要同时适应健康活跃的老人和听力障碍、视力障碍、行动不便、头脑反应慢的老人,要适应阅读能力和兴趣不同的老人,要适应接受不同治疗的老年人的状况。

(4)重视老年用户参与。IFLA 指南中援引 WHO 的话指出,老化是个体生命中非常自然的发展过程,不影响个体和群体对社会生活各个层面的参与,其他指南同样提出重视老年用户的作用以及吸纳他们参与的服务原则,在具体操作层面提及最多的是开展老年志愿者项目,其次是雇佣具有专业背景的老年人,让老年人对图书馆老年服务有一定的参与决策权,其他还有为老年人提供参与公共事务的机会,将老年人作为开展项目的智力资源。

(5)重视图书馆的信息服务。信息(information)一词在各指南中共33次的高出现频率,ALA 指南名称在最新版本中所发生的变化(增加了"information"一词)都显示出对图书馆提供信息服务的重视。将 IFLA 指南与其他指南进行对比,可以很明显地看出这一点,前者中阅读(reading)一词出现了 8 次,信息(information)仅为 4 次,但在发布时间晚的后三者中则出现倒转,ALA 指南中两词的词频分别为 3 和 13,CLA 指南为 1 和 13,ALIA 指南为 1 和 3。

---

① 汪露.刻板印象与老年传播[M].北京:新华出版社,2010:50.

在具体内容上包括:图书馆要成为信息中心,应了解和满足老年用户不同的信息需求,为老年人提供所需信息和信息设备,培养用户电脑和网络操作技能,提高老年用户信息素养。这一变化与 1994 年以来以网络为代表的现代信息技术的普及①有关,美国 2000—2004 年 65 岁以上老年人中,网民数量上涨了 47%②,也与图书馆对新技术的认识有关,ALA 认为技术尤其是互联网在改善老年人生活中发挥着非常重要的作用。

(6)重视本地性和经常性。本地性表现在指南中"社区"(community)、"当地的"(local)的出现频率合计达到 59 次,内容上包括了解本地区老年人情况,提供本地老年服务信息,与本地机构合作。经常性表现在调查、宣讲、制定预算和服务、设计服务项目、与其他机构联络等内容的陈述中"经常地"(regular)、"不间断地"(ongoing)等词的频繁出现。

7.1.2.4　了解老年人需求

获取用户信息,了解用户需求是提供服务的前提,各指南主要在获取目的、获取内容、获取方式三方面提供指导,ALA、CLA 和 ALIA 三份指南对此方面内容涉及较多。

首先,获取目的的陈述集中在了解老年人兴趣,确定老年人需求上,并据此评估和判断图书馆馆藏、服务和项目应当如何开展,以更好地适应这一群体需要。

其次,获取内容按从总到分,从一般到特殊可归为三方面:①获取当地或社区老年人的总体信息,包括老年人口统计和人口预测信息,老年人的教育、居住地、社会经济、种族、所属宗教团体或其他组织的背景信息,当地以老年人为服务目标的媒体机构信息。②获取不同背景老年人的信息需求,要考虑各种不同的关联因素,如年龄、性别、收入、教育文化背景、性取向、语言、身体状态、网络技能与获取途径等,分析他们各自具体的信息需求。③获取老年人日常生活中的信息需求。进入老年期的人们将面临共同的生活情境,如退休、身体衰退、闲暇时间增多、精神自由、重新组织生活等,这些都必然带来生活中新的信息需求,通过文本分析,可将其分解为健康、医护与保健、房产与财务规划、独立生活与终身学习、老年法规、社会保障与社区服务、志愿行动与公民参与等需求。

最后,在获取方式上,ALA、CLA 和 ALIA 三份指南均有说明,要基于社区发展途径,同时采用正式和非正式的方式来获取用户需求信息。其中提及次数最多的是进行调查(调查对象包括老年用户、老年机构和社区机构)和焦点小组访谈,其次是通过流通统计了解老年用户的借阅模式,其他还有开展社区老年用户研究,进行社区咨询,通过老年机构或老年图书馆顾问委员会与老年人建立联系,从而时时获得信息。

7.1.2.5　图书馆规划和经费预算

图书馆规划中应纳入对老年服务的考虑。具体而言,规划目标涵盖两方面:一是考虑如何使图书馆成为受老年人欢迎,对他们而言更安全舒适,与其关联更紧密的场所;二是考虑如何将图书馆建设成为老年信息服务的焦点机构。在规划方式上,指南特别指出要将社区老年人纳入规划中,具体操作形式包括:建立顾问委员会,其成员可由经常使用图书馆的老年人、图书馆志愿者、馆员、馆领导、图书馆之友成员、老年机构或社区机构的领导共同构成;

---

① IFLA public library section. 10 ways to make a public library work/update your libraries[EB/OL]. [2013 – 08 – 15]. http://www.ifla.org/publications/10-ways-to-make-a-public-library-work-update-your-libraries.

② Fox S. Older Americans and the Internet[EB/OL]. [2013 – 09 – 05]. http://www.pewinternet.org/Reports/2004/Older-Americans-and-the-Internet.aspx.

建立与老年机构、各层次政府机构和老年中心的定期联络;咨询作为图书馆志愿者、图书馆之友组织成员或图书馆领导成员的老年人。此外,ALA 和 CLA 的指南中还指出要指定专人负责协调、监督图书馆馆藏和服务,以确保规划时考虑老年用户的需求。

在经费预算的设计上,指南指出原则上应体现优先性,以与本地区人口统计特征及老年用户需求(如老年人日益增加的对上门服务的需求)相适应为导向来调整经费预算。在经费安排上,图书馆要研究适宜的拨款和赞助方式以支持发展老年服务项目。在预算实施中为老年服务提供充足的经费,追加资金用于增加馆藏、辅助设备和提供上门服务,同时要通过与老年相关机构和基金会建立合作以积极寻求外部资金支持。

7.1.2.6 馆藏与设施设备

ALA 的指南中指出馆藏和设施设备要安全、舒适、吸引人,各指南在这两方面的陈述都较丰富。馆藏要求轻便易拿,如提供平装本而非精装本,间距适当,标引清晰,语言简易,文字少。载体上要求提供可供选择的其他形式,如大字书、有声书、视听资料。文献类型上提供报纸尤其是日报、连环画、图画书、查考词典等。馆藏内容主要涵盖医疗保健、旅游、棋牌游戏、字谜、社会文化、烹饪园艺、市政信息、地方史、家谱家族史、社区语言、法律、老年学等,以及支持终身学习,与老年照料者有关的资料信息。

伴随着年龄增长而带来的身体问题会极大影响老年人对图书馆资源和服务的获得和利用,因而各文本对设施设备上提出的要求多是围绕可及性(accessible)展开。要求遵循的首要原则就是方便获取,要由身体、视觉、听觉、阅读及其他方面存在障碍的老年人来评估图书馆的可及性。为实现这一要求,指南指出图书馆应遵守如"残疾人法""无障碍设计标准"等相关法规标准。在设备方面,图书馆应提供自动阅读机、语音识别器、隐藏式字幕录像带、文字电话(TYY/TDD)、轮椅、老花镜、手持放大镜、辅助听力系统、网络入口和电脑操作台、签字导向槽、电子翻页器、书立、舒适的桌椅。在空间设施方面,要建立光照良好、安静的空间以方便老年人阅读,或者建立专用区域以供老年人进行交流,或成立老年信息中心。图书馆的所有标牌、手册应清晰显眼并提供大字体和盲文(ALA 和 CLA 还明确了字号要求,分别为至少 14 号和 12 号),电脑上应安装大字软件,书架的间距应适合轮椅进出,书架中的书刊应容易获取,要就近放置桌椅,提供延伸帮助等。

7.1.2.7 馆员与服务

馆员是开展服务的主体,极大影响着服务的成败,指南首先提出要对馆员进行培训,要通过对各层次馆员的再教育,使其体会到老年人利用图书馆的困难,尊重老年人,认识并与老年刻板印象做斗争。其次,要确保所有馆员了解并满足老年人对图书馆的信息和休闲需求,了解老年人可能感兴趣的图书馆服务,了解社区其他老年服务机构。最后,图书馆可以雇佣老年人作为专业人士支持馆员工作。

服务是各指南的关键内容,为此指南从服务目的、服务场所和对象、服务形式三方面进行具体陈述。

服务目的的陈述包括:①提高老年人成为独立、熟练的图书馆用户的能力,鼓励老年人利用图书馆;②鼓励终身学习,支持发展个人兴趣;③为老年人提供社会、文化、健康和其他信息的获取渠道,为不同阅读能力的人提供资源,确保他们获得和利用图书馆资源和服务;④采用阅读疗法辅助心理治疗,弥补生理和心理不足;⑤培养电脑和网络操作技能,提高信息素养;⑥增强老年人社会参与能力,促进身心及社会功能的健康。

服务场所除了图书馆外,还包括老年住所、老年中心、社区、老年日托所、疗养院、辅助生活场所、饮食集合点等地,将馆内与馆外服务结合。由此服务对象也应进行扩展,既面向老年群体,也面向老年服务网络的其他成员以及老年照料者如其子女、家人、保姆。

服务形式是各文本的重中之重,内容涉及较广泛,主要包括:①设计专门针对老年人的服务项目,如老年终身教育、志愿者服务,以及提供老年人交流机会的项目,也可从不同兴趣、不同年龄组或世代角度考虑服务项目;②为老年相关人群提供服务,包括针对老年人家庭和照顾者设计项目,为老年看护人员、社会医疗工作者和素质教育者提供服务;③开展和参与代际活动,如由年轻人教老年人发短信和上网,老年人向年轻人讲述历史,同时图书馆应积极参与社区其他机构组织的代际项目;④提供信息资源获取服务,包括组织并提供老年服务信息、健康保健信息、法律信息,提供阅读帮助和检索服务;⑤提供延伸服务,包括馆外电脑培训以及到老年活动场所的馆外服务,通过邮寄或流动车提供的馆外服务以及针对居家老人的上门服务;⑥开展培训,包括馆内外的电脑和网络培训,图书馆用户培训;⑦提供老年优惠服务,主要是取消罚款或对老年用户免费。服务管理主要目的是降低服务等待时间,具体方式包括进行人员的重新调配,建立志愿传递系统,创新资料传送方式。

7.1.2.8　合作与宣传

在 ALA、CLA 和 ALIA 的指南文本中多处涉及合作,对合作对象和合作方式的着墨较多。合作对象类型多样,层次丰富。业界内部的合作对象包括州图书馆、当地盲人和残疾人图书馆、图书馆的青少年服务,业界外部的合作对象包括政府部门、社区机构、老年组织、老龄服务机构、老年大学、当地学校和教育机构、电脑之友组织、老年网站和报纸、老年营养项目、老年志愿者项目以及其他老年服务提供者。业界内的合作方式包括提供馆员培训和老年所需信息资源。业界外的合作方式包括双赢的两方面:一方面由图书馆与外部机构建立定期联络以征求服务建议,探索合作项目,进行服务创新,招募志愿者,并可提供继续教育项目,推进延伸服务,结合图书馆项目提供书展和书单;另一方面图书馆在网站上提供外部机构的链接,宣传其他机构的服务,使其他机构的信息和出版物更易获取。

ALA 和 CLA 将宣传视为提高图书馆在老年人中知晓度的方式,提供了三方面指导:一是向老年居民、老年传媒、老年中心、老年机构、老年营养项目和公共健康机构开展图书馆服务宣传,二是向老年组织进行服务宣讲,三是公布老年服务项目。

7.1.3　国外指南对我国的启示

通过编码和归纳所形成的指南文本框架并不是对原有文本的压缩,而是进行了抽取、精炼、整合,基本反映了图书馆老年服务指南的主体架构和内容特点,为我国制定相关指南提供了良好的参考样板。文本编制的思想具有通用性,对我国具有同样的指导价值,而实践状况则需要与我国情况进行对比,探求我国特色。

7.1.3.1　尽快制定我国的图书馆老年服务规范

中国图书馆学会目前还没有编制专门的图书馆老年服务指南,但在其参与编制的《公共图书馆法》(征求意见稿)、《公共图书馆服务规范》《公共图书馆建设标准》中均有涉及老年服务的相关内容(见表 7-2),如开展老年服务,考虑并满足老年人需求,并在提供文献信息资源和设施设备方面提出了一些要求,但内容都较为简略、笼统。在我国老龄化态势加速发展的背景下,老年人正在成为公共图书馆的主要用户群且比例还在持续增加,公共图书馆需要认真考虑由此带来的机遇和挑战,并通过调整服务进行积极应对。从这个意义上讲,现有的指导内容还远远无法适应当前和未来长时期的人口老龄化情境,因而我国应在服务规范日益强化的背景中,借鉴国外图书馆老年服务指南的内容框架,在中国图书馆学会的组织下设立相关的分支部门(IFLA 下设弱势群体服务部(Section of Libraries Serving Disadvantaged Persons,LSDP)、ALA 下设老年服务委员会(Library Services to an Aging Population Committee)、CLA 下设老年人图书馆和信息服务兴趣组(Interest Group on Library and Information Services for Older People))尽快推动制定专门的图书馆老年服务指南及规范,并引导各级各地公共图书馆制定老年服务指南,形成相互呼应的指南体系。

表7-2 中国图书馆学会参与编制的涉及老年服务的图书馆法规及标准

名称	发布机构	发布时间	涉及老年服务的内容
《中华人民共和国公共图书馆法(征求意见稿)》①		2012 年	第十七条(公共图书馆的职能)(三)开展面向少年儿童、老年人、残疾人等特殊人群的服务;第三十四条(特殊人群服务)公共图书馆应考虑未成年人、残疾人、老年人群体的特点,提供适合其需要的文献信息资源、设施、设备和服务
公共图书馆服务规范(GB/T28220—2011)②	国家质量监督检验检疫总局、国家标准化管理委员会	2012 年	公共图书馆服务对象包括所有公众。……努力满足残疾人、老年人、进城务工者、农村和偏远地区公众等的特殊需求
《公共图书馆建设标准》(建标 108—2008)③	住房和城乡建设部、国家发展和改革委员会	2008 年	第十六条 公共图书馆的技术设备包括电子计算机……视障和老龄阅读设备……等 12 类。第二十五条 公共图书馆总平面布置必须分区明确,布局合理,流线通畅,朝向和通风良好。老龄阅览室和视障阅览室应设在一层。第三十四条 公共图书馆的主要阅览室特别是少儿和老龄阅览室应有良好的日照,并应充分利用自然通风和天然采光

7.1.3.2 确立积极的老龄观和差异化的服务导向

从表7-2 老年人所出现的语境(如"特殊需求")和对设施设备需求描述较多可以看出我国在图书馆老年服务的基调上过多倾向于对老年人的关心照顾。根据老年社会损害理论,社会对老年人所强加的不良标签(刻板印象)或过分关心都会对他们的自我认知和身心健康带来损害,与社会损害理论相对的社会重建理论则指出,要通过改变老年人的生存环境以帮助建立与自我概念之间的良好互动④。因而,我国应借鉴国外指南的精神,在编制指导

---

① 中华人民共和国公共图书馆法(征求意见稿)[EB/OL].[2013-09-02].http://www.czlib.com/Article/gsgg/2012/07/13/640.html.

② 王世伟.关于《公共图书馆服务规范》编制的若干问题[J].中国图书馆学报,2011,37(3):25-37.

③ 中华人民共和国住房和城乡建设部,中华人民共和国国家发展和改革委员会.公共图书馆建设标准[EB/OL].[2013-09-09].http://www.henanlib.gov.cn/uploadfile/20110708/105829.pdf.

④ 范明林.老年社会工作案例评析[M].上海:华东理工大学出版社,2010:11.

性文件时将积极老龄化作为图书馆老年服务的指导思想,将人口老龄化视为社会和经济发展取得的成就,将数量不断增长的老年人视为图书馆重要而珍贵的用户资源,将老年人从被动的服务接受者转变为活动的积极组织者和参与者,将服务立场从居高临下的照顾者转变为老年人权利的保障者,抵制老年刻板印象和老年歧视主义,以服务为依托,以图书馆为平台营造积极老龄、健康老龄、成功老龄的社会支持环境。除了考虑身体虚弱、困居家中的老年人和高龄老年人以外,还需要更多考虑健康和年轻老年人的需求和参与意愿,指导开展促进积极老龄化的服务项目。

国外指南框架的很多方面都强调了老年人的异质性,积极老龄化和老年活动理论也对此提供了思想支持,因此,我国指南编制中也应强调这一点,将其视为由不同年龄、不同世代、不同社会经济文化背景、不同身心状况、不同人生体验和生活方式、不同信息需求、不同阅读能力的人构成的多样化群体,经常了解本区域内老年群体状况,本地区其他老年服务机构情况,以及本地区的老龄工作政策,制定差异化的服务策略。同时,也要强调老年人会面临的共同情境,以及由此表现出的相似的价值观、身心变化和信息需求,应结合老年群体共同的行为规范和需求特点来设计服务项目,避免将其他年龄组的服务方式强加于老年人身上,也要意识到老年期与成年期的延续关系,从稳定和变化结合的角度了解老年人的需求特点,提供更贴切的服务。

7.1.3.3　建立对我国老龄化现状及未来趋向的清晰认识

国外指南都将对老龄化状况的认识视为订立服务指导的前提,采用了最新的人口统计数据和发展预测数据,这一点值得我国借鉴。与世界其他老年型国家和地区相比,我国人口老龄化的发展状态显著不同。首先,我国老龄化进程起步晚但加速快,老年人口基数大,城乡分布倒置,未富先老。我国图书馆发展水平总体不高,区域发展不平衡,如何在这一情境下提供切实的服务指南值得深思。其次,与国外发达国家基本处于重度老龄化的情况不同,我国目前仍处于快速老龄化阶段,由人口总抚养比低于50%所开启的人口红利还将持续到2032年[①],利用这一人口变动战略机遇期,发展图书馆老年服务规范框架,将为我国在2021—2100年加速老龄化、重度老龄化[②]期间完善老年服务体系奠定良好基础。

当然,我国的老龄化也表现出与国外相似的趋向。首先,我国同样存在婴儿潮老人,主要是由新中国成立后在1949—1958、1962—1971、1985—1987年间形成的三次生育高峰所引起,其中,第一批人到2010年开始陆续进入老年,第二批和第三批将分别在2022年、2045年前后步入老年[③]。这就意味着我国现在就处于第一次老龄化期间,并将迎来第二和第三次规模庞大的"白发浪潮"。因而,指南编制需要有一定的前瞻性,要对此变化趋势有清晰的认识,并意识到这不仅是老年人口数量的变化,而且将带来老年世代的转变(刘世雄等人做出了这种世代的划分,分别对应着"文革"的一代、"幸运"的一代和"e"一代[④]),对此转变及由此带来的老年行为方式、价值取向和服务需求的变化需要加以强调,同时可借鉴ALA指南,

---

① 张凯悌,郭平. 中国人口老龄化与老年人状况蓝皮书[M].北京:中国社会出版社,2009:16.

② 李本公.中国人口老龄化发展趋势百年预测[M].北京:华龄出版社,2006:1.

③ 李宝库.跨世纪的中国民政事业中国老龄事业卷(1982—2002)[M].北京:中国社会出版社,2002:2－3.

④ 刘世雄,周志明.从世代标准谈中国消费者市场细分[J].商业经济文荟,2002(5):19－21.

将服务延伸到"准老年人"。其次,我国同样面临着高龄老年人迅速增长的发展态势,从2000年到2010年,80岁以上的高龄老年人占60岁以上老年人口比例从9.2%[①]增加到11.7%[②],预计到2020年和2050年这一比例将上升到12.37%和21.78%[③]。由于高龄所带来的不便会较多,这意味着图书馆在服务规划、经费预算、延伸服务、设施设备和志愿者招募等方面对高龄老人要有比现在更多的倾斜和投入。总之,明晰我国的老龄化现状、特点及未来趋向,才能从指南高度真正树立老年服务的紧迫意识和细分意识,才能为当前和今后一定时期内老年服务提供切实的导向。

7.1.3.4　明确公共图书馆老年服务的使命陈述

公共图书馆的使命是关于公共图书馆责任和行业目标的陈述,也是公共图书馆作为社会机构存在的重要依据。我国尽管已开展了多年的老年服务,但多处于自发状态,对于图书馆为什么要服务老年人的回答还主要源于职业理念,但对于利益相关者来说,这样的回答明显过于宏观、抽象,要证明图书馆服务是及时的、有意义的、可获取的,对图书馆使命的阐述就应该条理清楚,与社会紧密相关[④]。因而,我国应借鉴国外经验,从"图书馆—社区生活"层面揭示公共图书馆对其服务社区的责任和价值[⑤],具体到老年服务,需要考虑以下几个方面的问题。

首先,从图书馆角度来看,多个图书馆的数据都显示老年人在图书馆用户中的比例在上升[⑥⑦],随着老龄化形势的发展,老年用户数量将越来越庞大,拓展"银发市场"对于图书馆的未来发展和社会影响力具有重要意义,因而图书馆老年服务的目标之一应是建立老年友好型图书馆,鼓励老年人利用图书馆,提高他们独立自由使用图书馆的能力。

其次,从老年人角度来看,随着我国老年人健康水平的增强(我国人口平均预期寿命已达到74.83岁[⑧]),文化程度的提高(我国城市老年人的文盲率从1992年的41.2%下降到2002年的28.4%,农村老年人的文盲率从74.4%下降到了57.3%[⑨]),闲暇时间的增多(如北京市老年人的闲暇时间为8小时31分钟,是各个年龄段中最多的[⑩];农村闲暇时间最长的

---

①　中华人民共和国国家统计局.第五次人口普查数据(2000年)[EB/OL].[2013-08-09].http://www.stats.gov.cn/tjsj/ndsj/renkoupucha/2000pucha/html/t0107.htm.

②　国务院人口普查办公室,国家统计局人口和就业统计司.中国2010年人口普查资料[M/OL].北京:中国统计出版社,2011[2013-08-09].http://www.stats.gov.cn/tjsj/pcsj/rkpc/6rp/indexch.htm.

③　李本公.中国人口老龄化发展趋势百年预测[M].北京:华龄出版社,2006:1.

④　沃勒.公共图书馆立足于数字化时代的合理性[J].肖鹏,译.肖永英,校.图书馆杂志,2010(3):2-8.

⑤　于良芝.公共图书馆存在的理由:来自图书馆使命的注解[J].图书与情报,2007(1):1-9.

⑥　陈建英.公共图书馆需大力加强老年读者服务工作[J].新世纪图书馆,2005(4):31-33.

⑦　记刘慧,杜凌燕.浙江老年读者最爱泡省图书馆[EB/OL].[2013-08-09].http://www.libnet.sh.cn/tsgxh/list/list.aspx?id=4280.

⑧　国务院第六次全国人口普查领导小组办公室.[EB/OL].[2013-09-12].http://www.stats.gov.cn/tjsj/tjgb/rkpcgb/qgrkpcgb/201209/t20120921_30330.html.

⑨　中国老龄科学研究中心.中国城乡老年人口状况一次性抽样调查数据分析[M].北京:中国标准出版社,2003:1-9.

⑩　王琪延,雷弢,石磊.从时间分配看北京市老年人的生活状况——北京居民生活时间分配调查系列报告(之十二)[J].北京统计,2003(7):34-35.

是 50 岁以上老年人,将近 6 个小时[①]),他们对终身学习和精神满足的需求日益增多,在信息化、网络化、数字化迅速发展的环境中,他们对获取信息和连接网络的需求也与日俱增,因此,我国图书馆老年服务指南应强调对这些需求的重视和应对。与国外相比,我国老年文盲率仍然较高,而且年龄越大,文盲率越高[②],在追求精神需求满足过程中遇到的问题就越多,这也提示我国图书馆应提供更多的专项服务,如朗读服务、有声书等。

最后,从社会角度来看,应对老龄化是社会各机构的共同责任。老年人身体老化、心理老化和社会老化所带来的影响仅依靠自我调节还远远不够,社会应共同合作营造积极老龄化的支持环境,促进老年人共享社会发展成果,公共图书馆毫无疑问应成为这一支持体系中的重要一环。因而,指南要强调通过提供文献信息资源和信息技能培训,促进阅读和终身学习,提供多种文化活动保持和促进老年人的独立和参与,增进老年人权利,同时指南也要特别注重对合作的引导。

7.1.3.5 倡导具体化、整体性、常态化的服务指导

指南的作用应是多方面的,包括倡导服务理念,确定使命陈述,提供服务准则,规范服务过程,指导服务内容,提高服务标准化程度,与此相匹配的指南内容必然翔实具体。与国外指南相比,目前我国的老年服务规范或标准还过于粗略,缺乏必要的指向,如指出要"满足特殊需要",但何谓特殊需要,如何满足,均没有说明。因而,我国应借鉴国外成果,以实用性、指导性和前瞻性作为指南编制原则,制定专门的老年服务指南,明确图书馆老年服务的具体细节和管理方式,既能为老年服务提供总体的描述性指导,又能为单个馆制定适应本地实际的细则提供规范框架。

对国外指南还特别需要借鉴的是其整体性的视角。老年服务是图书馆服务的一个方面,其服务效果的彰显有赖于图书馆工作各方面的协同配合,因而我国在编制老年服务指南时应有全局视野。要将老年服务置于图书馆工作的整体性背景中予以考虑,要倡导在图书馆规划、经费预算、馆藏、设施设备、馆内和馆外服务、馆员等多个方面,以及图书馆的其他人群和其他类型服务中渗透对老年人的关注;要将图书馆老年服务置于地区老龄发展状况的整体背景中予以考察,要提倡图书馆结合所服务地区的状况,老年人口统计数据和老年人特点以及图书馆发展状况进行通盘考虑,订立适合本地区发展实际的服务策略和服务内容;要将图书馆老年服务置于社会老年服务的整体背景中予以强调,要倡导积极宣传和广泛合作,图书馆要与老龄政府机构、老龄组织、社区机构、老年传媒等组织建立联络关系和协同关系,争取在老龄政策和政府老龄规划中纳入图书馆服务内容,共同形成良性互动的老年社会支持网络。

常态化的倡导基于两方面的考虑。一是目前我国老年服务中还存在突出的短期性、应景式、形式化的问题,调查显示,公共图书馆开展的老年服务活动主要集中在老人节、国际老年人日(我国国庆节)、敬老月、世界读书日以及春节、元旦等节假日,还没有成为常态化工作[③],因而指南应提倡开展有计划、稳定、长期的服务,将服务落到实处。二是指南的制定不

① 田翠琴,齐心菁.农民闲暇[M].北京:社会科学文献出版社,2005:219.

② 国务院人口普查办公室,国家统计局人口和就业统计司.中国 2010 年人口普查资料[M/OL].北京:中国统计出版社,2011[2013 - 08 - 09]. http://www.stats.gov.cn/tjsj/pcsj/rkpc/6rp/indexch.htm.

③ 肖雪,周静.老龄化背景下我国公共图书馆老年服务状况的调查与分析——基于内容分析法的实证研究[J].图书情报知识,2013(3):16 - 27.

能一劳永逸,国外指南都进行过修订,IFLA 的指南部分是基于 1984 年 IFLA 专业报告 2"对医院病人和社区残障人士的图书馆服务指南"(*Professional Reports No. 2 "Guidelines for libraries serving hospital patients and disabled people in the community"*)发展而来,ALA 的指南最早是 1975 年制定的,后来又分别在 1987 年、1999 年进行了两次修订,此次分析的版本则是从 2005 年开始进行修订的,CLA 的指南也是在 2002 年版本基础上修订发展而来的。从修订或编制说明可以看出,各指南都力图了解最新的发展趋势,对正在发生的变化做出回应。因而,我国应借鉴其经验,结合变化的情境在相对稳定的基础上进行动态更新和修订。

7.1.4　研究展望

1997 年,国际老年学会将"21 世纪的人口老龄化:同一个世界,共同的未来"作为主题,面对共同的未来,所有社会的成功经验都值得借鉴。国外图书馆协会老年服务指南为我国制订行业协会层次的指南提供了可资参考的文本,本研究对此进行了较为深入的分析。但从制度体系的角度来看,完善的老年服务制度显然需要更丰富的层次,面向具体工作的微观层次也很必要。对此,国外也有较多成果,如美国图书馆协会信息素养与延伸服务办公室发布的《吸引老年用户的关键@你的图书馆》(*Keys to engaging older adults @ your library*),《老年人快速服务技巧》(*Quick tips for serving older adults*),密苏里州图书馆的《密苏里州图书馆老年服务资源手册》(*Serving seniors:a resource manual for Missouri Libraries*),澳大利亚新南威尔士州图书馆发布的《活跃,参与,值得珍视的老年人与新南威尔士公共图书馆》(*Active,engaged,valued older people and NSW Public Libraries*),英国东萨塞克斯郡发布的《东萨塞克斯郡图书馆服务老年人战略》(*Strategy for library services for older people in East Sussex*),对这些成果的考察分析将成为后续研究的主题。

7.2　美国公共图书馆老年服务现状及对我国的启示

自 20 世纪 40 年代进入老龄化社会以来,美国的人口老龄化至今已持续 70 余年并将继续发展。2010 年 65 岁以上的人口已达到 4040 万,占美国人口的 13.1%,较 2000 年增长了 15.3%,预测到 2030 年这一比例还将上升到 19.3%①。老年人口的快速增长带来了图书馆用户群体的显著变化,数据显示,2014 年图书馆目前用户中 65% 的人将达到 50—75 岁②,因此老年服务引起了美国公共图书馆越来越多的关注。早在 1941 年,美国克利夫兰公共图书馆(the Cleveland Public Library)就成立了成人教育服务部门,被认为是老年人服务的开端。1946 年,又成立"长寿并乐在其中"(Live Long and Like It)图书馆俱乐部,被公认为美国第一个特别针对老年人举办的非正式教育类图书馆计划。随后至 20 世纪 60 年代,波士顿、布鲁克林、芝加哥、底特律及华盛顿等地区的公共图书馆也陆续开展了老年人服务,并与社区机

---

① Older Population as a Percentage of the Total Population 1900—2050[EB/OL].[2012 - 09 - 08]. http://www. aoa. gov/AoARoot/Aging_Statistics/future_growth/future_growth. aspx#age.

② What is transforming life after 50?[EB/OL].[2012 - 03 - 15]. http://transforminglifeafter50. org/about.

构进行合作①。经过半个多世纪的发展,美国公共图书馆老年人服务工作已开展得有声有色,非常成熟。

与美国相比,我国人口老龄化开始较晚,自 20 世纪 70 年代开始从成年型社会向老龄化社会过渡,但在 2000 年第五次人口普查时便已完成转变,正式进入老龄化社会。从成年型变为老年型,同样的过程,美国经历了 60 年的时间,而我国仅用了 18 年,是世界上人口老龄化最快、人数最多的国家②。人口老龄化速度快、老年人口规模大的发展特点给我国社会提出了严峻的挑战,也给公共图书馆的服务工作带来了新的挑战,但目前老年服务水平仍不高,因而借鉴美国经验,可为我国提供有益参考。

我国学者对国外公共图书馆老年服务状况及其成功经验均进行过介绍和总结,其中美国居多。这些研究为我们了解美国的相关情况奠定了基础,但其介绍都较为笼统简略,未能充分展现美国图书馆老年服务的丰富内容,而且多偏重于微观层面上服务工作的介绍而较少宏观视野中策略框架的分析,由此所获得的经验总结和对我国的发展建议就显得略为单薄。因此,本研究试图通过较全面的文献和网站调查,勾勒并分析美国图书馆的老年服务现状,并探讨对我国的发展启示。

7.2.1 研究设计

美国公共图书馆数量众多,全美除 50 个州的州立图书馆和华盛顿特区图书馆外,还有市立图书馆、县镇图书馆以及社区图书馆,共计 9225 座公共图书馆③。2012 年 9—11 月,笔者以 51 个州立图书馆为检索对象,对其网站上的老年人服务进行了调查。但考虑到由于图书馆的分工不同,很多州立图书馆(州立图书馆的职责主要包括:①为州内不同类型的图书馆提供不同的服务;②参与推进本州图书馆立法;③为政府官员和立法者提供参考咨询服务;④为公众和政府官员提供服务④)网站并未涵盖老年人服务,为保证信息的全面性与可靠性,笔者又选取了这 51 个州的首府所在地公共图书馆作为参考,并分别以"library""library service"与"older adults""the elderly""the senior""old people"等关键词进行组配在 Google 中进行搜索,提取其中涉及的美国公共图书馆老年人服务作为研究对象进行深入分析。

7.2.2 美国公共图书馆老年服务的现状分析

7.2.2.1 服务理念分析

在老年服务中,如何认识老年用户已成为图书馆首先要面对的问题。1961 年美国第一届白宫老龄会议召开,老龄化问题正式进入国家议题,获得国家层面的关注。之后《老年人

---

① How Library Service to the Aging Has Developed[EB/OL]. [2012 – 02 – 10]. http://www. ideals. illinois. edu/bitstream/handle/2142/6685/librarytrendsv21i3c_opt. pdf? sequence = 1.

② 周志光. 丰富老年人精神生活的好形式——介绍上海第一个老人读书会[J]. 社会,1983(6):23 – 24.

③ ALA American library Association. ALA Library Fact Sheet 1-Number of Libraries in the United States [EB/OL]. [2012 – 05 – 06]. https://www. ala. org/ala/professionalresources/libfactsheets/alalibraryfactsheet01. cfm.

④ State Library Agency Survey[EB/OL]. [2012 – 03 – 08]. http://www. imls. gov/research/state_library_agency_survey. aspx.

法》《医疗保险法》《反就业年龄歧视法》《禁止歧视老年人法》等颁布。在这样的背景中，1964 年美国图书馆协会成年人服务部下成立了老年群体服务委员会（Committee on Library Service to an Aging Population of the Adult Services Division）并制定了《公共图书馆对老年人的责任》（*The Library's Responsibility to the Aging*），指出图书馆应协助树立对老年人的积极态度①。但由于老年塑型的负面影响，将老年人视为一种社会负担、将老年服务视为一种社会福利的思想仍普遍存在。随着老龄化形势的持续发展及对其认识的深入，美国对老龄化和老年人的态度越来越多地向着积极的方向转变。2005 年白宫老龄会议的主题确定为"老龄化繁荣：从意识到行动"，彰显了将老龄化视为发展机遇而非问题、将老年人视为积极力量而非负担的国家意识。图书馆界积极参与其中，并将促进积极老龄化、满足老年人信息需求、推动终身学习以及社会参与作为自身目标写入建议提交。在图书馆领导人论坛上，也确立了"为变化而设计：图书馆和活跃的老年人口"的主题，再次显现了图书馆对老年读者的服务理念。

　　尽管在过去的一个世纪，美国人口结构发生了巨大变化，但具有变革意义的人口统计学上的变化才刚刚开始。从 2011 年起，"婴儿潮"一代（出生于 1946—1964 年生育高峰期的人口）将达 65 岁②，这一代人中最年轻的人群也会在 21 世纪 20 年代开始退休。这一庞大的群体（占美国总人口的 33%③，据测算，下一个 20 年内，即将步入 65 岁老年人行列的 45—64 岁的美国人将增长 31%④）成为社会关注的焦点，对图书馆也带来了直接影响。在 2005 年白宫老龄会议上，"图书馆问题第一次没有作为附加问题被提及，而是代表们自愿表决的结果。原因就在于人口老龄化的事实及'婴儿潮'的特殊性在今后的 20 年对图书馆将产生重要影响"⑤。这一群体的特殊性在于他们受过更高的教育、有充足的经济资源、较长的人均寿命，因而与之前世代（"英雄的一代"及"寂静的一代"）的老年人相比，无论是在生活方式、需求还是在愿望上都呈现出较大的反差，表现出非常乐观的生活态度、更为积极的社会参与意愿以及更高水平的信息素养。OCLC 发布的《图书馆的认知度 2010：环境与社会》就着重指出这一群体正和年轻用户一样加速采用新技术，消除了年龄导致的数字鸿沟；对图书馆的利用也有两位数的增长，绝大多数人（占 91%）更多地利用图书馆，除了借书和音像资料外，他们也更多地利用图书馆的其他服务并参加就业、教育培训等活动；对图书馆服务提出了更多的需求⑥。因而随着"婴儿潮"一代成为"年轻"老年人，传统的老年人较刻板的印象受到挑战，健康老年人、"年轻"老年人及 50 岁以上"准老年人"成为被关注对象，图书馆对自身角色开

---

　　① 李玉瑾. 高龄化社会、高龄学习与图书馆事业[J]. 台湾图书馆管理季刊，2006，2（2）：33 - 45.

　　② 奥尼尔. 老龄化进程中美国老年人社会参与项目[EB/OL]. [2012 - 02 - 10]. http://www. china50plus. com/html/62/news_7686. shtml.

　　③ Population breakdown by generation[EB/OL]. [2012 - 03 - 15]. http://transforminglifeafter50. org/about.

　　④ A Profile of Older Americans：2011[EB/OL]. [2012 - 02 - 07]. http://www. aoa. gov/aoaroot/aging_statistics/Profile/2011/2. aspx.

　　⑤ Library issues to play important role in upcoming White House Conference on aging[EB/OL]. [2012 - 10 - 12]. http://www. ala. org/news/news/pressreleases2005/december2005/whitehouseagingconf.

　　⑥ OCLC. 婴儿潮一代[J]. 数字图书馆论坛，2011（4）：64 - 68.

始反思①,普遍将老年服务的年龄界限从 65 岁提前到 50 岁以迎接新的发展机遇,如加利福尼亚州图书馆于 2007 年发起"改变 50 岁后生活"(Transforming Life After 50:Public Libraries and Baby Boomers,TLA50)的创新项目,就意在激发图书馆为"婴儿潮"时期成长的人群提供创新服务②。

7.2.2.2 服务指南分析

自 ALA 1964 年制定《公共图书馆对老年人的责任》之后,以文件的形式对公共图书馆应如何承担为老年人服务的责任提出详细指导的指南就不断涌现,制定主体也从协会扩展到各类图书馆,表 7 - 3 列出了近年来部分有代表性的指南手册。

表 7 - 3 美国部分公共图书馆老年服务指南手册

名称	发布机构	发布时间（年）
对老年人的图书馆和信息服务指南(*Guidelines for Library and Information Services to Older Adults*)③	美国图书馆协会咨询和用户服务部	2008
吸引老年用户的关键@ 你的图书馆(*Keys to Engaging Older Adults @ Your Library*)④	美国图书馆协会信息素养与延伸服务办公室	2010
老年人快速服务技巧(*Quick Tips for Serving Older Adults*)⑤	美国图书馆协会信息素养与延伸服务办公室	2004
密苏里州图书馆老年人服务资源指南(*Serving Seniors:A Resource Manual for Missouri Libraries*)⑥	密苏里州图书馆	2002
老年人服务的 20 条操作方法(*Top 20 Ways of Serving Older Adults*)⑦	Allan M. Kleiman(美国图书馆协会图书馆老年服务委员会主席)	2001
图书馆老年人服务:适用于 21 世纪的 21 条建议(*Library Service to an Aging Population:21 Ideas for the 21 Century*)⑧	美国图书馆协会咨询和用户服务部	-

① Rothstein P M,Schull D D. Boomers and beyond:reconsidering the role of libraries[M]. Chicago:American library association,2010:12 - 13.

② Transforming life after 50[EB/OL].[2012 - 03 - 15]. http://transforminglifeafter50. org/.

③ Guidelines for library and information services to older adults[EB/OL].[2012 - 02 - 18]. http://www. ala. org/rusa/resources/guidelines/libraryservices. cfm.

④ Keys to Engaging Older Adults @ your library[EB/OL].[2012 - 04 - 05]. http://www. ala. org/offices/sites/ala. org. offices/files/content/olos/toolkits/OAT_largeprint. pdf.

⑤ Quick tips for serving older adults[EB/OL].[2012 - 02 - 18]. http://www. ala. org/offices/olos/outreachresource/quicktipsolderadults.

⑥ Serving seniors:a resource manual for Missouri libraries[EB/OL].[2012 - 02 - 18]. http://www. sos. mo. gov/library/development/services/seniors/manual/.

⑦ Kleiman A M. Top 20 ways of serving older adults[EB/OL].[2012 - 03 - 08]. http://infopeople. org/sites/all/files/past/2007/older/5_20_Ways_of_Serving_Older_Adults. pdf.

⑧ Library services to an aging population:21 ideas for the 21st century[EB/OL].[2012 - 04 - 05]. http://www. ala. org/rusa/sections/rss/rsssection/rsscomm/libraryservage/ideas21stcentury.

　　总体而言,美国图书馆老年服务指南文件具有两个特点:①不断根据环境和用户变化进行修订,《公共图书馆对老年人的责任》就曾在 1970 年和 1981 年进行过两次修订,《图书馆老年人服务指南》(*Library Services to Older Adults Guidelines*)在 1975 年制定后,也于 1987 年、1999 年分别进行了两次修订,伴随着对未来 10 年"婴儿潮"一代老龄化以及网络信息需求的关注,2005 年 ALA 又开始了新一轮的修订,将指南服务对象的年龄扩展到 55 岁以上,并指出图书馆服务应关注老年群体的多样性,打破图书馆在馆藏、项目和服务上的固化思路。这一点从 2008 年正式发布的《对老年人的图书馆和信息服务指南》名称中也可见一斑。不断的修订展现了指南对现实情境变化的敏锐体察,也使得指南具有切实的针对性。②内容上十分详尽,在服务理念的指引下指南对老年服务目标和服务规划、获取老年用户信息、制定活动方案和预算、提供安全舒适的设施设备、建设馆藏、开展延伸服务、培训馆员和老年志愿者、提供工作机会和老年适应项目、开展社会合作和宣传等多个方面都提出了详细的原则、实施方法以及成功范例,覆盖全面、细致入微并具有极强的可操作性。如《老年人快速服务技巧》中建议"为关节炎患者提供无线鼠标""给书腰标签加上黄色胶带以方便视力不佳者""在印刷宣传单和小册子时至少选择 14—16 号字,优先选择类似 Tahoma 或者 Arial 的简单字体"等,无不显示出对老年人的深刻体察与关爱。

7.2.2.3 服务项目分析

　　围绕某一主题设计服务项目,以项目建设为依托促进老年服务的整体发展在美国图书馆界是非常普遍的。项目资助的来源渠道也很多样,Helen Andrus Benedict 基金会、Lifetime Arts 公司、国家医学图书馆网(National Network of Libraries of Medicine)等都为老年服务提供了资助,但最为著名也最为系统的资助则来自 1996 年国会通过的《图书馆服务和技术法》(*Library Services & Technology Act*,LSTA),该法案中包含了多项图书馆拨款内容,由博物馆和图书馆服务学院(Institute of Museum and Library Services,IMLS)负责经费管理。在这一法案的资助下(仅 2010 财政年度,就为 57 个老年服务项目提供了 95 万美元资助,服务用户涉及 21 个州的 420 万人[①]),全国范围内多个图书馆或图书馆联合体开展了多个老年服务项目(见表 7-4),达到了良好的服务效果,其中 TAL50、55 + Project 等项目更已成为全国老年服务的典范。

　　从项目主题来看,覆盖极为广泛,包括获取老年人信息、提供辅助设备、提供保健和本地资料建设、提供本地老年服务信息、开展电脑网络和 Web 2.0 技术培训课程及项目资源建设、倡导和辅助形成积极生活方式、提供保健教育、进行书画艺术培训、开设阅读俱乐部、调动老年人资源进行口述历史建设、实施老年志愿者招募计划、开展延伸服务、培训馆员灌输积极老龄化的服务理念、与其他机构合作等。项目针对对象也较多样,包括"婴儿潮"老人、老年退休者、高龄老年人、馆员、政府老龄部门和其他机构等。在项目实施中,内容更加丰富,各图书馆的多个部门和分馆会在一个项目主题之下制订 5 年计划,协作开展更加具体的服务工作以实现项目目标,并且 IMLS 会通过项目评估、分批项目拨款、增加后续资助经费等方式进行项目管理[②]。

---

①② Talking points: libraries keep seniors engaged and connected[EB/OL]. [2012 - 11 - 09]. http://www.imls.gov/assets/1/workflow_staging/AssetManager/2276.PDF.

表 7 - 4　2009—2011 财年 LSTA 资助的部分图书馆老年服务项目

图书馆名称	老年服务项目名称/主题	资助金额（美元）	资助时间（年）
（纽约州）奥农达加县公共图书馆（Onondaga County Public Library）	完全无障碍项目（Starburst Accessibility Project）	29 536	2009
加利福尼亚州图书馆联盟（Califa Group）	投入其中：图书馆给你力量（Get Involved：Powered By Your Library）	338 839	2009
（加利福尼亚州）洛杉矶县公共图书馆（County of Los Angeles Public Library）	"婴儿潮"老人志愿者招募（Baby Boomer Volunteer Recruitment）	14 329	2009
（佛罗里达州）圣约翰斯县公共图书馆—东南分馆（Saint Johns County Public Library-Southeast Branch）	图书馆快速延伸服务（The Library Express Outreach）	222 892	2009
（西弗吉尼亚州）里奇县公共图书馆（Ritchie County Public Library）	在松景疗养院建立书吧（established a book club at the Pine View Nursing Home）	2769	2009
（宾夕法尼亚州）联盟图书馆办公室（Office of Commonwealth Libraries）	老年空间：宾夕法尼亚风格！（Senior Spaces：Pennsylvania Style！）	34 337	2009
		29 048	2010
（宾夕法尼亚州）巴克斯县公共图书馆（Bucks County Public Libraries）	老年信息素养培训（Information Literacy for Seniors）	30 000	2010
纽约公共图书馆（New York Library）	成为老年友好的图书馆（Becoming an Age-Friendly Library）	35 400	2010
大都会公共图书馆服务联盟（Metropolitan Library Service Agency）	大脑保健项目（Brain Fitness Project）	76 131	2010
（加利福尼亚州）海沃德公共图书馆（Hayward Public Library）	代际交流项目（intergenerational programming）	15 000	2010
（德克萨斯州）山姆休斯敦州立大学—牛顿格雷沙姆图书馆（Sam Houston State University-Newton Gresham Library）	德州财富资助（TexTreasures Grants）（二战老兵口述历史资源建设）	8000	2010
（纽约州）上哈德逊图书馆体系（Upper Hudson Library System）	讲述（Tell Me About It）（奥尔巴尼老人口述史资源建设）	17 400	2010
（康涅狄格州）哈特福德公共图书馆（Hartford Public Library）	艺术和档案：老年人艺术和人文技能培训班（Arts & Archives：Master Classes in the Arts and Humanities for Older Adults）	16 048	2010
（密西西比州）第一地区图书馆（First Regional Library）	老年人记忆中的帕诺拉乡村音乐（Elders Remember Panola County Music）	14 949	2010
（加利福尼亚州）阿苏萨市图书馆（Azusa City Library）	征服技术（Taming Technology）	9957	2010

续表

图书馆名称	老年服务项目名称/主题	资助金额（美元）	资助时间（年）
（佐治亚州）雅典—克拉克县图书馆（Athens-Clarke County Library）	社区快照（Community Snapshots）（展示"婴儿潮"老人技能,记录社区故事和记忆）	343 100	2010
拉斯维加斯—克拉克县图书馆区（Las Vegas-Clark County Library District）	车轮上的资源送达（Words on Wheels）（汽车图书馆）	78 529	2010
（佛罗里达州）李县图书馆体系（Lee County Library System）	社区对话——与人生阅历丰富的老人交流（Community Conversations-for Residents Most Experienced in Life）	9995	2010
加利福尼亚州图书馆（California State Library）	扩展培训馆员,提高老年服务技能（expand the community of California library professionals）	121 507	2010
（印第安纳州）森特维尔镇公共图书馆（Centerville Center Township Public Library）	面向森特维尔青年和老年人的技术指导（Technology Instruction for Centerville Youth and Seniors）	9564	2011
（印第安纳州）艾克哈特公共图书馆（Eckhart Public Library）	改善艾克哈特公共图书馆的无障碍环境（Eckhart Public Library Project for Improved Accessibility）	10 000	2011

　　资料来源：IMLS-Funded Programs and Services for Older Adults①、Indiana State Library 2011 LSTA Sub-grants Awards Summary②、LSTA FY2009 Funded Projects③、LSTA FY2010 Funded Projects④、LSTA FY2011 Funded Projects⑤。

7.2.2.4　服务工作分析

　　除了开展专题的服务项目外,美国公共图书馆还将对老年人的重视融入日常的服务工作中,表7-5列出了部分图书馆的老年服务内容,需要说明的是:在总分馆体制十分普遍的美国,表7-5中所列的服务往往在所列图书馆的几个甚至十几个分馆以不同的形式展开,并且表7-5中选取的图书馆均在网站中有专门老年服务导航,并未包含一些仅在日程表或报道中出现老年服务工作的图书馆。由此观之,开展老年服务工作的图书馆实际数量更加

　　①　IMLS-funded programs and services for older adults［EB/OL］.［2012-11-12］. http://transforminglifeafter50. org/files/Older_Adults_-IMLS-funded_projects_and_services_29May2012. pdf.

　　②　Indiana state library. 2011 LSTA sub-grants awards summary［EB/OL］.［2012-11-10］. http://www. in. gov/library/files/2011_LSTA_Grants_Summary. pdf.

　　③　Library Services and Technology Act fiscal year 2009 funded projects［EB/OL］.［2012-10-09］. http://dlis. dos. state. fl. us/bld/grants/LSTA/LSTA2009. pdf.

　　④　Library Services and Technology Act fiscal year 2010 funded projects［EB/OL］.［2012-10-09］. http://dlis. dos. state. fl. us/bld/grants/LSTA/LSTA2010. pdf.

　　⑤　Library Services and Technology Act fiscal year 2011 funded projects［EB/OL］.［2012-10-09］. http://dlis. dos. state. fl. us/bld/grants/LSTA/LSTA2011. pdf.

庞大,其覆盖范围也更广泛。从服务内容来看,主要包括:①制定服务手册;②提供满足特殊需要的有声书、大字书和辅助设备;③开设阅读俱乐部,以书会友;④开展终身学习活动,展示老年人积极形象,培养积极的老年生活方式;⑤建立老年人日常所需信息的网站导航和进行馆藏推荐;⑥开设电脑培训课程;⑦开展延伸服务;⑧珍视老年记忆,开展口述历史工作。

表 7 – 5　美国部分公共图书馆老年服务工作状况

图书馆	老年人服务具体内容
(加利福尼亚州)阿拉米达县公共图书馆(Alameda County Library)①	制定老年服务手册,提供有声书、大字书、音频视频资料、社区信息、老年社会服务信息和其他专门资源以及辅助设备;开展送书上门服务、咨询服务、网络与电脑培训,开展保持记忆和智力健康以及防止诈骗的互动活动
(纽约州)布鲁克林公共图书馆(Brooklyn Public Library)②	提供专题馆藏和信息推荐,为老年人及其照顾者提供信息及网站链接、提供继续教育的网站链接、开展户外老年保健活动,为养老院、老年中心和成人日托所提供阅读资料和服务,提供图书邮寄服务,参与 Lifetime Arts 公司的项目开展多样化的文化活动,记录老年记忆
加利福尼亚州图书馆(California State Library)③	合作编制"在图书馆获取健康保健信息:用户健康工具包"(Finding health and wellness@ the library:A consumer health toolkit for library staff)馆员手册,主导开展 TAL50 项目
(新泽西州)肯顿县图书馆(Camden County Library System)④	以"你的图书馆,你的生命线"(Your Library,Your Lifeline)为主题组织图书馆老年服务,提供图书馆、县、州及联邦各类老年服务信息的简介和链接,提供大字书、有声书、闭路电视、辅助听力设备,开展电脑培训,建立读书俱乐部提供免费报税服务,将商店纳入图书馆系统,提供保险咨询等服务
(俄亥俄州)克利夫兰公共图书馆(Cleveland Public Library)⑤	合作建立老年信息门户网站(Seniorconnect.org),为老年人提供精选的在线信息资源包括财经、工作、退休、健康保健、计算机技术、政府组织、家庭和个人兴趣等多方面,开展电脑软件使用培训,提供阅读导读,编列馆藏推荐,提供在线大字书,提供咨询服务
(华盛顿)哥伦比亚特区县郊图书馆区(Columbia County Rural Library District)⑥	提供终身学习资源包括各类文献资源、有声书、视频资料、阅读空间、视频传达服务,提供休闲娱乐、财经、健康、护理、房产、老龄机构、老龄服务项目和当地机构信息、社会保险等信息简介和链接,提供家谱和当地历史研究工具和数据库

①　Older adult services[EB/OL].[2012 – 11 – 01].http://www.aclibrary.org/services/seniorServices.

②　Services to the aging[EB/OL].[2012 – 10 – 19].http://www.brooklynpubliclibrary.org/seniors/.

③　Finding health and wellness@ the library:a consumer health toolkit for library staff[EB/OL].[2012 – 11 – 20].http://www.library.ca.gov/lds/docs/healthtoolkit.pdf.

④　Help for seniors[EB/OL].[2012 – 11 – 12].http://www.camdencountylibrary.org/senior-help.

⑤　SeniorsConnect[EB/OL].[2012 – 11 – 12].http://www.cpl.org/Seniors.aspx.

⑥　Senior service[EB/OL].[2012 – 11 – 12].http://www.ccrld.lib.wa.us/index.php/senior-services.

续表

图书馆	老年人服务具体内容
（俄亥俄州）凯霍加县公共图书馆（Cuyahoga County Public Library）①	设立在线老年空间,提供老年组织和本地机构、休闲、经济、教育、法律、房产、医药、保险、消费、健康保健、老年网站等的信息简介与网站链接,提供家谱查询,咨询和送书上门服务,提供数字图书、音乐和有声书的馆藏下载,开展口述记忆和鼓励思想分享活动,提供 Bi-Folkal 专题馆藏目录,提供老年研究资源,开展电脑培训,举办讲座、音乐表演,开展积极老龄化活动
（密歇根州）法明顿社区图书馆（Farmington Community Library）②	提供送书上门服务、开展以书会友活动、建立阅读小组、开展电脑培训、提供大字书、记录老年人的记忆和故事
（加利福尼亚州）弗雷斯诺县公共图书馆（Fresno County Public Library）③④	为老年人及其照顾者提供政府老龄机构和其他组织以及保健信息等资源,提供大字书、有声书、文本电话服务,提供老年服务项目建议,举办展览,开展流动图书车服务、上门服务、咨询服务,提供馆藏更新的电话提醒服务和志愿者服务,建设和提供家谱和历史资源,开设电脑培训班
（明尼苏达州）亨内平县图书馆（Hennepin County Library）⑤⑥	实施"55＋:健康老龄,智能生活"（55＋:Age Well,Live Smart）创新活动,建立 55＋网站,提供健康、阅读、视听、本地信息和信息评价方法以及工作信息查询,开展电脑培训,传授日常生活技术并提供相关网站链接,提供家谱馆藏,开展代际活动,建立阅读俱乐部,辅助终身学习
伊利诺伊州图书馆（Illinois State Library）⑦	实施老兵历史项目,提供驾照获取和更新信息、交通规章指导、免税申请指导,编制老年相关资料,提供有声书和盲文服务
（华盛顿州）金县图书馆体系（King County Library System）⑧	为养老院、退休所和居家老人提供上门服务,提供各类老年信息介绍和链接

①　Senior space[EB/OL].[2012－10－09].http://www.cuyahoga.lib.oh.us/SeniorSpace.aspx.

②　Serving our seniors[EB/OL].[2012－11－12].http://www.farmlib.org/library/seniorservices.html.

③　Fresno events[EB/OL].[2012－05－13].http://www.fresnohub.com/fresno-events.html.

④　Free library services to seniors and caregivers[EB/OL].[2012－11－12].http://www.fresnolibrary.org/seniors/service.html.

⑤　Hennepin county library offers programs,cla[EB/OL].[2012－11－13].http://www.hclib.org/pub/info/newsroom/? ID＝86.

⑥　Older adults can learn computer basics at 16 free"senior surf day"classes at Hennepin county libraries this fall[EB/OL].[2012－11－13].http://www.hclib.org/pub/info/newsroom/index.cfm? ID＝499.

⑦　Services for seniors[EB/OL].[2011－10－09].http://www.cyberdriveillinois.com/services/services_for_seniors/home.html.

⑧　Outreach services for seniors[EB/OL].[2011－10－09].http://www.kcls.org/seniors/.

续表

图书馆	老年人服务具体内容
(爱荷华州)湖城公共图书馆(Lake City Public Library)①	开展"在图书馆获得健康"(Get Healthy @ the Library)项目,开设免费锻炼课程、提供健康食谱和保持健康生活方式的信息
(伊利诺伊州)马歇尔公共图书馆(Marshall Public Library)②③	开展延伸服务,为老年人及其照顾者提供符合其需求兴趣的一站式信息获取,免费出借和帮助使用文本电话TTY设备、放大镜、有声书、大字书和辅助阅读设备,建立聊天俱乐部和书友会,进行电脑培训,开展健康知识竞赛和代际活动
缅因州图书馆(Maine State Library)④	为图书馆员提供与老年服务相关的各类指导资源
(纽约州)中部县公共图书馆(Middle Country Public Library)⑤	提供211 Long Island数据库以及轮椅、放大镜、文本可放大的电脑等设备,开设WISE中心,提供有关健康、医药、旅游、娱乐、财经、工作、社会服务等各类最新信息和有关网站链接,提供图书邮寄服务,帮助申请老年身份证、SSI等,安排访问老龄机构和老年俱乐部
蒙大拿州图书馆(Montana State Library)⑥	提供有声书的免费邮寄及下载,在"你的图书馆故事"(What's Your Story)的营销项目中设计了面向老年人和婴儿潮老人的各种展示品,以展示老年人的积极形象并宣传图书馆对他们的价值
纽约公共图书馆(New York Public Library)⑦·⑧	提供大脑保健、电脑网络、教育、健康保健、老年组织和政府机构、工作等网站推荐,到疗养院开展馆藏借阅、图书邮寄、阅读、有声书、盲文、Bi-Folkal服务,开设电脑培训班辅助电子阅读,以创造性老龄为主题,各分馆开展讲述人生故事、绘画、唱歌等活动

① Get Healthy @ the Library[EB/OL].[2012-11-12].http://www.lakecity.lib.ia.us/archive/2012/Aug12/sr_exercise.

② Seniors[EB/OL].[2012-10-09].http://www.marshallillibrary.com/index.php?option=com_content&view=category&layout=blog&id=43&Itemid=61.

③ Illinois outreach to older adults and seniors[EB/OL].[2012-10-09].http://resourcesharing.webjunction.org/older-adults/-/articles/content/94901023.

④ Serving seniors:Maine state library[EB/OL].[2012-10-09].http://www.maine.gov/msl/mrls/resources/seniors.htm.

⑤ Services for seniors[EB/OL].[2012-11-12].http://www.mcpl.lib.ny.us/adults/seniors/services.

⑥ Senior citizens materials[EB/OL].[2012-03-15].http://msl.mt.gov/WhatsYourStory/Campaigns/Senior_Citizens/default.asp.

⑦ Cahalan B. Aging creatively at the New York public library[EB/OL].[2012-11-12].http://www.nypl.org/blog/2010/08/02/aging-creatively-public-library.

⑧ Services for 50 + Adults[EB/OL].http://www.nypl.org/help/community-outreach/services-for-fifty-plus-adults.

续表

图书馆	老年人服务具体内容
（新泽西州）老桥公共图书馆（Old Bridge Public Library）①②	提供服务指导建议,设立国际象棋、桥牌、手艺、图版游戏等俱乐部,开设老年空间提供视听、公告、聊天、阅读、回忆、辅助设备、网络、目录查询、在线社区等老年空间,整合相关研究资料,播放老电影,提供当地信息链接
（佛罗里达州）棕榈滩县图书馆体系（Palm Beach County Library System）③	收集并提供与健康保健、政府老龄服务、老年组织、资产管理、老年生活方式有关网站的链接和相关资料,提供在线和在馆的电脑培训和练习,提供有声书服务、提供延伸服务(包括图书邮寄服务、流动图书车、馆际互借等)
（科罗拉多州）派克峰图书馆区（Pikes Peak Library District）④	开设电脑培训,建立社区数据库,提供推荐网站和当地机构信息,设立阅读小组、图书交换俱乐部、播放电影、电话咨询和流动图书馆服务、提供电子放大设备、文本电话、大字书、带字幕的视频资料,借阅时间延长
（亚利桑那州）坦佩公共图书馆（Tempe Public Library）⑤	实施"坦佩公共图书馆之友"（Friends of the Tempe Public Library）项目,开展终身教育、生活支持、志愿参与等活动

7.2.3 美国公共图书馆老年服务对我国的启示

7.2.3.1 转换服务观念,深入了解老年用户

我国老龄化速度快、规模大、峰值高,但图书馆老年服务却相对滞后,面对未来老龄化及高龄化高峰,扭转传统服务观念、明确服务定位、了解老年用户成为当务之急,美国同行的经验值得借鉴。首先,应转变我们对老龄化和老年人的思维定式,认识到老龄化是不可逆转的国际趋势,尽管它会带来挑战,但也蕴藏着机遇,潜藏着图书馆巨大的用户市场。为此,应重视老年服务并重新审视对老年人的看法,将老年人视为能动力量而非负担,图书馆工作中除了要考虑身体不便的老年人还要考虑健康老年人,除了为老年人服务还要吸纳老年人参与图书馆管理并发挥作用。

其次,应加深对老年群体的了解。老年人是一个内部构成非常丰富的群体,因此在美国的各种指南、手册和研究文章中,多样性常常是首先被提及的关键词,从身体状况、活动场所、文化、种族、世代、需求等不同侧面细分用户也被认为是服务的前提。如"老年空间:宾夕法尼亚风格"项目就结合世代、工作状态和年龄特征将老年人划分为"婴儿潮"老人、老年退休者和老龄老年人三类分别展开服务⑥。我国图书馆面临着同样的情况,老年人跨度从60岁到100多岁,内部的异质性和同质性并存,因此应借鉴美国细分用户的思想,在获得老年人同质性特征的基础上结合本馆所服务社区的具体情况,细致入微地把握老年人的异质性,

---

① Senior spaces[EB/OL].[2012 – 11 – 11].http://www.infolink.org/seniorspaces/.

② Seniors events & programs[EB/OL].[2012 – 10 – 09].http://www.oldbridgelibrary.org/seniors.html.

③ Services for seniors[EB/OL].[2012 – 09 – 18].http://www.pbclibrary.org/seniors.htm.

④ Senior connection[EB/OL].[2012 – 09 – 18].http://www.ppld.org/seniorconnection.

⑤ Tempe connections[EB/OL].[2012 – 10 – 09].http://www.tempeconnections.org/.

⑥ IMLS-funded programs and services for older adults[EB/OL].[2012 – 11 – 12].http://transform-inglifeafter50.org/files/Older_Adults_-IMLS-funded_projects_and_services_29May2012.pdf.

从而提供有针对性的服务。同时,我国在 1949—1958 年第一次生育高峰出生的人口从 2010 年开始陆续进入老年,面对这一规模庞大的老年和"准老年"群体(约 1 亿人)①,图书馆应早做准备。

7.2.3.2　完善服务指南和法规,制定服务规划

美国通过《老年人法》《禁止歧视老年人法》《图书馆服务和技术法》为图书馆老年服务提供了总体保障,通过如前所述的各类指南、手册提供了详尽的工作指导。与其相比,我国也基本采用专门的老年人立法保障模式,中央制定了《老年人权益保障法》,地方制定了老年人优待办法,各地图书馆也通过地方法规、行政规章、标准规范的形式提出了尊老、免费、方便、帮助等服务原则,但内容简略、要求模糊,且多将老年人置于"老弱病残"行列中,严重影响了其指导价值。此外,美国特别强调将老年服务纳入图书馆的发展、管理和预算规划中,明确界定本馆的老年服务定位,据此实施馆藏建设、项目设计、馆员培训等管理工作。反观我国,目前除了安徽省图书馆、广州市图书馆在本馆发展规划中涉及老年服务,多数馆并没有从管理规划的高度重视老年服务,至于服务指南,我国更是一片空白。

因此,为完善图书馆老年服务的制度环境,我们应首先借鉴美国同行经验,开展调查,掌握服务现状、收集成功案例。美国图书馆界曾开展过多项调查,1971 年、1984 年美国图书馆协会组织了两次"全国公共图书馆老年服务调查";1997 年密苏里州公共图书馆进行调查,确定了为 65 岁以上老年人服务的基准②;2007 年加利福尼亚州图书馆对 230 所图书馆进行了调查③,其他一些小型的调查更是不计其数。其次,我们应借鉴美国等国的政策指南,结合我国情况制定专门的图书馆老年服务规划和指南,以充实的内容提供切实的指导,同时在《公共图书馆法》、地方法规和图书馆标准规范中完善老年服务内容,在各馆规章中从实际操作层面上规范图书馆为老年人服务的行为。

7.2.3.3　明确服务重心,结合变化扩展服务内容

在长期的老年服务工作中,美国图书馆保持了稳定性和变化性的协调统一。稳定在于始终以推动老年人独立、尊严、自我实现为服务宗旨,始终将促进阅读和终身学习作为服务重心。变化则主要体现在两方面:一是根据网络社会的发展和老年的世代变化,扩展了电子信息资源服务和网络使用的培训;二是结合养老需求和退休变化,扩展了生活服务、情感交流服务和就业服务。我国图书馆尽管也开展了多年的服务活动,但总体而言,服务目标游移、主动服务意识差、活动规模小、内容范围窄、持续性弱、形式化严重等问题影响了实际的服务效果。因此,我们应借鉴美国经验,明确图书馆老年服务的功能定位,确立服务重心,并灵活扩展服务内容,具体为:首先,在功能定位上,我国近年来建设"作为第三空间的图书馆"的呼声很高,对于老年人而言,退休意味着他们的社会生活缺失了工作空间,因而图书馆这一"第三空间"对于他们的意义更加显著,也必然承载更多的责任,成为老年人社会支持的力量之一;其次,在服务内容上,图书馆的社会支持功能表现在知识信息支持、情感性支持、社

---

①　李宝库.跨世纪的中国民政事业:1982—2002.中国老龄事业卷[M].北京:中国社会出版社,2002:2-3.

②　Libraries & seniors strengthening services for older Missourians:the report and recommendations of the task force on library services for older adults[EB/OL].[2012-04-08].http://www.sos.mo.gov/library/development/services/seniors/report/defining.asp.

③　What is transforming life after 50? [EB/OL].[2012-03-15].http://transforminglifeafter50.org/about.

交性支持、工具性支持等多方面,这就为图书馆的服务内容扩展提供了总体框架,我国图书馆同样可在此框架指导下灵活创新服务内容;当然,作为"第三空间"的机构还有很多,图书馆居于其中要有自己的特殊属性,以阅读促进为核心,推进老年人的终身学习和积极健康的老年生活符合图书馆的社会形象,应成为图书馆老年服务的重心。

7.2.3.4　注重社会合作,积极参与国家老年事务

美国图书馆协会前会长 Betty Turock 曾在 2005 年白宫老龄会议 ALA 会前会上强调"要让图书馆成为国家高龄化社会服务规划的重要角色之一"[1],这种努力最集中的现实体现是在历届白宫老龄会议中都能看到图书馆的身影。白宫老龄会议 10 年一届,是美国全国性讨论老龄问题、制定老龄决策的最高级别会议。1961 年第一届会议时经过 ALA 的努力,图书馆界才得以参加,此后每届会议之前图书馆都会开展全国性调查或召开会前会获得老年服务信息,提交建议。正是由于图书馆界的积极参与和认真准备才能在 2005 年最近一届的会议上使图书馆成为老龄决策中主动被表决的议题。同样,老龄问题在我国也越来越被提高到国家层面进行考虑。在这一背景中,图书馆应借鉴美国做法,主动积极地寻求参与老龄事务的机会,借助公共文化服务体系建设、全国敬老月等契机展现自身在老龄化社会中的价值。

老龄问题涉及多个行业领域,合作更有助于图书馆服务,因此美国图书馆开展了多个层面的合作:①馆际合作,如 TLA50 项目由加利福尼亚州图书馆提出,目前已有 45 个图书馆参与,完成了 3/4 社区评价和规划,并与 VolunteerMatch(一个提供志愿者招募在线资源的网站)合作又推出了另一个项目"投入其中:图书馆给你力量",而且它也已经成为多个机构参与的全国性老年服务创新模式;②社区合作,如马萨诸塞州纽顿公共图书馆(Newton Public Library)与居民基层团体合作开展"探索下一步:激活退休生活"(Discovering What's Next:Revitalizing Retirement)项目[2];③与老龄事务、健康卫生、教育、技术等协会、机构和基金会合作,如与美国最大的老年公益组织——美国退休者协会(American Association of Retired Persons,AARP)合作,参与开展 AARP 55 Alive 项目。我国图书馆老年服务基本上各自为政,缺乏有效合作,其弊病十分明显,因此应参考美国经验,主动与各类机构、社区及个人合作,开展服务项目、招募志愿者,既能增强自身的服务能力,又能扩大服务的社会认知度。

7.2.3.5　重视并充分发挥图书馆协会的作用

美国图书馆协会在图书馆老年服务的发展历程中扮演了非常重要的角色,发挥了主导推动作用。如前所述,其不仅积极参与国家老龄事务决策,而且成立分支部门、发布服务指南、举办会议、开展调研。"咨询和用户服务协会"(Reference and User Services Association,RUSA)(其下专门设立了"图书馆老年服务委员会")和"信息素养与延伸服务办公室"(Office for Literacy and Outreach Services,OLOS)是 ALA 中两个与老年服务密切关联的部门,由其主导发布了多项服务指南和手册,并汇集了多个与老年服务相关的网站介绍和图书馆老年服务范例。中国图书馆学会是我国图书馆行业最大的组织机构,近年来由其推动,在《公

---

① 林珊如. 迎接高龄化社会的来临——对图书馆"老年服务"之思考[J]. 图书资讯学刊,2004/2005,2(3/4):21 - 31.

② Ristau S. Work and purpose after 50[C]//Rothstein P,Schull D D. Boomers and beyond:Reconsidering the role of libraries. Chicago:American Library Association,2010:39 - 46.

共图书馆法》(征求意见稿)、《公共图书馆服务规范》《公共图书馆建设标准》中列出了一些与老年服务有关的条文,但内容都还比较笼统简略;在公共图书馆评估标准中也有对老年服务的考核,但所占比例微乎其微,总的来说都难以形成有效的指导性和约束力。因而,我国应借鉴美国,重视并充分发挥中国图书馆学会的作用,针对老龄化日趋严峻的形势,尽早全面地开展工作,全力推进我国图书馆行业范围的老年服务。

8　图书馆促进老年人阅读的创新策略

8.1　加强理论研究,提高阅读促进的自觉意识

8.1.1　加强研究的必要性

国际图联素养与阅读委员会 2011 年发布的《在图书馆中用研究来促进识字与阅读:图书馆员指南》中特别指出了研究对于个人、组织和行业的重要性,从个人层面来说,研究扩展了馆员的工作视野和深度,帮助他们更具有反思能力,还能满足他们本人的好奇心;从组织层面来说,研究能够给他们提供战略计划,提高员工的向心力,展现出团队的影响力,以及增加团队组织的名声;从行业层面来说,研究还能促进有深度的讨论和行动,提高职业能力,并且提升行业的口碑。因而指南提出要鼓励图书馆员在促进识字和阅读的努力中使用研究、开展行动和测评研究[①]。作为侧重图书馆事业而非图书馆研究的组织,国际图联以指南文件的形式特别强调研究的价值,可见研究对于促进阅读的实践工作所具有的重要意义。

以此反观我国图书馆的老年阅读促进会发现,当前我国图书馆对于为什么要促进老年人阅读、当前状况如何、如何促进、要达成什么样的目标等的认识多处于模糊状态,这与研究的不充分不无关联。对老年群体阅读的现有研究多是源自馆员个体在实践工作中的观察和经验总结,缺乏深入的理论探讨和实证性的调查分析,学界对此问题的关注尽管近年来有所增加,但总体来看仍严重不足,高质量的研究成果较少;在组织层面和行业层面,有深度的探讨和规划阙如,如中国图书馆学会下的阅读推广委员会担负起了全民阅读推广工作组织和理论探讨的重任,但其下却没有设立老年阅读的分委员会。总体而言,理论指导实践、实践反哺理论的良性循环并未建立,因而亟须加强研究,提高图书馆员和本行业对老年阅读促进的认识和服务技能。

8.1.2　加强研究的推动方式和内容

对研究的推动除了进行倡导之外,更重要的是要有专门力量的推动。一方面,可通过国家和地方的基金项目、中图学会项目、专业期刊项目以及馆内项目的指南,引导学界和业界开展此方面的研究;另一方面,可在阅读推广委员会下设立专门的老年阅读专业委员会,吸纳多学科领域和图书馆界相关人士加入,形成有系统的研究体系和有深度、有成效的研究成果并借助全民阅读网站的平台进行推广。

开展的研究内容包括但不限于:

(1)认识老年、老龄化与老年人,首先要深刻理解这三个概念的内涵,形成我国老龄化现状及未来发展趋势的全面认识,了解我国老年人的总体状况及特征变化,研究国内外对老龄

---

① 法穆尔,思奇舍维奇. 在图书馆中用研究来促进识字与阅读:图书馆员指南[EB/OL]. [2014－12－08]. http://www.ifla.org/files/assets/hq/publications/professional-report/131.pdf.

化和老年人的相关政策、理念；其次，要对我国整体性和图书馆所服务区域的老龄化、老年人进行调查分析，通过数据收集了解他们的基本状况。

（2）调查获取老年人的阅读态度、阅读需求和阅读行为特征，可通过问卷调查、深度访谈、阅读日记记录法、小组座谈会等不同形式，开展不同范围、不同规模的调查建立对不同类型老年人阅读意识、阅读资源、阅读行为、阅读障碍、阅读期望等的充分了解，从而为设计、策划阅读促进活动奠定坚实基础，美国从全国到州到所服务社区的各类调查对我国是一个很好的借鉴。

（3）研究老年人阅读及其促进的理论基础和理念指引，图书馆阅读促进本质是图书馆对读者专业化的干预过程，这种干预对于老年群体而言，为何会发生、何以成为可能、何以为老年人带来福祉从而符合干预的伦理、如何发挥作用、采取哪些干预形式，对这些问题的探讨需要综合图书馆学、阅读学、老年学、心理学等多学科的理论知识，在融合借鉴的基础上达成图书馆角度的深切认知，由此不仅有利于老年阅读促进的实践工作，更有助于达成馆员个体、图书馆组织和行业层面的理论自觉和真正重视。

（4）研究老年阅读促进的服务目标、服务原则、服务形式、服务策略、服务设计，老年群体是个层次非常丰富的群体，包括不同年龄段、不同场所、不同文化程度、不同健康状况、不同阅读兴趣的老年人，值得研究对于不同类型老年人阅读服务的定位，研究服务活动的创新设计方案和组织实施方法。

（5）研究老年阅读促进的资源配置，包括对现实和虚拟阅读环境的设计、设施设备的提供、阅读文献资源的配置和宣传推广、人力资源素质要求等开展研究，从而为阅读促进活动的落实和成功实现提供坚实的保障。

（6）调查国内外老年人阅读服务的成功案例，深入分析每一案例中的开展背景、目标对象、实施场所、合作机构、阅读服务形式、服务资源、实施过程、人力资源要求、服务效果反馈，分析这些成功案例的可重复性、可移植性、可操作性，从而达到借鉴及本土化或本地化改造的目标。

（7）研究不同阅读促进形式的实施效果，可从图书馆绩效和服务成效两种角度综合进行测评，通过有效地收集数据和时时评估，为阅读促进项目提供信息从而做出相应调整、提高实施效果。研究老年读者对不同阅读资源的选择和接受行为，调查不同资源配置的读者满意度，从而对阅读资源建设的合理性提出切实可靠的要求。

（8）探索老年阅读促进的持续性发展策略和未来发展规划。阅读促进活动如何能保持长时间的可持续性发展值得探讨，需要研究建立促进活动的长效机制和内生机制、建设服务案例库、建立专门的阅读促进机构等。结合老年人、老龄化、图书馆和阅读推广的发展变化，开展对"准老年人"的调查，了解其对未来的预期，研究未来图书馆的发展趋势，从而分析老年阅读促进未来所面向的读者群体特征、阅读促进的发展特征，研究阅读促进的发展规划。

8.2 明确图书馆促进老年人阅读的服务原则

服务原则的确立能够为图书馆服务行为提供依据标准或指导规律[①]，对图书馆服务原则

---

① 黄俊贵. 公共图书馆的服务原则及其实践[J]. 中国图书馆学报,2006(6):5-11.

已有较多探讨,也基本形成了对平等、开放、公益、包容等原则的认同,而就老年阅读促进而言,既应遵循图书馆的总体服务原则,也应从国际国内老龄政策、老年社会工作理念、老年服务制度等多方面汲取有益成分,以老年人的群体特性角度出发,明确面向老年人的重点服务原则。

8.2.1 抵制老年歧视的原则

老年歧视(ageism)是1969年巴尔特(Bulter)提出来,用以描述"一个对老年人的系统的定型与歧视的过程",特拉克斯勒(Traxler)将其界定为"一种纯粹基于年龄的、由于其年龄或社会的角色分配而使某人或某群体居于从属地位的所有态度、行为或制度结构"[①]。时至今日,老年歧视也并未随着时代的变迁而消退,已成为继种族歧视和性别歧视之后的第三大社会歧视问题。老年歧视在个体、制度和社会等不同层面的广泛存在不仅导致社会对老年群体的普遍偏见、污名化和消极刻板印象,而且通过资源掌握者的权力和能力,转化为行为、习惯、法律或社会政策,形成为在工作场所、医疗卫生、教育、公共服务、媒体、家庭等各个领域对老年人的负面影响,剥夺老年人应有的权利,还会降低老年人的自我效能感和自我评价[②]。对老年人阅读而言,老年歧视的消极影响同样存在,如认为老了把身体保健好就行,就没必要阅读了,也就不需要关注老年人阅读。因而,抵制老年歧视在解决老年社会问题中具有重要意义,对于图书馆而言,也是实现平等服务宗旨的必然要求,应成为图书馆在老年人阅读促进行动中应秉持的首要原则。

抵制老年歧视首先在于反思图书馆老年阅读服务中现存的老年歧视现象。研究指出,调查对老年人或老化的态度时,如果直接测量人们的主观态度,人们倾向于表现出更多的积极态度;而采用基于经验事实或刻板印象的间接方法时,人们则表现出更多的消极态度[③]。这说明老年歧视非常隐秘且根深蒂固,难以被人们觉察到,并很可能被不自觉地外显于图书馆老年服务的制度设计、环境塑造、活动实施等具体行为上。而只有将这种偏见表露出来,这种内隐的对老化和老年人的偏见才有改变的可能,因而,图书馆应认真审视自身,提高对老年歧视意识和行为的自我觉知,发现存在的问题,分析形成原因、产生的负面影响,从而为改善现状奠定坚实基础。

其次,要树立对老年人的积极意识。抵制老年歧视就需要进行积极的观念重建,大量研究发现,缺乏老化和老年人知识是人们对老化和老年人形成并保持消极刻板印象的主要原因[④],因而重建的方式之一就是增进对老化、老龄和老年人的了解,图书馆可通过开展馆员培训、组织与老年人的直接接触和交流、多方座谈讨论老龄化问题、邀请专家讲座、开展相关研究、加强宣传、发放国内外重要老龄会议文件等方式来实现此目标。重建的方式之二就是转变视角,如果说老年歧视是以一种问题视角来看待老年人,积极老龄化视角则是在一种对老年人的优势视角[⑤],以此来指导图书馆老年服务,就要摒弃一谈到"老"就想到"弱病残"的思想,认识到老年群体具有的独特优势,如拥有积淀一生的人生智慧有助于深化他们及他人

① 郭爱妹,石盈."积极老龄化":一种社会建构论观点[J].江海学刊,2006(5):124-128.
② 吴帆.认知、态度和社会环境:老年歧视的多维解构[J].人口研究,2008,32(4):57-65.
③④ 姜兆萍,周宗奎.老年歧视的特点、机制与干预[J].心理科学进展,2012,20(10):1642-1650.
⑤ 谢立黎,黄洁瑜.中国老年人身份认同变化及其影响因素研究[J].人口与经济,2014(1):55-66.

的阅读感受,值得分享、记录和保存,与此相对应,就要从照顾为基调的服务定位转变到以参与、保障、激励为基础的服务定位,保持老年人的社会活动和社会参与,改善其社会功能,提高社会适应度。

最后,图书馆应成为抵制老年歧视的展示平台和协助老年人建立积极自我认知的社会力量。图书馆要在图书馆法规、规划、服务规范、服务指南、各馆服务规则等不同层级制度体系的安排中,体现对老年人的积极意识;结合老年需求和相关建设标准建设或改造图书馆馆舍空间,包括实体空间和虚拟空间;在图书馆宣传推广的所有视觉推广资料中,显示老年读者的积极形象;在馆员服务态度和行为上,展现出耐心、热心、专业的精神;在服务活动的策划中,引入老年读者参与机制,通过让老年读者参与组织相关事务提高其自我效能感;在其他的活动中也注意倡导敬老思想,如首都图书馆少儿馆"红红姐姐讲故事之敬老故事篇"①。总之,要通过图书馆营造的积极老龄环境激发老年人对自我的正面态度,达到成功老化。此外,图书馆不仅要完善自身,抵制老年歧视的渗透,而且要发挥辐射作用,以自身的服务形象和效果带动社会其他机构的协同改善。

8.2.2 差异化原则

就老年人服务而言,差异化原则主要是体现在两方面:一方面要辨析老年读者与成年读者之间的差异。公共图书馆一直沿袭着将老年读者归于普通成人读者服务群体范围的思维观念②,对此简单地否定是难以实现观念转变的,深入的剖析才可能带来全面的认识。首先,这一观念的形成有其存在根源,即老年身份界定的边界模糊,罗巴克(Roebuck)对西方历史上各种对"老年"的定义及变化进行回顾,发现老年的定义与其他人生阶段不同,没有明确的生理基础能对老年进行界定,因此为方便起见,普遍接受政府以退休年龄或领取退休金的年龄作为区分老年和成年的标准③,我国也是通过《老年人权益保障法》、老年人优待办法和退休等相关政策规定将60岁作为划分老年人的边界规则。这种仅以日历年龄作为区分标准自然不易于认识老年与成年的差异。而且,当前越来越多的老年人自我感知年龄低于实际年龄,对自我的身份认同逐步年轻化,2006中国城乡老年人口状况追踪调查和2010年中国城乡老年人口状况追踪调查数据显示,老年人自认为"老"了的比例在逐步降低,分别为79.49%、75.08%,其中城市老年人中自认为老了的比例依次为73.6%、68.85%,农村老年人中的比例依次为85.42%、79.99%④⑤,他们不愿被称为老年人,并在某些生活方式、行为习惯和思维方式上还延续着成年期的特征,这也使得社会包括公共图书馆也抱持着同样的态度将老年与成年混同。但老年期毕竟不同于成年期,随着年龄增长,老年人与成年人之间

---

① 首都图书馆读者活动信息(2010年12月)[EB/OL].[2014-01-09].http://blog.sina.com.cn/s/blog_4fce9a170100nhac.html.

② 张莹华.公共图书馆人文关怀与积极老龄化[J].图书馆工作与研究,2010(7):82-84.

③ Roebuck J. When does old age begin?:the revolution of the English definition[J].Journal of Social History,1979,12(3):416-428.

④ 郭平,陈刚.2006年中国城乡老年人口状况追踪调查数据分析[M].北京:中国社会出版社,2008:240-241.

⑤ 吴玉韶,郭平.2010年中国城乡老年人口状况追踪调查数据分析[M].北京:中国社会出版社,2014:439-440.

的差异还会越来越明显,依然采取将老年人等同于成年人提供同样的服务,必然导致对老年读者服务的滞后和失衡,因而,从日历年龄、心理年龄、社会年龄等年龄的多维度,生理老化、心理老化、社会老化等老化的多维度,综合理解老年人与成年人的区别,考虑到老年人在面临转变过程中所产生的新的需求,如如何过好退休生活、如何更好地与子女或孙子女交流、如何更好地保健身体等,据此提供有针对性的文献和服务活动。

另一方面,老年群体内部的差异值得重视。老年群体具有某些群体共性和阅读倾向,这使得他们与成年读者之间存在一定区隔,与此同时,还要认识到老年群体内部层次也非常丰富,存在较大差异。从日历年龄来看,老年人的年龄跨度从 60 岁到 100 多岁;从年龄段来区分,可分为低龄老年人、中龄老年人和高龄老年人;从世代角度上可区分为"文革"的一代、"幸运"的一代和"e"一代等[1];从所处的场所来区分,包括居家可自由外出的老人、困居家中的老人、养老院老人、医院住院老人等;从身体状况来看,老年人也有不同的类型,我国《老年人建筑设计规范》按变化状态区分为自理老人、介助老人(生活行为依赖扶手、拐杖、轮椅和升降设施等帮助)和介护老人(生活行为依赖他人护理)[2];从对阅读的态度和行为来区分,包括对阅读不感兴趣的、态度积极但面临障碍因素的、态度积极有阅读习惯的;从阅读能力来区分,包括无独立阅读能力、独立阅读能力较低、阅读能力较高的不同层次;从阅读目的来看,可分为休闲消遣型、实用技能型、文化陶冶型、终身学习型等不同类别;从阅读内容来看,老年人有多样化的阅读兴趣;从对图书馆的认知和利用状况来区分,包括不知道图书馆的、知道但没利用的、利用较少的、利用充分的等,依据不同的标准,老年群体还可有其他的类型划分,而且不同划分中的老年人是交叉的,这使得老年群体的异质性更为明显。因而,图书馆要充分认识到老年群体的内部差异,对不同类型老年人进行调查了解,明确不同阅读促进活动的对象和目标定位,提供对应的资源,设计相应的活动形式。

8.2.3 方便性原则

阮冈纳赞图书馆五法则之一的"节省读者的时间"就提出了方便性的原则要求,对于老年人来说,因其生理、心理和活动方式等的限制和现实状况,方便性具有更重要的意义。这一原则主要体现为:馆舍到达的方便性、资源和服务获取的方便性、咨询交流的方便性。

图书馆作为场所的价值首先就显现为图书馆馆舍的空间价值,研究显示,老年人活动空间的一般模式为"家——居住小区——社区(街道)——区域",其中,家是老年人最主要的活动空间,居住小区是基本生活活动圈,集中了约80%的老年人生活互动,社区(街道)是扩展生活活动圈,集中了约10%的老年人生活活动,区域指社区以外,距离社区中心 3 公里以内的老年人高级生活活动圈,该圈层内老年人生活活动发生率较低[3]。本研究也显示,距离对老年人知晓和利用图书馆影响显著,在老年人对图书馆建设的建议中,"就近设立图书馆"排在首位。这些综合表明,老年人的活动空间有限,就近设立图书馆、发展街道社区图书馆分馆、与社区活动室结合设立图书室等,从而真正实现"15 分钟阅读圈/图书馆服务圈",对

---

① 刘世雄,周志明. 从世代标准谈中国消费者市场细分[J]. 商业经济文荟,2002(5):19-21.

② 中华人民共和国建设部. 老年人建筑设计规范[EB/OL]. [2014-10-03]. http://china. findlaw. cn/fangdichan/fdcfg/fdcfgk/14320. html.

③ 柴彦威,等. 中国城市老年人的活动空间[M]. 北京:科学出版社,2010:202.

于老年人来说具有更为重要的意义。

资源和服务获取的方便性包含了以下几方面的要求:第一,在馆藏文献资源的组织、呈现、检索和获取上要方便。图书馆在馆藏的组织排架(如依据专业工具《中图法》)、检索(如使用 OPAC 或数据库或图书馆联盟系统进行字段甚至高级检索)、获取途径(如开展文献传递、馆际互借)都体现了其职业的专业性,对于老年人来说,在他们年轻时图书馆的发展状况与利用图书馆的条件均不理想,电脑和网络也没有普及,图书馆的这种专业性在某种程度上反而成为他们独立利用图书馆的障碍。因而,图书馆在面向老年读者服务时,需要着重考虑如何以简明易懂的方式让读者理解并容易操作,在实体空间的馆藏陈列和网络虚拟空间的信息呈现都要尽可能不言自明,而不是优先考虑培训读者。第二,在设施设备资源上要方便老年读者,老年确实会带来较多生理障碍,对老年人的视力、听力、活动能力带来影响,因而提供方便易得的设施设备显得尤为重要。而这些设施设备并非简单的老花镜、放大镜就可以涵盖的,它应是在无障碍环境(barrier-free environment/accessible environment)、对老年友好(senior-friendly)理念下的全方位的系统工程,涉及从标语字体、书架间距、开水提供到馆舍布局、残疾人通道、网站无障碍化改造等多方面。第三,在服务获取上要方便老年读者。如前所述,老年人在活动空间上受限,对于一些困居家中(homebound)的老年人如病弱老年人、无电梯无法下楼的老年人、家务繁忙无暇外出的老年人来说,活动空间更加狭小,因而图书馆在向他们提供阅读服务时,鼓励老年读者"走出去"和增进图书馆"走进来"应相互结合,通过服务体系建设、送书上门、邮寄借书、灵活调整借阅规则(如允许子女"代借代还")、网络阅读等方式方便老年读者。张家口市图书馆就主动与市有关部门联系,在老年人办理离、退休手续时直接把阅览证发放到老年人手中,老年人从原来单位退休后马上有了新的归宿,使潜在读者成为现实读者[①]。第四,在咨询交流上要方便老年读者。老年人在利用图书馆中会遇到馆舍布局、管理规则、馆藏查找、设备使用等多方面的问题,仅通过标识、说明文字、FAQ 很可能难以描述和解决,而需要馆员的咨询帮助,因而图书馆首先需要提供多种咨询沟通的途径,包括图书馆的咨询台/服务台、网络和手机咨询平台、QQ、手机短信、微博、微信等;其次要确保沟通的及时性和亲和力,消除老年人寻求帮助的心理顾虑;再次,要增强沟通的直观性,除了话语沟通,还可采取文字、图画、视频、远程同步、手把手操作等多种方式实现生动的问题解决。

8.2.4　持续性原则

作为图书馆内生性职业使命,阅读促进本质上就要求持续进行。相对于其他群体,尤其是少儿读者的阅读促进活动,面向老年人的阅读服务在持续性上面临着更多的困难。老年人阅读促进的投入较大,如老年人最希望获得的服务"送书上门"就需要图书馆较多的人力、物流、资金、时间投入,再如馆舍的无障碍化建设和改造对资金、空间布局、建设标准也有较多要求,而从必要性和成效而获得的促进动力却往往并不如对青少年读者那样强劲,如阅读习惯多形成于幼年和童年,这很好地支持了对少儿的阅读促进必要性的说明,阅读促进的成效长远地会表现为终身阅读习惯的形成,短期内也会带来学业成绩、阅读能力等的提高,而老年人阅读态度和习惯相对稳定,通过外界干预进行改变的进程会较漫长,成效持续时间显

---

① 童光范,班金梅. 老年之家——记张家口市图书馆"老年阅览室"[J]. 图书馆杂志,1996(2):38－39.

然也不如其他群体时间那么长。总的来说，对老年人的阅读促进在投入与产出上进行的绩效度量有可能会降低阅读促进开展的持续性意识和行为，本研究也显示，图书馆当前的老年服务还存在应景、应时的问题，而老年人对图书馆阅读促进往往期待持续性，如享受送书上门的老年人会期待持续获得此项服务，他们所受的各种条件限制也使得他们需要持续的上门服务，因而，持续性对老年阅读促进而言是需要予以关注的原则。

持续性原则对图书馆所提出的指导要求包括：①在时间上要持久，图书馆的资源包括文献尤其是新增文献、设施设备、资金等应长期提供；对于日常性阅读服务如借阅服务，图书馆应始终提供，包括节假日开放，因特殊原因需闭馆的需要进行广泛的告知并提供相应的解决措施；对阅读促进活动在精心策划和悉心准备后要注意保持和延续，并逐步形成服务特色和活动品牌。②在频率上要经常，图书馆应经常对老年读者进行调查，了解他们的阅读需求和图书馆服务需求；应经常对图书馆服务、全民阅读及老龄化的相关政策、法规、规划进行获取和了解；应经常审视图书馆现有工作状况，总结经验，发现不足；应经常进行宣传推广，提高老年读者对图书馆的认知和利用；应经常与老龄机构尤其是图书馆所服务区域的老龄机构联系，建立合作关系；应经常对老年阅读促进的资源、服务、制度、管理、对外合作和可持续性等进行评估。③强度上要稳定，图书馆对老年阅读促进活动的投入要稳定；图书馆宣传推广应利用多种方式稳定开展；图书馆不应随意开放关停，尤其在农村地区；图书馆老年阅读促进活动的主要人员要稳定；图书馆老年阅读促进工作的管理要稳定，通过制订相关的管理制度保证其稳定运行。

8.3 完善图书馆促进老年人阅读的制度设计

制度设计通过订立制度和构建制度结构提供了规范和约束行为的普适性准则，为图书馆既提出了服务指导思想、工作要求，也提供了有效的服务保障，有利于形成对图书馆促进老年人阅读的总体安排。制度设计从层次、范围来看，主要有全国范围的宏观层面、地区范围的中观层面及个体馆范围的微观层面；从类型来看，主要有法律法规、政府政策、行业标准、指南、规范、战略规划、服务规则等；从制度对象来看，可分为面向用户的制度和面向图书馆工作的制度；从制度的主要涉及行业范围可分为行业内制度和行业外制度。制度设计就是要对与图书馆老年阅读促进有关的各类制度进行建设、规划，目的在于明确制度内容，理顺制度关系，促进外部性内部化，对实践工作发挥有效的引导和规范作用。当前，图书馆促进老年人阅读的制度设计还存在明显不足，亟须充实和完善。

8.3.1 转变制度设计思想

制度文本是设计思想的外化，从目前制度文本所主要显现的思想偏消极，多是对老年人"弱""老""衰退"的强调，对图书馆服务的指导也多侧重"帮助""方便"，由此对图书馆工作所带来的影响一是容易以偏概全，形成对老年人负面的刻板印象；二是"帮助"的表述容易将为老服务的本职使命看作是"分外责任"；三是容易缩小老年阅读促进的服务范围，将服务对象仅限定在有身体不便的老年子群体，从而导致对老年群体差异化阅读需求的忽视。因此，转变制度设计思想就是要以积极老龄化为基本理念，抵制老年歧视、认识和尊重老年群体的差异性,将图书馆阅读促进视为提高老年生活质量、满足各类老年人精神需求、推进积极老化的服务方式。

从制度所规范的对象来看,宏观和中观制度多是对图书馆,而微观制度则多以读者规则为主,表现为对读者的规范,这反映出制度设计思想上的不一致。而无论从老年人感知还是从对图书馆服务进行约束的角度来看,微观层面的制度设计显然是最直接、最深刻的,而恰恰在这一块存在明显空缺或不足,本研究调查就显示"时间和进入管理限制太多"排在老年人利用图书馆所遇困难的第三位。因而,制度设计思想应在目标指向上平衡对图书馆的约束和对读者的引导,在宏观和中观层面增加对老年读者的激励,在微观层面则应强化对图书馆的约束并将其主动向读者公开,如编制图书馆服务承诺、图书馆服务规划、馆员素养标准等。

从制度的作用来看,应体现责任与权利、约束与保障的平衡,当前制度多是对图书馆的规范,而在保障方面涉及较少。美国《图书馆服务与技术法》(*Library Services & Technology Act*, *LSTA*)就详细规定了政府每年对图书馆的拨款以及拨款用途,针对图书馆面向残疾人、落后地区、老年人的服务做了具体规定,并由博物馆和图书馆服务学院(Institute of Museum and Library Services, IMLS)负责经费管理,符合条件的公共图书馆、学术图书馆和图书馆联盟均可申请项目[①],美国较多图书馆制定老年服务指南、开展老年阅读促进项目都受到了这一法案的资金支持。因而,在制度设计思想上,尤其在宏观、中观制度层次,应将对图书馆服务的支持保障与对其的服务要求等量齐观,明确政府在图书馆资金、政策等方面的保障责任。

8.3.2　扩充制度设计内容

与设计思想转变相一致的举动就是要扩充现有制度内容,首先,应增加对老年阅读服务理念的表达,将对老年群体的积极观念渗透到制度之中,显示出对老年群体差异化特征和需求的重视,引导图书馆和馆员更新观念;应强调老年服务是图书馆的专业职责而不是职责之外所谓的"帮助";增加对馆藏、设施设备、人力、活动、合作、评估等方面的制度引导和约束,增加图书馆的自我承诺,帮助馆员明了在老年服务中需要关注的工作内容;应增加对图书馆老年服务各方面支持的相关内容,包括支持来源、支持力度、支持范围、支持的持续性等;应显示出对老龄化发展态势的前瞻性把握,如美国 2005 年开始的《对老年人的图书馆和信息服务指南》(*Guidelines for Library and Information Services to Older Adults*)修订中,就已经加入了对婴儿潮老人将在此后十年快速增长趋势的关注,指出这一群体不同于以往世代老年人的特点,并提出在服务理念和内容上的指导。我国同样面临着新中国成立后三次生育高峰中出生的人要大批进入老年期的发展态势,其中第一批从 2010 年就已经开始进入老年,第二批和第三批也将于 2022 年、2045 年前后进入老年[②],对此图书馆在制度设计时应给予重视。

其次,制度设计内容应具体明确,尤其在中观和微观层面,在为老服务的内容上,不要简单地以"为老(后面经常是弱病残)提供方便"一句话带过,而应当明确对于不同的"老"应提供哪些形式的"方便",如何评估是否"方便",如何进行监督,如何予以保障等问题,从而充实相关内容;除了"方便"之外,对老年的阅读服务还应有更丰富的内容,制度设计中应加入

---

①　谢玲.美国图书馆法概况及对我国的启示[J].图书馆建设,2007(1):104 - 107.

②　李宝库.跨世纪的中国民政事业中国老龄事业卷(1982—2002)[M].北京:中国社会出版社,2002:2 - 3.

对老年人的推荐书目、导读活动、阅读互动等活动及阅读促进的资金配套、外部合作、宣传推广、评估等多方面的内容,并应有一定的实施细则、工作计划或指标体系予以配套。

最后,可采取不同的方式扩充制度内容。一是制定专门的老年服务制度,尤其适用于服务指南、战略规划类的制度。可以像美国图书馆协会、加拿大图书馆协会那样,在全国层面由中国图书馆学会编制专门的老年服务指南;或者如英国东萨塞克斯郡发布《东萨塞克斯郡图书馆服务老年人战略》那样在地区、单馆或总分馆层面制定专门的服务指南、手册、战略规划进行详尽规定。二是扩充现有图书馆制度中老年服务的内容篇幅,如澳大利亚《公共图书馆标准和指南》"G19 老年服务"那样,以专门章节的形式予以规定,在法规、政策、图书馆服务承诺书、制度细则等,在以服务对象为标准分章节条款时可采用。三是在服务/发展目标、服务对象、文献资源、设施设备、馆员等内容中增加老年服务和阅读的内容,如广州图书馆《2011—2015 年发展规划》那样,适用于以图书馆工作和管理为依据编制的制度中。

8.3.3 强化制度设计的体系性和联结性

制度是一种结构性的存在,任何一项制度安排都必然联结着其他制度安排,内在地"嵌入"共同的制度结构之中,因而一项制度安排是否有效,不仅取决于该项制度安排本身的科学性、合理性,还取决于其与制度结构中其他制度安排的融合程度[①]。以此观之,当前图书馆老年阅读服务的制度设计在各项制度之间的融合程度还存在明显不足,而改进方式一是要完善制度设计的体系性,应有从宏观到微观的完整的制度结构,当前制度缺位主要体现为《公共图书馆法》尚未颁布,各地图书馆法规和标准/规范也不完备(有些地区是没有法规和标准/规范,有些则是缺乏对老年服务的专门规定,有些是缺少配套实施细则),单馆缺乏由上而下的制度指导和约束,在制度制定上具有随意性和自发性,因而亟须建立和完善从宏观到微观、从全行业到单个馆、从管理法规到服务标准/规范到服务规则/承诺的制度体系,填补现有制度空白,完善现有层级的制度内容;要增加配套实施细则,对制度条文的适用范围、实施细节、执行程序、奖惩措施进行具体规定。对当前制度体系要予以完善并非易事,面临着很明显也很现实的问题就是制度安排的不同步,有些制度应进行完善(如《辽宁省公共图书馆文明服务规范》自 1997 年发布以来已将近 20 年,理应进行修订),但可能需要较长时间,在此情况下不能坐等上一层次制度制订或修订后再进行下一层级的制度编制,而应在实践基础上采取自下而上的制度设计道路,通过长期、持续的制度变革,最终实现制度结构的整体优化与效率最佳[②]。

改进方式之二是增加制度之间的联结性。首先,图书馆行业内的法规、政策、规划、标准、规范之间应具有内在的联系,而不能是各自为政,如《全国公共图书馆事业发展"十二五"规划》中规划的重点建设项目——公共电子阅览室建设计划,指出"以未成年人、老年人、进城务工人员等群体为重点服务对象",但在各级制度中都难见到与此相对应的制度内容。因此,在制度制定时应考虑与国际图联相关制度之间的协调一致,也应考虑各制度之间的关联,微观制度应体现宏观和中观制度的思想及操作要求。其次,图书馆老年服务制度既是图书馆行业的制度分支,也是老年工作制度体系的组成部分,因而,应在制度制订和培训

---

①② 张胜军,聂伟进.农民工培训有效供给的制度建设——基于制度结构的分析视角[J].职业技术教育,2012(10):76-80.

中学习和吸收外部老年服务制度如《老年人权益保障法》、各地的老年人优待办法、《老年人建筑设计规范》《老年无障碍网页/网站建设规范》的精髓,增强与外部制度之间的互通性。最后,图书馆界还应主动参与外部制度的制订中,对比中国老龄事业发展"十二五"与"十一五"规划可发现,在"十一五"规划中出现的图书馆身影("图书馆、文化馆、图书室等文化娱乐场所,要增加面向老年人的服务项目,并免费或者优惠对老年人开放"[①])在"十二五"规划中已经消失了,这提示我国图书馆界要借鉴美国图书馆协会积极参与白宫老龄会议并成功使图书馆成为会议主动被表决议题的经验,中国图书馆学会应发挥作用,积极参与国家老龄事务为图书馆进行呼吁,在外部制度中显现图书馆的存在。

8.3.4　完善制度设计的生命周期管理

制度从初步启动、编制内容、征询意见并修改、制度定稿、制度发布、制度实施、制度评估到制度修订/废止,可以说是一个完整的生命周期。科学的制度设计应是对其生命周期的通盘考虑,但目前老年服务制度也存在明显的重制订轻修订、重内容轻调查、重发布轻实施的通病,应加以改善。

第一,应规范制度设计程序。制度制订需要经历理论创新、实际调研、理论成果的制度表达、科学论证、专家咨询、公开听证与论辩、利益主体博弈、付诸表决等环节[②]。理论创新与实际调研是基础,而这恰恰是当前图书馆老年服务制度的首要不足,表现为理念落后、实践调研阙如、编制过程只字未提或语焉不详。因而,完善设计程序首先就需要加强调研,要对老年和老龄领域的最新理念、理论成果进行调研,对全国或本地老龄化、老年用户和图书馆状况以及老年读者的阅读和图书馆利用行为进行数据收集,对国内外图书馆老年服务制度、老龄服务制度进行广泛搜集,在对获取的资料数据进行分析的基础上确立老年服务的制度理念、目标任务乃至行动计划。其次,要增加制度设计的公开性、透明度,在老年服务制度的编制中除了图书馆领域的学者和实践专家外,还应包括政府、学术机构尤其是老龄事业机构和研究机构,老年人代表,老年照顾者代表、一般公众等利益相关者,编制草案或征求意见稿要通过多种方式进行公开,对于编制环节、编制组织、编制的阶段性成果、编制的关键问题及应对方式等应进行说明,从而获取最广泛的意见实现制度编制的科学化,也有助于增强社会的监督。

第二,加强制度的宣传推广。制度的宣传推广应从制度启动就开始,通过公共媒体、专业杂志和会议、图书馆网站和自媒体等多种渠道报道制度的制定过程及阶段成果,制度发布后应进行制度编制和实施说明,举办培训活动,解答馆员疑问,推动制度内化为馆员自身的价值观念,并促使其行为符合制度约束。美国公共图书馆协会(PLA)为了推广图书馆规划过程,从1980—2001年先后出版了4个版本的规划指南,并为每个版本组织了大量培训活动[③]。

---

①　中国老龄事业发展"十一五"规划(全文)[EB/OL].[2014 - 12 - 08].http://www.china.com.cn/policy/txt/2006-12/12/content_7493038.htm.

②　陈朝宗.论制度设计的科学性与完美性——兼谈我国制度设计的缺陷[J].中国行政管理,2007(4):107 - 109.

③　于良芝.战略规划作为公共图书馆管理的工具:应用、价值及其与我国公共图书馆的相关性[J].图书馆建设,2008(4):54 - 58.

第三，进行制度评估和更新。制度所处的外部环境是不断变化的，图书馆也在不断发展，因而制度应进行经常性地自我审视，形成事前、事中和事后全过程评估报告。在事前和事中，重点评估制度的理念、内容体系、管理体系，事后重点收集反馈信息，评估制度的执行情况、实施效果，以便做出是否需要进行调整的决定，也为下一轮制度的修订提供参考。美国的评估实例可为我国提供参考，以《图书馆服务和技术法》为例，在政策实施的过程中，各州图书馆每年对该法实施情况进行小评估，每五年对该法实施情况进行大评估，确保其实施效果[1]。此外，在一定的时间之后，应结合内外部环境和用户的变化，适时启动修订程序，我国图书馆制度多是一次性行为，缺乏后续的跟进和更新，这一点同样应参考国际经验，如美国《对老年人的图书馆和信息服务指南》自1975年制定后，先后在1987、1999和2005年进行了三次修订，以不断适应老年服务的新形势和新任务。

案例：广州图书馆2011—2015年发展规划[2][3]

广州图书馆结合对自身发展状况和外部发展环境的分析，于2009年底启动了制订2011—2015年发展规划的工作，共历时约十一个月完成。规划目标被确定为：研究规划期的战略目标、发展思路、发展重点和问题对策，制定一个与国家、省、市经济社会发展规划、行业发展规划同步，专业、高水平、切合实际、可操作的发展规划。为此，广州图书馆组成规划编制工作领导小组和工作小组，选定中山大学资讯管理系作为合作伙伴，开展了深入的研究，包括收集和汇总图书馆外部环境信息和内部资源、条件信息，规划前期专题研究，制订了详细、全面的编制计划，设置了专项经费予以保障。

为了实现制订一个开放的"面向公众的规划的目标"，除自身与中山大学资讯管理系课题组两个参与主体以外，广州图书馆还设计了专家咨询、征集公众意见、全国专家论证等三个程序。专家咨询的范围包括本地图书馆界和教育、文化、信息技术、媒体等相关领域以及政府主管部门有关人员，咨询方式包括电话、电邮、传真、造访等；公众意见则主要通过在线方式征集；全国专家论证会则邀请全国范围内有代表性的图书馆界专家参与。

规划文本分愿景、使命、理念和总体目标4个部分，其中总体目标下又分设5个子目标，子目标下设若干策略，每个策略又由若干行动方案贯彻实施。共设计了31个策略、124个行动方案来实现5个子目标，最终实现总体目标，承担所设计的使命。虽名为五年规划，但实为长远规划，承担了战略规划的功能和意义。

发展规划中与老年阅读促进有关的内容包括[4]：

愿景

连接世界智慧，丰富阅读生活

将广州图书馆发展成为公众与世界智慧相连的结点，成为保障信息获取，促进阅读、学

---

① 曹森，肖希明.美国图书馆政策的重点领域及对中国的启示[J].国家图书馆学刊，2012(1)：15-21.
② 方家忠.略论图书馆发展规划的制订——以广州图书馆为例[J].图书馆论坛，2011(2)：58-60，171.
③ 潘拥军.图书馆规划编制实践研究——以广州图书馆为例[J].四川图书馆学报，2011(5)：22-26.
④ 广州图书馆2011—2015年发展规划[EB/OL].[2013-11-20].http://wenku.baidu.com/view/c62bfc8402d276a200292e18.html？re=view.

习与交流,激发理性、灵感与想象力的公共空间。

使命

促进阅读主体

在文化名城、"书香羊城"的建设中发挥主体性作用,通过推广活动,宣扬"阅读丰富生活"的理念,促进各年龄群体培养和保持阅读习惯,营造良好的社会阅读氛围,使阅读成为公众生活中不可或缺的一部分。

具体目标

目标一:致力于卓越的知识信息和文献服务

(一)从虚拟和实体两个层面推进服务网络化

策略3:优化总分馆网络,继续推动广州图书馆服务向社区、农村和家庭延伸

行动方案:

(5)实施"送书上门服务"项目。设立专项经费,为一定数量不便出门的残障读者和老年读者提供送书上门服务;为有需要的市民提供自付费送书上门服务。

(三)推进服务对象化

(2)强化弱势、特殊群体服务,保障其公平获取信息的权益。

②改善设施设备,为老年读者提供安全舒适的阅读环境。

目标二:拓展多元文化服务,促进社会阅读和全民终身学习

(二)促进社会阅读和全民终身学习

策略5:帮助老年人善用闲暇,丰富阅读生活

行动方案:

(1)开展各种形式的老年读者活动,如主题多样的知识讲座等。

(2)与相关机构建立合作关系,加强老年读者阅读推广与信息服务。

目标三:建设丰富并具特色的资源体系,提升资源获取能力

策略1:大幅增加馆藏数量,形成多元馆藏结构

行动方案:

(7)因应老龄化社会的发展,充实适合老年读者的资源。

8.4　构建图书馆老年阅读促进模式

图书馆阅读促进模式是对促进主体、促进对象、促进方法和促进内容等要素及其关系组合的抽象概括和标准样式,构建图书馆老年阅读促进模式就是要根据老年人需求及其对图书馆的感知和利用,以及图书馆老年阅读服务现状,根据老年群体中的不同对象、需求,确定图书馆阅读促进的不同重点和实施方式。

8.4.1　社会宣传推广型模式

对于老年人来说,认知、了解图书馆是利用的前提,本研究发现较多老年人对图书馆不熟悉,在对图书馆的建议中较多选择宣传推广,其他研究也同样发现超六成的老年人"进到

图书馆感觉无所适从""亟需相关引导或介绍入馆"①。因此,宣传推广型模式的主要目的是通过多渠道、多形式的宣传方式,提高老年人对图书馆的了解和认识,降低对阅读和图书馆利用的心理顾虑,增进图书馆阅读意识,提高图书馆利用率。

宣传推广的内容主要包括两方面:一是图书馆的形象与利用,将图书馆看作是知识的殿堂,神圣而不可亲近是老年人对图书馆利用存在的最主要的心理顾虑,其次是不知如何使用图书馆,因而需要向老年人突出展示图书馆亲切、促进社会融合的形象,宣传图书馆馆藏、设备和服务的用途和用法,宣传图书馆开展的老年阅读促进项目和活动;二是老年人阅读的益处和必要性,认为人老了就没必要读书了、阅读对身体不好等老年阅读歧视论、老年阅读无用论,会带来老年人及其照料者(如子女、保姆、护理人员等)对老年人阅读的负面认识,因而需要开展针对性宣传,显示阅读对老年人身体、精神和社会参与的价值,宣传老年活动理论、积极老龄化与老年阅读的紧密关联。

宣传推广的方式多种多样,首先,图书馆物理和虚拟空间是最主要的宣传阵地,图书馆可在馆舍内外或图书馆网站、博客、微博、微信等网络平台或通过手机短信、手机图书馆发布标语海报、发布通知公告、竖立指引牌,对于长期开展的活动项目还可设计专门的 logo、吉祥物等;在宣传中强调针对性,可采用老年人读书的形象来进行宣传设计,还可开展专门的老年阅读宣传推广项目,采用设计老年阅读展示品、出版老年刊物和宣传册、老年人现身说法如分享自己的阅读和图书馆故事等方式进行图书馆和阅读宣传。其次,走进社区进行宣传,社区是老年人主要的日常活动空间,图书馆要主动走出去,推送自身的服务,实施近在老人身边的宣传。如温州市图书馆老年分馆成立之后,在老年人聚居的社区张贴海报,提供上门办证服务等,同时还在图书馆的读者库中调出 60 岁以上的读者进行短信群发,对老年分馆进行充分的推介②。再次,通过公共媒体进行宣传,可在电视、报纸、广播、社交媒体等媒介中对图书馆老年阅读促进活动进行报道、展示和介绍图书馆、发布活动公告。从次,通过老龄机构进行宣传,老龄机构包括民政局、老龄委、老年大学、老年社团、老年基金会等,可通过与其合作,在其机构宣传册、网站、社交媒体平台中宣传图书馆,生成与图书馆的链接。最后,通过人际网络进行宣传,可通过利用图书馆的老年人,进行口碑传播,向其身边的老年朋友、同事、邻居、所参加社团的成员等进行宣传;家家都有老年人,因而还可倡导馆员、年轻读者传播阅读和图书馆的价值,从而间接地对其身边老年人实施宣传。

案例:美国蒙大拿州图书馆"你的图书馆故事"
(What's Your Story)营销项目③

"你的图书馆故事"(What's Your Story)是一个范围广泛、包含多种工具、资源和合作者的图书馆营销项目,目的是宣传图书馆、增进公共关系。这一项目包含了多个活动项目和主题项目,其中,活动项目中有两个与老年人有关,一个是面向老年人的(senior citizens),另一

①　何凤丽. 老龄化社会中老年志愿者在图书馆中的作用[J]. 山东省农业管理干部学院学报,2010(3):191-192.

②　张芳. 公共图书馆老年读者服务工作的现状与创新[J]. 图书馆杂志,2012(10):107-109.

③　Senior citizens materials[EB/OL]. [2012-03-15]. http://msl. mt. gov/WhatsYourStory/Campaigns/Senior_Citizens/default. asp.

个是面向婴儿潮老人（Baby Boomers），这是二战后婴儿潮出生的一代人，他们正在或已经进入老年期，因其规模庞大、影响显著而受到美国社会的普遍重视，在这两个项目中，图书馆都设计了不同尺寸的图片、书签、海报、打印的广告，以及不同格式的视频宣传片及程序，其中展示了老年人自述的图书馆故事，显示了图书馆对他们的意义，如学习、创造、联结、休闲等，以轻松幽默的语句描述老化，表现了对待老龄和老年人的正面态度。在主题项目中，有专门针对如何做宣传的指南 How-Tos Guides，如对于新闻发布就列有好的新闻稿和差的新闻稿示例，并分析为什么差，对于指导正确的宣传实践很有参考价值。

图 8 - 1 "你的图书馆故事"（What's Your Story）老年人宣传资料

8.4.2 环境氛围塑造型模式

这一模式主要针对在馆阅读的老年人，他们多以自助方式利用图书馆，将图书馆视为不同于家中的、更适宜阅读的场所，生理上不可避免的一些机能衰退也会影响老年人的图书馆利用，因而阅读环境和氛围的塑造对他们更具吸引力，图书馆应通过营造老年友好型环境来达到促进其阅读的目的。随着数字图书馆的发展，构建方便、沉浸式的图书馆网络环境对于老年人来说也具有越来越重要的意义。

首先，应进行无障碍环境的建设，这包括物理环境的无障碍和网络环境的无障碍。物理环境的无障碍要求图书馆考虑老年人生理特点，按照《方便残疾人使用的城市道路和建筑物无障碍设计规范》《老年人建筑设计规范》《图书馆建筑设计规范》等的规定，进行无障碍建筑建设或对其原有的建筑进行无障碍化改建，从而使图书馆楼层布局、书架间距、标识指示、台阶、电梯等适应老年人；网络环境的无障碍要求图书馆按照我国《网站设计无障碍技术要求》《老年无障碍网页/网站建设规范》，并参考国际互联网联盟（W3C）的《Web 内容无障碍指南》（*Web Content Accessibility Guidelines 2.0，WCAG2.0*）、美国 508 法案建设无障碍网站并对现有网站进行无障碍化改造，按照我国《网站设计无障碍评级技术要求》《网站设计无障碍评级测试方法》标准和测试工具软件如 Bobby Online、Lynx Viewer、W3C Markup 对图书馆网站的无障碍水平进行评测，从而使网站信息架构、字号、缩放等满足老年人需求。

其次，可在图书馆中专设老年人阅览室或开设老年分馆，提供专门的老年阅读和活动空间，提供适合老年人的专人服务、专门桌椅、专门文献等。在设备配置上，免费开水对老年人来说是吸引他们长时间在图书馆的重要因素，还可提供老花镜、放大镜、弱视辅助阅读仪、电子读报器、电子助视器、笔墨纸砚、备用雨伞、便民药箱等，馆内标识、目录、指示牌等要字大、醒目。

最后，在阅读氛围的塑造上，安静、干净的氛围有助于思考，阅读标语、图画、名人书言等也有助于激发老年读者阅读。有些图书馆的少儿阅览室与老年阅览室常常仅有一墙之隔，对此，应认识到虽然其有助于代际交流，也部分符合老人带孙子女到馆的实际，但从促进阅读的效果来说,可能并不如人意,就在于少儿阅览室打破了老年阅览室的安静氛围,对此,图书馆应综合考虑,可鼓励老年人与少儿在少儿阅览室进行代际阅读,而将老年阅览室另外设置在安静的地方。

案例1:温州市图书馆老年分馆①②③

温州市图书馆老年分馆于2010年4月23日正式挂牌成立,是全国首家拥有独立馆舍的老年图书馆,馆舍面积1809m²,共有三层,一楼设有老年人活动中心和借阅室,借阅室内有约4万册图书和56个阅览座位及适合儿童阅读的亲子借阅区;二楼为报刊多媒体阅览室,为老年读者提供办证服务,阅览室有各类期刊196种、报纸75种、VCD光盘(鼓词)3000多盘,同时设有阅览座位84个;三楼设有多功能厅和电子阅览室,电子阅览室内有电脑35台。分馆设有无障碍通道,方便老年轮椅读者进入馆舍;各个阅览室门口、楼梯转角处都设置了字体加大的标识和指引牌,便于读者辨识和提醒;整个馆舍,除了一楼有小花园,种植树木花草外,个个阅览室也都放置了众多的绿色植物,使老年读者有一个心旷神怡的阅读环境。分馆每月定期、定时、定模板地组织"老有所乐"系列活动,如新书推荐(如五月旅游主题书目推荐)、"籀园讲新闻"(温州话读报)、籀园百姓讲坛(老年专题系列讲座)、周末免费电影等。老年分馆开设后备受欢迎,与签订的任务书相比,仅1年时间里,2011年度总外借册次就超额完成62.6%,总流通人次方面超额完成32.8%,在全馆全年总外借册次增量中贡献近40个百分点。

案例2:上海图书馆网站的无障碍化建设

2011年12月3日,上海图书馆在"国际残疾人日"发布运用无障碍信息技术改造后的上海图书馆主门户网站。上海图书馆主门户网站的无障碍改造工作遵循国际标准W3C的WCAG2.0标准和国家标准工业和信息化部发布的《信息无障碍标准体系框架》以及中国通信标准化协会发布的《信息无障碍—身体机能差异人群—网站设计无障碍技术要求》(标准编号为:YD/T 1761—2008)中规定的无障碍标准。无障碍改造完成后网站达到《信息无障碍—身体机能差异人群—网站设计无障碍技术要求》(标准编号为:YD/T 1761—2008)中规定的所有第一级合格标准(实现最低级别的无障碍访问,可以合理地应用到所有Web内容中),部分达到第二级合格标准(实现强化级别的无障碍访问,可以合理地应用到所有Web内容中)。使视障全盲人士、低视、色盲、色弱人士、行动不便人士、老年人可通过屏幕阅读器、浏览器和辅助工具正常收听页面所有的内容;通过键盘操作页面所有的功能;通过快捷键直接跳转到在页面内主要内容以及实现视听一体化的效果,方便正常人辅助指导;保持在任何情况下页面的所有内容都是可见的、可缩放的、可以提供高清晰的对比度的内容。同

---

①　翁仲羽.图书馆老年分馆——空巢老人的"文化养生"[J].河南图书馆学刊,2011(6):113-114,122.

②　翁仲羽.公共图书馆如何适应老龄化社会初探——以温州市老年分馆为例[J].图书馆学研究,2012(6):28-31.

③　吴蛟鹏.温州市图书馆的新实践——成立老年分馆[J].图书馆杂志,2011(9):42-44.

时,上海图书馆网站无障碍改造继承和完善原网站的表现风格和功能操作模式,并未影响正常视力的用户对网站的访问①②。

　　此外,上海图书馆还于2011年12月2日启动了国内首家"无障碍数字图书馆",主要面向视障人士和光泽性过敏人士、聋哑人群、行动障碍人群和老年人提供无障碍网站、有声电子书和数字化讲座的图书馆数字化服务。网页上所有主栏目和二级栏目都采用语音合成技术将文字转换为语音,对兼容性也进行了优化,几乎各种浏览器都能使用,而且网页内各种多媒体信息(影像、图形、语音等)也提供了替代性文本,"无障碍辅助工具条"提供了"页面放大""文字放大""高对比度""开启辅助线"等选项。首批提供300种全文阅读的电子图书,电子书的查询、预览、语音导航、内容跟随朗读实现全程无障碍阅读,正式运行后,提供电子书多达2000种;在线讲座620部1000多小时③-⑤。

8.4.3　文献资源提供型模式

　　这一模式强调以文献的优选和可获得性来提高老年人的阅读满意度,包括内容主题、载体形式、提供方式三方面的要求。在内容主题上,虽然老年人的内部差异会带来他们各自不同的阅读兴趣,但这一群体的同质性也使得他们具有一些共同的阅读偏向,图书馆可据此向老年人推荐阅读资料、配置馆藏资源。结合对老年人阅读的调查,以下主题可供参考:①医疗保健,主要是用通俗易懂的文字所介绍的、有关老年常见病的预防和护理、老年营养养生、老年健身等;②新闻时事,包括国内外时政、都市生活新闻、体育娱乐新闻等;③历史军事,包括历史典故、历史事件、人物传记、军事局势、军情战史等;④经济政策,包括股票、财经知识、老年医保政策、劳保政策、退休政策等;⑤兴趣爱好,包括园艺、旅游、棋牌、书画、摄影等;⑥生活实用知识,包括饮食烹饪、生活小窍门、幼儿护理、少儿培养、宠物照料等。当然,不同地区图书馆所面临的老年读者对象、地区状况存在差异,因而应当结合本地老年读者调查来提供文献资源,开展个性化的服务以达到更好的资源配置和老年阅读效果。

　　在载体形式上,首先,要结合老年人视力老花、下降,难以持久注视的现实,注意提供替代性载体的文献资源,在馆藏资源建设时可选择大字书、同类文献的大字版本(如《读者》大字版)、有声书进行采购,也可对本馆特色资源制作大字版、依照数字信息无障碍系统(Digital Accessible Information System, DAISY)标准制作有声书,还可精选有声书网站、听吧,提供相关链接。其次,老年人对报纸、杂志、视频更为青睐,图书馆可注重对此类型文献的提供。最后,图书馆自建、共享和网络链接了大量的优质数字资源,对老年人也具有吸引力。本研究显示老年人对数字资源评价较好,并有部分老年人用数字资源取代了传统的纸质资源,如

---

　　①　王晔斌,谷啸岳,曹芸,等.公共图书馆网站无障碍信息技术研究与实践[J].图书馆杂志,2014(7):78-82.

　　②　上海图书馆[EB/OL].[2015-05-08].http://www.library.sh.cn/.

　　③　无障碍数字图书馆[EB/OL].[2015-05-08].http://dlpwd.library.sh.cn/libweb/node2/node99/index.html.

　　④　中国首家无障碍数字图书馆在上海面世[EB/OL].[2015-05-08].http://www.chinanews.com/cul/2011/12-02/3505413.shtml.

　　⑤　潘少颖.探访上海图书馆无障碍数字图书馆[EB/OL].[2015-05-08].http://tech.sina.com.cn/it/2012-02-27/09076772726.shtml.

用网站新闻取代了过去惯常利用的报纸,显示出数字阅读在老年人中的巨大潜力,因此,图书馆要注意向老年人提供数字资源,中国国家数字图书馆、共享工程、中国盲人数字图书馆等大规模、面向一般公众用户、公益性数字图书馆资源应向老年读者推荐。

在提供方式上,图书馆需要综合运用多种方法为老年人提供所需的阅读资料。首先,对于纸质资源而言,可在一般的分类排架方式之外通过专题排架的方式展示新书、推荐优选资源,如台北县立图书馆针对老年读者设置了"乐龄阅读推荐书区"①;编制老年阅读推荐书目或主题书单,发布老年读者票选书目,统计馆借阅排行榜和老年读者借阅排行榜,通过同龄人的分享来增加老年读者的阅读积极性;实施读者导向的资源采购模式,采用老年读者自主选书、图书馆付费的方式来提高资源对老年读者的适用性和利用率;通过馆际互借、文献传递等服务扩大资源提供的来源范围,通过送书上门、朗读服务等服务提高资源获取的方便性,在服务中还可加入阅读指导,如棕榈滩县图书馆(Palm Beach County Library)提供的邮寄借书(Books-By-Mail)服务,就可应读者之需提供阅读建议和帮助②。其次,对于数字资源而言,提供方式更加多样,可将纸质资源的提供方式数字化,还要注意发挥数字化的优势,如提供关联推荐,可基于所有读者、其他老年读者、老年读者自身的借阅记录,推荐关联阅读资料;或开展网络投票、读者书评,实现阅读资料推荐的读者自组织;或开展定制服务,由读者在网上进行资源定制,由图书馆自动推送相关馆藏;或通过开放存取、文献传递方式扩展阅读范围。

案例1:芬兰欧璐市图书馆的老年人家庭定制服务③④

芬兰欧璐市图书馆(Oulu City Library)基于本市老年人迅速增多、老年人习惯使用互联网的现实状况,于2005年与芬兰技术与创新基金会(Funding Agency for Technology and Innovation, TEKES)合作,后者提供资助,开展了老年人家庭定制服务,旨在为老年人及残疾人提供他们所需阅读资料的个人服务。

欧璐市图书馆将欧璐市划分为不同的区,每个分馆就负责为在各区的老年人开展此项服务。这一服务的实施方式是当一名老年市民满足接受该服务的标准并获得图书馆同意时,图书馆员会对其开展面谈。在面谈中,受访者要签署授权书,允许图书馆员代为其办理各项图书馆手续,并有权保存老年读者的借阅信息和个人借阅记录。面谈还会进一步了解受访老年人的阅读偏好、之前的阅读经历、他们希望图书馆多久提供上门、希望借阅多少阅读资料,在此基础上,图书馆员会生成一份读者个人搜索配置文件。根据搜索配置,馆员会在馆藏数据库中为老年读者进行搜索,符合要求并且未借过的图书清单会被推送到读者的个人电脑上,搜索也可以限定在新到资源中。为便于这项服务的开展,图书馆提前生成了会

① 王尤敏,吴美美. 公共图书馆老年读者阅读行为研究初探[EB/OL]. [2014 - 10 - 19]. http://www.doc88. com/p-981346756207. html.

② Books-By-Mail[EB/OL]. [2014 - 10 - 19]. http://www. pbclibrary. org/services/books-by-mail.

③ 付跃安. 构筑阅读天堂:图书馆服务设计探索[M]. 广州:暨南大学出版社,2010:204 - 206.

④ Saraste M, Kyrki I. Finland The Oulu city library offers tailored home services for the elderly[EB/OL]. [2014 - 06 - 16]. http://slq. nu/? article = finland-the-oulu-city-library-offers-tailored-home-services-for-elderly.

引起老年用户兴趣的搜索模板,馆员可以根据所服务对象的个人情况修改模板,从而提供更有针对性的服务。因为老年读者经常对旧小说感兴趣,因此对此类资料的描述被突出了,在馆藏数据库中增加了文学类别、主题、时间、地点等主题词,并且使用了图书馆自编的关键词,如大字本、芬兰小说、真实故事等。这一方法现已扩展到对所有新增资料的描述中。

案例2:德国的"书籍搭建桥梁"朗读项目①

为了促进青少年和老年人之间的了解,2009年德国阅读基金会发起了"书籍搭建桥梁"项目,项目首先在比勒费尔德(Bielefeld)试运行,由8到10年级(大约是14至16岁)的青少年到老年人家中为老年人进行朗读。这些青少年在进行朗读之前要接受培训,具体读物由德国阅读基金会选择和提供,包括20本图书,有短故事、歌曲、神话传说、非小说类作品、诗歌等。一般一次活动不超过10个人,青少年给老人朗读最多10分钟,然后老年人和青少年一起对书中的话题进行讨论,之后商定下次要朗读的图书。一般每月进行两次。项目的试运行非常成功,在德国医疗保健部(Ministry for Health, Emancipation, Care)以及北莱茵—威斯特法伦州老年中心(Elderly in North-Rhine Westphalia)的支持下,该项目已经扩展到11个地区。德国阅读基金会建议当地的老年中心和学校可以一起开展此项目。

8.4.4　知识传播交流型模式

这一模式主要以读者活动的方式,在群体性知识传播和交流中达到阅读促进的效果,也有助于增强老年人的人际交往,满足其精神交流的需求。从实施方式来看,可采用老年人作为受传者的被动方式、平行的互动方式、老年人作为施传者的主动方式。其中,在老年人作为受传者的被动方式中,老年人主要通过活动接受自上而下传递来的新知、激发兴趣、直接或间接地获得阅读资料线索或资料文本,具体活动形式可包括讲座、展览、表演、读者作者见面会等,内容主题可选择老龄事务、老年社团活动、老年生活方式、体育健身、书画摄影、历史变迁、国家发展成就、电脑网络、隔代教育等。既要适应老年人需要,选择老年人关心和感兴趣的主题,也要注重引导性,向老年人展示同龄人的积极生活状态,从而产生示范效果;既要注重内容上的专业性、权威性、系统性,又要注重生动、通俗、易懂、多样化的形式表达。这类活动要发挥实效,主题性、日常性、周期性、相对的稳定性是很重要的,在一个设定的主题下开展有规律的系列活动有助于增强老年读者的熟悉感和参与度,如首都图书馆举办的"我谈老年人的体育生活"系列讲座在2010—2011年持续了一年,并已被纳入"文化部文化信息资源共享工程"和"北京文化信息资源共享服务平台"②。

平行的互动方式主要强调老年人之间知识分享和人际交流,由于多种因素的作用(如退休、随子女迁居异地、子女在国外、老友分散各地等),老年人的社会交往范围缩小,容易孤独寂寞,期望能结识朋友、加强人际交流和社会参与。平行的互动方式就主要利用读书会、英语学习会、书画学会等活动形式,提供老人间进行知识交流和人际互动的平台。对于这类活

---

①　赵俊玲,郭腊梅,杨绍志.阅读推广:理念·方法·案例[M].北京:国家图书馆出版社,2013:111-112.

②　北京市老年人体育协会.北京老年人体协努力拓展为老服务平台[EB/OL].[2014-01-09]. http://www.bjsports.gov.cn/publish/bjtyzh/116687/116693/20130513163123178260688/index.html.

动,长期的持续性发展是其成功的关键,因为这类活动往往会形成一个较为松散的组织,难以形成对参与者的强制性,但又需要有一定的约束力和吸引力以保证定期聚会、会下准备和会上的讨论分享,因而它对图书馆组织工作提出了更高的要求,除了提供场所外,还需要考虑确定读者组织的规则,做好聚会的主题策划和阅读资料准备,采取多样化、有吸引力的活动形式,进行广泛宣传和吸纳成员。在信息技术的支持下,图书馆还可以组织开展视频电话交流、网络社区交流等多种形式,如英国米德尔斯堡市图书馆组织了电话读书俱乐部,是适合居家老年人使用的电话会议,每个成员都会上传照片,从而可实现相互认识和交流,图书馆根据俱乐部选择的图书提供图书①。

在老年人作为施传者的主动方式中,老年人成为知识信息传播交流的主体,通过口述历史、真人图书馆、老年人做讲座等方式传递长期积累的人生智慧,分享阅读经验,讲述历史史实,既有助于自身梳理和深化阅读感受,也有利于促进代际沟通。2011 年,国际图联联合突尼斯图书和图书馆之友协会联合会(The Tunisian Federation of Library Friends and Book Association,FENAABIL)在国际座谈会上发表了《图书馆、阅读和代际对话的突尼斯宣言》(*The Tunisia Declaration on libraries,reading and intergenerational dialogue*),其中明确提出,"图书馆应利用它们丰富的基础设施开展跨代阅读推广项目,把年轻和年长的群体组织起来,促进他们阅读,增强相互间的理解和照顾双方的利益;图书馆应该为跨代的对话和学习提供机会和场所;图书馆应开展促进不同年龄组之间交流互动的服务项目,如老年人向婴儿、儿童和青少年提供的阅读活动;为了传递文化和传统,由老年人来讲故事……"②③。这一宣言既声明了图书馆以阅读为中介促进代际交流的使命,也提供了图书馆可资操作的形式,可作为图书馆的指导。在开展这类活动时,图书馆要注意选取阅读资料与传播主题之间的结合点,地方史、民族志、革命历史、机构史、子女培养、著名人物回忆、生活诀窍、读书故事等都可成为选择的主题。美国很多图书馆利用 Bi-Folkal 套件(Bi-Folkal Kits),其中包含诗歌、笑话、媒体展示、音乐、手持道具等,来支持老年人进行有意义的对话和唤起回忆,主题有回忆时尚、宠物、生日、非裔美国人生活、大萧条时代等④,这对我国是个很好的参考,图书馆可考虑引入这一工具,并根据我国国情进行主题调整。

无论是哪种方式,图书馆都要重视对活动的成果整理存档和开发利用,可以将讲座、展览、口述历史、真人图书馆等活动制作成视频形成本馆的特色资源,通过图书馆网站、手机短信、手机图书馆、微博、微信等公众平台进行提供,或通过各种合作关系的建立与图书馆同行、活动主题的相关机构和研究者、老龄机构进行共享;也可以创办读者组织的会刊在馆内或相关机构进行免费发放,并制作数字版本予以展示,对相关资料进行保存,精选精编资料进行公开出版或向研究机构进行主动提供。通过这些方式,最大限度地扩展活动成果的传播范围和社会效益。如美国布鲁克林公共图书馆(Brooklyn Public Library)开展名为"我们的街区,我们的故事"(Our Street,Our Stories)的社区口述历史项目,在项目中所产生的所有访

① 祝小霞. 英国公共图书馆老年人服务研究[J]. 企业导报,2014(10):193,11.

② 赵俊玲,郭腊梅,杨绍志. 阅读推广:理念·方法·案例[M]. 北京:国家图书馆出版社,2013:111 – 112.

③ The Tunisia Declaration on libraries,reading and intergenerational dialogue[EB/OL]. [2015 – 01 – 11]. http://www.ifla.org/publications/the-tunisia-declaration-on-libraries-reading-and-intergenerational-dialogue-english.

④ Bi-Folkal Kits[EB/OL]. [2013 – 04 – 05]. http://www.pbclibrary.org/services/books-by-mail.

谈资料都会在图书馆网站上存档,供老人家人、朋友和研究者聆听①。

案例:浙江省平湖市图书馆老年读书会②-④

　　平湖市图书馆创建于 1956 年,是浙江省最早的县级公共图书馆之一,它在 1985 年就成立了老年读书会并延续至今。读书会最初由王之焀等 14 位老人发起,成员以退休在家的工程师、会计、教师等知识分子为主,以后又扩展到公务员、教卫文体工作者、工人、个体劳动者等多个行业,至 2010 年 10 月,累计会员 127 名,平均每年有 5 位老年人加入。

　　"老年读书会"按中小学惯例将全年分为 2 个学期,每学期都制定一份学习活动计划,由馆领导参加读书会的每次开学典礼和总结大会,周日下午是集中学习活动日,由图书馆提供场地和供应茶水,2006 年平湖市图书馆搬迁后,新馆还专门设立了一间 200 多平方"老年读书会活动室"以供日常利用,学期末进行总结发言。老年读书会活动内容丰富多彩,开始时是一般意义上的读书、交流,并由读到写,后来从会员的职业特色和爱好特长出发,成立兴趣小组,经常邀请专家学者做时政、养生、盆景、书法和文学等专题讲座,由促膝交流,到老年朋友一起走出图书馆,四处游历参观,开展"老平湖(人)看新平湖"系列活动等。

　　《晚晴》是老年读书会的会刊,是老年读书会的凝聚力所在,前身是《读书园地》,创刊于 1985 年 5 月,早于老年读书会的成立,1986 年更名为《晚晴》,一年四期,从未间断,至 2011 年已出了 105 期。除提供刊印经费,馆领导还亲自负责审稿。《晚晴》的内容,一是读书心得,选登读书活动日的中心发言稿;二是会员的诗歌、散文及书法摄影等作品;三是服务于地方史志编写的"三亲"史料。稿源除会员撰稿外,其他老年读者,以及省外乃至海外的平湖籍人士都会来稿。逢"老年读书会"的大周年庆典,《晚晴》出刊《晚晴诗文集锦》、《莫道桑榆晚,读书正当时》等专辑,还和市老年大学合编《鹉湖桑榆吟唱集》等。

　　平湖市图书馆以"市民讲坛"为平台,积极为老年读者分享知识创造条件,由老年读者做演讲,先后举办"中医药与亚健康、疑难病的治疗——体制平衡学说""话说西瓜灯""红学讲座:一流女子邢岫烟""名家讲'弹'余音袅袅——琵琶演奏艺术专题讲座"等,深受欢迎⑤。

　　除了举办日常活动,编写《晚晴》外,老年读书会所做最多的便是回忆编写平湖的民国历史。几位年逾古稀的老人架着老花镜,围坐在茶几旁,向自己的同伴诉说六七十年前发生在同一片土地上的一件件大事,一位位大人物。这一篇篇"三亲"史料(亲历亲见亲闻的历史材料)写就的文章,极大地丰富了平湖的地方县志,尤其是一些细节事件。杨一鸣和陆松箔两位老先生回忆的《解放前平湖中医》,不仅将 20 世纪 20、30 年代平湖辉煌的中医事业还原到当下,更让戈菊庄、戈似庄、张镜湖、王辛昆这些老百姓曾经耳熟能详的中医大师重新浮现在平湖人的眼前。《第一个平湖女子篮球队》《平湖布庄简史》《平湖报业史略》《解放前平湖

---

　　①　Services for older adults[EB/OL].[2015 - 06 - 15]. http://www.bklynlibrary.org/seniors/.

　　②　张芳.公共图书馆老年读者服务工作的现状与创新[J].图书馆杂志,2012(10):107 - 109.

　　③　叶帆.为"新老年人"读者的创新服务与思考——以平湖市图书馆为例[J].图书馆研究与工作,2012(3):49 - 51.

　　④　周勤华."人间重晚晴":平湖市图书馆老年读书会[J].图书馆杂志,2012(10):105 - 107.

　　⑤　沈众英.夕阳无限好——谈平湖市图书馆的老年读者服务[C]//现代图书馆服务——浙江省图书馆学会第十一次学术研讨会论文集.绍兴:绍兴县图书馆,2008:90 - 92.

钱业的兴衰简史》《三易其会的平湖文艺会》……这些历史研究性文章,都出自读书会会员之手①。

老年读书会不仅丰富了老年人的晚年文化生活,促进了人际间的交流,而且为老年人规划生活、完成年轻时的夙愿、发挥和展现才智提供了很好的平台。据不完全统计,"平湖市图书馆老年读书会"成立以来,会员在报刊上发表百余篇文章,有两篇论文获全国比赛一等奖,有十几位会员出版诗集、散文集或专著。近10位会员分别成为"中国红学会""中国诗歌学会""中国民间文学家协会"等会员。

8.4.5 技能培训提高型模式

在终身学习的社会氛围中,人人都需要不断学习,老年人也不例外。他们对于学习的向往一是源于弥补心理,年轻时因为多种原因,无法学习自己感兴趣的知识,因而希望在老年时能够有途径来进行专门学习;二是源于追赶心理,新的时代发展会产生很多新事物、新知识,他们希望能跟上时代步伐,因而希望能够学习新知。技能培训提高型模式就主要针对这类需求,通过开设专门的电脑网络培训班促进老年人的数字阅读,开设图书馆利用培训班、书写技能培训班提高老年人的阅读和图书馆利用技能,还可开设英语培训班、摄影培训班、书画培训班等,并通过课堂中的教材和推荐资料促进老年人阅读。

图书馆在开展培训活动时应以内容为先,首先,要注重实用性,本研究就发现感知有用性对于老年人接触并坚持数字阅读具有根本性作用,这提示图书馆在安排培训内容时应突出有用性,直接面向老年人关心的问题,侧重实践操作内容、压缩理论内容,侧重老年生活所需的电脑网络技能、压缩与其老年状态关联较少的内容,如进行电脑网络培训时,EXCEL软件对多数老年人来说关系不大,就可进行压缩。其次,内容安排上应注意层次性和模块化,老年人的技能水平存在差异,需求也各有不同,因而培训应在内容上有对应差异,可开设初级、中级、高级或入门班、提高班、个性定制班等不同的层次,以适应和满足不同水平的老年人。老年人对培训内容有不同需求,图书馆可采用模块化教学,设置不同的教学主题模块,供老年人进行选择。如数字阅读有多重阅读工具,包括电脑、平板电脑、智能手机等,其操作方式各有不同,而老年人的工具选择各有差异,在此情况下,图书馆就可通过模块设置,给老年人提供选择空间。再次,应注重教材,老年人反应能力和熟练掌握能力都相对较弱,因而培训内容应能重复查阅、对照操作,为此培训中应选用或编写适宜的教材,图文形式形象生动、音频视频可反复播放,对于老年人来说都具有很强的吸引力,应作为优先考虑,文字内容应深入浅出、通俗易懂,切忌过多的专业术语。最后,应将培训与馆藏利用、信息服务链接结合起来,大量优质的馆藏资源有助于增进各主题培训的效果,也彰显出图书馆与其他老年机构如老年大学相较而言的自身特色和优势。因而,图书馆应主动将其融入培训活动之中,可在培训中加入图书馆资源介绍和利用方法的内容,如OPAC、各类数据库、共享工程、图书馆分类排架方法、文献传递、馆际互借等,可结合培训的不同模块推荐相应的馆藏资源、建立关联链接,引导老年人熟悉和利用图书馆馆藏。在技能培训之外,还应对其衍生出的问题进行预估,如电脑网络培训除了让老年人掌握数字阅读技能,还应预想到数字阅读的资源优选问题,以及老年人可能关注的内容和信息服务(政府网站、健康信息、办事平台等),提供相关资

---

① 周勤华."人间重晚晴":平湖市图书馆老年读书会[J].图书馆杂志,2012(10):105-107.

源推荐和关联链接。

方式方法是培训成功的另一个关键因素,首先,培训方式上应重视实践性、操作性,可采用手把手、对照操作、趣味练习、分享心得的方式支持老年人学习,增强培训效果。其次,培训人员应兼具专业性、耐心和亲切感,不仅能解答各种疑问,而且能够对老年人不厌其烦地反复讲解,本研究发现,耐心是老年人给图书馆员好评的重要原因,相对而言,多数老年人对子女支持不满意的地方之一就是缺乏耐心。老年人普通自尊心强,良好的态度所显示出的尊重既能满足他们对自尊的要求,也大大降低了他们的畏惧心理,能有效支持其参与培训。对于专业性强的内容,图书馆员难以担任培训讲解工作时,可考虑向外征集,寻找相关专家。再次,老年人技能掌握速度较慢,而且容易遗忘,还需要不定时地咨询馆员,因此,图书馆可通过咨询台、电话咨询及图书馆网站咨询、创建 QQ 群、微信群等方式,提供培训课后的咨询解答。最后,应鼓励老年人进行互助交流,培训对于老年人而言不仅意味着个体技能的提高、阅读资源的获取,也意味着置身于社会群体之中,因而,图书馆开展培训时除了馆员和志愿者的教习,还应鼓励老年人进行互助学习、互相交流,如可在培训中采用结对子练习、小组合作等方式。

案例:苏州图书馆"扶老上网"活动①

2008 年起,苏州图书馆以平江历史街区分馆为试点,推出了"扶老上网"免费培训活动。从 2010 年 6 月开始,苏州图书馆及各分馆全面开展了"扶老上网"免费培训。培训中,苏州图书馆依托总馆及各分馆的电子阅览室,提供"扶老上网"学习手册,开办电脑操作课程讲授,对自愿报名学习的老年读者开展培训和指导。培训由苏州图书馆辅导部、采编部、借阅部等几个部门共同合作开展,首先由辅导部编写"扶老上网——电脑入门基础教程"和"扶老上网——网络简明教程"教材,制作讲授课件,组织馆员进行先期培训,进而由借阅部和采编部在苏州图书馆本部及各分馆全面开展培训。

2011 年,苏州图书馆各分馆在原有活动的基础上,加强了与所在街道、社区的合作,扩大宣传面,增强宣传力度,在各培训点统一悬挂标牌,同时进一步细化工作,根据学员的实际需求开设了"基础、提高、兴趣"三类进阶式课程,并完善了相应教材,循序渐进地传授相关知识。基础班面向从来没有接触过电脑的学员,主要培训内容是认识计算机主机与外设及操作系统、学会正确的开关机以及鼠标和键盘的使用;提高班针对已经具备一定电脑常识的学员,主要内容是学习浏览器搜索功能、收藏夹的使用,学会申请 QQ、了解 QQ 的基本功能;兴趣班针对有一定经验并对电脑网络感兴趣的学员,主要内容是学会邮箱的使用以及下载资料,并可根据老年朋友的需求,提供相应的培训②。与此同时,还组织开展了针对不同阶段学员的"计算机技能竞赛"、网络征文、网页制作等活动,并评选出优秀学员予以奖励,还为学员建立了专门的读者交流群,由图书馆相关工作人员担任管理员,在线解答读者提问。对于图书馆员,严格各分馆人员的培训,培训合格的工作人员方能上岗教课,同时引入志愿者,采用

---

① 吴晞,肖荣梅. 公共图书馆读者服务案例[M]. 北京:北京师范大学出版社,2013:103-104.

② 线上技能大比拼 扶老上网展风采[N]. 苏州日报,2011-11-04(A09).

通俗易懂的授课，或手把手教授的方式开展培训①。

"扶老上网"培训项目因其零费用、零障碍，得到了老年读者的积极响应，活动一经推出，报名者如潮。至2013年，活动已累计有3000多名中老年读者接受了免费培训②，参加完培训的老年读者基本达到"一入两会"，即基本掌握电脑入门知识，初步学会打字、会上网。"扶老上网"活动获得了第五届苏州阅读节"优秀活动奖"。

8.4.6　阅读疗法模式

阅读疗法即以文献为媒介，将阅读作为保健、养生以及辅助治疗疾病的手段，使自己或指导他人通过对文献内容的学习、讨论和领悟，养护或恢复身心健康的一种方法③。最新数据显示，我国阿兹海默症患者数量为800万至1000万人，约占世界该病总人数的1/4，成为继心脏病、癌症和中风之后，导致老年人致残和死亡的第四大病因，至2020年，这一数字还将上升到1170万，而对此干预和不干预的效果差异很大④。同时，多项研究均显示阅读有助于老年人脑部灵活、预防阿兹海默症和认知功能障碍，也有助于调节情绪⑥-⑨。此外，阅读对于精神苦闷、寂寞的人也有纾解、抚慰的价值。因而，阅读疗法模式就主要针对有轻度认知障碍以及长期住院的、疗养院的老年人，由图书馆通过阅读书籍、朗读、听书等方式，刺激老年人增加脑力活动，开发大脑潜能，缓解其智力、记忆力等认知衰退状况，提供精神慰藉和心灵支持。

在开展这类活动时，首先要对认知功能障碍、阿兹海默症、抑郁症等建立正确认知，获取专业知识，了解其病症、病程发展，意识到外部刺激和支持具有预防和缓解的作用，了解实施认知刺激的策略方法。对于精神苦闷的老年人，则要了解其心情孤独、苦闷或烦躁的缘由，以便有针对性的选书，深入获取有关老年人心理的相关知识，为活动开展奠定基础。其次，国际图联于2007年发布了"图书馆为认知功能障碍群体服务指南"(*Guidelines for Library Services to Persons with Dementia*)，除了指出从早期到中期痴呆患者都可从图书馆体系中的阅读学习中获益外，也提供了非常具体的建议，涉及服务、资源、沟通等多方面，如在选书中列举了图画书、易朗读的书（短小、故事线简洁，如散文、寓言、诗歌、简单的谜语）、本地历史、有

---

①　"扶老上网"——免费培训基础班[EB/OL].[2015 - 02 - 06].http://www. weibo. com/1962962921/BjSicCQlL? type = comment#_rnd1434191392625.

②　苏州图书馆"扶老上网"[N].中国文化报,2013 - 03 - 22(8).

③　王波.阅读疗法[M].北京:海洋出版社,2007:11 - 12.

④　胡轶然.我国老年痴呆占世界总数1/4[EB/OL].[2015 - 07 - 01].http://www. 39yst. com/xinwen/284126. shtml.

⑤　张钰.读名著可防老年痴呆症[EB/OL].[2013 - 01 - 30].http://health. gog. com. cn/system/2006/12/21/001069071. shtml.

⑥　周东升,徐银儿,陈中鸣,等.老年人轻度认知功能障碍患病调查[J].中国公共卫生,2011,27(11):1375 - 1377.

⑦　Griffith R W. Reading to the elderly[EB/OL].[2012 - 07 - 08].http://www. healthandage. com/public/health-center/40/article/755/Reading-to-the-elderly. html.

⑧　Schooler C,Mulatu M S. The reciprocal effects of leisure time activities and intellectual functioning in older people:A longitudinal analysis[J].Psychology and aging,2001,16(3):466 - 482.

声书等,对图书馆来说是最具针对性的指导文件①。其他有关阅读疗法方面的专业研究成果和图书馆成功案例也可成为有效的参考。最后,要注重合作,阅读疗法模式仅依靠图书馆员的独立研究和实施显然是不够的,因而需要专业人士和专业体系的支持,在馆员培训、选书、操作方式等方面提供专业意见。

案例:丹麦图书馆"康复助读"项目②

这是一个图书馆为认知障碍群体提供特殊阅读援助工程,目的是利用图书馆丰富的信息资源和日益先进的技术条件,帮助认知功能障碍的老年群体阅读书刊、欣赏音乐、唤醒记忆等,以刺激其恢复记忆,修复受到损害的智商,同时也使老人身心愉快,改善其健康状况和生活质量。

项目所推荐使用的纸质媒介印刷品主要有以下几种:(1)带有多量的大幅图片或者照片的图书;(2)用于为读者朗读的普通书刊,全部都是篇幅短小、故事情节简单的作品,包括童话、短篇小说、随笔、杂文、小品文、流传久远的有韵诗歌和歌谣等;(3)针对处于认知功能障碍早期阶段的老年群体选出的方便阅读、通俗易懂的资料,包括专门为普通有阅读障碍、智力障碍的读者(不限制于老年人)所编写、出版的特殊图书,如 LL 图书(由瑞典首先开发并倡导使用的一种特殊读物,词语简单,夹有大量摄影图片、手绘插图);(4)主题与圣诞节、复活节等节日相关的图书,"餐桌图书"(一种豪华版大开本书刊,供品饮咖啡时阅读),介绍世界各国风光和文化的图册,这类书刊经常引起认知功能障碍群体的强烈兴趣,使其打破沉默,引发了表达的欲望;(5)有关乡土人情的资料、描述过去时代怀旧的书刊。这些图书最容易引起老人的回忆,也适用于作学习小组(一种助读组织形式)的教材,用以引起话题;(6)语速缓慢的朗读版书刊(也称录音书)。当然,各地图书馆馆并不局限于这套推荐清单范围内的资料,而是在实际工作中进行创造性发挥,从馆藏中挖掘更多可以利用的资料,重点推出介绍乡土历史、自然风光的老影片、老式唱片、盒式磁带、CD 光盘、音频 DAISY,并利用馆藏音乐资料提供录音类资料。这些在特殊读者中很有市场,对改善其智力、激活其思维确有真实效果。由于不少高龄认知功能障碍者都会较为熟练地使用计算机,各馆电子阅览室工作人员就帮助他们在网络上检索、浏览感兴趣的内容,老人们往往乐此不疲。利用电脑进行康复助读的方式不少,例如:馆员就屏幕上画面与老人们对话或就特定主题在网络上搜寻相关图片,然后加以讲解。馆员们还将有用的网址告之这些特殊读者的家属、陪护人员,以便身边人帮助操作,回家后可以继续"助读训练"。

恢复记忆,对认知功能障碍群体尤其重要,馆员们和老人家属、医生、陪护者合作,探索创新,如维德威公共图书馆利用馆藏书刊、画册、音频和视频资料制作"回忆箱",设置多个主题,如"学校生活""针线活""王室"等,通过小组座谈、课堂讨论或自学的方式来进行操作,取得良好收效,其中名为《丹麦王室家族》的主题资料库还成为经典性教材被长期推广使用。

---

①　Mortensen H A,Nielsen G S. Guidelines for library services to persons with dementia[EB/OL].[2015 - 07 - 01]. http://www.ifla.org/publications/ifla-professional-reports-104.

②　高林. 丹麦图书馆特殊老年读者群特别阅读援助活动[J]. 山东图书馆学刊,2010(4):86 - 89.

8.5　优化图书馆老年阅读促进的管理机制

老年阅读促进的不同模式的最终实现涉及管理规则、资源配置、资金支持、评估体系等一系列具体问题,如送书上门服务受到老年人的普遍欢迎,但对于图书馆来说就需要考虑资金、人力、馆藏复本量、物流等的配套及服务对象确定规则问题,可能还需要考虑各项投入的效率、效果问题,优化图书馆内部管理机制就是对这些具体问题进行解决落实,对其相互关系进行有效协调,从而切实实践阅读促进模式,增进社会效益。

8.5.1　健全经费保障机制

健全经费保障机制主要考虑资金的获取和资金的使用两方面问题:就经费的获取而言,在老年阅读促进中,无论是设施设备、馆藏资源的配备,还是人力、物流的服务,又或是服务规则的调整,都意味着大量的资金投入;而要保证阅读服务的长期持续性,资金的投入还需要是稳定的,因而需要拓展资金来源渠道、保障资金的稳定获取。就经费的使用而言,图书馆需要考虑老年阅读促进经费的科学预算和合理使用,避免经费的随意挪用问题,实现经费的落实到位,从而保障促进活动的切实开展。

对公共图书馆来说,上级主管部门的政府拨款是其经费的主要来源,对此,应从宏观和中观制度中进行明确规定,确定政府应尽职责,保证经费的稳定拨付,以及随通货膨胀和图书馆工作需要而来的经费增长。而在老年阅读促进的经费投入上,图书馆应在微观制度中予以保障,如前所述,广州图书馆的 2011—2015 年发展规划中就规定“设立专项经费,为一定数量不便出门的残障读者和老年读者提供送书上门服务”[①],青岛市图书馆也每年根据老年读者增长的比例,确定为老年读者服务用经费,并逐年增长,用于老年读者的经费比例从最初的 1.5% 增加到 2009 年的 3.36%,达到 40 余万元,主要用于改善老年阅读条件,增加文献及设施设备[②]。除此之外,图书馆还需要拓展更广泛的渠道,可从基金会、老龄机构、出版社、商业公司等处,通过项目申请、项目合作等方式获取更多老年阅读服务的资金支持,或者获得免费/低价的老年设施设备、文献资源。

对于所获得的经费,图书馆同样应在微观制度层面规定经费专款专用,并通过财务预算和报销等环节的管理来确保老年阅读促进经费不被随意挪用,规定相关的责任人及其责任;根据老年阅读服务的实施进展,对不同年度经费使用方向和内容进行调整和审核,如设备购置初期在经费使用上要给予较多倾斜,而在设备使用年限内则调整为维护费用,比例上就可压缩;对每年度老年阅读服务经费的使用情况进行审计,结合服务效果如老年读者数量增长、老年读者借阅量增加等,分析经费投入的效率,确保老年阅读服务经费的合理流向和使用。

---

①　广州图书馆 2011—2015 年发展规划［EB/OL］.［2013 - 11 - 20］. http://wenku. baidu. com/view/c62bfc8402d276a200292e18. html? re = view.

②　我馆重视做好老年读者优待工作［EB/OL］.［2012 - 02 - 11］. http://www. qdlib. net/list. asp? unid = 1313.

8.5.2 增设老年服务部门

老年读者在图书馆读者群体中所占的比例在不断增长,图书馆需要对这一群体予以重视,通过设置专门老年服务部门来开展有针对性、有系统的服务,如美国布鲁克林公共图书馆(Brooklyn Public Library)设置了老年服务部(Services for Older Adults Department),开展的老年服务可谓丰富多彩,包括开设了专门的"老年时刻"(Senior Moments)博客,延伸服务Books-to-Go 服务,邮寄借书(Books by Mail)服务,"创造性老化"项目(Creative Aging Programs),口述史活动"我们的街区,我们的故事"(Our Street,Our Stories),为老年人及其照顾者提供信息服务链接、讲座、展览、激发老年回忆的"话语和记忆"(Words and Memories)项目等①。在本研究的调查中少数图书馆单独设置了老年服务部门,但一些图书馆已经开设了老年阅览室、老年图书馆分馆等老年服务实践,而要使这些实践活动能够持久取得成效,从内部管理上将老年服务从一般读者服务中独立出来,专设老年服务部门是一个较好的策略,因而,图书馆可在读者服务部下设立老年服务分部,配备专门人员。

专设的老年服务部应开展针对性的工作,包括:①开展老年读者调查,了解其阅读需求,对本馆办证老年读者的情况进行了解,对有特殊情况和提出特别申请的老年读者进行登记建档,在图书馆馆内、馆外流通点、流动图书馆、自助图书馆等提供对应的老年阅读资源和服务。②以老年阅览室、老年活动室、老年图书馆等为阵地,开展多种在馆阅读促进活动;以图书馆网站、手机图书馆、博客、微博、微信等平台为基础,开展网络阅读促进行动;关注国内外老年阅读促进成功经验和指导文件,不断创新老年阅读服务方式。③开展馆员培训工作,获取有关老年生理、心理、老化等方面的专业知识,学习图书馆老年服务指南和成功案例;设置志愿者招募要求、参与招募工作并进行老年服务志愿者的考核。④与馆内其他部门进行沟通,反馈读者意见,共同探讨适应老年人的服务方式和环境塑造;与老龄机构、老年大学、养老院、出版社、基金会等外部机构进行沟通、联系,开展形式多样的合作,获取反馈意见和建议,对应改进工作;与老年人的家属或看护人合作,获取老年人相关信息和阅读需求,进行服务沟通。⑤对老年阅读促进工作成效进行数据调查、收集和分析,实施老年阅读促进的评估工作,根据评估结果进行工作调整,推动阅读促进工作的持续发展和不断改进。

8.5.3 活化老年读者管理规章

人性化的管理规章会在约束和自由之间取得平衡,真正体现人本主义精神,但现有读者管理规则中还存在不足,需要改进。首先,在规章语言表达上过于生硬,多是"严禁""禁止"的字眼,强调遵守和服从,给人一种居高临下之感,也就容易使人产生抗拒心理。因而,应在规章用语上采用更亲切、温和的表达,如"请勿"的效果就会好于"严禁"。

其次,现有规章在内容上多是强制性的、整齐划一的硬性管理约束,从读者角度考虑得较少,对老年人来说,他们的一些特殊情况如身体不便、困居家中使其难以达到硬性规定要求,因而应考虑老年人的特殊状况,活化图书馆读者服务的管理规章。如老年人有的行动不便,难以亲自到馆办理借阅手续,读者规章中应允许由其委托人实施借阅程序,青岛市图书

---

① Services for older adults[EB/OL].[2015 – 06 – 21].http://www.bklynlibrary.org/seniors/.

馆就实行老年读者可由亲属代借代还图书的规定①。再如,有的老年人阅读量大,也有的老年人去一次图书馆过程艰难,图书馆应在借阅量上进行灵活规定,允许根据老人的申请,在审核通过后增加借阅量、延长借阅期限,或者作为奖励措施,根据过去的借阅量按比例增加今后的借阅权限。如上海图书馆与全市"一卡通"各区县、街镇公共图书馆共同推出"6＋4"服务,增加"一卡通"(含少儿)外借图书的数量,在外借图书一次6册的基础上,增加4册借阅量,让读者一次可借更多的图书回家②。又如,有的老年人记忆力差,容易遗忘或记错还书日期,读者管理规章中应设置适当的豁免期,在此时间范围内免除还书滞纳金,或者以更为积极的方式如提供短时间志愿服务、做有关图书馆管理规章或图书馆利用的题目、提交借阅文献的阅读心得等取代滞纳金,避免一罚了事的简单粗暴方式,也起到了促进阅读和图书馆利用的效果。在此方面,国内外有些图书馆已经走在前列,采取了更为积极大胆的做法,如伯明翰公共图书馆(Birmingham Public Library)针对杰弗逊县老年人或困居家中的人士,开展邮寄借书(Books-By-Mail)服务,就规定不收取逾期滞纳金③,并已坚持多年。国内中山大学图书馆多年前就取消了超期罚款,只需在电脑上做50道有关借阅规则的选择题,以进一步熟悉图书借阅规则,便可免责;2014年4月23日在全国图书馆界率先实施"阅读无止境,借阅不限量"政策,全面解除借阅图书数量限制;又从2015年起设立图书借阅超期责任豁免日(简称"超期豁免日"):每年4月23日("世界读书日"),9月10日(教师节),9月28日(孔子诞辰纪念日)和11月12日(孙中山诞辰日、中山大学校庆日),归还超期借阅图书的读者,享受豁免超期借阅图书责任的普惠待遇;超期借阅图书的读者亦可在"超期豁免日"办理图书续借手续,原有借阅超期责任同时自动免除④。

8.5.4　完善图书馆延伸服务体系

延伸在馆服务对于以社区生活为主的老年人而言,具有重要意义,有助于他们获得近在身边的资源,也是图书馆践行为老服务方便性原则的重要举措。依托国家大力开展公共文化服务体系建设的历史机遇,图书馆服务体系建设卓有成效,经过多年建设,我国已初步实现了图书馆服务体系的普遍覆盖。但目前图书馆延伸服务体系还存在明显不足,表现为图书馆服务较多集中于发达地区、城市和城市的中心地带,广大的乡镇地区、城市郊区则非常薄弱甚至成为真空地带,而即使是前者,对于一些老年人来说,图书馆服务对他们仍是可望而不可即,因而,还需要图书馆继续发展延伸服务体系,将服务渗透到老年群体的生活场所之中。

社区是老年人活动的主要场所,为此,图书馆应着力解决好类似"最后一公里"的问题,提高服务的覆盖面。首先,应继续实施和加强总分馆体系建设,从宏观高度对一个地区的图书馆建设与服务进行设计、规划和布局,在此其中应特别注意将城市中郊区、街道和农村中

①　我馆重视做好老年读者优待工作[EB/OL].[2012-02-11].http://www.qdlib.net/list.asp?unid=1313.

②　徐颖.上海图书馆公布年度阅读账单"借阅达人"一年借书2846册[EB/OL].[2015-06-30].http://gov.eastday.com/renda/2012shwl/n/node16470/u1a6006176.html.

③　Books-By-Mail[EB/OL].[2015-06-30].http://www.bham.lib.al.us/services/BooksByMail/.

④　程焕文.中山大学图书馆设立"超期豁免日"[EB/OL].[2015-06-30].http://blog.sina.com.cn/s/blog_4978019f0102vog7.html.

村镇纳入分馆建设规划中,对文化信息资源共享工程、乡镇综合文化站、农家书屋等项目建设的基层服务点按照图书馆的专业特点和规律进行专业化改造。目前广东、浙江的嘉兴和杭州、江苏苏州等地已采取了多种形式将街道、乡镇、村的基层图书馆(室)纳入城市中心馆的总分馆体系之中,并开始了专业化运行①,将公共图书馆与其他类型图书馆共同形成图书馆服务体系的实践创新也在部分地区如浙江嘉兴实施,并根据人口分布密度进行专业化建设规划②,这一切都在切实延伸着公共图书馆的专业化服务触角,值得在更广范围内推行。此外,《乡镇图书馆管理规范》《乡镇图书馆服务规范》《乡镇图书馆统计指南》《乡镇图书馆评估指南》《社区图书馆服务指南》和《社区图书馆建设指南》等一系列标准的制定和立项也有利于基层馆的专业化建设水平的提高,也应在基层馆(室)的建设中切实履行。图书馆服务体系在普惠全民的同时,也使老年人从中受益,如嘉兴市图书馆于2013年在嘉兴老年大学设立的分馆,就是全市城乡一体化公共图书馆服务体系的组成之一,可与市图书馆总馆及全市其他各级分馆实现通借通还③。此外,图书馆还应通过自助图书馆、流动图书馆、固定流通点、送书上门、送书下乡等方式将阅读资源和服务延伸到老年人身边,并在服务标识、文献资源、设施设备、服务方式上关注和适应老年读者需求。

养老院、老年大学、老年活动中心等地也是老年人集中的场所,图书馆可通过合作灵活延展服务范围,一是"走出去",可在这些场所建立图书馆分馆、图书室或流动点,如南京图书馆在玄武区老年公寓设立了图书流通点④,安徽省芜湖市繁昌县图书馆在老年大学建立分馆,每月更换交流图书杂志⑤;或者向这些场所捐赠文献资料,如大连市长海县图书馆到大长山岛镇养老中心,为那里的老人们建立了"爱心书架",送去千余册图书⑥;或者向这些场所老年人开展培训,如陕西省宝鸡市眉县图书馆开设了多期老年大学计算机培训班⑦。二是"引进来",可在图书馆内设立老年大学分校或图书室等,如福建永安市图书馆与老年大学毗邻,就在图书馆内设立了老年大学图书室⑧,佳木斯市图书馆与市老年大学联合创办佳木斯市老年大学图书馆分校⑨,同样达到了服务延伸的目的。

---

① 于良芝.我国基层图书馆的专业化改造——从全覆盖到可持续的战略转向[J].图书馆建设,2011(10):7-11.

② 李超平.嘉兴模式的延伸与深化:从总分馆体系到图书馆服务体系[J].中国图书馆学报,2012(3):12-19.

③ 嘉兴市图书馆老年大学分馆正式开放[EB/OL].[2015-02-20].http://www.jxlndx.com/tonyon.asp? jx_id=580.

④ 单红彬,陆君.南京图书馆玄武区老年公寓图书流通点挂牌仪式隆重举行[EB/OL].[2015-06-04].http://www.jslib.org.cn/pub/njlib/njlib_hdzn/njlib_ldtsg/200601/t20060116_58760.htm.

⑤ 赵敏.书香飘进老年大学——践行党的群众路线教育实践活动[EB/OL].[2015-06-04].http://www.ahlib.com/contents/1037/18145.html.

⑥ 李良.长海县图书馆千余册图书送给养老中心老人[EB/OL].[2015-06-04].http://dalian.run-sky.com/2015-03/16/content_5210305.htm.

⑦ 眉县图书馆第十期老年大学计算机培训班开[EB/OL].[2015-06-04].http://article.mei5w.com/article_37164.html.

⑧ 永安老年大学图书室在市图书馆挂牌[EB/OL].[2015-06-04].http://www.yalndx.org/news/html/? 891.html.

⑨ 张进.佳木斯老年大学图书馆分校成立[J].图书馆建设,2002(3):93.

8.5.5 发展老年人参与机制

第二届世界老年大会发布的《政治宣言》提出："老年人的潜力是未来发展的强大基础，这使社会能够越来越多地依赖老年人的技能、经验和智慧，不仅是为了让他们在改善自身福祉方面发挥主导作用，也是为了让他们积极参与整个社会的改善。"①图书馆发展老年人参与机制，不仅有利于发挥其知识智慧和社交网络的作用，有助于图书馆阅读促进管理和服务水平的提高，而且有利于充实老年闲暇生活、提高老年活动水平和社会参与程度、提高自信和社会认同感，会产生双赢效应。

发展老年人参与机制包括确立老年参与的途径、方式、要求、管理和激励机制等。从参与途径来看，图书馆应秉持积极开放的心态，相信老年读者的力量，从多种途径来获得老年读者对阅读促进工作的参与和支持。招募和邀请是其中最主要的两种途径，其中，招募主要是通过公开渠道如图书馆网站、广播、电视、报纸等，面向社会招募老年志愿者，发布招募公告、说明工作内容、明确招募要求。如温州图书馆的招募公告就表明招募工作内容是"参与图书馆阅读引导和读者管理工作"，规定申请条件为"年龄70周岁以下，身体健康，品德良好；具有奉献精神，热爱图书馆文化事业；遵守国家的各项法律、法规和规章制度；具有一定的沟通能力，具备稳定的业余时间"②。邀请主要是图书馆根据工作内容，主动与具有相关专业知识或参与能力的老年人联系，获得他们的参与许可。如辽宁省朝阳市图书馆邀请市楹联、书法、器乐、大地书法、太极拳等老年志愿者中的专业人士深入军营，开展"传播优秀文化、点亮军旅生活"文化送军营活动③。

确立老年参与的方式和要求需要图书馆根据老年阅读促进的服务模式，制订相应的工作计划，分析和确定有哪些工作和管理环节需要引入老年参与，并结合老年参与的不同方式，明确对老年参与者的要求。就参与方式而言，在阅读促进的不同服务模式中均可引入老年读者，他们可成为图书馆的"阅读推广人"，通过现身说法、典型示范、宣传咨询等方式来推动阅读；也可参与到图书馆老年阅读资源的建设和提供之中，可组织征求老年读者意见、参与送书上门和对面朗读等工作中；也可参与组织知识交流传播，协助组建老年读书会并组织日常活动，参与老少共读、老年真人图书馆等；也可协助实施对其他老年人的技能培训，由技能熟练者指导初学者和技能生疏者；还可参与策划康复助读的活动主题以及谈话活动。此外，老年读者可参与图书馆馆务工作的管理之中，吸纳老年读者加入读者顾问委员会或图书馆之友之中，参与图书馆活动规划；通过创建读者座谈会、意见簿等方式发表对图书馆的意见和建议；协助开展读者调查，并向图书馆进行反馈；协助建立图书馆与老龄机构或其他机构之间的合作。

对于老年参与者，图书馆应采取适当的管理举措，重点应关注以下问题：①建立基本的参与流程和标准，确立基本的管理制度。图书馆应对老年参与者的参与方式、权利和责任、

---

① 马德里政治宣言[EB/OL].[2015-01-12].http://www.un.org/chinese/esa/ageing/declaration.htm.

② 温州市图书馆招募老年志愿者[EB/OL].[2015-06-25].http://www.wenzhou.gov.cn/art/2012/2/12/art_5481_204899.html

③ 李松娟.老年文化志愿者文化大餐送军营[EB/OL].[2015-06-25].http://www.ln.chinanews.com/html/2015-02-04/1020328.html.

工作流程和标准要求、评估和反馈方式、进入与退出机制、轮调与休闲安排、激励方式等进行明确的制度规定。②提供培训和自我增值的机会，图书馆应为老年志愿者提供培训，以便他们了解图书馆的整体情况，包括工作流程、组织机构、规则制度、服务理念等，理解所需要完成的工作，针对具体工作岗位进行岗前培训①，在获得老年读者志愿服务的同时，图书馆也应结合不同的岗位轮调，支持他们学习新知。③重视对老年参与者的赋权和增权，图书馆要给予老年参与者与本馆官员同样的尊重，赋予他们一定的工作自主权、参与图书馆内部工作讨论和建议权、活动组织权、信息反馈权、个人信息保密权、岗位轮调权，还应在可能的条件下，为他们安排一些休闲活动。④实施有效的激励措施，除了物质奖励外，多数老年人是以志愿形式参与的，因而精神奖励更为重要。图书馆可采取优秀志愿者评奖方式，给予工作认真的老年人以荣誉和奖品激励；可以向老年参与者发放志愿服务证明，表示感谢；也可采取借阅奖励，如规定志愿工作达多长时间，在馆借阅量可增加多少本，时间与借阅量增长可呈阶梯式增长，也可允许老年人将此奖励转赠家人或他人；还可以采取类似养老"时间储蓄"的方式，将老年志愿者所服务的时间记录下来，将来也可接受其他志愿者为其提供同等时间的服务等。

8.5.6 建立阅读促进评估机制

对老年人的阅读推广在前期资源投入不菲，在图书馆资源（包括经费、馆藏、设备、人力等）有限和多方投放（如少儿阅读、社会阅读、残障阅读等）的情况下，对老年阅读促进的投入是否获得有效的产出会影响着对这一工作必要性和是否继续投入的判断。从社会收益来看，老年阅读促进工作是否实现了阅读促进的目标（即无兴趣的培养阅读兴趣、有阅读行为的增加了阅读量、阅读兴趣单一的扩展了阅读兴趣、有阅读障碍的跨越了障碍），是否对老年人精神满足和社会生活带来积极影响，又将影响着对这一工作开展是否有价值的判断。而要做出这些判断，都离不开对阅读促进的评估，但目前这方面的研究和实践都付诸阙如，因而需要特别重视和探索。而无论如何，评估"不能停留在参加开幕式的领导的级别高低、人数多少，场面是否宏大壮观，参与人数是否众多，发放材料是否海量，媒体记者是否云集等表面指标"②，而应该全面研究评估角度、内容和方式，从而确定适宜的评估机制。

从评估角度来看，一是从图书馆角度，进行绩效评估，也就是按照统一的指标，采用相应的方法，对图书馆老年阅读促进工作的投入与产出的效果和效率进行测评，其中投入包括资金、人员、馆藏、设施设备、空间场所等③，产出可从一定时期内老年读者的增加数量和速度、老年读者的借阅流通量、老年阅读促进活动的参与者数量、送书上门的读者参与数量、老年读者对电子书阅读器的外借数量、老年读者对数字阅读的下载量等。二是从老年读者角度，进行成效评估，显示出图书馆所做的工作对终端用户即老年读者的影响，既可以是阅读态度从消极到积极、阅读兴趣从无到有、阅读量从少到多、阅读范围从单一到丰富等一系列的变

① 何凤丽.老龄化社会中老年志愿者在图书馆中的作用[J].山东省农业管理干部学院学报,2010(3):191-192.

② 王波.图书馆阅读推广亟待研究的若干问题[J].图书与情报,2011(5):32-35,45.

③ 向远媛,温国强.大学图书馆成效评估及其指标体系构建探索[J].大学图书馆学报,2011(3):11-16,21.

化,也可以是在知识和技能(如老年人可以独立使用数字阅读工具)、感知和信心(老年人建立了对自己的自信)、特定行为(老年读者通过阅读获得保健信息)、生活质量(老年读者生活更充实)、社会和经济(老年读者有更多的社会关系)等方面所发生的变化。这两种角度对于评价图书馆阅读促进工作都有意义,前者有助于了解图书馆的资源配置效率,后者可了解促进工作所产生的用户变化,两者结合可形成对图书馆各项阅读促进工作的全面质量评估。

从评估内容来看,阅读促进工作中主要涉及老年群体、阅读促进活动和阅读资料三大要素,而每一要素都具有不同的细分类别,如阅读资料从载体上看包括图书、报纸、杂志、数字载体等,从主题上看主要可分为小说类和非小说类,每一要素的不同类别都可能独立地或与其他要素的各类别关联地构成阅读促进评估的内容①,主要包括对不同老年人的效果评估、不同促进方式的效果评估、不同阅读资料的效果评估,以及相互交叉所形成的领域如对不同老年人的不同阅读促进方式的效果评估、不同促进方式中采用的不同阅读资料的效果评估、对不同老年人的不同阅读资料的效果评估等。在具体实施时,评估内容会更加细致,如诗歌在阅读疗法型促进活动中的效果评估、电脑培训班对老年人数字阅读的效果评估等,由此阅读促进评估会展现为一个宽广的研究和实践领域。

从评估方式来看,不同的评估角度和不同的评估内容都意味着要采用不同的评估方式,采用绩效评估时,从多个维度建立一套科学的指标体系是主要的评估方式,在一般的图书馆绩效评估中所采用的一些评估标准可做参考,如 ISO2789"国际图书馆统计"、ISO11620"图书馆绩效指标"、ISO/TR20983"电子图书馆服务绩效指标"等,更关键的是要对图书馆老年阅读促进工作进行深入的调查从而获取评估维度,建立各层次的指标,并在实践运用中不断加以完善。采用成效评估时,可采用条件价值法、消费者剩余法、读者满意度调查、行动研究法等方式,条件价值法是根据效用最大化原理,采用问卷调查直接询问人们在假设性市场中对某项产品或服务的支付意愿或接受意愿,如询问老年读者:"如果需要您付费参加这次讲座,您愿意为此支付多少钱?"得到的回答就是支付意愿金额,或者从接受意愿来询问,如"如果图书馆不办此次展览,您需要图书馆给您多少钱作为补偿",现行图书馆评估时更倾向于选择较保守的支付意愿法。消费者剩余法对于图书馆而言,主要指老年读者要在社会上其他的营利性机构获得与图书馆相同的服务,必须要支付一定的费用,如老年大学的电脑培训班,而在图书馆则基本是免费的,这两者之间的差异对于老年读者来说就获得了消费者剩余②。读者满意度调查是采取直接问答的方式,询问老年读者对某项促进活动的满意程度。行动研究法是研究与行动结合的一种研究方法,即参与者基于解决问题的需要,与专家、学者或组织中的成员共同合作,将问题发展成研究主题,通过对具体问题和情景的多视角、多层次的观察和分析,综合应用众多科学的知识、方法和技术,并以"科学地发现事实""解释事实"为基础,以解决问题为目标的"诊断性"研究③。如可采用电脑态度量表(Computer At-

① 于良芝,于斌斌.图书馆阅读推广——循证图书馆学(EBL)的典型领域[J].国家图书馆学刊,2014(6):9-16.

② 于良芝,许晓霞,张广钦.公共图书馆基本原理[M].北京:北京师范大学出版社,2012:153-154.

③ 向远媛,温国强.大学图书馆成效评估及其指标体系构建探索[J].大学图书馆学报,2011(3):11-16,21.

titude Scale)和电脑自我效能感测评(Computer Self-Efficacy Measure)进行事前事中事后的测评,并结合老年用户满意度调查、对老年用户访谈来评估图书馆老年电脑培训的成效。

8.5.7　强化与外部机构的合作机制

与外部机构合作对于图书馆开展和完善老年阅读促进服务而言必不可少,从合作对象和合作范围来看,也存在巨大的合作潜力和宽广的合作空间。首先,公共图书馆应与其他图书馆(包括其他公共馆、高校馆、企业馆等)合作,在各地均面临老龄化日渐深化的背景中,各地公共图书馆都将越来越关注老年读者,在老年阅读促进工作展开更多的合作互助,而高校图书馆、科研图书馆、企业图书馆等虽多未向社会开放,但本单位离退休老年职工仍是图书馆的用户之一,因而这些类型图书馆也需要关注老年阅读促进。同时,这些离退休老年人可能还是公共馆的用户之一,随着高校馆向社会开放在一些地区的施行,公共图书馆的老年用户也可能会利用高校馆。总之,老年读者对不同类型图书馆的交叉利用奠定了各馆进行合作的基础。当然,这一合作也获得了制度支持,联合国教科文组织发布的《学校图书馆宣言》提出,"学校图书馆必须向学校辖区所有成员提供平等的服务……必须向那些不能获得图书馆正常服务和资料的用户提供特殊服务","学校图书馆应当加入本地区和本国图书馆及信息网"①;我国《普通高等学校图书馆规程》第 21 条指出"有条件的高等学校图书馆应尽可能向社会读者和社区读者开放"②;《北京市图书馆条例》将各类图书馆纳入统一法制规范中,其中为老年人提供方便的法规也是适用于学校、科研图书馆的。从合作条件来看,各类型图书馆在馆藏、服务等方面各有特色,通过合作也可互通有无,而且现实中不同图书馆之间的合作也已有多年基础,如上海市文献资源共建共享协作网就将上海地区公共、高校、科研、情报四大系统的图书情报机构纳入其中,进行联网,并在信息平台、文献采购协调、实施信息服务与人才培养的主要合作③。所有这些都支持了各类图书馆之间开展合作,共同促进老年人阅读,合作内容主要包括:①共建图书馆服务体系或协作网络,从而支持图书馆之间进行资源共享、通借通还、阅读促进活动策划与实施、联合咨询以及人员交流培训等。②实现资源共享,通过图书馆联盟、区域图书馆服务体系、馆际互借、文献传递、资源共享协议等多种方式实现跨地区、跨系统的互联互通,满足本馆老年读者的阅读需求,并向其推荐他馆的优秀阅读资料,扩展其阅读范围。③合作策划阅读活动,不同类型图书馆还可共同策划,在图书馆联盟、区域服务体系中联合推出老年阅读促进项目。④进行经验交流,公共馆之间以及公共馆与其他馆通过合作能够对老年读者的阅读特点进行更充分的了解,对老年人利用不同类图书馆的状况进行比较分析,对各馆老年阅读促进工作的成功经验进行分享、学习。

其次,图书馆应与政府老年相关机构合作。民政局、养老院、老年大学、老年医疗、老年社会工作、老年科研等老年相关机构,长期处理老年相关事务或开展老年相关工作,应成为图书馆合作的主要对象。合作内容主要包括:①开展老年读者调查,图书馆与这些机构合作可以很方便地了解本地区、本社区老年人和老龄化状况,也有利于合作组织老年读者阅读调

---

① 　孙淑宁,等译. 学校图书馆宣言[J]. 图书馆论坛,2001(4):108,110.

② 　教育部关于印发《普通高等学校图书馆规程(修订)》的通知[EB/OL]. [2015 – 02 – 21]. http://www. moe. edu. cn/publicfiles/business/htmlfiles/moe/moe_23/200202/221. html.

③ 　协作网简介[EB/OL]. [2015 – 02 – 21]. http://www. libnet. sh. cn/newsirn/.

查,充分了解图书馆所服务区域的老年人阅读特点,从而提供有针对性的服务。②联合发布信息,共建老年阅读资源。可在这些机构的对外平台上发布图书馆老年阅读服务的相关信息,建立到图书馆的链接,反过来,图书馆也可在自身的对外平台上创建指向老年相关机构及其服务的链接和介绍。如美国政府门户网站上会有指向公共图书馆老年服务的链接,反过来,图书馆也会建立信息链接集合,包括老年健康、医疗、老年事务等信息或机构网站的简介及网址链接。还可以通过老年相关机构捐赠、提交的方式获得更多老年相关资料和阅读资源,充实图书馆馆藏,如山东滨州市老龄办向黄河社区图书室捐赠价值 20000 元的图书 1000 册,图书种类涉及老年养生、书法、绘画、文艺等方面[①]。③合作开展阅读促进活动,图书馆在此方面的合作多有先例,如与老年大学合作开展电脑培训、与养老院合作开设图书室或图书馆流通点、互办老年大学图书馆分校和图书馆老年大学分馆等,这些良好范例值得推广,并应通过经费、场地、人员、技术等方面的互相支持来不断探索更多的合作形式。④共同推动老年读者参与,图书馆可以通过机构合作方式,更有效地获得更多的老年读者参与,如宁波老年大学老年志愿者服务总队共有志愿者 2000 多人,服务范围涉及文化、艺术、支教、扶贫等多个领域,2015 年宁波市图书馆与其合作,共同成立宁波老年大学志愿者服务基地,为读者提供书籍借阅服务、沙龙活动服务,指引导向服务等多项志愿服务工作,这对图书馆原先以年轻学生为主力的志愿者队伍就是一个强有力的补充[②]。⑤开展人员培训和专业知识交流,老年相关机构可以为图书馆提供有关老年生理、心理、老龄化政策、老年社会工作技巧等方面的专业支持,开展对馆员的专业培训,同时,图书馆也可向这些机构提供图书馆服务方面的相关知识,为其建立图书馆(室)提供技术支持和人员培训。双方的良性沟通将有助于创新老年阅读促进的活动形式,如丹麦的隆格·特贝克公共图书馆在对认知障碍老年人开展康复助读活动中,就与该市的"认知功能障碍群体事务协调员"经常商讨合作事宜,共同举办了以"当记忆力衰退时"为主题的活动日,医疗机构的医生、患者家属、当地阿尔茨海默病援助团体的代表、图书馆工作人员一起进行交流。在此基础上,图书馆馆员们开始着手整理确定"认知功能障碍群体康复助读专用资料目录",之后市认知功能障碍群体事务协调员与丹麦的"回忆中心"文化机构,根据图书馆提供的资料,复原了 20 世纪 30 年代和 40 年代民居的起居室,原样重建了 50 年代家庭中的饭厅,为康复助读创造了身临其境的环境[③]。

　　再次,图书馆应与大众媒体合作。图书馆历来多通过与广播、电视、报纸等大众媒体合作,进行自身活动宣传,这也是合作的主要内容。如《浙江老年报》上刊登《老年读书会,晚晴放异彩》专稿、平湖电视台拍摄专题片《晚晴》都扩大了平湖市图书馆老年读书会的社会影响[④]。除此之外,在社会力量共同推动全民阅读的良好氛围中,中国全民阅读媒体联盟、湖北省全民阅读媒体联盟相继成立,联合了多家媒体共同倡导阅读理念、推介优质阅读内容、引导阅读风向,当此背景中,双方的合作应有更多的内容,如可在老年推荐书目方面,既可以图书馆老年读者借阅记录为基础,也可以媒体的广泛征集来收集老年读者的意见,从而建立

① 王君彩,刘迎辉.滨州市老龄办向黄河社区捐赠图书 1000 册[EB/OL].[2015 - 02 - 21].http//binzhou. dzwww. com/bzhxw/201305/t20130508_8348428. htm.

② 金晓,章笑笑.老年大学志愿者服务基地在市图书馆成立[N].宁波晚报,2015 - 05 - 23(A10).

③ 高林.丹麦图书馆特殊老年读者群特别阅读援助活动[J].山东图书馆学刊,2010(4):86 - 89.

④ 张芳.公共图书馆老年读者服务工作的现状与创新[J].图书馆杂志,2012(10):107 - 109.

适合老年读者需求的推荐书目;可在媒体中开设图书馆阅读专栏,在其中进行图书馆利用知识宣传和进行阅读导读;媒体可为图书馆老年阅读活动拍摄专题节目并进行播放;可由媒体和图书馆合作开展老年读者阅读故事的征文活动;图书馆可将媒体资源在获得授权后加入本馆资源体系中,或建立网络链接,加入数字资源链接;可将媒体中老年人感兴趣的内容整理汇总,在图书馆开办展览、创建资料汇编或数据库等等。

最后,图书馆应与企业及其他社会机构合作,合作对象覆盖出版社、老年网站、各类企业、法律信息中心、财经机构、基金会、交通部门、公安部门等等,合作内容也同样涉及广泛,包括:①为图书馆服务提供资金支持,美国在此方面经验丰富,如克利夫兰公共图书馆的"老年关联在克利夫兰公共图书馆"(SeniorsConnect@ Cleveland Public Library)项目中用于开展"车轮上的大学"(People's University on Wheels)的经费就来自于 Judd 基金会[1]。②共建老龄书目,充实老年阅读资源。图书馆可与出版社合作建立老年推荐书目,为图书馆采购提供有质量保障的老年读物,如《金色年代》杂志社推出"金色书系",既有引进版权的图书《50 岁新生活开始》,也有原创图书《家庭关系和谐法》《防治老年病健康法》《营养健康美食法》等[2];再如我国国家新闻出版广电总局与全国老龄工作委员会自 2014 年以来共同组织的"向全国老年人推荐优秀出版物活动",挑选适合老年人阅读需求的读物,这些都为图书馆馆藏建设提供了很好的参考。③合作开展阅读促进活动,如澳大利亚新南威尔士州冈尼达图书馆(Gunnedah Shire Library)与社区交通和家庭、社区看护组织合作,开展"轮椅上的读者"(Readers on Wheels)服务项目,以此作为送书上门服务的替代形式,将身体不好、行动不便的读者接到当地图书馆来亲自挑选他们喜欢的书籍,并可共同交流[3]。图书馆与这些机构还可合作开展财经、法律、防诈骗等方面的讲座,举办老少共读、共创造等活动。图书馆在开展这些合作中,要注意避免商业元素在阅读活动中的渗透,保持活动的公益性和客观中立性。

① Mates B. 5-Star programming for your 55 + library customers[M]. Chicago:American Library Association,2003:146.

② 李震宇. 发掘老龄化压力背后的老年图书市场商机[J]. 经济研究导刊,2011(24):252 - 254,267.

③ Bundy A. Community critical:Australian public libraries serving seniors[EB/OL]. [2014 - 11 - 12]. http://www. fola. org. au/pdfs/FOLA_Seniors. pdf.

附录 A　我国老年人阅读行为调查问卷

尊敬的老年朋友：

　　您好！我是国家社科项目"图书馆促进老年人阅读的创新研究"的调查员,调查是为了了解老年人阅读状况以及对图书馆的认识和利用状况,帮助图书馆更好地为年长读者服务。这是一份纯学术的研究问卷,调查结果仅用于学术研究,绝对不会公开,所以请不要有任何顾虑,问题回答无所谓对错,只希望获得您的真实状况和想法。希望能够得到您的支持。万分感谢！

　　祝您身体健康,生活愉快！

南开大学"图书馆促进老年人阅读的创新研究"课题组

【填表说明】

- 本问卷的题型分为两类:一类为选择题,另一类为填空题。选择题请在答案中选择一个最符合您观点的选项,在对应的数字处打√;填空题请填入反映真实情况的答案。
- 选择题包括单选题和多选题,没有特别标明是"可多选"的选择题,一律为单选题,只能选择一个最适合的选项。
- 所有"其他"选项,请在问卷空白处给予尽可能详细的说明。

【调查信息】

调查地点:_____省(自治区、直辖市)_____市_____区
调查的具体地点(小区/村镇/图书馆/养老院)_____
调查员签名_____调查日期_____问卷编号_____

【正式调查问题】

第一部分

A1 您的性别:(1)男　　(2)女　　　　　　　A2 您的年龄是:_____岁
A3 您感觉自己心理上更像(或者更接近)哪个年龄段的人?
(1)40 岁以下　(2)40—49 岁　(3)50—59 岁　(4)60—69 岁　(5)70—79 岁
(6)80 岁以上
A4 您在本地居住了多长时间?
(1)半年以下　(2)半年至一年　(3)一年至三年　(4)三年以上
A5 您的最高文化程度是:
(1)小学　(2)初中　(3)中专/高中　(4)大专/本科　(5)硕士及以上

A6 您是否还在工作(包括全职、兼职和短期工作):(1)是　(2)否

A7 您以前的职业(或身份)是:

(1)公检法/军人/武警　(2)机关/事业单位干部　(3)专业技术人员/教师/医生

(4)企业领导或管理人员　(5)一般职员/文员/秘书　(6)私营或个体劳动者

(7)工人/商业服务业人员　(8)无业人员　(9)农民或农民工　(10)其他_____

A8 请问您每月的收入(包括所有工资、奖金、津贴及子女给予等在内)是多少?

(1)500 元以下　(2)501—1000 元　(3)1001—2000 元　(4)2001—3000 元

(5)3001—4000 元　(6)4000 元以上

A9 您家的家务主要由谁来做?

(1)自己　(2)老伴　(3)子女　(4)共同分担　(5)其他(如保姆或钟点工或专门服务人员)

第二部分

以下问题旨在了解您近一个月以来的自我认知情况。每个问题下面有一个划分为 5 个刻度的标尺,从 1 到 5 程度依次递增,请逐条在您认为适当的标号处打√,每个标尺上只能打一个√。

B1 您的视力怎么样?　非常差 1——2——3——4——5 非常好

B2 您行动有困难吗?　不能自主活动 1——2——3——4——5 无任何困难

B3 与您的同龄人相比,从总体上说,您认为自己的身体健康状况如何?

非常差 1——2——3——4——5 非常好

B5 您的记忆力怎么样?　非常差 1——2——3——4——5 非常好

B8 您喜欢尝试新鲜事物吗?　非常不喜欢 1——2——3——4——5 非常喜欢

B9 与您关系密切的邻居和朋友多吗?　根本没有 1——2——3——4——5 非常多

B10 您认为当今社会对老年人的态度是:　非常歧视 1——2——3——4——5 非常尊重

第三部分

C1 以下语句旨在了解您对阅读的一些看法,请根据您的情况在适当的选项处打√。

	非常不同意	较不同意	一般	较同意	非常同意
我认为老年了就没必要读书了					
阅读可以充实老年生活					
我认为阅读对身体不好					
我认为阅读可以保持大脑活跃					
我认为阅读就是打发时间而已					
如果不阅读,我会感觉空虚无聊					
比起阅读,我更喜欢其他的休闲活动					

C2 您接触的阅读载体有哪些？（可多选）

（1）报刊　（2）图书　（3）图文展览或报刊栏　（4）电纸书　（5）触摸屏电子报

（6）网络　（7）手机　（8）其他＿＿＿＿＿＿＿

C3 您阅读主要是为了（可多选）

（1）了解国内外及家乡时事　（2）学习/增长知识　（3）发展兴趣爱好

（4）增加聊天话题　（5）解决生活实际问题　（6）保持大脑活跃

（7）休闲消遣/充实生活　（8）宗教信仰　（9）研究和写作　（10）教育子孙

（11）完成工作　（12）其他＿＿＿＿＿＿＿

C4 您每天阅读的时间有多长？

（1）半小时以内　（2）半小时到 1 小时　（3）1—2 小时　（4）2—4 小时　（5）4 小时以上

C5 您习惯在什么时候阅读？（可多选）

（1）早上 8 点之前　（2）上午 8—12 点　（3）中午 12 点到下午 2 点

（4）下午 2 点到 6 点　（5）晚上 6—10 点　（6）晚上 10 点以后

C6 您通常的阅读场所是：（可多选）

（1）自己家中　（2）亲戚朋友家中　（3）学校或单位　（4）养老院/干休所

（5）图书馆（室）　（6）交通工具　（7）宗教场所　（8）书店/街头书报摊/超市

（9）书市　（10）其他＿＿＿＿＿＿＿

C7 您喜欢下面哪些内容的读物：（可多选）

（1）时事政治　（2）社会人文　（3）烹饪园艺　（4）医疗保健　（5）书画摄影

（6）棋牌花鸟　（7）旅游地理　（8）历史传记　（9）经济商业　（10）家居服饰

（11）戏剧曲艺　（12）心理励志　（13）哲学宗教　（14）文学语言　（15）科普知识

（16）地方文献　（17）专业文献　（18）其他＿＿＿＿＿＿＿

C8 您是如何获得阅读读物的？（可多选）

（1）自费购买　（2）单位/他人购买　（3）向他人借阅　（4）图书馆（室）借阅

（5）上网阅读　（6）租借　（7）报刊栏　（8）手机阅读

（9）社区文化中心/星光老年之家阅读　（10）其他＿＿＿＿＿＿＿

C9 您选择读物的方式是：（可多选）

（1）选择特定作者/出版社　（2）自己随意翻阅　（3）依兴趣选择

（4）畅销书排行榜/社会口碑　（5）他人推荐　（6）图书馆推荐

（7）电视/报刊/网络推荐　（8）广告或推销介绍　（9）其他＿＿＿＿＿＿＿

C10 您最关注读物的哪些方面？

（1）权威性　（2）思想性　（3）新颖性　（4）丰富性　（5）实用性　（6）趣味性

C11 您认为目前市场上的书刊价格：

（1）非常便宜　（2）较便宜　（3）一般　（4）较贵　（5）非常贵

C12 阅读之外,您还会做以下哪些与阅读相关的事情？（可多选）

（1）剪报　（2）做读书笔记　（3）藏书收藏　（4）文献汇编　（5）撰写文章/科学研究

（6）与他人交流阅读心得　（7）背诵记忆　（8）什么都不做

C13 一般而言,您感觉阅读时理解上的困难:

(1)非常多　(2)较多　(3)一般　(4)较少　(5)非常少

C14 您在阅读有困难时,会选择什么办法解决呢?(可多选)

(1)自己揣摩　(2)查找工具书　(3)向熟人询问　(4)向专业馆员询问

(5)忽略,跳过去继续阅读其他内容　(6)放弃阅读　(7)其他_____

C15 您认为自己的阅读量怎么样?

(1)很少　(2)比较少　(3)一般　(4)比较多　(5)很多

C16 影响您阅读的因素主要是:(可多选)

(1)忙于工作没时间　(2)忙于家务没时间　(3)身体不好　(4)识字少

(5)无法获得阅读材料　(6)找不到感兴趣的书　(7)不知道该读什么

(8)没有适合的阅读环境　(9)更喜欢其他休闲活动　(10)没人陪伴一起阅读

(11)其他_____

<h2 style="text-align:center">第四部分</h2>

D1 在您看来,最近一年里图书馆和您之间的关系可以这样来描述?

(1)经常利用　(2)偶尔利用　(3)听说过但没有用过　(4)没听说过也没用过

D2 您是否利用图书馆的情况曾发生过变化吗?(1)有　(2)无

如果有变化,请您具体说明一下,好吗?　_____

D3 就您所知,距离您住所最近的图书馆距离在:

(1)1 公里范围内　(2)1—3 公里范围内　(3)3 公里以上　(4)不知道

没利用过图书馆的请跳转至 D14 开始填写,利用过图书馆的不需要回答 D14。

D4 您使用过哪些类型的图书馆?(可多选)

(1)高校图书馆　(2)省、市级图书馆　(3)县级图书馆　(4)乡镇级图书馆

(5)社区图书馆　(6)流动图书馆　(7)养老院图书馆　(8)其他_____

D5 您经常去的图书馆(室)距离您的住所在:

(1)1 公里范围内　(2)1—3 公里范围内　(3)3 公里以上　(4)不知道

D6 您使用图书馆的主要目的是:(可多选)

(1)休闲消遣　(2)增长知识　(3)写作研究　(4)陪伴他人　(5)其他_____

D7 您平均每次使用图书馆的时间有多久?

(1)半小时以内　(2)半小时至 1 小时　(3)1—2 小时　(4)2—4 小时

(5)4 小时以上

D8 您曾使用过图书馆的哪些服务?(可多选)

(1)书刊借阅　(2)书报栏　(3)信息检索/咨询　(4)触摸屏电子报

(5)电纸书阅读器　(6)大字体书　(7)上网浏览　(8)数字图书馆/手机图书馆

(9)阅读推荐　(10)朗读服务　(11)读书会　(12)讲座/展览/征文等活动

(13)电脑或其他培训课程　(14)老少共读　(15)馆际互借/文献传递

(16)其他_____

D9 在图书馆,您是否获得过下表所示的感受,请在适当的选项处打√。

	从未有	很少有	有时有	经常有	总是有
我可以免费或以较少费用利用图书馆。					
图书馆很容易进入。					
图书馆提供了良好的阅读环境。					
我可以方便地获得图书馆服务。					
图书馆为我提供更丰富的读物。					
图书馆提供的信息帮我解决了问题。					
图书馆充实了我的精神生活。					
图书馆为我提供了多种阅读活动。					
图书馆书刊推荐帮助我更好地进行阅读。					
图书馆员对我很尊敬、很亲切。					
我喜欢和图书馆员交谈。					
图书馆扩大和深化了我的人际关系。					
图书馆让我有种归属感。					

D10 利用图书馆阅读时,您是否遇到过以下问题?(可多选)

(1)从没遇到过问题　(2)乱架/书刊毁坏现象严重 (3)不知道怎样检索/查找书刊

(4)书刊太多,不知道自己该看什么　(5)书刊数量太少　(6)手续复杂

(7)图书馆空间太小,无法完成阅读　(8)不适应图书馆环境,不愿久待

(9)图书馆的时间和进入的管理限制太多　(10)其他_____

D11 您对图书馆的各项服务感觉如何?

	非常不满意	较不满意	一般	较满意	非常满意
分布与环境					
馆藏与活动					
馆员服务					

D12 您对图书馆馆藏的建议:(可多选)

(1)更新馆藏　(2)增加馆藏数量　(3)改善馆藏种类和质量　(4)保持馆藏外观完好

(5)保证馆藏的连续性　(6)书刊分类清楚　(7)书刊排架正确　(8)书刊贴近生活

(9)增加馆藏宣传和推荐　(10)其他_____

D13 您对图书馆员的建议:(可多选)

(1)服务态度亲切　(2)提高基本素质(如保持安静)　(3)提高服务效率

(4)正确解答读者提问　(5)其他_____

D14 您不使用图书馆的原因是:(可多选)

(1)不了解图书馆　(2)没有需求　(3)没时间　(4)身体不允许　(5)缺乏阅读能力

(6)距离太远,交通不便　(7)藏书不能满足需要　(8)馆员服务不好

(9)环境不适应　(10)手续太烦琐、限制太多　(11)其他_____

D15 如果图书馆提供以下阅读推进服务,您愿意参加哪些?(可多选)

(1)电脑和上网操作培训　(2)阅读推荐　(3)图书馆使用的导引　(4)阅读方法指导

(5)送书上门　(6)朗读服务　(7)流动借书　(8)读书会　(9)老少共读

(10)讲座/展览/吟诵等文化活动

D16 您对图书馆建设和服务措施的建议:(可多选)

(1)就近设立图书馆(室)　(2)扩大图书馆宣传　(3)合理安排阅览室位置

(4)减免费用　(5)配备电梯和无障碍设施　(6)提供老花镜、助听器等设备

(7)提供合理标识　(8)创造安静舒适的阅读环境　(9)提供开水、空调

(10)增加借阅的数量　(11)延长借阅时间　(12)减少进入限制

(13)提供上网培训/讲座　(14)提供书刊检索和咨询服务　(15)建立读者组织

(16)其他_____

调查到此结束,您的参与为我们提供了非常宝贵的信息,再次感谢您的支持与合作!

附录 B　我国老年人数字阅读行为访谈提纲

尊敬的老年朋友：

　　您好！

　　本访谈是为完成国家哲学社会科学基金项目"图书馆促进老年人阅读的创新"而专门设计的，我们非常需要您的支持和帮助。

　　保密承诺：本访谈所获取的所有信息将都被用于学术研究，您的谈话内容将在以后研究成果中完全以匿名形式出现，同时我们对您的谈话内容负有保密责任。

　　您的意见对我们的研究工作极为重要，为此，非常感谢您在百忙之中抽空参与本项目的访谈。如果您需要本项目研究的综合分析结果，请与我们联系。

　　祝您身体健康，生活愉快！

南开大学"图书馆促进老年人阅读的创新"研究课题组

【访谈问题】

　　1.请您简单介绍一下您的年龄、教育水平、退休前的工作，退休后的生活。

　　2.请问您现在身体状况如何？

　　3.请问您是否接触过数字阅读？最早接触数字阅读是在什么时候，是出于什么动机选择数字阅读？

　　4.请问您选择的是哪种数字设备以及为什么？怎么评价这些阅读设备？

　　5.您身边的人是否有选择数字设备阅读的？这是否对您的认知和使用造成一定的影响？

　　6.请问您对自己现在的数字设备使用的熟练程度怎样评价？有没有接触这些阅读设备一段时间后就放弃的情况？为什么？

　　7.请问您平常选择数字阅读是出于什么目的？

　　8.请问您平常在数字设备上是通过什么样的途径获取您需要的阅读内容的？您是怎么知道这些获取途径的？怎么评价这些途径？

　　9.请问您平常喜欢阅读哪一类内容？为什么？您的阅读内容和您年轻时候的喜好有没有什么差别？

　　对这些内容有什么评价？

　　10.请问您大概多长时间进行一次阅读？每次大概持续多长时间？一般在哪里阅读？

　　11.请问您在数字阅读的时候通常是如何浏览的？

　　12.请问您在数字阅读的过程中是否遇到过什么困难？一般怎么解决？有没有因为困难就放弃阅读？

　　13.请问您觉得数字阅读和传统阅读相比哪一个更适合您？为什么？

14. 请问您在数字阅读的过程中得到过哪些帮助？是否有人帮助您提供数字设备、接入网络等？是否接受过专门机构的数字阅读培训？是什么机构？培训的效果如何？

15. 在您进行数字阅读的过程中，家人是否给予您支持帮助？是什么样的支持？

16. 您怎么评价数字阅读？

访谈到此结束，您的参与为我们提供了非常宝贵的信息，再次感谢您的支持与合作！